北京市会计类专业群（改革试点）建设教材

全国会计领军人才丛书
Accounting Scholar Leader
审计系列

Audit

审计案例与实训

（第3版）

◎ 李晓慧 孙龙渊 编著

中国人民大学出版社
· 北京 ·

前 言

为适应高校卓越专业人才培养和教学改革的需求，我们把审计研究和实践中长期积累的大量案例，整合在《审计案例与实训》中，回报读者的厚爱。与《审计案例与实训》（第 2 版）相比，我们的修订从以下两个方面进行：一是跟进最新会计准则、审计准则的颁布实施，把最新的准则变化融入教材中，增加了关键审计事项准则解析、新准则下收入审计案例、信用减值损失存在重大错报案例、权益工具和金融负债错报分类案例、新准则下租赁关注案例。二是把信息时代大数据审计相关理念和技巧融入案例，不仅在原有案例中增加了大数据审计的相关描述，而且增加了信息化审计案例和大数据环境下风险评估过程案例。

本教材既可以作为单独的审计案例和实训的教材，也可以作为与《审计学》配套的辅助教学资料。在具体运用中，需要注意以下几个问题。

一、正确认识案例教学在审计学课程中的价值

在审计学课程的教学中大量使用案例，不是为了形象生动地告诉学生审计学习中一招一式的问题答案，而是希望案例教学在教学中发挥如下作用：

1. 给枯燥的知识赋予生命。许多审计专业术语和名词，乃至专业理论，有些拗口，有些枯燥，也有些抽象，但当这些枯燥的知识和烦琐的理论与活生生的事件、人物及背景结合在一起时，它们就变得鲜活了，有生命了，从而便于老师的教授以及学生的理解和领悟。

2. 将混沌的问题从多角度澄清。在思考一些现象和问题时，人们常常会陷入迷茫和混沌，但当不同的人以自己的认识和感知一起讨论时，思路就会逐渐清晰明了，那些令人困惑和混沌的问题会变得明朗，得到多角度澄清，无论是老师还是学生，都能够透彻理解。

3. 把课堂上老师的喋喋不休变成学生的思考与争辩。在大多数专业课程教授中，老师费心地讲解，学生费神地听和记，最后老师很累，学生也是左耳朵进

右耳朵出，学习效果不佳。原因是什么呢？不是老师教得不好，也不是学生不用心学习，而是学生学习的积极性和自主性没有被唤醒和调动起来。因此，在审计学的课堂上，老师精心组织或引领学生进行案例讨论，可以让学生在讨论中获得思考和争辩的能力，在思考中获得智慧和知识的补充，这应当是教学的主要目的。

二、授课前一定要向学生提出明确的学习任务

课堂上的案例教学既然要把老师的喋喋不休变成学生的思考与争辩，就必须让学生发挥主动性，主动收集和编写案例、主动利用小组讨论案例、主动陈述并展示案例分析的过程和问题。为此，在第一节课上，应当安排好学生案例讨论的小组，然后提出本学期每个案例讨论小组的学习任务，并给出老师评价学生案例讨论的成绩的标准。

一般情况下，我对学生提出的要求是：

1. 每个学生都要参加一个案例讨论小组，分工合作，自己动手，共同编写并演示一个完整的案例。

2. 课堂上每穿插讲授一个相关案例，都会给出课堂讨论题，要求大家分组讨论。每次讨论每组需要记录：(1) 时间与讨论问题；(2) 参与者；(3) 主要的观点和建议。

3. 对于需要课前阅读和讨论的案例，要在讨论前把相关要求发给学生，要求学生充分准备并制作 PPT，陈述讨论的情况。

以上三种形式的案例讨论，都要有明确的评价标准。

三、注意教学案例的使用技巧

即便是同样的教学案例，不同老师在专业课程中使用效果也不尽相同。案例教学的灵魂在于科学合理地把案例运用到教学中，提高学生掌握知识并将知识转变为能力的效果。为此，在专业课程中运用案例讨论，应当注意：

1. 明确案例教学的目的

(1) 给专业课教学注入新的活力，提高学生学习的兴趣。

(2) 通过案例教学加深学生对基本概念和理论的理解并使之升华。

(3) 使知识系统化、感性化，促使学生将知识转化为能力。

(4) 教书育人。

2. 巧妙地在课堂上安排案例讨论

审计学课程在讲授时有其自身的规律和内容，如何让案例讨论辅佐专业课程的教学并提升专业课程的教学效果，需要老师精心策划。通常的做法有：

(1) 课前设计短小、趣味性强的案例，这主要是为了引起并唤醒学生学习的兴趣和热情。

（2）课中设计实用性强的案例，并且要具有针对性，这主要是为了帮助学生深入理解和认识所学的知识或理论，并在此基础上进行探索性的思考和提升。

（3）课后设计大型的、典型的案例，要具备综合性、深刻性，这主要是为了帮助学生把所学的知识和理论串起来，形成知识体系，并运用所学的知识和理论分析问题、解决问题，甚至创新性地提出新的观点。

3. 专业课程案例教学的角色分配和协调

在专业课程案例教学中，学生是主角，教师是导演。教师在课前首先要熟悉和深化理解案例本身，并把相关的理论、政策梳理成体系。在课堂上要引导和鼓励学生大胆“设疑提问—探究分析—发现问题”，让学生畅所欲言，表达自己的认识和感受，跟随案例故事进行思考和感知，了解别人的看法和思考，并以此来纠正、补充和完善自己的看法，力争做到学生“听、看、写、想、笑”的有机结合。

在《审计案例与实训》的研究和开发中，我们借鉴了审计学研究领域最前沿的理论和实务，也把修订后的审计准则及其指南、企业内部控制基本规范及其运用指引的相关要求和解读贯穿在教材中，为此，我们向所有在审计学领域不断求索的学者以及中国审计准则、内部控制基本规范及其运用指引的制定者致敬并致谢，向扶持和资助本教材研究开发的中央财经大学及其会计学院，对多年来一直使用并提出许多宝贵建议的人们，以及为本书的出版付出热情和精力的中国人民大学出版社的编辑们表示衷心的感谢。

李晓慧

目　录

第 1 章 Chapter 1 审计概述

1.1 中国审计准则的制定与修改案例

案例分析目的

通过阅读中国审计准则变革以及引起争论的相关资料，了解中国审计准则变革的历史，掌握中国审计准则变迁中重要概念、术语和理论的变化以及中国审计准则的国际趋同趋势。

案例资料

1994—2003 年，中国注册会计师协会先后制定（或修订）了包括中国注册会计师独立审计准则、职业道德准则、质量控制准则和后续培训准则在内的 43 项准则，并经财政部批准分别自 1996 年 1 月 1 日、1997 年 1 月 1 日、1999 年 7 月 1 日、2001 年 7 月 1 日、2002 年 7 月 1 日和 2003 年 7 月 1 日起实施，基本上建立起了中国注册会计师执业规范体系框架。其间人们围绕准则的制定和修改经常争论的基本问题有：

(1) 财务报表的合法性和公允性。1996 年 1 月 1 日实施的《独立审计基本准则》第 4 条规定，独立审计的目的是对被审计单位会计报表的合法性、公允性及会计处理方法的一贯性发表审计意见。但现实中由于合法的表达不一定公允，而公允的表达有时也找不到合法的依据，人们对财务报表审计应该侧重验证合法性还是公允性一直争论不休。有人认为，财务报表具有合法性是具有公允性的前提，不合法的财务报表不可能公允，财务报表审计应侧重于验证财务报表的合法性；还有人认为，由于社会经济活动日益复杂和不断创新，审计准则不可能规定所有经济活动的审计标准，审计人员可以根据专业判断允许一些会计处理公允但不合法，即允许会计处理与公认会计准则产生偏离，财务报表审计应侧重于验证财务报表的公允性。

（2）审计报告的真实性。审计报告的真实性被解释为包括如实反映、可证实性和不偏不倚三方面的含义，而如实反映被认为是指审计报告应如实反映审计人员的审计范围、审计依据、已实施的审计程序和应表示的审计意见。在这种认识下，人们片面地从审计报告是否如实反映审计人员的审计范围、审计依据、已实施的审计程序和应表示的审计意见等形式的角度确认审计报告是否具有真实性，只要审计人员实施了程序、获取了证据，并在证据的基础上发表意见，不管其是否有能力查证或披露财务报表现实存在的重大错报，审计报告都可能被认定为具有真实性。人们对此产生质疑，实质上是对审计人员在审计中"唯程序论"地运用审计准则产生质疑。

（3）审计报告的信息含量。依照1996年制定的《独立审计基本准则》，审计业务的最终成果——审计报告有四种：无保留审计意见、保留审计意见、否定审计意见和无法表示审计意见，审计准则对这四种审计意见的格式和内容进行了详细的规定，对注册会计师出具的审计意见报告每一部分要写什么、怎么写，都进行了极为详细的规定。这样做固然使审计报告规范化，信息使用者能够一目了然地获取信息，但审计报告也过于标准化，无法个性化地反映被审计单位的状况，反而在一定程度上限制了被审计单位信息的获取。

基于此，2008年金融危机发生后，为了提高审计报告的信息含量、增强沟通价值，英国财务报告理事会（FRC）、国际审计与鉴证准则理事会（IAASB）、中国财政部和美国公众公司会计监督委员会（PCAOB）分别发布或修订了相关审计报告准则，意图使审计报告模式从标准化单一化模式向标准化个性化模式转变，在审计报告格式、审计报告要素以及审计报告内容等方面作出了重大改进，这其中最具代表性的便是2016年关键审计事项准则的出台。

2016年12月，中国注册会计师协会对原有的审计报告体系进行删改，正式颁布新的审计报告准则体系，其中第1504号文件（CSA 1504）明确了注册会计师在审计报告中沟通关键审计事项的责任，规范了关键审计事项的适用范围、定义、确定思路、审计报告披露、与治理层沟通和审计工作底稿记录等相关内容；要求A+H股及纯H股上市公司财务报表审计业务于2017年1月1日起实施，其他上市主体财务报表审计业务于2018年1月1日起实施。而在此之前，FRC与IAASB早已修订审计准则，均要求在报告中披露最关键的重大错报风险。2017年5月，PCAOB亦出台新的审计准则，要求审计师与审计委员会就关键审计事项进行交谈，尤其是重大、重要且有挑战性的事项，并在2019年中期以后进行大范围的推广和实施。

关键审计事项准则的出台，意味着传统的审计报告不能满足信息使用者的需求，信息使用者更加关注个性化信息，而如何在不违反审计准则的前提下增加信息含量，也是准则制定中长期存在的问题。

自 2005 年起，中国注册会计师协会为了促进审计准则的国际趋同，也为了规范注册会计师的执业行为，提高执业质量，维护社会公众利益，制定了 22 项准则，修订了 26 项准则，并于 2006 年 2 月正式颁布了包括 48 个项目的中国注册会计师执业准则，自 2007 年 1 月 1 日起实施。新的中国注册会计师执业准则体系的核心内容是风险审计准则，旨在全面推动现代风险导向审计在审计中的运用，提高审计质量，降低审计风险，初步构建风险导向审计的框架。其主要内容有：(1) 与原国际审计准则对应的 32 项审计准则（国际审计准则明晰项目重组分拆后为 36 项）和 1 项会计师事务所质量控制准则；(2) 由原国际审计实务公告改造成的审计准则 7 项；(3) 我国特有的审计准则 2 项；(4) 鉴证业务基本准则 1 项；(5) 审阅准则 1 项；(6) 其他鉴证业务准则 2 项；(7) 相关服务准则 2 项。随后，中国注册会计师协会又发布了执业准则指南。准则加指南，与国际审计准则的相关内容保持了一致，尤其是核心的审计风险准则，实质上已经达到了全面采用风险导向审计的要求。

2009 年 IAASB 完成明晰项目（Clarity Project）准则，对国际审计准则作出了重大修订。为实现与国际准则的持续全面趋同，同时解决我国审计实务中出现的新问题，进一步规范注册会计师的执业行为，2009 年中国注册会计师协会启动了审计准则修订工作，修订主要针对与国际审计准则明晰项目对应的准则，包括 33 项审计准则（将按照明晰项目重组为 36 项）和 1 项会计师事务所质量控制准则，以及我国特有的 1 项审计准则。修订后的准则体系 2010 年 11 月颁布，自 2012 年 1 月 1 日起实施。修订后的新审计准则实现了与国际审计准则的持续全面趋同。

2010 年 11 月 10 日，中国审计准则委员会与 IAASB 再次签署联合声明，宣布我国修订发布的新审计准则与明晰化后的国际审计准则实现实质性趋同，并认为我国在国际趋同方面作出的巨大努力和取得的重大进展，充分展现了我国政府和会计职业界超凡的决策和组织实施能力，为发展中国家和经济转型国家树立了典范。

同时，为了指导注册会计师准确、全面地理解和把握审计准则要求，确保其实施到位，中国注册会计师协会先后组织修订了《财务报表审计工作底稿编制指南》（第二版）和《小型企业财务报表审计工作底稿编制指南》，为新审计准则的贯彻实施打下良好基础。通过征询行业意见，结合行业监管实际，针对执业中面临的共性问题和审计风险较高的领域，中国注册会计师协会于 2013 年 10 月和 2014 年 12 月先后发布两批审计准则问题解答，包括职业怀疑、函证、会计分录测试、集团财务报表审计等 13 个项目，共 78 个问题，有效指导具体的执业实践。

2014年，欧盟出台新的审计指令，规定在对公众利益实体财务报表出具的审计报告中，应指出最重要的重大错报风险以及注册会计师应对措施等内容。同时，美国的审计准则制定机构也在进行相关改革。2015年，IAASB修订发布了新的国际审计报告准则，在改进审计报告模式、增加审计报告要素、丰富审计报告内容等方面作出了重大改进。国际审计准则对审计报告模式的改革，客观上要求我国及时借鉴新的国际审计准则，采用新的审计报告模式，实现我国审计准则的持续趋同。同时，随着我国资本市场的改革和首次公开上市（IPO）注册制的推行，政府部门、监管机构和投资者将对注册会计师执业质量提出更高的要求，期望注册会计师出具的审计报告更具有相关性和决策有用性，以降低资本市场的不确定性和信息不对称带来的风险。为此，结合我国实际情况，启动了审计报告准则的改革修订工作。2016年12月23日，财政部印发《在审计报告中沟通关键审计事项》等12项中国注册会计师审计准则（新审计报告准则）。其中最为核心的一项是新制定的《中国注册会计师审计准则第1504号——在审计报告中沟通关键审计事项》，该准则要求在上市公司的审计报告中增设关键审计事项部分，披露审计工作中的重点难点等审计项目的个性化信息。其中，要求注册会计师说明某事项被认定为关键审计事项的原因、针对该事项是如何实施审计工作的。该准则仅适用于上市实体的审计业务。除该准则外，“对财务报表形成审计意见和出具审计报告”“在审计报告中发表非无保留意见”“在审计报告中增加强调事项段和其他事项段”“与治理层的沟通”“持续经营”“注册会计师对其他信息的责任”等6项准则属于作出实质性修订的准则，另外5项属于为保持审计准则体系的内在一致性而作出相应文字调整的准则。11项准则中有的条款是仅对上市实体审计业务的规定，有的条款是对所有被审计单位（包括上市实体和非上市实体）审计业务的规定。新审计报告准则的发布实施将带来三个方面的积极变化：一是提高审计报告的信息含量，增强其决策相关性；二是提高审计报告的沟通价值，增强审计工作的透明度；三是强化注册会计师的责任，提高审计质量，回应财务报表使用者对持续经营、其他信息、注册会计师独立性的关注。

2005—2016年期间，人们围绕准则的制定和修改经常争论的基本问题有：

（1）中国注册会计师的业务范围的界限。国际上注册会计师执行非审计业务已经超过了审计业务，人们从理论和实务等方面广泛讨论了中国注册会计师执行非审计业务是否有界限，如何规范非审计业务的执业，尤其是执行非审计业务对审计独立性会有怎样的影响。

（2）审计准则的法律地位。对审计准则法律地位的讨论主要有两种观点：

1）审计准则不能成为注册会计师注意义务的法定标准。这种观点认为，审计准则是行业协会制定的内部自律性规则，其制度价值在于保障审计质量并作为对其成员的审计失败是否追究纪律责任的依据，不能调整注册会计师与财务信息使用者之间的民事关系。审计准则规定的注意义务范围与注册会计师应尽的注意义务范围之间存在一定的差距，因而对于在该义务差距范围内出具的虚假证明文件，注册会计师有过错的，应承担民事责任，同时，以履行审计准则规定的义务作为抗辩其审计失败的民事责任缺乏法律依据，也不为国外司法实践所承认。我国的审计准则与公众期望之间存在一定差距，这一差距的存在进一步表明我国的审计准则不能作为注册会计师注意义务的法定标准。

2）审计准则具有法律效力，法律赋予审计准则作为注册会计师注意义务判别标准的抗辩地位。这种观点认为，注册会计师承担的审计责任是一种注意义务违反的过失责任。相对于普通人而言，注册会计师注意义务是一种高度的注意义务；相对于其专业团体而言，注册会计师注意义务必须达到的仅仅是本团体中一般人的水平，即合理谨慎。审计准则是判断注册会计师注意义务的基础，它发端于司法实践，在发展过程中也得到了司法实践的支持和肯定。

（3）风险导向审计。有人认为，风险导向审计可能使审计由一种高尚的职业（其精髓由专业判断和公众责任组成）沦为一种唯利是图的生意（其核心是风险与报酬的权衡与抉择）。在民事赔偿机制不健全或赔偿风险可以转嫁（如职业保险）的环境下，风险导向审计可能诱导不遵守职业道德的注册会计师为节约审计成本而不惜牺牲审计质量，从而将会计师事务所变成专门对公司经营失败承担保险责任的保险公司，将审计公费变成保险费用。这样的理念与注册会计师这种高尚职业的基本要求相去甚远。有人认为，只有风险导向审计才能有效发现客户存在的经营风险和舞弊风险，从而实施个性化的审计程序，发现客户存在的重大错报，但仅有实质性测试程序是远远不够的，风险导向审计不是用来偷工减料的，而是用来在保障提高审计质量的前提下降低审计成本的。为此，注册会计师应当履行的社会利益或公众利益要远远重于或大于注册会计师个人的利益，这是风险导向审计的精髓。

此外，先进的科学技术发展也给风险导向审计带来了巨大冲击。从前的审计环境更加趋于实体化，注册会计师获取的被审计单位信息量较少，风险比较常见。目前的审计环境则偏向于信息化，强调以大数据为支撑的大数据审计和以人工智能优化审计工作流程的人工智能审计。其中大数据（big data），也称为巨量资料，其特征可以归纳为 4 个 V：巨额容量（volume big）、种类繁多（variable type）、生成快速（velocity fast）以及高价值和低密度（value high and low density）。大数据审计强调以先进的计算机技术，例如自然语言处理（NLP）等，对注册会计师需要收集的大量结构化和非结构化数据进行挖掘和转换，提高数据的处理效率，从而提高审计效率和审计质量。人工智能审计则强调用人工智能（AI）优化审计工作中标准化程度较高的业务流程，优化内部控制，节约审计资源，以达到优化审计资源分配的效果。这些新技术的发展固然能提高审计效率，但也给风险导向审计的发展带来了挑战，由此带来的新风险点，例如管理层凌驾于自动化控制程序之上的风险，也是注册会计师需要注意的。

（4）审计报告格式及其内容。有人认为，简式审计报告具有格式统一、要素一致、内容简洁、意见明确等优点，一般目的的审计报告宜采用简式审计报告；有人认为，简式审计报告千篇一律，存在信息含量低、相关性差等缺陷。有人认为，为提升审计报告信息含量和相关性，应当在审计报告中增加关键审计事项；有人认为，如果在审计报告中增加关键审计事项，注册会计师的审计责任会增大，审计报告可能承载一些垃圾信息。在这些纠结中，顺应社会对提高审计质量、提升审计报告信息含量的呼声日趋强烈，新审计报告准则要求在上市公司的审计报告中增设关键审计事项部分，披露审计工作中的重点难点等审计项目的个性化信息，这正是审计报告更加个性化的体现。

案例分析

1. 熟悉中国审计准则制定和修订的历史沿革，讨论并理解目前在无保留意见的审计报告中都会出现的“我们认为，××公司财务报表在所有重大方面按照企业会计准则的规定编制，公允地反映了××公司××年12月31日的财务状况以及××年度的经营成果和现金流量”。

分析要点：

在审计报告表达的审计意见中，要说明财务报表在所有重大方面按照适用的财务报告编制基础编制，公允地反映了财务报表旨在反映的信息（如在通用目的的编制基础下，被审计单位期末的财务状况、截至期末某一期间的经营成果和现金流量），这说明在对于审计报告的公允性和合法性的认定和表达中，在所有重大方面按照适用的财务报告编制基础编制这种“合法性”是公允表达的基础，否则，就没有标准判断××公司××年12月31日的财务状况以及××年度的经营成果和现金流量是否公允。

2. 熟悉中国审计准则制定和修订的历史沿革，讨论并理解中国审计准则变迁的经验。

分析要点：

（1）保持与国际审计准则持续全面的趋同。

（2）采取科学和透明的制定机制。

（3）增强审计准则适应多元主体的需要，提高审计报告的信息含量，增强其决策相关性。

（4）坚持以维护社会公众利益为主导的风险导向审计。

（5）解决新问题，强化注册会计师的责任，提高审计质量，回应财务报表使用者对持续经营、其他信息、注册会计师独立性的关注。

1.2　关键审计事项准则解析

案例分析目的

通过阅读资料，了解新审计准则的修订背景及何为关键审计事项，进一步思考审计准则修订的方向和应当关注的问题，并了解审计报告是如何个性化的。

案例资料

一、关键审计事项的发展历史与中外对比

审计报告能够展现出审计工作的结果，体现出审计工作的价值，也是注册会计师与相应的财务报表使用者沟通的载体，自 1721 年查尔斯 · 斯奈尔的第一份独立审计报告至今，经过 300 年的演变，审计报告已形成格式统一、内容简洁、意见明确等特征。但是随着经济发展，财务报表使用者对传统审计报告“千人一面”的模式越来越不满意，他们希望通过审计报告来获取更多的决策有用信息，审计报告模式的变革就顺应了这一潮流。

2008 年金融危机发生后，为了提高审计报告的信息含量、增强沟通价值，2013 年、2015 年、2016 年和 2017 年，英国财务报告理事会（FRC）、国际审计与鉴证准则理事会（IAASB）、中国财政部和美国公众公司会计监督委员会（PCAOB）分别发布或修订了相关审计报告准则，其目的都是趋同的，即使审计报告模式从标准化单一化模式向标准化个性化模式转变，在审计报告格式、审计报告要素以及审计报告内容等方面作出了重大改进。

2013 年 6 月，FRC 对审计报告相关准则的架构进行了更改，对于关键审计事项，虽然没有明确指出这个概念，但要求在报告中披露最关键的重大错报风险。

2015 年 1 月，IAASB 去掉了原有的旧准则体系，同时颁布了新一轮审计报告准则架构，其 ISA 701《在独立注册会计师报告中沟通关键审计事项》要求审计报告披露关键审计事项（key audit matters），强制规定上市公司无论自愿与否，都必须披露关键审计事项。

2016 年 12 月，中国注册会计师协会对原有的审计报告体系进行删改，正式颁布新的审计报告准则体系，其中第 1504 号文件（CSA 1504）明确了注册会计师在审计报告中沟通关键审计事项的责任，规范了关键审计事项的适用范围、定义、确定思路、审计报告披露、与治理层沟通和审计工作底稿记录等相

关内容；要求A+H股及纯H股上市公司财务报表审计业务于2017年1月1日起实施，其他上市主体财务报表审计业务于2018年1月1日起实施。

2017年5月，PCAOB亦出台了新的审计准则。其中要求，审计师需要与审计委员会就关键审计事项进行交谈，尤其是重大、重要且有挑战性的事项，要求关键审计事项在2019年中期以后进行大范围的推广和实施。

表1-1对FRC、IAASB、PCAOB和中国财政部对关键审计事项的要求进行了对比。

表1-1 审计报告制度的国际比较

发布主体	是否对意见段位置作出要求	关键审计事项相关描述	是否要求披露重要性及审计范围	持续经营相关事项	其他信息段相关事项	形成审计意见的基础	是否要求发表独立性申明	是否要求披露项目合伙人
IAASB	是	单独披露	否	强化对责任的表述	增加“其他信息段”，并对其他信息作出详细的解释	否	是	是
FRC	否	未明确要求	是	未作要求	要求考虑其他信息	否	是	是
PCAOB	是	单独披露	否	维持原有模式	未对其他信息作出新的阐述	是	是	是
中国财政部	是	未明确要求	否	强调管理层与审计师的责任	单列“其他信息段”说明新的信息	是	是	是

二、关键审计事项的内涵

所谓关键审计事项，是指注册会计师依据自己在承接业务过程中的经验，判断出的可能对财务报表总体产生重大或重要影响的事项。在选取事项前，注册会计师必须先与公司治理层、管理层进行交流。

三、关键审计事项的选取

按照关键审计事项准则第九条规定，在执行审计工作重点关注的事项时，注册会计师应当考虑下列方面的披露因素，从中选择符合条件的进行披露：

（1）按照中注协第1211号准则识别出的具有较高重大错报风险或存在因舞弊导致的特别风险的领域。

（2）财务报表中，涉及管理层重大判断，包括不确定程度比较高的会计估计的事项。

（3）本期能对审计产生重大或重要交易的事项。

简要来说，注册会计师首先应和公司治理层进行交流，从中选取在执业过程中引起过其关注的重要事项，再选取关键程度最高的事项，即关键性最大的审计事项，作为关键审计事项。

四、关键审计事项的披露

根据审计准则规定，注册会计师应当在审计报告中，以"关键审计事项"为题，单独辟出一块来列报关键审计事项，但有以下情形的应当除外：

（1）法律法规不允许明确公开列报。

（2）对公众利益有损害的事项，这种情况虽然存在的概率很低，但一旦出现，注册会计师就不应列报，但被审计单位已列出的除外。

（3）会导致注册会计师发表非标准无保留审计意见的事项。

（4）会导致注册会计师对被审计单位持续经营的能力产生重大怀疑，或者对被审计单位的持续经营产生重大影响的事项。

第（3）（4）项不在关键审计事项部分单独披露，但若形成否定意见，或者对持续经营意见有重大不确定性，需要提及。

五、关键审计事项示例

关键审计事项可以以列表和文字段两种方式披露，文字段方式披露的关键审计事项示例如下：

1. 商誉减值测试

（1）事项描述

根据国际财务报告准则，集团每年需要对商誉进行减值测试。其余额20×1 年 12 月 31 日为××，对财务报表影响重大，因此进行减值测试对审计很重要。而且，管理层的评估过程复杂，需要高度的判断，其所基于的假设，特别是［描述相关假设］，受到预期未来市场和经济环境的影响，尤其是［相关国家和地区］的未来市场和经济环境。

（2）审计应对

实施的审计程序包括利用估值专家帮助评价集团使用的假设和方法，特别是与［××业务］预测收入增长和利润率相关的假设和方法。对于减值测试结果最为敏感的假设（即对于商誉可回收金额影响最大），我们关注了集团对这些假设的披露是否适当。

列表方式则是把关键审计事项以名称、事项描述、审计应对三列表述出来，在此不再赘述。

案例分析

1. 对比关键审计事项，分析其不同之处。

分析要点：

如表1-1所示，国际、英国、美国和我国的审计准则差异主要体现在以下六个方面：

（1）英国在出具审计意见时，经常会把意见段放在较为靠前的位置，但是英国审计准则并未对其作出很明确的规定。

（2）中、美和国际准则中都明确提出了要披露关键审计事项及其相对应的应对措施，英国虽未明确提及，却要求披露能够对财务报表产生重大或重要影响的风险。

（3）英国要求，注册会计师在审计报告中必须说明重要性水平和执行审计业务的范围，但中、美和国际准则不要求披露。

（4）对于持续经营，只有国际审计准则对其明确进行了表述。

（5）中国和国际准则都要求增加对其他信息的关注，明确了必须增加其他事项段，但是英、美则没有明确规定。

（6）中、美要求披露审计意见的形成基础，而英国、国际准则未作出相关要求。

2. 体会关键审计事项的作用。

分析要点：

关键审计事项意味着财务报告更加个性化，可以反映更多的信息。以示例中的“商誉减值”为例，该示例既反映了商誉减值的原因，也反映了审计人员的应对，可见关键审计事项具有以下作用：

（1）增加了审计报告的信息。在CSA 1504号准则出台之前，审计报告只有四种模式，信息含量较少，对于不带有强调事项段的标准无保留审计报告，信息使用者能够获取的信息十分有限，这也会对审计报告的公信力造成影响。关键审计事项的出具则增加了审计报告的信息含量，间接增强了审计报告的公信力。

（2）使审计报告的信息更加个性化。关键审计事项既披露了审计内容，也披露了审计应对，这就使审计报告更加个性化，信息的获取更加方便，更加一目了然。

3. 思考准则变动的方向。

分析要点：

（1）中国准则是否与国际准则趋同。关键审计事项准则的出台实际上是中国准则与国际准则趋同的结果，这种趋同是好是坏，会对审计业务的开展造成何种影响，尤其是在方便信息使用者获取信息之余，是否会带来负面影响，都是注册会计师在执业时应思考的内容。

（2）未来准则应该如何调整，才能更好地反映经济业务实质。2016 年，不仅审计准则，会计准则也屡次修订，新收入准则、新租赁准则和新金融工具准则的出台，使会计业务的处理流程发生了重大变化，而会计处理流程的变化也会影响到审计工作的变化。那么，未来审计准则应如何调整，才能更好地反映业务实质，帮助注册会计师开展工作，值得我们思考。

1.3　德勤公司的业务范围案例

案例分析目的

通过阅读资料，了解德勤公司的业务范围，进而思考会计师事务所如何才能壮大，掌握事务所的业务范围。

案例资料

一、德勤公司简介

德勤（Deloitte）是一个品牌，在这个品牌下，具有独立法律地位的全球各地成员所属下数以万计的德勤专业人士联合向经筛选的客户提供审计、企业管理咨询、财务咨询、风险管理及税务服务。这些事务所均为根据瑞士法律组成的社团组织德勤全球（Deloitte Touche Tohmatsu）的成员。每一个成员所在其所在的特定地区提供服务并遵守当地的国家法律及专业规则。德勤全球帮助协调各成员所之间的业务，但不直接参与向客户提供服务。德勤全球及其每一个成员所乃独立及独特的法律实体，相互之间不因对方而承担任何责任。德勤全球及每一个成员所仅对其自身行为或遗漏承担责任，而不对其他任何成员所的行为或遗漏承担任何法律责任。每一个德勤全球成员所的结构根据各自所在国家法律法规、惯例及其他因素而制定，并且可以在其经营所在地通过附属公司、联营机构及/或其他实体提供专业服务。德勤全球并不参与向客户提供服务，以“Deloitte”“Deloitte & Touche”“Deloitte Touche Tohmatsu”“德勤”或其他相关名称运营的每一个成员所/公司均为独立的法律实体。

二、德勤网络的形成

德勤的全称为 Deloitte Touche Tohmatsu，1992 年三家合并才开始正式启用。

1. Deloitte 部分

创始人：威廉·韦尔奇·德洛伊特（William Welch Deloitte）

1845 年，年仅 25 岁的德洛伊特在伦敦 Basinghall 街破产法庭对面设立了办公室。当时英国颁布了 3 部公司法案，奠定了现代公司结构的基础。1848 年大西部铁路聘请德洛伊特为该行业第一位独立审计师，德洛伊特从此出名。此后德洛伊特在为大西部铁路审计时，发现了大西部铁路的重大舞弊，他为铁路行业会计设计出了一个能够保护投资者不受资金滥用行为侵害的系统，成为该行业的元老级人物。

1890 年，Deloitte Dever Griffiths 成立于纽约；1895 年，Haskins & Sells 创立于纽约；1978 年，两家组成 Deloitte Haskins & Sells 公司。

2. Touche 部分

创始人：乔治·图什（George Touche）

英国在投资信用领域新涌现的财务危机给乔治·图什的公司带来了机遇。他的公正、诚实和专家意见给他带来了大量的在夹缝中生存的信用鉴证工作。相应地，使大量的公司从经济危机中解脱以及对它们进行再造的工作在 1899 年促使 George A. Touche & Co. 成立。1900 年乔治·图什和约翰·尼文（John Niven，图什早期在爱丁堡的会计导师的儿子）一起在纽约成立了 Touche，Niven & Co. 。公司在美国和加拿大迅速发展，很快吸引了梅西百货、通用电气等大公司成为其重要客户。与此同时，图什本人以正直出名，1917 年被授予爵士爵位。

1900 年，乔治·图什与约翰·尼文在美国纽约建立了 Touche Niven 公司；

1927 年，艾伦·R. 斯马特（Allen R. Smart）创立 Allen R. Smart 公司；

1947 年，乔治·贝利（George Bailey）创立 George Bailey 公司；

1947 年 9 月，三家正式合并成立 Touche Niven Bailey & Smart（底特律）；

1960 年，Touche Niven Bailey & Smart（美），Ross Touche（加），George A. Touch（英）合并更名为 Touche Ross Bailey & Smart；

1969 年，更名为 Touche Ross 公司。

3. Tohmatsu 部分

创始人：等松夫戴（Admiral Nobuzo Tohmatsu）

1952 年，57 岁的等松成为审计师以后，成了一家外资会计师事务所的合伙人和一家私人公司的董事。1967 年他成为日本审计师协会主席。20 世纪 60 年代日本政府想要建立国家性的会计师事务所，等松要求 Iwao Tomita（等松以前的一个学生）承担这一重任。

1968 年，Iwao Tomita 与老师等松共同成立等松事务所。1989 年，Deloitte Haskins & Sells 公司与 Touche Ross 公司合并，并与日本 Tohmatsu Awoki Sanwa 联合，形成了 Deloitte Ross Tohmatsu，之后又更名为 Deloitte & Touche。

1999 年，Deloitte & Touche 和等松事务所正式合并，形成现在的 Deloitte Touche Tohmatsu，即德勤全球。2003 年德勤全球的名称被放弃，德勤成为公司的全名。

4. 德勤中国

德勤·关黄陈方会计师行（香港）及其在中国内地、香港和澳门运营的关联机构统称德勤中国。

早在 1917 年，德勤已认识到中国的商机，在上海设立办事处，成为首家开设分支机构的外国会计师事务所，上海部为德勤中国总部。

经过几次并购，1972 年德勤在中国香港拥有了办事机构，这是几次成功并购的结果。1991 年，Spicer & Oppenheim 加入了香港德勤。1997 年，德勤与香港特别行政区最大的华人会计师事务所——关黄陈方会计师事务所合并。

自 20 世纪 80 年代以来，德勤在中国内地及港澳地区增设了事务所，德勤中国先后在北京、上海、长沙、成都、重庆、大连、广州、杭州、哈尔滨、合肥、济南、南京、沈阳、深圳、苏州、天津、武汉、厦门 18 个市设立办事处。2005 年，德勤中国宣布与中国内地两家优秀的本地会计师事务所——北京天健和深圳天健信德合并。

三、德勤公司的业务领域

德勤公司在全球为客户提供以下领域的服务：

1. 企业管理咨询服务

先进的企业管理是现代企业生存、发展和成功的基础，德勤的企业管理咨询顾问致力于帮助客户将先进的理念和技术转化为持续的竞争力和战略优势，与客户同心协力，通过策略咨询与技术实施相结合的整合变革方案，为客户带来真正的价值。主要从以下四个方面提供专业咨询服务：（1）战略及运营管理；（2）财务转型管理；（3）信息化管理；（4）人力资本管理。

2. 企业风险管理服务

随着科技的日益创新、高管人员的职责深化以及监管环境的不断变化，风险管理越来越复杂。德勤的企业风险管理服务从以下几个方面协助企业确定、衡量和管理风险，提高控制系统和程序的可靠性：

（1）ERP 控制服务。对内部控制和系统安全性进行设计，也可以协助客户进行持续监控评估或一次性审核，为客户确定其业务中的主要风险，避免系统实施后进行重复工作所造成的无效益成本，降低舞弊风险。

（2）IT 尽职调查。帮助客户识别收购交易中与信息技术相关的风险，协助客户作出明智的投资决策，确保信息资产的价值，并寻求通过提高信息资产价值在兼并后获取更多的协同优势。

（3）业务持续性规划。通过业务持续性规划服务，协助客户合理确保在出现特殊情况时关键业务仍能正常运行。

（4）会计与控制服务。帮助客户设计会计核算和内部控制政策及流程，为现有的或新设立的投资项目完善其会计和控制系统。

（5）信息技术治理。有效的信息技术治理框架是现行公司治理和报告框架中不可分割的部分。此框架由高管大力支持，并在全公司范围内实施，以协助公司解决下列业务问题：1）信息技术如何支持业务战略并提升业务价值；2）信息技术和信息技术风险是如何监控、管理和报告的；3）信息技术是如何遵循所有相关法律法规的；4）在整个公司范围内是如何沟通信息技术的职责的；5）信息技术管理是如何实现低本高效、协调一致的；6）是否充分考虑了信息技术质量及国际标准（诸如 ISO 27001，ITIL，CMMI，COSO 以及 COBIT 等）。

（6）内部审计服务。主要包括：1）内部审计外包；2）内部审计规划与开发；3）《萨班斯-奥克斯利法案》（Sarbanes-Oxley Act）404 条款实施服务；4）风险管理服务；5）内部审计质量保证审阅；6）基准分析服务；7）信息技术内部审计；8）合同风险与履约服务。

（7）安全服务小组。主要包括：1）应用程序一体化；2）业务持续性管理；3）身份与访问管理；4）基础设施与操作安全性；5）隐私与数据保护；6）安全管理；7）安全漏洞管理。

（8）安全电子商务。帮助客户实施安全电子商务解决方案，包括：创立安全社区和建立技术架构，进行网络渗透测试，供应商产品检测。

（9）管理分析及报告。提供设计、实施和整合财务分析系统的服务，包括：财务预测和计划，管理和运营报告，企业业绩、盈利能力和成本分析。

（10）与《萨班斯-奥克斯利法案》相匹配的整套内外部计算机审计服务，包括：1）信息安全；2）业务流程完整性；3）数据质量与完整性；4）软件资产管理；5）项目质量保证；6）业务持续管理；7）审计支持服务。

3. 审计服务

德勤的尖端技术（审计工具 Audit System/2™）支持审计流程的各阶段，涵盖审计规划、实施与报告，包括审计报表复核、财务信息实地调查报告、验资鉴证、业务运作评估以及外汇与专项报告服务。

4. 税务服务

提供全面的税务咨询服务，编制和提交所得税税单及利得税计算表，制作雇主所得税、个人所得税和财产税税单，主要包括：

（1）为企业重组提出最具效益的企业结构咨询服务，协助公司开拓国外市场，选址成立控股公司，管理国外税务风险，并利用优惠的税务政策，加速公司发展并提高效率。

(2) 全面的税务方案。不断研习各个地区的税务法规和条例，为客户提供富有创意、高效率的减税方案。

(3) 国际个人税收服务。在东道国有特定要求的情况下，进行跨地区的税务申报、税务筹划及全球人力资源管理。如为美国企业的境内外业务提供税务筹划、税务均衡设计与实施、国际养老金与福利、移民和签证等咨询服务。

(4) 并购中的税务安排。除进行税务审慎性复核外，还在客户计划收购或出售业务时，提出最有效的交易方式和融资方法建议，争取最多的税务优惠。另外，为收购后的业务重组和规划提供税务建议。

(5) 解决税务争论的方案。

(6) 资产保护信托。提供有效的重组方案，通过设立离岸公司、保险产品和信托等方法，保护客户的资产。

(7) 跨境投资税务结构筹划。通过规划跨国贸易业务对国内与国外的投资结构提出建议，协助客户达到最理想税务优惠的目的。

(8) 转移定价。通过规划和调整转移定价政策，使客户的全球税负降至最低。通过以下方法优化客户的风险管理计划，如高层复核、文件管理、预约定价协议、转移定价审计抗辩、防御性定价模式以及与主管机构成功协商。

5. 精算保险服务

德勤精算和咨询专业人士能够提供：(1) 股市相关交易；(2) 并购；(3) 独立精算意见；(4) 价值评估；(5) 美国公认会计准则与财务报告；(6) 资产负债管理；(7) 银保产品战略。

6. 财务咨询服务

财务咨询能够协助客户制定有关公司交易的战略规划，如合并收购、出售和上市等，以协助公司成长。主要从以下几个方面提供财务咨询服务：

(1) 合并与收购。按照客户的标准协助客户寻找战略伙伴、买家或卖家，挑选前景最佳的公司，制定谈判策略，协助客户把握时机，以最合适的价格进行合并及收购交易。

(2) 商业估值。以恰当的估价方法为客户提供所需信息，制定有效的投资战略，提高规划和决策能力。

(3) 审慎调查。在调查和投资评估中，德勤将为客户提供复核及投资评估实例，并重点向客户介绍可能影响并购结构和并购后经营的主要商业、财务和监管等问题，以悉心规划的审慎性调查和投资评估为客户成功进行投资和资产剥离提供增值服务。

(4) 破产。提供债务偿付和破产自愿清盘的服务，如协助客户关闭业务，出售剩余资产，与员工和债权人谈判事宜，制定财产状况说明书，并处理一切法律诉讼中的行政事务。

（5）融资。为客户评估融资方案，并为客户制定融资计划，如进行私募或公开上市，协助客户筹集发展业务所需的资金。

（6）财务调查服务。协助客户处理极其复杂和敏感的风险、调查及争议等问题。

（7）财务重组。德勤的专业服务人员经常与客户的法律顾问和银行代表组成多行业服务小组，对陷入困境的公司进行准确的财务评估。采取的措施包括可行性审查、抵押风险分析、财务监控，以及代表债务人和债权人实施贷前审核和财务重组。

案例分析

1. 从德勤公司的法律实体来讲，以“Deloitte”“Deloitte & Touche”“Deloitte Touche Tohmatsu”“德勤”或其他相关名称运营的每一个成员所/公司均为独立的法律实体，独立承担法律责任。从会计师事务所发展的角度分析其利弊，讨论这对我国扩张型会计师事务所的发展有哪些借鉴和启示。

分析要点：

采用统一名称，但每个事务所又各自独立，独立承担法律责任，这对会计师事务所发展的好处在于：积累统一声誉和品牌，便于拓展业务，促进事务所更好地发展。

其弊端在于：这种成员所的组织关系以及协调需要严密的体系和控制，否则即便是独立承担法律责任，也会由于一单业务拖累整个事务所。

我国会计师事务所的扩张方式多种多样，但没有像国际四大会计公司那样在全世界拓展业务成立成员所，采用统一技术标准和名称，利用累积起来的优势在全世界发展。为此，我国会计师事务所的扩展应当从组织协调和组织累加的角度做文章，而不能仅仅是“堆大堆”，形成大而散的事务所。

2. 结合德勤网络在世界范围内的成长发展轨迹，讨论会计师事务所应该如何壮大。

分析要点：

网络是指由多个实体组成，旨在通过合作实现下列一个或多个目的的联合体：（1）共享收益或分担成本；（2）共享所有权、控制权或管理权；（3）共享统一的质量控制政策和程序；（4）共享同一经营战略；（5）使用同一品牌；（6）共享重要的专业资源。网络事务所是指属于某一网络的会计师事务所或实体。如果某一会计师事务所被视为网络事务所，应当与网络中其他会计师事务所的审计客户保持独立。

会计师事务所的壮大需要事务所在世界范围内形成网络，网络的形成除了自身通过兼并重组壮大外，可以采用紧密型、半紧密型和松散型加入国际上的网络。事务所重组合并式扩张的方式有：（1）吸收合并。一家事务所接纳一个或一个以上的事务所加入本事务所，加入方解散并取消法人资格，接纳方存续，即 A＋B＝A。（2）新设合并。一家事务所与一个或一个以上的事务所合并成立一个新事务所，原合并各方解散，取消原法人资格，即 A＋B＝AB 式的强强联合。（3）成立分所。可以直接按照设计分所的要求设置，也可以通过合并重组其他事务所变为其分所，但分所只是总所的一个分支机构，不具有法人资格，可以在总所授权的范围内执业，在人、财、物、执业质量等方面接受总所的统一管理，其民事责任也由总所承担。（4）吸收成员所。事务所为了满足大企业集团对事务所的地区性要求和技术要求，并拥有较高的规模布局自由度，把志同道合的其他事务所吸收为成员所，提高事务所的声望，核心所与成员所具有平等的法律地位，不是上下级的行政领导关系。

以上这些合并重组扩张的方式，如果不是基于各个事务所整合品牌优势、技术优势、人才优势和地区优势的自愿行为，很可能会出现“堆大堆”的“虚胖”，给事务所的扩张带来更大的风险，甚至使事务所走向灭亡。为此，所有会计师事务所采取合并重组方式扩张的前提是：已经拥有专业性形成的差异优势，这些差异化凝聚的事务所核心竞争力为合并重组奠定了基础；同时，事务所合并重组的结果是强化了某一方面的差异优势，或者强化了多元化，使事务所拥有多个差异化优势，实现更大的规模效益。

3. 结合德勤公司的业务范围，理解会计师事务所为什么能够为客户提供多元化的服务，如何实现这些服务。

分析要点：

会计师事务所是聚集专业人士的场所，随着市场经济的发展，客户对财务的需求不断拓展，需要事务所拥有不同的专业人才。目前，许多会计师事务所为了满足战略发展的需要，培养和储备了会计、税务、管理、计算机信息等各类人才，这些专业人才的专业胜任能力使会计师事务所开拓多元化业务成为可能。

4. 讨论审计业务范围。

分析要点：

以财务报表审计为核心，审计业务范围不断拓展：

（1）财务报表审计业务；

（2）非财务报表的其他历史财务信息的审计业务；

（3）非历史财务信息的其他鉴证业务；

（4）相关服务业务。

1.4 安永公司的培训开发体系案例

案例分析目的

通过阅读资料，了解安永公司的培训体系与职业发展规划，进一步思考影响注册会计师事务所的最关键因素是什么。

案例资料

一、安永公司发展历史

安永会计师事务所（Ernst & Young）至今已有100多年的历史，由一系列会计师事务所合并形成。

最早的历史可追溯到1849年在英格兰成立的Harding & Pullein会计师事务所。同年，弗雷德里克·惠尼（Frederick Whinney）加入事务所，并于1859年成为合伙人。1894年，事务所更名为Whinney Smith & Whinney，其中，史密斯是弗雷德里克的儿子。

1903年，特奥多尔·恩斯特（Theodore Ernst）和阿尔文·恩斯特（Alwin Ernst）两兄弟在克利夫兰创办了Ernst & Ernst会计师事务所。兄弟俩都有长期的会计工作经历，经验丰富，业务熟练。特奥多尔曾担任一家铁路公司的会计员，阿尔文则在一家会计师事务所工作。

1906年，阿瑟·杨（Arthur Young）在芝加哥成立了Arthur Young会计师事务所。杨一直致力于年轻一代职业审计师的培养。20世纪20年代，他创办了员工学校，在20世纪30年代他的公司职员第一批受到大学教育训练。

1924年，这两家美国的事务所开始与英国市场中突出的事务所结盟，Arthur Young与Broads Paterson & Co.合作，而Ernst & Ernst与Whinney Smith & Whinney携手，并于1979年合并，新的事务所名为Ernst & Whinney，是当时世界第四大会计师事务所。也是在1979年，Arthur Young的欧洲分所与几家当地较大的事务所合并，成为Arthur Young International的成员所。

1989年5月19日，原世界八大会计师事务所中排名第五的EW（Ernst & Whinney）与排名第六的AY（Arthur Young）合并，更名为安永（Ernst & Young）。

1997年10月，安永宣布了和毕马威的全球合并计划，旨在成立当时世界上最大的专业服务机构。之前的9月，普华和永道刚宣布合并成立普华永道会计师事务所。然而，在 1998 年 2 月，出于反垄断、成本和企业文化融合困难的考虑，安永和毕马威放弃了合并计划。

20 世纪八九十年代，安永的咨询部门发展迅猛。渐渐地，美国证券交易委员会发现了会计师事务所审计服务和咨询服务之间利益冲突的问题。2000 年 5 月，安永成为首家分拆旗下咨询部门的大型会计师事务所，咨询部门以 110 亿美元出售给法国 IT 服务商凯捷（Cap Gemini）。

2002 年，安达信曝出会计丑闻导致解体。安永乘机兼并了安达信在世界各地的众多成员所，包括德国、法国、俄罗斯、南非、新加坡等地。

1973 年，安永在中国香港设立办事处；1981 年，安永成为最早获中国政府批准在北京设立办事处的国际专业服务公司之一；1992 年，安永华明会计师事务所在北京成立；2001 年，安永与上海大华会计师事务所合并。迄今为止，安永已经在北京、香港、上海、成都、武汉、深圳、广州、大连、苏州、青岛、杭州、天津、厦门、澳门、南京 15 个城市设有办事处。其在中国主要的客户有：中国海洋石油、中国工商银行、平安保险、中国航空集团、TCL 集团、深圳发展银行、华夏银行、兴业银行、中国人民财险、上海浦东发展银行、东风汽车、宝钢集团、武钢集团、上海电气集团等。

二、安永的培训系统

安永的成功源于全方位、多元化的培训理念。安永大部分的培训是通过传统的课堂教学来完成的，同时结合远程在线培训、公司知识库及通过让员工亲历各类行业、各类专业服务的实际案例等方法提供全方位培训，使员工积累更丰富的专业经验。

安永培训秉承的原则是：只有起点，没有终点。新员工从进入安永的第一天起就被纳入特有的培训体系，同时也意味着开始了他们的职业发展计划。

安永的员工学习流程是分年度进行的：第一年，安永引导课程/会计培训班/基础审计班；第二年，高级审计班；第三年，审计计划班；第四年，高级审计员培训班 1；第五年，高级审计员培训班 2；第六年，管理发展课程。

上述课程内容会根据员工的工作年限和经历有所不同，但对任何一名新进员工的要求都是一样的。

另外，安永为员工职业发展提供以下培训发展机会：

（1）专业资格辅导：为员工参加专业考试提供大量的帮助，如培训、模拟考试、资料补贴和考前准备的假期等，使员工在各类专业考试中保持较高的通过率。

（2）继续教育：为员工提供大量的课堂培训，以及远程在线培训和在职培训。

（3）人际关系技巧：强调培训员工的个人交流技巧，以便更好地为客户提供专业服务，包括演讲技巧、团队建设、谈判能力、语言培训、着装规范、职业礼仪等。

（4）发展机会：相信员工需要从多方面汲取经验。员工与自己的辅导经理进行正式和非正式的沟通，以设计自己的职业发展道路。

（5）专业素质：要求员工了解商业的普遍运作方式，包括撰写商业文件，为客户解决实际问题，等等。

（6）海外培训：该计划为员工提供了一个宝贵的机会。通过海外培训，可以培养员工处理跨国客户业务方面的能力。该计划是为具备审计经验的合格专业人员而设的，被调派员工按计划在海外培训3～18个月。

三、安永员工的职业发展

在安永，员工的职业发展道路很宽，并不局限于专做审计。通过每年对员工的年度评估和职业发展评估，事务所会根据员工各自的能力和特长及公司内部的职位空缺情况，将他们调到最合适的部门，如税务部、企业财务部等。

如图1-1所示，大学毕业生加入安永，一般从审计员（staff accountant）做起。由于新进员工刚毕业，在学校所学的理论知识与实际工作情况肯定有出入，最初两周，公司会安排他们参加培训部组织的毕业生入职课程培训（graduate conversion course），了解公司的文化、制度与处事方式，随后参加一些专业方面的培训。第1年的工作不会过于复杂。任职审计员约3年后，已顺利取得专业资格的员工，可以晋升至高级职员（senior）；第6～9年根据工作表现则可以达到经理的位置。之后，如果工作表现出色，可一步步晋升为公司合伙人。由审计员晋升为合伙人，需要10～20年，目前这个年限已大大缩短。

图1-1　安永员工职业发展之路

案例分析

1. 阐述安永全方位、多元化的培训理念的建立以及完善的培训体系的构建给你带来的启发。

分析要点：

(1) 会计师事务所的专业性需要事务所在提供全方位、多元化的培训等方面不断提升。

(2) 会计师事务所只有重视并落实培训，才能保障自身的长远发展。

2. 从安永的发展历史以及培训开发体系分析，你认为推动会计师事务所发展的最关键因素是什么？请说明原因。

分析要点：

推动会计师事务所发展的最关键因素是人。因为只有能力不断提升的专业人才不断涌现，会计师事务所才能适应市场经济并实现快速发展。

3. 如果你进入会计师事务所工作，请为你自己设计一下职业生涯。

1.5 中瑞岳华会计师事务所的合伙制改制和规模化发展案例

案例分析目的

通过阅读资料，了解中国会计师事务所改制以及规模化发展的道路，掌握中国会计师事务所合伙制改制和规模化发展的必然趋势和特征。

案例资料

一、中瑞岳华会计师事务所的历史沿革

中瑞岳华会计师事务所（以下简称中瑞岳华）成立于 2008 年，是 RSM International 在中国的专业服务机构，由中瑞华恒信会计师事务所与岳华会计师事务所联合而成。

2000 年 2 月 29 日，经财政部批准，中瑞会计师事务所和中华会计师事务所实行战略重组，合并成立中瑞华会计师事务所。中瑞会计师事务所隶属于国家税务总局，1998 年 3 月中瑞事务所完成改制，成为当时全国第一家成功完成脱钩改制的部属所，被誉为“脱钩改制第一家”，拥有中国一汽集团公司、中国电信集团公司等国有企业审计客户，主要从事大中型企业审计、税务代理、基建审计和财税培训等。中华会计师事务所隶属于财政部，从事证券、期货相关业务审计和资产评估等。

2000 年 3 月 18 日，中瑞华会计师事务所与法国最大的会计师事务所——

萨理德会计师事务所① “中外合作”，成立萨理德中瑞会计师事务所。

2001 年 10 月 1 日，中瑞华会计师事务所与中恒信会计师事务所，从员工到领导、从股份到股东、从业务到客户、从名称到机构、从资产到分配，直至办公地点，都实行了一步到位的、具有实质意义的合并，成立中瑞华恒信会计师事务所。合并后，中瑞华恒信会计师事务所年审计、评估、咨询等项目1 000 余项，其中包括国家电力公司、中国石化集团公司、中国电信集团公司、中国一汽集团公司、中国普天信息产业集团公司等特大型企业的年审。

2008 年 1 月 16 日，中瑞华恒信会计师事务所与岳华会计师事务所合并，成立中瑞岳华会计师事务所，成为中国本土第一大所。截至 2009 年年底，中瑞岳华拥有员工 2 980 名，其中注册会计师 1 269 名；中瑞岳华在上海、天津、辽宁、青海、福建、河南、四川、山东、吉林、江苏、山西、陕西、云南、深圳、湖北、湖南、黑龙江、青岛、浙江、重庆、广东等省（直辖市、计划单列市）设立了 21 家分所，另在香港设立了中瑞岳华（香港）会计师事务所，在新加坡设立了中瑞岳华（新加坡）会计师事务所，形成了强大的专业市场服务网络；中瑞岳华累计客户近 2 000 家，其中国资委所属中央企业 40 多家，上市公司 90 余家。2009 年，中瑞岳华的业务收入突破 10 亿元。中瑞岳华资质完备，为众多上市公司（包括 A 股、B 股、H 股、S 股等）、国有大中型企业、金融机构、民营企业、中外合资企业等提供年报审计、专项审计、上市审计、上市评估、验资、咨询、税务筹划、工程造价咨询（甲级）、房地产评估及土地评估等专业服务，涉及航空、航天、金融、电子、电力、旅游、房地产、电信、交通运输、能源、机械、农业、林业、餐饮、酒店、医药等诸多行业领域。

二、中瑞岳华会计师事务所的规模化战略

2009 年 3 月 27 日，中瑞岳华董事长顾仁荣在回答《中国会计报》记者的提问时说：“如果合并仅停留在形式上，必然会面临很多问题，毕竟各自背景、企业文化、发展理念都不同。事务所合并想要成功，首先要有胸怀，要有真诚的合作态度，否则很难‘心往一处想，劲往一处使’；其次要做到制度先行，要按规矩办事，否则很容易发生争议，无法合作下去。”② 这道出了中瑞岳华会计师事务所合并重组的精髓。

1. 真诚合作

中瑞岳华会计师事务所合并的“真诚合作”来自市场的动因：（1）达到不断提高的相关准入门槛（如证券期货资格、H 股审计资格）；（2）通过合并当

---

① 萨理德会计师事务所是法国最大的会计师事务所之一，是世界第八大会计网络罗申美的主力成员所，在法国负责包括法国电信、法国水务、法国巴黎国民银行在内的 70 家上市公司的审计。

② 于濛. 在梦想和实干中前行. 中国会计报，2009-03-27.

地事务所进入其他地域审计市场；(3) 扩大规模以提高自身竞争力，扩大市场份额。

2. 制度先行

在中瑞华恒信会计师事务所与岳华会计师事务所酝酿合并时，双方高层就成立了7个专门委员会，具体负责《五年发展战略》《审计专业标准》《审计质量监管办法》等29项规章制度的制定。合并后董事长和总裁（法定代表人）由原岳华会计师事务所人员担任，总经理和主任会计师由原中瑞华恒信会计师事务所人员担任，构建了完善的合伙人治理框架，如图1-2所示。合并后中瑞岳华会计师事务所已制定颁布包括《合伙人准入条件》《合伙人退休办法》等在内的规章制度52项，并在全所范围内有效执行，这为合并后中瑞岳华的发展奠定了基础。

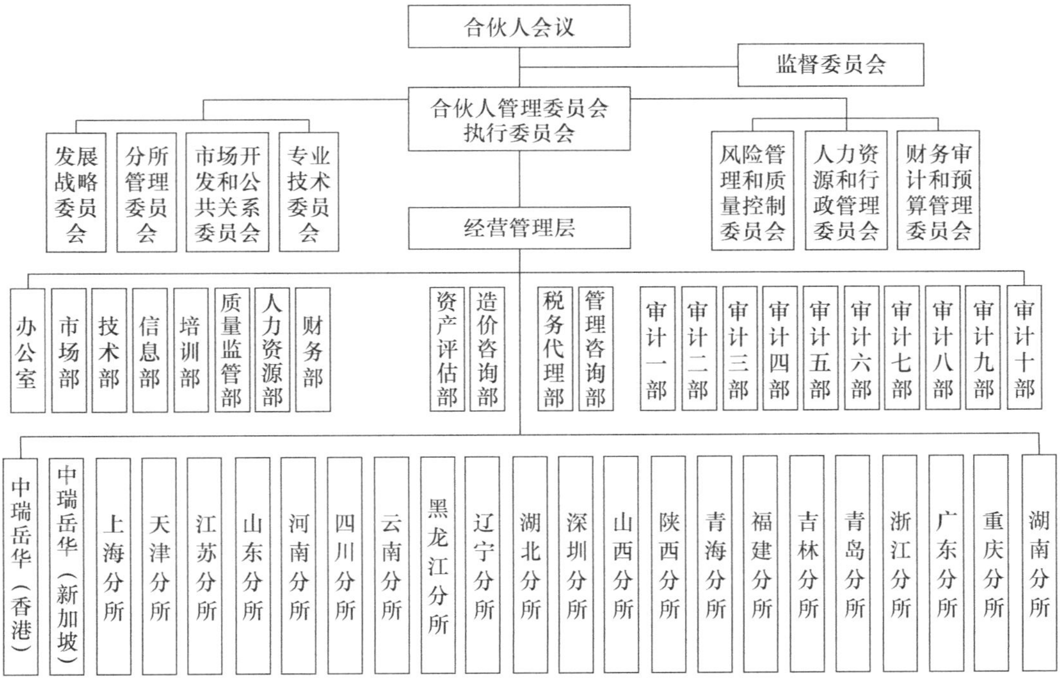

图1-2 中瑞岳华会计师事务所合伙人治理与组织框架

合并后的中瑞岳华会计师事务所先后实施了统一品牌、统一执业网络、统一质量控制、统一人力资源管理、统一财务制度、统一信息技术，提高专业服务能力、质量控制能力和专业竞争能力等一系列举措。

3. 人才当地化和国际化

查尔斯·伍顿、卡雷尔·沃尔克和卡罗尔·诺曼德（Charles W. Wootton, Carel M. Wolk & Carol Normand, 2003）在《美国大型会计师事务所的并购——基于历史视角》中详细回顾了全球各大会计师事务所的形成过程，认为当今大型会计师事务所是100年来并购活动的结果，这种活动在21世纪很可能会继续下去。促使公司并购的原因无外乎寻求多元化发展、规模经济、全球化或者是给处于困境的公司寻求生路。会计师事务所将自己的业务扩展到一个新的市场或者一个新的地区乃至国家，必须拥有懂得当地业务流程及相关法律规范的注册会计师。中瑞岳华会计师事务所在全国设立的21个分所以及在中国香港、新加坡设立的事务所都是在并购当地事务所的基础上，整合熟悉当地业务流程及相应法律规范的注册会计师发展而来的。

三、中瑞岳华会计师事务所合并的效益

由于收集的资料所限，我们仅从综合排名和业务两个方面分析中瑞岳华会计师事务所合并的效益。

（1）分析中瑞岳华合并前后规模和客户数量变化可知，合并促进了中瑞岳华的综合排名的提升。我们根据中国注册会计师协会公布的中国百强会计师事务所信息，发现原先在百强排名中位居第六的岳华会计师事务所和位居第九的中瑞华恒信会计师事务所合并为中瑞岳华后，位居第五，成为本土第一大所。由表1-2可知，中瑞岳华合并后连续三年收入稳定增长，总收入年增长率平均为31.48%；劳动生产率也稳步提高，人均收入达到48.29万元；上市公司审计客户保持稳定，略有增长。

表1-2　中瑞岳华合并前后规模和客户数量变化

项目	合并前（2006年）		合并后		
	岳华	中瑞华恒信	中瑞岳华（2007年）	中瑞岳华（2008年）	中瑞岳华（2009年）
总收入（万元）	21 049	16 888	50 467	65 217	87 205
注册会计师（人）	440	338	1 000	1 013	1 228
从业人数（人）	1 115	827	2 280	1 825	1 806
按CPA人数计算的人均业务收入（万元）	47.84	49.96	50.47	64.38	71.01
按从业人员计算的人均收入（万元）	18.88	20.42	22.13	35.74	48.29
上市公司审计客户数（人）	—	—	—	88	91

（2）分析中瑞岳华合并前后事务所业务范围和结构可知，合并促使事务所走向范围经济和规模经济。众所周知，范围经济是指组织在同一核心领域具备专长，从而导致各项活动的多样化，多项活动共享一种核心专长，从而导致各项活动费用的降低和经济效益的提高。与规模经济不同，它是指随着产品或服务品种的增加，企业长期平均成本下降，强调提供不同种类产品或服务（包括品种与规格）获得的经济性，是与组织的竞争优势联系在一起的。中瑞岳华合并后，整合了证券和期货业务审计资格、证券和期货业务评估资格、金融相关业务审计资格、国有大型企业审计资格、不动产评估资格、造价咨询资格（甲

级）和税务代理资格，多元化拓展业务。

一是鉴证及相关服务。主要包括财务报表审计、财务报表审阅、内部控制鉴证、预测性财务信息审核、对财务信息执行商定程序、代编财务信息。

二是管理咨询服务。主要提供：1）企业发展战略咨询，如企业内外环境分析；企业发展方向和目标审视；企业核心竞争能力评估。2）资产经营与并购重组咨询，如企业资产经营和并购重组的市场研究；目标企业研究；企业并购、重组方式的选择。3）企业经营管理咨询，如财务管理咨询；企业内部控制制度设计、评价；企业财务会计制度设计；人力资源的开发与管理咨询；担任常年财务顾问。4）企业管理信息化咨询，如ERP规划与实施；财务管理信息系统的建设与实施。

三是资产评估。主要提供企业价值评估；单项资产评估；房地产评估；知识产权评估；清算价值评估。

四是造价咨询。主要提供建设项目建议书及可行性研究投资估算、项目经济评价报告的编制和审核；建设项目概预算的编制与审核；建设项目工程合同价款的确定；合同价款的签订与调整及工程款支付，工程结算报告的编制及审核；工程竣工决算报告的编制及审核；建设项目全过程或阶段的管理和服务；工程造价信息服务。

五是税务代理。主要提供代理纳税申报；提供税务咨询；协助税收筹划；开展税务审计；举办税务培训；办理税务登记；制作涉税文书；担任常年税务顾问；开展网上税收信息服务。

随着合并后中瑞岳华会计师事务所范围经济和规模经济叠加的优势，中瑞岳华开始向国际市场进军。2010年5月27日中瑞岳华与新加坡最大的会计师事务所——石林会计师事务所各出资50%设立的中瑞岳华（新加坡）会计师事务所，在新加坡正式宣告成立。中瑞岳华（新加坡）会计师事务所将以广阔的中国市场为土壤，借助新加坡成熟的经济平台，依托投资双方的强大专业背景和综合实力，服务于三类客户群：一是想进军中国市场的新加坡企业；二是想到新加坡开设分支机构的中国企业；三是想到新加坡上市的中国企业。

四、中瑞岳华会计师事务所的特殊合伙制改制

2010年9月中瑞岳华会计师事务所率先尝试特殊合伙制改制，具体做法有①：

（1）组织保障。成立转制工作小组保证转制工作顺利实施，转制工作小组的工作内容包括研拟合伙人协议及相关转制文件（合伙人条件、选举办法等）、接受和审核合伙人申请、接受管理委员会委员和候选主任会计师报名等事项。其中，精心制定合伙协议、形成集体共识是必不可少的重要环节。

① 张连起．特殊普通合伙：以中瑞岳华转制实践为例．中国注册会计师，2010（11）．

（2）宣讲灌输。特殊普通合伙究竟是什么？有何风险，有何责任？合伙人权利和义务如何行使？这是转制工作首先要面对的问题。为此，中瑞岳华会计师事务所通过开展专题培训、小组交流等方式，反复宣讲，持续灌输，使全体合伙人明确特殊普通合伙的特征、责任以及风险所在，使“服从多数、尊重少数”的合伙精神逐步深入人心。

（3）民主选举。在制定中瑞岳华会计师事务所管理委员会委员、主任会计师产生办法时，设计了自行申报、提交简历及相关资料、候选人竞选陈述、合伙人质询、在规定地点无记名投票、现场计票、宣布当选等相关环节。实践证明，步骤较为严谨，组织较为严密，得到了大多数合伙人的认同。

（4）制度创新。在设计特殊普通合伙组织架构时，中瑞岳华会计师事务所充分借鉴了国际成熟的制度安排，确立了合伙人会议、合伙人管理委员会、主任会计师（首席合伙人）三级决策体制。同时，着力构建以“和合”为基础的长效机制，充分依托专门（业）委员会架构，设计实施科学化、精细化、和合型管理新体系，力求使治理机制更科学，质量控制更顺畅，市场拓展更有序，专业支持更高效，信息系统更快捷，财务运行更透明，合伙行为更规范。

与此同时，着手完善包括合伙事务所激励约束机制（执业人员“工作写实”制度、合伙人“点数考评”制度、执业人员在岗培训晋升制度等）在内的制度体系，力求实现做大做强“走上去”、总分所一体化“走进去”、国际化发展“走出去”的战略目标。

（5）准入严格。针对合伙人的准入条件，中瑞岳华会计师事务所在细化法规执行的基础上，根据合伙事务所未来发展的需要，将合伙人的年龄限定为60岁，以适应年轻化、专业化、国际化的合伙人组成趋势。

（6）文化再造。培植硬实力，塑造软实力，是合伙事务所打造核心竞争力的不二法门。为此，中瑞岳华会计师事务所在合伙协议中，结合设立合伙文化委员会等相关考虑，着手塑造包括文化标志语、执业宗旨、发展愿景、共同价值观、合伙人行为准则、员工向心力工程在内的文化软实力，并将持续引导、辐射，以擦亮品牌、塑造文化的举措和行动，获得与事务所地位相称的社会影响力。

案例分析

1. 结合中瑞岳华会计师事务所的历史沿革，分析为什么特殊普通合伙制是会计师事务所发展的必然选择。

分析要点：

（1）凸显注册会计师行业的“人合”特色。有限责任制会计师事务所强调“资合”，以股权决定决策权，与行业服务特性相悖，更适合以资本为纽带的传统行业，不利于培育会计师事务所的核心竞争力。从目前市场经济中会计师事务所的发展来看，“人”是会计师事务所最大的资产，“人合”远胜于“资合”，特殊普通合伙制凸显注册会计师行业的“人合”特色，更有利于会计师事务所的发展。

（2）有利于会计师事务所做大做强。《中华人民共和国公司法》规定有限责任公司的股东人数不得超过 50 人，一旦会计师事务所尝试合并实现规模扩张，股东人数的限制就成了无法超越的法律障碍。于是，实践中事务所往往采取“代持”“暗股”“拖拉机”等形式，存在较大的法律风险，给事务所的长期稳定和规范发展埋下了隐患。特殊普通合伙制利用合伙章程规定合伙人的进出，有利于推动会计师事务所做大做强。

（3）有利于提高会计师事务所的质量控制水平和社会责任履行。有限责任制会计师事务所以股东的出资额为限承担执业责任，淡化了股东的风险约束和赔偿责任，容易诱发少数注册会计师漠视风险，片面追求经济利益，抑制了会计师事务所质量控制水平的提升。而特殊普通合伙制由于强调有限责任和无限责任的有机衔接，强化了会计师事务所的风险约束和赔偿责任，有利于提高会计师事务所的质量控制水平和社会责任履行。

（4）有利于增强事务所的综合实力。有限责任制会计师事务所既要缴纳个人所得税，又要缴纳企业所得税，这种“双重纳税”增大了会计师事务所的负担。如果改制为特殊普通合伙，按照《中华人民共和国合伙企业法》第六条的规定，合伙企业的生产经营所得和其他所得，由合伙人分别缴纳个人所得税，这就解决了有限责任制下的“双重纳税”问题，减轻了合伙人的税收负担，有利于激励合伙人加大事务所发展投入，增强事务所的综合实力。

2. 结合中瑞岳华会计师事务所的规模化发展的道路，分析会计师事务所规模化发展的经验和规律。

分析要点：

（1）基于共同利益的真诚合作。会计师事务所的规模化发展有不同的路径，但所有的方式都需要利于共同利益下不同利益方的真诚合作，任何“堆大堆”，过分强调自身利益而侵犯他人利益的合作，都不会长久。

（2）制度先行。会计师事务所的规模化发展必须有科学、合理的制度保障，即要建立起包括统一品牌、统一执业网络、统一质量控制、统一人力资源管理、统一财务制度、统一信息技术，提高专业服务能力、质量控制能力和专业竞争能力等一系列有效的规章制度，来保障规模化的会计师事务所健康发展。

（3）人才当地化和国际化。大力发展会计师事务所依靠的是人才，而人才的当地化和国际化是会计师事务所扩张发展的基础。

（4）业务多元化并体现差异化优势。会计师事务所只有在差异化竞争优势业务的发展中，多元化地开拓业务，才能发展到一定规模。会计师事务所以核心业务辐射的多元化业务一般包括：1）鉴证及相关服务。主要包括财务报表审计、财务报表审阅、内部控制鉴证、预测性财务信息审核、对财务信息执行商定程序、代编财务信息。2）管理咨询服务。主要包括企业发展战略咨询，如企业内外环境分析、企业发展方向和目标审视、企业核心竞争能力评估；资产经营与并购重组咨询，如企业资产经营和并购重组的市场研究，目标企业研究，企业并购、重组方式的选择；企业经营管理咨询，如财务管理咨询，企业内部控制制度设计、评价，企业财务会计制度设计，人力资源的开发与管理咨询，担任常年财务顾问；企业管理信息化咨询，如 ERP 规划与实施、财务管理信息系统的建设与实施。3）资产评估，主要提供企业价值评估、单项资产评估、房地产评估、知识产权评估、清算价值评估。4）造价咨询，主要提供建设项目建议书及可行性研究投资估算、项目经济评价报告的编制和审核；建设项目概预算的编制与审核；建设项目工程合同价款的确定；合同价款的签订与调整及工程款支付；工程结算报告的编制及审核；工程竣工决算报告的编制及审核；建设项目全过程或阶段的管理和服务；工程造价信息服务。5）税务代理，主要提供代理纳税申报；提供税务咨询；协助税收筹划；开展税务审计；举办税务培训；办理税务登记；制作涉税文书；担任常年税务顾问；开展网上税收信息服务。

3. 理解和熟悉会计师事务所合并的效益。

分析要点：

国内外学者的研究从不同角度揭示了事务所合并的效益：(1) 合并会显著提高审计市场集中度。Wootton et al.（1994）利用集中度比率和赫芬达尔指数考察了 1989 年两次事务所合并对美国审计市场集中度的影响，结果表明事务所合并后市场集中度提高。(2) 合并有助于事务所降低成本。Ivancevich and Zardkoohi（2000）将事务所分为合并事务所、直接竞争对手（即不涉及合并的“六大”）和边缘竞争对手（即非“六大”），针对 1989 年两次事务所合并分别考察其市场份额、审计价格和生产成本，发现合并事务所的市场份额相对于其直接竞争对手有所降低，合并事务所与其直接竞争对手的审计价格都有所下降，合并事务所相对于直接竞争对手的生产成本降低。Sullivan（2002）通过考察合并前后事务所争取到更换注册会计师的客户的可能性变化来评估“八大”合并为“六大”对审计市场的影响，发现合并后事务所能争取到更多更换事务所的大客户，因此，1989 年的合并降低了审计大客户的成本。李（2003）从产业组织的角度，分析了审计市场合并、产业专用化和价格竞争等行为对审计质量的影响，认为合并和产业专用化有助于事务所降低成本，但其并未进行实证检验。(3) 合并能提高事务所审计质量。中国台湾学者张谦恒（2005）、王泰昌等（2008）以属于“五大”的致远会计师事务所（Diwan,

Ernst & Young）与不属于“五大”的荣聪联合会计师事务所合并案为例，以操控性应计数衡量审计质量，分析合并前后审计质量变化，发现会计师事务所合并后确能降低客户的操控性应计数，即合并能提升审计质量，而且荣聪联合会计师事务所的审计客户的审计质量提高幅度更大。中国台湾学者林宗辉、戚务君（2007）以台湾勤业会计师事务所与众信联合会计师事务所合并案为对象，分别从公司盈余质量（操控性应计数）和投资人观点（盈余反应系数）分析合并对审计质量的影响，结果显示，不论从公司还是投资人的角度来看，勤业和众信事务所在合并后审计质量均显著提升。（4）合并对审计收费影响不显著。Iyer and Iyer（1992）以270家英国公司为样本研究事务所合并对审计收费的影响，通过比较1987年“八大”和1991年“六大”的审计收费发现，尽管合并后市场集中度提高，但审计收费并没有显著增加。Ferguson and Stokes（2002）以澳大利亚上市公司为样本调查了事务所合并后品牌名称、行业专门化和行业领导地位对审计定价的影响，没有发现可以表明与品牌名称、行业专门化和行业领导地位有关的审计溢价存在的强有力证据。（5）合并对审计独立性的影响也不明确。吴清在、曾玉琦（2000）以最近三年的台湾事务所合并案为研究事件，发现事务所合并不能带来审计独立性的提高。Chan and Wu（2009）利用中国大陆审计市场的合并数据发现，随着合并带来事务所风险准租金的增加，事务所的独立性在合并当年显著提高，但他们只考察了合并当年审计独立性的变化。

4. 根据本案例延伸理解和熟悉特殊普通合伙制会计师事务所的特征。

分析要点：

（1）有限责任和无限责任二元责任的有机衔接。特殊普通合伙存在两种承担不同责任的合伙人，执业合伙人对其因故意或者重大过失造成的合伙企业债务，应当承担无限责任或者无限连带责任，其他合伙人则以其在合伙企业中的财产份额为限承担责任。特殊普通合伙的两种责任承担，可能会随着每项业务中执业合伙人的变换，引发责任性质的换位。因此，特殊普通合伙的二元责任不是并列的二元责任，而是以无限责任或无限连带责任为基础，在执业合伙人有过错的特定领域，免除无过错合伙人的无限连带责任。

（2）人合与资合的高度协调。特殊普通合伙制会计师事务所保留了普通合伙的人合性，同时附加了资合性因素。这种资合性因素的生成，不在于合伙人出资形成相对独立的合伙财产，因为特殊普通合伙并没有规范按出资比例分配的制度，而在于法律要求其提供保险或分离的财产。《中华人民共和国合伙企业法》第五十九条规定：“特殊的普通合伙企业应当建立执业风险基金、办理职业保险。”我国要求保险和执业风险基金并存，其用意是为债权人的利益加重合伙人的替代责任，以换取对合伙人有限责任的保护。

（3）合伙人承担责任的事前不确定性。特殊普通合伙中谁应承担无限连带责任，谁应当承担有限责任，并未在合伙协议和注册登记文件中事先明确，只有合伙财产不足以清偿到期债务，债权人向合伙人追究个人责任时，才可能确定。合伙人承担责任的不确定性还表现在合伙人承担责任形态的位置具有互换性、交替性。

（4）凸显所有合伙人的共同治理。特殊普通合伙中承担有限责任的合伙人与承担无限责任的合伙人一样，都拥有参与合伙事务的管理权，有利于所有合伙人充分发挥主观能动性，共同治理好事务所。

（5）增大了合伙交易相对人的风险以及司法审判成本。特殊普通合伙赋予无过错合伙人承担有限责任，割断了合伙人之间的无限连带责任，使有限责任合伙人的个人财产与合伙共同经营管理的财产相分离，实际上缩小了向合伙债权人承担债务责任财产的范畴。为此，《中华人民共和国合伙企业法》第五十六条要求特殊普通合伙名称中应当标明“特殊普通合伙”字样，以向交易相对人警示风险。但在特殊普通合伙的立法中，无论是无限连带责任还是有限责任，法律并没有直接分配给特定合伙人，而将其交给了司法审判。这无形中加重了法官的负担，法官在涉及有关特殊普通合伙的债权、债务纠纷时，除了要甄别、采信证据进行事实判断、确认责任外，还要通过认定执业合伙人有无过错，进一步划分重大过失与非重大过失，以区分合伙人之间承担责任的性质。

1.6 信息化审计案例

案例分析目的

通过阅读案例资料，了解信息化审计的运用流程，掌握信息化审计对审计流程及审计质量的促进。

案例资料

针对公司的信息化进程，审计师利用信息手段提高审计效率的主要做法包括：

一、构建审计作业管理系统

构建 PERF 审计作业管理系统对审计项目进行全流程管理。

（一）计划阶段（plan）

1. 结合监管环境与风险评估结果，制定审计计划

在风险评估和数据分析的基础上，精准定位被审计单位的审计重点，通过

程序自动生成审计任务矩阵。即在风险识别和评估的基础上确定审计领域、重点和方法；以风险暴露的可能性、大小、影响范围、程度等作为审计问题认定的依据；以风险是否得到合理有效控制作为判断整改是否完成的重要依据。

2. 以数据为依据、以风险为导向，制定具体审计方案

审计任务一经下达，与审计任务相关的风险、对应控制及审计程序自动关联至审计作业管理系统。

（二）执行阶段（execute）

以被审计单位计算机信息系统和底层数据库原始数据为切入点，在对信息系统进行检查测评的基础上，通过对底层数据的采集清理、汇聚整合，形成审计中间表，构建审计模型进行分析，发现其中的联系、趋势、异常和错误，进而把握总体、突出重点、精确延伸，从而收集审计证据，实现审计目标。具体流程如图1-3所示。

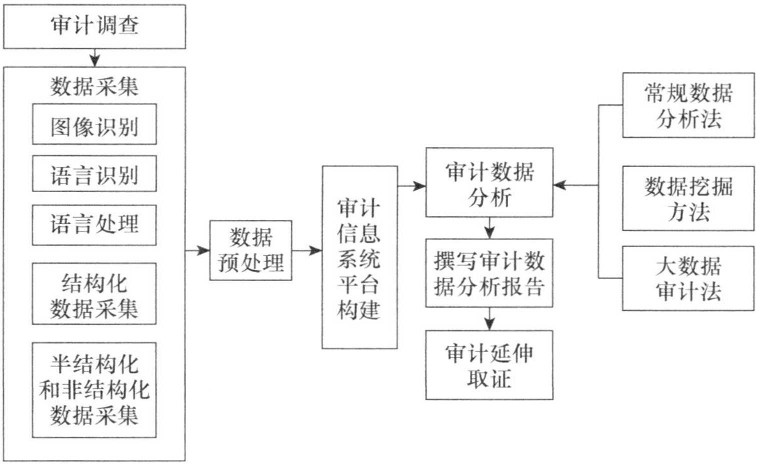

图1-3 数据分析流程

1. 审前调查，获取信息；采集数据，整理数据

以公司的业务、管理、财务、资讯等系统为数据来源，搭建以客户、产品/服务、机构/人员为主要维度的数据组织架构，实现从公司、分公司、营业部到客户的逐层穿透式数据分析，对被审计单位精准画像。

2. 进行数据转换、数据清理和验证

在数据采集与数据整理阶段，审计师在审前调查的基础上，按照审计目标，采用一定的工具和方法，采集被审计单位信息系统的相关数据，并转换为审计软件所需要的电子数据类型。

审计师采集到的被审计单位原始数据可能存在很多数据质量问题，包括不完整的数据、不准确的数据、不一致的数据、重复的数据、与审计无关的数据等。因此，对转换后的数据要进行清理、整理和验证，剔除无用信息，验证数

据真伪，提高数据的质量。

3. 创建审计中间表

审计中间表是面向审计分析的数据存储模式（或称目标模式），它是将转换、清理、验证后的源数据按照提高审计分析效率、实现审计目的的要求进一步选择、整合而形成的数据集合，是审计师进行数据分析的对象、资源和平台。

创建审计中间表是构建审计分析模型的前提和基础，是实现数据式审计的关键技术之一。按照使用目的不同，又可分为基础性审计中间表和分析性审计中间表。前者可以帮助审计师选定审计所需的基础性数据，后者可以帮助审计师实现对数据的模型分析。

4. 进行数据分析，找出审计重点

具体的数据分析主要有：一是运用统计分析技术发现偏差数据；二是运用关联分析技术揭示关键属性；三是运用孤立点分析技术挖掘审计疑点；四是运用聚类分析技术确定审计重点。

通过数据集中分析从整体上把握风险，确保高风险领域和业务比重较大的领域均被覆盖；通过数据分析刻画被审计单位特征，精准定位审计重点、疑点；借助数据分析确定审计问题、线索和样本。

5. 构建审计分析模型，分析数据

审计分析模型是审计师用于数据分析的数学公式或逻辑表达式，它是按照审计事项应该具有的性质或数量关系，由审计师通过设定计算、判断或限制条件建立起来的，用于验证审计事项实际的性质或数量关系，从而对被审计单位经济活动的真实、合法及效益情况作出科学的判断。

常见的审计分析模型可以根据法律规定的状态来建立；根据业务的逻辑关系来建立；根据不同类型数据之间的对应关系来建立；根据审计师的经验或预测来建立等。

6. 延伸落实，审计取证

（三）统计分析（report）

可以采用定制的分析报告模板，也可以运用强大的报表系统，展示多维度审计成果。

（四）跟踪阶段（follow up）

设置被审计单位整改联系人、负责人，录入整改结果，并指定专人跟踪整改情况，确认整改结果，积极反馈问题。

二、信息化审计中常用的数据分析技术

在审计业务中利用电子表格、数据库等常规软件的一些功能，可以帮助审计人员计算、复核、分析审计数据，节约审计时间、提高效率、提高准确度、

减少劳动量。另外，可以利用专门的辅助审计软件进行审计，专门的软件可以帮助审计人员全面、准确汇总反映审计情况，便于审计人员对整体项目审计情况的把控。

在信息化审计中，审计师常用的数据分析技术有：

1. 可视化技术

数据可视化可以帮助审计师从大量数据中确定重要变量，并发现变量间的关系。现代可视化技术更多地运用动态和交互式的商业图表，如热图、地理图、实时仪表盘等图表。这些图表随着数据的变化自动更新，有助于审计师以更加直观的方式检查和分析数据。

2. 分类/回归技术

分类/回归技术通常用于开发模型，描述数据类型并进行预测。决策树是常用的分类/回归分析方法。该方法可以用于预测性分析，如识别管理层舞弊等。比率分析等传统审计方法则难以提供预测性分析。

3. 关联分析技术

关联分析可以发现隐藏的、有趣的关联关系，以及大型数据集之间的关系。由于能够揭示数据集间的模式或关联，这种方法有助于提升决策有效性，在商业领域得到了广泛的应用。在审计中，关联分析可以应用于项目分析，如采购项目或售后/退回项目等。

4. 文本挖掘技术

作为一种大数据导向的分析方法，文本挖掘分析是大数据分析中的重要方法。电子邮件、新闻评论或通话记录的文本挖掘为审计决策过程提供了更加独立和丰富的支持证据。Debreceny and Gray (2011) 曾对安然公司的往来邮件进行分析，探索文本挖掘用来监督公司业务流程和财务报告真实性的可行性。常用的文本挖掘软件包括：OpenText，IBM SPSS Text Analytics，Lexalytics，IBM Natural Language Understanding。这些工具可以进行实体抓取、主体分类、情感分析以及文档文摘等，有助于审计师发现更多的预测变量，从而提升模型的预测能力。

5. 流程挖掘技术

流程挖掘技术关注工作流程，通过分析活动日志，发现并改进流程控制中的缺陷。审计师可以通过活动日志提供的综合管理机制，对所有可获得数据进行分析。在此基础上，审计师可以开发更加有效的舞弊识别模型，从而更好地识别内部舞弊风险，揭示分析程序中的异常交易。

6. 深度神经网络技术

深度神经网络技术广泛用于复杂的过程分析，如消费者需求或股票市场预测、信用风险评估等。深度神经网络技术可以有效地处理和分析自然语言和非结构化文本数据。通过训练数据（如电子邮件、通话记录、社交媒体等），深度神经网络技术可以模仿人类的直觉，自动学习内部特征，并开发出一种无须人类开发的新的数据表示方法。深度神经网络技术可以应用于众多审计任务，如预测破产、评估客户财务重要性、制定审计计划等。

7. 计算机辅助审计技术

通过计算机辅助审计技术（ACL，IDEA等），审计师可以将数据分析贯穿到整个审计过程之中。通过创建强大的可视化仪表板，这些软件包能够标准化和精简关键审计分析功能，帮助审计师完成标准化的审计数据分析与风险评估、审计管理、异常识别以及问题追踪等综合性审计任务。

8. 区块链和智能合同

审计师应当对区块链和智能合同适当了解，例如分布式账本技术（DLT）等。

9. 机器人流程自动化

机器人流程自动化提供了可以自动处理业务流程的工具。审计师可能很快需要习惯于使用机器人流程自动化技术来完成日常的、可预测的且费时的任务，这将为他们提供更多的时间分析或解决其他问题。

案例分析

1. 结合本案例，分析信息化审计可以促进审计师审计能力有何提升。

分析要点：

（1）建立审计支持，提升审计效率。信息化审计可以建立涵盖经营管理活动全数据的数据化审计工作环境，为审计计划、方案、实施、报告等全过程提供数据支持，并进行全量数据分析、量化风险评估、自动生成审计任务矩阵，提高审计效率。

（2）信息化审计可以通过宏观分析查找审计总体高风险领域和重要领域、中观分析刻画审计单位特征和微观分析确定审计疑点和线索，实现审计的精准定位。

（3）信息化审计可以实现持续审计，建立审计问题分析模型，进行持续监控。

（4）信息化审计可以提升咨询能力，从以单个营业部为对象的常规审计转向以业务条线或风险事项为对象的专项审计，关注系统性、全局性问题，提升审计的广度和宽度。

2. 结合本案例，分析信息化审计中出现的新风险。

分析要点：

（1）数据采集和整理风险。数据采集风险主要体现在两方面：

1）对被审计单位的数据缺乏有效验证手段，数据完整性和真实性不能保证，只能通过后期的延伸调查核实部分数据的真实有效性。

2）采集数据的质量不高，大量的无效数据会严重影响数据分析的质量。此外，在采集被审计单位之外的数据，如网络媒体、社交网站数据等时，也存在较高的数据风险。

在数据整理方面，不少审计机关采集了多个行业领域的数据，但各个行业数据标准、数据格式不尽相同，即便是同一个行业，各机构使用的数据格式也参差不齐。在当前未统一审计数据标准表的情况下，数据整理难度较大，多领域的数据关联分析方法在实际应用过程中仍有较大难度。

（2）数据分析和使用风险。数据分析风险主要体现在审计师的分析思路和分析方法上。

审计师在业务不熟悉、数据建模能力不强的情况下，在实际分析中容易出现逻辑错误，造成数据分析结果偏差。

在数据使用方面，受到数据真实性、完整性和数据表逻辑关联等因素影响，数据分析结果往往与实际情况存在较大偏差。

（3）数据管理风险。数据管理风险主要表现为数据在存储、传输过程中出现丢失、泄密、销毁等情况。

审计采集数据涉及诸多行业的信息，数据遗失、泄密将给相关单位造成损失。

数据管理风险最主要的还是来自数据存储设备的管理，如审计师的计算机及移动存储介质等发生遗失、机房设备防灾能力不强、数据网络加密不足等。

3. 结合本案例，分析信息化审计的特征。

分析要点：

（1）审计对象从账目系统变成了电子数据。在进行数据采集时，深入被审计单位计算机信息系统的底层数据库，获取更多、更广泛的内部数据，通过对这些数据的分析处理，并结合从相关单位和部门采集的外部数据的关联分析，在数据审计方式下，审计师面对的不再是纸质环境下的会计账簿，也不是电算化环境下的电子账套，而是将被审计单位的计算机信息系统及其处理的电子数据作为直接的审计对象。

（2）扩大了审计范围和审计内容。大量的业务数据和外部数据，只要与审计有关，审计师都可以将其作为数据采集的对象。包括账目系统中所反映的传统账务信息和财务数据所反映的其他财务信息，还包括业务数据所反映的非财务信息，以及财务数据和业务数据组合、内部数据和外部数据组合所反映的综合信息。

（3）审计方法从查账变成了数据分析。早期的手工审计下，重复执行会计人员的核算过程，用详查法验证簿记的正确性。

建立在概率论和数理统计原理之上的审计抽样技术，通过对样本的审查测试来实现对总体的监督和评价。测试法逐步取代详查法，成为审计的核心方法。从簿记审计到测试审计，审计方法发生了实质性的变化，产生了真正意义上的现代审计。

在信息化背景下，审计师面对的主要问题已不再是选择测试法还是详查法，而是如何对信息系统中的数据进行有效的分析，分析性测试的对象是会计信息，这些信息具有特定的格式和确定的内容，对其只能进行有限的再利用。目前数据分析的对象是数据库中的底层数据，可以直接对其进行各种数据处理，形成满足审计目标的多种多样的信息。

（4）采用新型审计技术。可选择的新型审计技术有：可视化技术、分类/回归技术、关联分析技术、文本挖掘技术、流程挖掘技术、深度神经网络技术、计算机辅助审计技术、区块链和智能合同、机器人流程自动化。

1.7 审计市场供求与审计期望差距实训项目

实训目的

了解审计市场供给和需求现状，探究审计市场供求矛盾的根源，理解审计期望差距。

实训内容

实地调查一家或两家会计师事务所审计市场的供给和需求现状，思考以下问题：

1. 目前会计师事务所的审计需求动因主要是什么？
2. 目前会计师事务所的审计质量决定因素是什么？
3. 目前会计师事务所的审计收费如何？
4. 目前会计师事务所的审计任期最长是多少？不同性质的公司（上市公司与非上市公司、国有大型企业与私营小企业）决定审计任期的因素有什么不同？
5. 为什么随着市场经济的发展，审计期望差距越来越大？

实训要求

1. 学生分成实训小组，利用假期走访会计师事务所，实地调查访谈。
2. 学生在实地调查访谈的基础上，归纳会计师事务所的审计需求动因，与所学理论和知识相比，理解审计需求的“警察理论”“信息理论”“代理理论”“受托责任理论”“保险理论”“冲突理论”的产生背景与适用性。

3. 每个实训小组根据调查走访的结果，利用头脑风暴方式讨论产生审计期望差距的原因以及如何弥补期望差距。

4. 实训小组在调查研究的基础上，把调查走访的内容以及讨论研究的成果撰写成实训报告，提交给老师。

实训指导

1. 组织实训的流程。

学生设计调查问卷，走访会计师事务所，实地调查访谈，用图表列示出现实中的审计需求与供给；实训小组讨论现实中审计需求与供给的表现及其影响因素，并与理论学习的相关理论联系起来；利用头脑风暴方式讨论产生审计期望差距的原因以及如何弥补期望差距；把讨论问题和达成的共识形成 PPT，在课堂上陈述；其他学生和老师提问；老师归纳总结并点评。

2. 实训中的注意事项。

(1) 防止“搭便车”的学生。要求实训小组的所有成员在完成实训项目中都有自己的贡献和收获，“搭便车”问题主要通过实训小组展示参与实训人员安排，以及学生和老师提问，让实训小组的每个成员都有机会回答问题等方式来防止。

(2) 防止问题思考不深入。引导学生运用所学理论解释现象，深入探究原因及其制度背景、社会背景和技术背景。

第 2 章

Chapter 2 审计业务的承接

2.1 业务承接时的风险评估案例[①]

案例分析目的

通过阅读案例资料，了解注册会计师承接业务时如何初步评估风险，以控制业务承接时的风险。

案例资料

ABC 公司是上市公司，华兴会计师事务所审计了 ABC 公司 2015 年度财务报表，并出具了无保留意见的审计报告。2016 年 6 月 1 日，ABC 公司拟聘请今明会计师事务所审计其 2016 年度财务报表。

今明会计师事务所在接受业务委托前与华兴会计师事务所进行了沟通。华兴会计师事务所告知，ABC 公司 2015 年末持有的可供出售金融资产发生大幅减值，建议计提相应的减值准备。ABC 公司管理层以 2015 年度经营业绩不佳为由拒绝调整，并以解聘相威胁。由于华兴会计师事务所坚持要求调整，ABC 公司最终接受了审计调整建议。

今明会计师事务所的注册会计师获取并阅读了 ABC 公司 2015 年已审和 2016 年未审的合并财务数据，部分内容摘录见表 2-1。

---

① 改编自中国注册会计师全国统一考试“审计”试题。

表 2-1　ABC 公司 2015 年已审和 2016 年未审的合并财务数据　单位：万元

项目	2016 年（未审数）			2015 年（已审数）		
	A 产品	B 产品	其他产品	A 产品	B 产品	其他产品
营业收入	3 000	6 000	14 000	0	5 000	118 000
营业成本	2 000	5 700	111 000	0	4 600	90 000
存货						
账面余额	180	600	30 000	0	500	23 000
减：存货跌价准备	0	0	0	0	0	0
账面价值	180	600	30 000	0	500	23 000
固定资产						
成本	298 000			265 500		
减：累计折旧	177 200			154 700		
减：减值准备	120 400			110 400		
商誉——购入乙公司形成	600			0		
预付款项						
基本广告服务费	20			0		
追加广告服务费	100			0		
年末余额	120			0		
应付职工薪酬	6			5		
预计负债——产品质量保证	100			90		
销售费用——运输费	120			0		

注册会计师了解到 ABC 公司经营及其所处环境状况如下：

（1）2016 年初，ABC 公司董事会决定将每月薪酬发放日由当月最后一日推迟到次月 5 日，同时将员工薪酬水平平均上调 10%。ABC 公司 2016 年员工队伍基本稳定。

（2）2016 年下半年，受金融衍生品投资失败的影响，ABC 公司主要竞争对手之一甲公司（非 ABC 公司的关联公司）及 ABC 公司的全资子公司——乙公司均陷入财务困境。为取得乙公司的机器设备，ABC 公司于 2016 年 8 月 31 日与乙公司签订协议，以 1 亿元购入其所持乙公司的全部股权。按照协议约定，乙公司于 2016 年 9 月 30 日遣散了全部员工，并向 ABC 公司移交了全部资产和负债。ABC 公司于 2016 年 10 月将乙公司的全部机器设备和存货转移到 ABC 公司下属的生产基地，并对设备进行了重新安装，同时向乙公司派出新的管理团队和员工，乙公司转而负责 ABC 公司部分产品的销售。

（3）2016 年 9 月 1 日，ABC 公司与丙公司签订协议，自当月起，由丙公司为 ABC 公司于 2016 年第四季度投放市场的一款新产品——A 产品提供为期 12 个月的广告服务。ABC 公司于 2016 年 9 月 1 日向丙公司预付 6 个月的基本广告服务费，每月 10 万元。另外，按照协议约定，ABC 公司于每月末按当月 A 产品销售收入的 5%向丙公司另行支付追加广告服务费。

(4) 自2016年11月起，ABC公司将主要产品交货方式由在ABC公司仓库交货，改为运至客户指定交货地点交客户签收，但客户需承担公司因此而发生运费的80%。

(5) 2016年末，有网民称ABC公司生产的B产品中有害化学成分的含量较高，会对消费者健康造成不良影响。ABC公司随即发表声明，称B产品中的有害化学成分含量没有超出现行安全标准，并公布了国家有关部门的检测报告。但网络调查显示，仍有超过半数的网民对B产品的安全性表示担忧。

通过实施初步业务活动，今明会计师事务所决定接受业务委托。今明会计师事务所接受业务委托后，ABC公司对今明会计师事务所提出了以下四项要求：

第一，负责审计项目的合伙人在接受业务委托后至完成业务前，参加ABC公司召开的各次董事会会议。

第二，审计开始前，今明会计师事务所指派一名审计项目组以外的员工为ABC公司编制2016年度财务报表。

第三，审计过程中，适逢ABC公司招聘高级管理人员，注册会计师需要对可能录用人员的证明文件进行核查，并就是否录用形成书面意见。

第四，审计过程中，注册会计师需要协助ABC公司制定财务战略。

案例分析

1. 结合本案例资料，分析今明会计师事务所在决定接受业务委托前，应当考虑哪些主要事项。

分析要点：

今明会计师事务所在决定接受业务委托前，应当考虑的主要事项包括：

(1) 注册会计师的专业胜任能力和独立性，如注册会计师是否具备审计衍生金融工具和公允价值计量的能力等。

(2) ABC公司管理层的诚信，如ABC公司高管人员曾以2015年度经营业绩不佳为由拒绝采纳华兴会计师事务所的调整建议，并以解聘相威胁。

(3) ABC公司的声誉和形象，如ABC公司的B产品安全性引起人们的疑虑。

(4) ABC公司的会计实务，如ABC公司是否积极遵守公认的财务报告框架，其财务报表能否合法、公允地反映公司的财务状况和现金流量。

(5) ABC公司的财务状况，如ABC公司是否存在影响持续经营的情况，是否盈利等。

(6) 与前任注册会计师讨论如下内容：更换注册会计师的原因，前任注册会计师与管理层发生冲突的性质，重要风险领域的确定，在欺诈、违法行为和内部控制等方面与客户交流的情况，沟通获取前一年度相关审计工作底稿。

2. 针对注册会计师了解到的ABC公司经营及其所处环境状况的事项

（1）至事项（5），结合ABC公司2015年已审和2016年未审的部分合并财务数据，假定不考虑其他条件，逐项指出所列事项是否可能存在重大错报风险。如果认为可能存在，简要说明理由，并说明该风险主要与哪些账务报表项目（仅限于营业收入、营业成本、存货、固定资产、商誉、预付款项、应付职工薪酬、预计负债和销售费用）的哪些认定相关，进一步讨论针对不同的认定，审计时应当考虑采取何种审计程序控制该风险最有效（至少列示一个审计程序）。

分析要点：

事项（1）可能存在重大错报风险。考虑到应付职工薪酬在资产负债表日要比年初数多出一个月的金额，且薪酬增长达10%，总体应付职工薪酬年末数应当远远大于年初数。而被审计单位账面仅有少量余额，与上年年末余额很接近，可能存在重大错报风险。该风险与应付职工薪酬的完整性、计价与分摊相关。考虑设计的有效审计程序是：根据不同类别员工的薪酬标准和平均人数，估算2016年度应计提的员工薪酬，与2015年度实际计提的金额进行比较。

事项（2）可能存在重大错报风险。考虑到乙公司陷入财务困境，ABC公司合并乙公司时，形成商誉的可能性极小。该风险与无形资产——商誉的存在性相关。考虑设计的有效审计程序是：检查ABC公司合并乙公司的会计处理。

事项（3）可能存在重大错报风险。根据ABC公司与丙公司签订的协议，ABC公司于2016年9月1日向丙公司预付6个月的基本广告服务费，每月10万元。基本广告服务费年末余额应为30万元。ABC公司于每月末按当月A产品销售收入的5%向丙公司另行支付追加广告服务费，年末追加广告服务费不应当有余额。该风险与预付账款的存在性相关，与销售费用的完整性相关。考虑设计的有效审计程序是：检查ABC公司与丙公司签订的协议及其款项支付的原始凭证。

事项（4）不存在重大错报风险。

事项（5）可能存在重大错报风险。虽然甲公司否认该事项，但网络调查显示，仍有超过半数的网民对B产品的安全性表示担忧，相关产品销售会因此受到影响，有减值风险。该风险与存货的计价与分摊相关。考虑设计的有效审计程序是：计算年末存货的可变现净值（包括参考资产负债表日后的销售情况），与存货账面价值比较，检查存货跌价准备的计提是否充分。

3. 逐项分析ABC公司提出的四项要求会不会影响注册会计师的审计独立性。如果会影响，今明会计师事务所应当采取哪些防范措施。

分析要点：

第一项要求不会影响审计独立性，因为负责审计项目的合伙人在接受业务委托后至完成业务前，参加ABC公司召开的各次董事会会议，可以方便注册会计师了解和评价公司的风险。

第二项要求会影响审计独立性，因为这样会产生注册会计师自我复核的风险，且根据规定，注册会计师不能为属于公众利益实体的审计客户提供编制财务报表的服务。今明会计师事务所应当拒绝承接为ABC公司编制2016年度财务报表的服务。

第三项要求会影响审计独立性，因为根据规定，对于属于公众利益实体的审计客户而言，招聘董事、高级管理人员，或所处职位能够对客户会计记录或被审计财务报表的编制实施重大影响的高级管理人员，会计师事务所不能提供对可能录用的候选人的证明文件进行核查的服务。今明会计师事务所应当拒绝承接为ABC公司提供对可能录用的候选人的证明文件进行核查的服务。

第四项要求会影响审计独立性，因为协助制定公司的财务战略属于承担公司的管理层职责，审计是不能代行公司的管理层职责的。今明会计师事务所应当拒绝在审计过程中协助ABC公司制定公司的财务战略。

2.2 审计业务的承接案例

案例分析目的

通过阅读和分析案例资料，了解决策是否承接审计业务应考虑的因素，掌握如何对业务承接进行质量控制，如何考虑利用其他专家的工作。

案例资料

2017年2月3日，信勇会计师事务所的注册会计师章凡接到妻子的电话，说她弟弟李杰开办了专门收购和买卖古董字画的ABC文化贸易公司，2016年度的财务报表拟委托会计师事务所审计，正在寻找合适的会计师事务所，希望章凡能够承接对ABC文化贸易公司财务报表的审计。章凡觉得，一方面受妻弟所托，另一方面也是一个开拓新客户的机会，于是非常爽快地答应了，并于2017年2月6日亲自带领审计小组到ABC文化贸易公司实施审计。

ABC文化贸易公司属于民营公司，开业5年来业务发展很好，但从没有接受过注册会计师审计。注册会计师章凡是信勇会计师事务所的合伙人之一，业务专长是对工业企业，尤其是国有工业企业进行财务报表审计。

案例分析

1. 结合本案例讨论注册会计师承接业务时应当考虑的因素。

分析要点：

注册会计师承接业务时应当考虑的因素主要有以下两个：

一是事务所及其注册会计师的独立性及胜任能力。由于信勇会计师事务所注册会计师章凡与ABC文化贸易公司管理层存在关联关系，且注册会计师章凡的业务专长是对工业企业，尤其是国有工业企业进行财务报表审计，如果让章凡担任该业务的项目经理，其独立性和胜任能力可能存在问题。

二是被审计单位的诚信、声誉和形象、会计实务、财务状况和盈利情况。ABC文化贸易公司属于民营公司，开业5年来业务发展很好，但从没有接受过注册会计师审计，且其业务属于收购和买卖古董字画的特殊业务，这些特殊性要求应当体现在委派注册会计师以及关注会计实务特殊风险等方面。

2. 指出本案例中承接业务时存在的不当之处。

分析要点：

本案例中委派章凡作为ABC文化贸易公司的审计项目负责人不恰当，其原因是信勇会计师事务所注册会计师章凡与ABC文化贸易公司管理层存在关联关系，且注册会计师章凡的业务专长是对工业企业，尤其是国有工业企业进行财务报表审计，如果让章凡担任该业务的项目经理，其独立性和胜任能力可能存在问题。

3. 就信勇会计师事务所如何承接业务（包括承接业务的质量控制、创建业务、签订业务约定书等）提出建议。

分析要点：

（1）在综合考虑注册会计师胜任能力和独立性的基础上，建议章凡回避，委派能够胜任收购和买卖古董字画的特殊业务审计的注册会计师承担该项审计业务。

（2）了解和评价审计收购和买卖古董字画的特殊业务的风险，必要时聘请专家一起工作。

（3）在签订业务约定书时，需要与被审计单位沟通，对审计时间、利用其他专家以及被审计单位提供的相关资料等方面作出详细约定，以保证审计工作的顺利进行。

4. 讨论信勇会计师事务所决定承接该业务后应当如何评估利用专家工作。

分析要点：

在利用专家工作时，注册会计师应当获取充分、适当的审计证据，以确保专家的工作可以满足审计的需要。具体而言，注册会计师应当实施以下程序：

（1）在确定是否利用专家工作时，考虑专家工作涉及项目的性质、复杂程度和重大错报风险，是否可获取其他审计证据以支持审计结论，以及项目组成员是否具有相关的知识和经验；

（2）在计划利用专家工作时，对专家的独立性和胜任能力进行评价，并考虑专家的工作范围是否可以满足审计的需要；

（3）在将专家的工作结果作为审计证据时，评价专家工作的适当性。

2.3 挪用贷款的舞弊事件案例

案例分析目的

通过阅读和分析案例资料，理解“舞弊三角”，掌握如何建立有效的控制识别机制防止舞弊，熟悉识别、评估和应对舞弊的程序。

案例资料

ABC公司是一家从一个小饭店发展而来的集餐饮、旅游和度假于一体的集团公司，拥有12家连锁酒店，几年的大发展使得董事长张英拥有上亿元的资产，并受到政府的重视，2012年当选为人大代表。当选为人大代表后，张英准备引导集团公司以更快的速度发展，因而急需资金。为此，ABC公司引进了一些专门人才，如把当地工商银行行长的儿子李明招募到公司，委任为副总经理，专门负责融资事项。

21岁的李明刚从名牌大学毕业就被委任为副总经理，踌躇满志。当公司急需一笔资金用于度假村的建设时，李明利用与银行负责信贷的处长的关系（该处长从小看着李明长大），成功地为ABC公司拿到了一笔贷款，解决了公司发展急需的资金，为此获得公司重金奖励。董事长张英也更加器重李明，赋予他更大的职权，李明的融资活动直接报董事长核准即可。

李明的父亲对他要求特别严厉，尤其是在钱财上，因此李明获得重金奖励后没敢对父亲说，还在其女朋友赵芳的协商下成立了晋美公司，由赵芳负责经营。几年下来，由于晋美公司规模较小，大业务无法开展，小业务不屑于开展，经营状况一直不好，赵芳总嚷着要扩大规模发展才有利可图。2016年2月，ABC公司在对外扩张时又遇到了资金瓶颈，董事长指示李明为公司申请6亿元贷款，李明费了好大劲终于申请到。就在办理贷款事宜时，董事长张英根据公司情况，指示李明ABC公司只贷3亿元即可。李明对此非常生气，认为一般人不可能一下子为公司申请到6亿元贷款，他花费了许多心思和精力，最后变为贷3亿元，太可惜了。在与女朋友赵芳见面时，赵芳看到李明不高兴，就问及原因。在李明告知事情的原委后，赵芳劝李明宽心，说：“别生气了，他们不用那么多贷款，我们公司用，我们手边正好有大客户，由于资金不足不敢接呢。”赵芳的一句话让李明似乎想起了什么，说：“对呀，3亿元贷款可以给晋美公司使用，待晋美公司走出困境再还上不就可以了嘛！”于是，李明以ABC公司的名义精心准备了两份贷款协议，在董事长张英准备参加人大会议的前一刻钟拿出协议让他签名，解释说应银行方面的要求，需要把 3 亿元的款项分两次贷出，所以要签两份协议。张英连看都没看，签上名就开会去了。李明办妥了 6 亿元的贷款后，让银行直接把 3 亿元贷款打到晋美公司的账上。

一年过去了，一切照旧。但 ABC 公司由于近年来投资到高级楼堂馆所的资金多，而且建设期长，造成利润下滑，许多贷款无法按期支付利息。银行方面派专人到 ABC 公司了解贷款的偿还能力时，李明正好到广州出差，顺便旅行结婚度蜜月。董事长亲自接待了银行方面的人，贷款 6 亿元被挪用 3 亿元的事情暴露出来。事后，李明被起诉，受到了应有的处罚。

案例分析

1. 结合本案例，理解并分析“舞弊三角”。

分析要点：

舞弊三角理论是由美国舞弊会计学家史蒂夫·阿尔布雷克特（W. Steve Albrecht）于 1995 年提出的。他认为，舞弊三角的三个顶点分别是压力、机会和自我合理化，舞弊是压力、机会和自我合理化的综合结果。压力是舞弊者的行为动机，可分为财务压力、恶习、与工作有关的压力、其余压力四种；机会是能够进行舞弊而不被发现或者不被惩罚的时机，包括缺乏控制措施、无法评价工作质量和绩效、缺乏惩罚措施、信息不对称、无能力察觉舞弊行为、无审计轨迹等；自我合理化是指舞弊者能够为自己的行为找到合理的理由，是个人的道德价值判断。AICPA 的 SAS No. 99 根据舞弊三角理论提出了舞弊风险因素的三个方面，即动机/压力（incentive/pressure）、机会（opportunity）和对舞弊态度行为的合理化解释（自我合理化）（attitude/rationalization）。

在识别公司是否存在舞弊行为时，应当从“舞弊三角”的三个方面来寻找公司舞弊的迹象。在本案例中，李明舞弊的压力主要来自他和女朋友对物质的追求和晋美公司的发展。李明舞弊的机会在于 ABC 公司内部控制机制的不完善和不合理。董事长张英因李明与银行方面的关联关系而器重李明，赋予他较大的职权，李明的融资活动直接报董事长核准即可，这种投融资控制缺失为李明舞弊提供了机会。李明舞弊的合理化解释表现在他认为费尽心思争取到的融资不应当浪费。

2. 分析 ABC 公司应该建立什么样的内部控制制度，以防止李明之流犯罪。

分析要点：

（1）适当授权控制。对于投融资活动，应当建立严格授权控制，未经授权不能进行投融资活动；超出一定授权范围的投融资活动，应当由董事会集体讨论决策。

（2）重大事项的内外监控制度。

（3）重大投融资活动的集体讨论决策制度。

3. 结合本案例，讨论注册会计师应当如何识别和评估舞弊风险。

分析要点：

识别和评估舞弊风险关系到审计的成败。为了获取用于识别舞弊导致的财务报表重大错报风险所需的信息，注册会计师应当实施的审计程序包括：

（1）询问被审计单位的管理层、治理层以及内部的其他相关人员，以了解管理层针对舞弊风险设计的内部控制，以及治理层如何监督管理层对舞弊风险的识别和应对过程。注册会计师在询问被审计单位的管理层、治理层以及内部的其他相关人员时，虽应注意询问的技巧，但也应清醒地认识到：1）直接提出舞弊风险问题是注册会计师专业责任的组成部分；2）向被审计单位的管理层、治理层以及内部的其他相关人员询问舞弊事项不是为了得到精确的答案；3）被询问者推诿或不明确的答复可能使注册会计师产生疑问；4）管理层往往期待与注册会计师分享他们所关注的事项并提出建议的机会。

（2）考虑是否存在舞弊风险因素。注册会计师应当运用职业判断，考虑被审计单位的规模、复杂程度、所有权结构及所处行业等，确定舞弊风险因素的相关性和重要程度。

（3）考虑在实施分析程序时发现的异常关系或偏离预期的关系。注册会计师实施分析程序有助于识别异常的交易或事项，以及对财务报表和审计产生影响的金额、比率和趋势。这些异常情况的出现可能表明存在舞弊导致的重大错报风险，注册会计师应当加以考虑。在实施分析程序时，注册会计师应当预期可能存在的合理关系，并与被审计单位记录的金额、依据记录金额计算的比率或趋势进行比较。如果发现异常关系或偏离预期的关系（如出现显著高于同期同行业平均利润率，或者缺乏合理基础的大幅扭亏以及过快的利润增长等现象），注册会计师应当在识别舞弊导致的重大错报风险时考虑这些比较结果。

（4）考虑有助于识别舞弊导致的重大错报风险的其他信息。注册会计师应当考虑在了解被审计单位经营及其所处环境状况时获取的其他信息，并分析这些信息是否表明被审计单位存在舞弊导致的重大错报风险。其他信息可能来源于项目组内部的讨论、客户承接或续约过程以及向被审计单位提供其他服务所获得的经验。从这些渠道获取的某些信息可能表明被审计单位存在舞弊导致的重大错报风险，注册会计师应当对其加以考虑。

2.4 客户期望的满足与超越案例

案例分析目的

通过阅读和分析案例资料，了解为什么注册会计师要满足并超越客户期望

(exceeding client expectations everyday，ExCEED)，掌握注册会计师应当如何了解客户的期望，如何满足并超越客户期望。

案例资料

随着市场经济的发展及审计市场竞争的加剧，企业对会计师事务所的期望越来越高，且普遍认为事务所提供的简式审计报告越来越不能满足其需求。下面是一位注册会计师和某企业财务总监的对话：

财务总监："审计报告有固定的格式，从审计报告本身看不出质量的高低，但为什么你们事务所的收费远远高于其他会计师事务所?"

注册会计师："审计报告本身的质量高低是以事务所的信誉为支撑的，由信誉高的事务所提供的审计报告有助于公司声誉的提升，所以跨国公司的审计业务一般会委托著名的国际会计公司来完成。况且，我们不仅仅是对贵公司财务报表的合法性和公允性提供鉴证意见，还从有助于改进客户经营业绩、提高服务质量等方面出发，为贵公司提供'客户价值行动计划'，以满足并超越贵公司的期望。"

财务总监："满足并超越我们的期望？你们了解我们的期望吗？我们期望你们能对我们的危机管理提供意见，期望能够合理节税，期望在并购重组中以最低成本取得效果，期望企业内部减少资产损失和被盗，期望按照有利于公司发展的思路来处理会计账簿并反映在报表上……这些期望你们都能满足吗？如果你们想满足并超越我们的期望，是否会影响审计的独立性？请详细谈谈你们的具体做法。"

注册会计师："啊！……"

案例分析

1. 针对本案例中财务总监的期望，谈谈你对满足并超越客户期望的看法。

分析要点：

注册会计师要满足并超越客户期望，仅仅具备审计、会计知识是不够的，但也不能超越注册会计师的职责范围，尤其不能违背注册会计师的职业道德。

本案例中财务总监期望注册会计师能够对企业的危机管理提供意见，能够合理节税，在并购重组中以最低成本取得效果，企业内部减少资产损失和被盗，按照有利于公司发展的思路来处理会计账簿并反映在报表上……这些期望和要求从被审计单位的角度看并不过分，也是应当满足的，关键在于注册会计师要按照职业职责和职业道德的要求，研究应当拥有什么样的知识、技能和切入点来满足并超越客户的期望，这不仅为注册会计师开拓业务指明了方向，也对注册会计师提升专业水平提出了新的要求。

2. 阐述如何才能满足并超越客户期望。

分析要点：

注册会计师在了解客户动态的期望后，只有符合以下条件，才能满足并超越客户期望（如图2－1所示）。

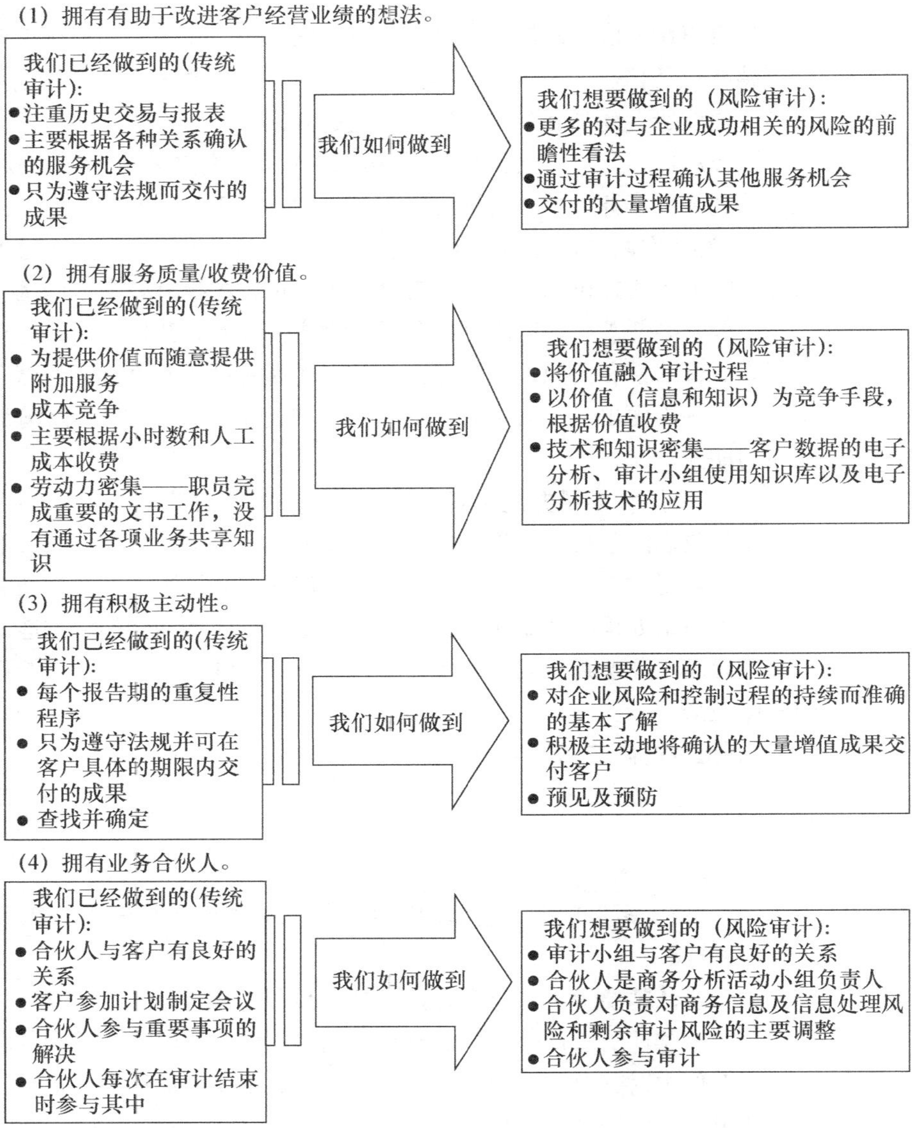

图2－1　从传统审计到风险审计

3. 分析在风险审计中满足并超越客户期望，注册会计师可能为客户提供哪些成果。

分析要点：

(1) 审计中了解到的企业内部控制和风险管理方面存在的问题及其完善

建议；

（2）审计中了解到的企业的发展机会；

（3）审计中了解和注意到的企业组织结构、管理体系方面存在的问题及其建议；

（4）审计中注意到的企业存在的舞弊和违反法规行为。

4. 讨论如何了解客户的期望。

分析要点：

满足并超越客户期望是一个持续提高客户满意度的过程，注册会计师为客户提供审计业务，需要不断为客户提供超越审计预期的价值，协助客户在国际市场上获得成功，以持续地提高客户满意度。在实务中，ExCEED过程是对管理层的期望值作出积极反应并交付高价值的信息和知识，以帮助客户改进其经营业绩的过程。

在业务承接阶段，审计小组与客户进行讨论以了解客户的期望，并据此制定后续的行动步骤（客户价值行动计划（CVAP）），实施并将其记录在底稿中，以确保在审计过程中恰当地满足并超越客户的期望。

满足并超越客户期望的做法有：

（1）与购买注册会计师服务的所有主要客户就注册会计师工作过程和提交的材料进行沟通；

（2）就客户期望和行动计划达成一致；

（3）将客户期望结合到审计过程中；

（4）将客户期望引至相关领域，为客户提供非审计业务，从而将事务所与竞争者区分开来。

2.5　纵横国际的事务所更换案例

案例分析目的

通过阅读案例资料和上网查找相关信息，了解中国证券市场上更换会计师事务所的情况，进一步思考和掌握后任注册会计师应如何评价、处理才能承接审计业务，更换事务所时前后任注册会计师应当注意什么。

案例资料

一、纵横国际的违法行为

南通纵横国际股份有限公司（以下简称纵横国际）由江苏省技术进出口公司（以下简称江苏技术公司）对南通机床股份有限公司（集团）（以下简称南

通机床）重组更名而来。1998 年，江苏技术公司入主南通机床进行重组时，引入了新项目——割草机产品，当年该产品为纵横国际贡献了大量利润并使之实现扭亏为盈，随后纵横国际推出了 10 送 10 的分配方案。2000 年 5 月 16 日，作为重组股的典型，纵横国际获准增发 5 000 万股 A 股，从证券市场融资 6.6 亿多元，公司经营范围进一步扩大，除割草机和数控机床产品外，还涉足石英电子、软件和远程教育行业。1998—2000 年，公司业绩连续三年处于飙升状态：分别实现主营业务收入 18 547 万元、23 106 万元和 40 592 万元，净利润分别为 1 646 万元、6 364 万元和 9 008 万元。

当一些上市公司开始披露 2002 年半年报的时候，纵横国际的 2001 年年报在屡遭上海证券交易所谴责的情况下，一直拖到 2002 年 7 月 18 日才公布，成为沪深股市最后一家公布 2001 年年报的公司。

中国证券监督管理委员会 2004 年 7 月 27 日发布的处罚公告（证监罚字〔2004〕26 号）中，查明纵横国际 2000 年存在如下违法行为：

1. 虚构 2000 年合并报表利润 7 762.4 万元。

（1）纵横国际在 2000 年年报中，提前将 2001 年南通市财政局划拨的 1 320.39 万元财政补贴收入和税款返还确认为 2000 年度收入，虚构当年利润 1 320.39 万元。

（2）纵横国际参股公司镇江长江饲料有限公司（以下简称长江饲料）将镇江市下属财政部门 2000 年 12 月给镇江龙山集团有限责任公司的 1 000 万元补贴资金计入本公司当年补贴收入，导致纵横国际虚构合并报表利润 420 万元。

（3）纵横国际虚构 2000 年割草机内销收入 2 616 万元，虚构利润 941.8 万元。另外，纵横国际与北京北方东宝建筑材料有限公司、深圳运纬达机床贸易有限公司（以下简称深圳运纬达）、广东金星园林机具有限公司等之间的销售关系是代销而非经销，纵横国际的总会计师庄秀文却将此代销关系认定为经销并以此确认销售收入。2000 年上述三家公司实际代销了 196 台割草机，纵横国际的账面销售记录却是 872 台。由此，纵横国际虚构割草机销售收入 663 万元，虚构利润 238.7 万元。

（4）虚构数控机床销售收入。2000 年 12 月，为完成董事会安排的销售任务，在纵横国际董事兼总经理徐鲁萍的同意下，庄秀文要求纵横国际的财务人员向深圳运纬达开具 5 台数控机床的销售发票，并确认销售收入 382.05 万元。2001 年，纵横国际又通过南通威特机械有限公司开票将上述 5 台数控机床从深圳运纬达购回自用。事实上，这 5 台数控机床在 2000 年度从未出过纵横国际的仓库。由此，纵横国际虚构 5 台数控机床的销售收入 382.05 万元，虚构 2000 年利润 179.51 万元。

（5）虚构加工费收入。2000 年 12 月，在庄秀文的安排下，纵横国际通过向全资子公司南通扬帆贸易有限公司和南京波尔新技术产业有限公司（以下简称南京波尔）虚开零件委托加工费发票，虚构对上述两家公司的两笔加工费417万元，由此虚构利润417万元。

（6）虚构控股子公司软件销售收入。2000年末，为满足纵横国际提出的迅速提高利润的需要，在纵横国际控股子公司江苏省纵横同创软件有限公司（以下简称同创软件）原总经理宋小冬和原副总经理汤春平的安排下，同创软件通过与上海福欣科技有限公司（以下简称上海福欣）等9家客户签订虚假软件销售合同，虚构软件收入3 450万元，虚构利润3 450万元，纵横国际由此虚构2000年利润3 105万元（按合并报表的90%计算）。

（7）将尚未取得法定权属公司的利润并入纵横国际报表。2000年，纵横国际将尚未取得法定权属的深圳南星电子有限公司当年利润计入合并利润，虚构利润1 280万元。

（8）通过使子公司虚假减少应收款项从而少计提坏账准备来虚构利润。2000年12月31日，长江饲料通过开具循环本票，造成应收货款已回款的假象，冲减了对丹徒县龙山鳗业联合公司4 700万元的应收货款，使得2000年末少计提坏账准备235万元，虚构2000年利润235万元，从而虚构纵横国际2000年合并报表利润98.7万元（按投资比例的42%计算）。

2. 纵横国际在2000年年报中对增发募集资金使用情况等进行虚假披露。

纵横国际在其2000年年报中对增发募集资金使用情况披露如下："截至2000年12月31日，本次募集资金30 783万元已投入使用，部分项目已取得良好的经济效益。尚未使用的募集资金35 275.92万元全部存放于银行募股专用账户之中。多募资金5 576.92万元，截至2000年12月31日，本公司尚未对此作出安排。"纵横国际实际上并未将上述尚未使用的募集资金存放在银行募股专用账户中，而是将大部分募集资金进行账外运作。纵横国际对此披露不实，具体情况如下：

（1）2000年5月，纵横国际将3.8亿元募股资金划拨到纵横国际在南京新开立的4个银行账户中，除2000年6月和12月有1 900万元划回在南通的银行账户外，其余3.6亿余元仍留在纵横国际在南京开立的8个银行账户（后又新开立4个账户）中。上述3.6亿余元资金中，有21 753万元被用作定期存单质押。

（2）2000年，纵横国际从在南京的各银行账户划往南京波尔的资金累计达11.77亿元，南京波尔连同自己的资金累计12.53亿元投入3家证券公司的3家营业部，其中南方证券南京金陵营业部5.5亿元、银河证券汉中路营业部4.1亿元、国通证券南京营业部2.9亿元。

（3）纵横国际在2000年6月和8月，分别与南京波尔、上海福欣签订了额度为4亿元和1.5亿元的资金委托管理协议。上海福欣于同年8月、9月两次与申银万国客户资产管理总部签订协议金额合计1.5亿元的客户资产委托管理协议，委托其进行资产管理。

(4) 纵横国际在1999—2000年与江苏宏图高科技股份有限公司、江苏宏图电子信息集团有限公司、江苏技术公司等3家公司签订了3份总额为2.5亿元的互保协议及其协议项下的多份担保合同，但对上述担保行为未在2000年年报中披露。

二、前后任会计师事务所的更换

2002年5月21日，纵横国际发布公告提示："由于公司财务部门对会计师事务所出具的财务报告的内容存在诸多分歧，董事会尚不能对这些分歧作出判断，故财务报告未获通过，董事会无法按时披露公司2001年年度报告。"

2002年7月12日，纵横国际再次发布公告称，由于公司与深圳天健信德会计师事务所对其出具的公司2001年度财务报告存在诸多分歧，经多次沟通仍难以达成一致，经公司董事会研究，决定解聘深圳天健信德会计师事务所，另聘江苏天华大彭会计师事务所对公司年度财务报告进行审计。

2002年7月15日，江苏省注册会计师协会致函天华大彭，要求其充分征询各方意见，谨慎执业，抱着对行业、对社会公众负责的态度，独立、客观、公正地执行好对纵横国际的年报审计业务。

2002年7月18日，纵横国际终于披露了亏损额达2.38亿元的2001年年报，由于天华大彭会计师事务所出具了无法表示意见的审计报告，纵横国际同时被上交所作"ST"处理。

三、前后任会计师事务所的审计意见

纵横国际2001年年报前后任会计师事务所——深圳天健信德会计师事务所和江苏天华大彭会计师事务所都对纵横国际公司2001年年报出具了无法表示意见的审计报告。

1. 前任会计师事务所披露的事项。天健信德在向证监会陈述变更会计师事务所原因的"纵横国际主审注册会计师意见函"中指出，纵横国际财务报表存在以下问题：

(1) 制造销售收入。"贵公司及其子公司在2001年度发生的草地机械、部分机床和晶片产品大量退货所涉及的以前年度和2001年上半年的销售收入，以及贵公司2000年度的大部分加工费收入和贵公司下属子公司江苏省纵横同创软件有限公司于2000年度和2001年度的大部分软件销售收入，是贵公司管理当局通过编造销售合同、移库藏匿产品、虚开发票、虚构销售回款等手法形成的虚假收入，根据《企业会计准则》和《企业会计制度》的规定，应当作为重大会计差错进行追溯调整。"

(2) 控股股东占用上市公司募集资金。"在贵公司2000年度增发新股的募集资金到位后，贵公司控股股东——江苏省技术进出口公司（以下简称江苏技术公司）将数亿元人民币的募集资金划至南京，采取以贵公司及子公司的银行定期存款作质押或为贵公司担保的方式，用贵公司或江苏技术公司关联公司的名义，于2000年下半年和2001年获得银行借款数十笔，累计借款金额十几亿元人民币，该等银行借款的绝大部分被江苏技术公司划至其原子公司后占有，用于委托资产管理和证券买卖交易等活动。兹因贵公司管理当局藏匿银行单据和银行借款合同，贵公司开户银行对本所在2000年度审计时发出的询证函的回函及资金证明文件存在重大遗漏，未指明贵公司的银行定期存款已被质押，导致大股东占有募集资金及所产生的损益未能如实披露。而且，该等事项亦未经贵公司董事会、股东大会批准，违反了《中华人民共和国证券法》及贵公司章程的有关规定，贵公司管理当局未能提供可资审查的相关文件及资料，致使我们无法判断委托资产管理协议主体的合法性，也无法判断上述交易事项及其产生的损益是否已被正确记录并全部披露。”

（3）虚增存货。“贵公司生产环节的内部控制存在重大缺陷，日常生产成本核算不规范，影响了生产成本的归集与分配的合理性。同时贵公司管理当局在2000年度及以前年度的会计核算中刻意隐瞒重要成本资料，致使在产品成本不实，从而虚增了2000年度及以前年度的利润。根据《企业会计准则》和《企业会计制度》的规定，应当作为重大会计差错进行追溯调整。”

2. 后任会计师事务所披露的事项。天华大彭在所出具的无法表示意见的审计报告中称：

（1）纵横国际多年来成本核算不规范，在产品成本的潜亏为8 555万元，公司将此在产品潜亏全部计入2001年度主营业务成本，由于公司未保存历年的存货盘点表等资料，注册会计师无法确定各年度末存货实际成本，因而无法判断该重大差异对以前年度损益的影响程度。

（2）纵横国际存在账外资金运作情况，公司已将未入账事项补入相关会计科目并调整2000年度和2001年度财务报表，但注册会计师对该等账务的合法性、完整性无法确定。

（3）纵横国际2001年度调减了公司以前年度业已确认的主营业务割草机销售收入3 314万元、相关成本2 123万元，调减主营业务机床销售收入340万元、主营业务成本248万元，公司控股子公司同创软件2001年度调减了业已于上年确认的软件系统销售收入3 450万元。由于公司确认销售收入的内控制度存在严重缺陷，注册会计师无法验证公司以前年度销售对2001年度销售收入、成本和税金的影响。

（4）纵横国际账面价值存在不实现象，其中固定资产中职工宿舍计873万元已于1998年进行房改，却一直未作账务处理，压缩机270万元已销售而挂账未作处理，公司在2001年度计提资产减值准备及处理挂账资产9 733万元，注册会计师无法估计这些资产是否在2000年度末即需作处理。

（5）纵横国际对有关税收返还1 988万元已在2000年度及以前年度计入损益，此会计处理方法与财政部的相关规定不一致。

此外，注册会计师还表示，纵横国际在有关代销销售、对大股东及联营子公司等应收款项的可收回性等方面存在问题和不确定性。

3. 前后任会计师事务所披露意见的差异。对比天华大彭的无法表示意见的审计报告和天健信德的“纵横国际主审注册会计师意见函”，二者主要有以下差别：

（1）天健信德指出纵横国际及其子公司在2001年度发生的草地机械、部分机床和晶片产品大量退货所涉及的以前年度和2001年上半年的销售收入，以及该公司2000年大部分加工费收入及其子公司同创软件于2000年和2001年的大部分软件销售收入是纵横国际管理当局通过编造合同、移库藏匿产品、虚开发票、虚构销售回款等手法形成的虚假收入，根据制度规定，应作为重大会计差错进行追溯调整。但对于纵横国际在2001年年报中将以前年度确认的割草机收入3 314万元在2001年调减，天华大彭以“无法验证公司以前年度销售收入、成本和税金的影响”为由拒绝对此账务处理作出评价。但从2002年7月18日公布的纵横国际年报看，只有两笔重大会计差错。

（2）天健信德指出，纵横国际2000年度增发新股募集资金到位后，控股股东将数亿元人民币的募集资金划至南京，以纵横国际或大股东关联公司名义借款数十笔，累计借款金额十几亿元，这些银行借款大部分被大股东占有，用于委托理财和证券买卖交易等活动，但天华大彭只以“存在账外资金运作情况”对此问题在审计意见中一笔带过。从财务报表附注中可知，纵横国际管理当局仍坚持将大股东占用上市公司的募集资金说成两家公司间的流动资金往来。

（3）天健信德无法判断应收款项、存货、长期投资等资产的可收回价值，并据此确定资产减值可能造成的影响。天华大彭对此未提及。

（4）天健信德认为，纵横国际的持续经营能力存在重大的不确定性，管理当局也没有采取相应的改善措施。天华大彭的审计报告中未见对持续能力问题的任何说明。

案例分析

1. 结合本案例思考更换会计师事务所的原因，以及该如何处理。

分析要点：

更换会计师事务所的原因可能有：

（1）注册会计师与被审计单位对财务报表中的某些会计处理存在分歧；

（2）审计时间不能满足要求；

(3) 由于监管的需要进行的定期更换；

(4) 由于事务所或被审计单位关键人员的更换。

注册会计师应当特别关注变更会计师事务所的原因是否合理，以决定如何谨慎承接业务。

2. 纵横国际于 2002 年 7 月 12 日正式聘用天华大彭，7 月 18 日便公布财务报告，这不免让人怀疑天华大彭如何在短短 6 天内获取证据，出具无法表示意见的审计报告。对这个问题进行深层次分析，思考后任注册会计师应注意哪些事项，才能严格控制审计质量。

分析要点：

后任注册会计师应当关注以下事项：

(1) 更换会计师事务所的原因；

(2) 前任会计师事务所与管理当局发生冲突的性质；

(3) 事务所完成业务是否具备充分的时间和人员，事务所及其注册会计师是否具备胜任能力和独立性。

3. 说明为什么前后任注册会计师对同一公司同一事项的查证和判断会有所不同，前后任注册会计师存在分歧时应当如何处理。

分析要点：

如果前后任注册会计师对同一公司同一事项的查证和判断不同，其原因主要有：

(1) 注册会计师取得审计证据的程序不同；

(2) 注册会计师自身的执业能力和职业素质不同；

(3) 企业经济活动的发展变化。

当前后任注册会计师存在分歧时，建议被审计单位同前后任注册会计师进行沟通，必要时可召集三方座谈。

4. 讨论监管者对更换会计师事务所应持何种态度，应当如何监管。

分析要点：

虽然更换会计师事务所只是市场经济中的一种现象，但它向监管者传递的信息比较多，监管者可以以此为监管的切入点，建立会计师事务所更换备案制，密切关注购买审计意见的行为，并对后任会计师事务所完成审计工作加以适当指导。

2.6　审计业务承接实训项目

实训目的

通过让学生扮演 2.2 节案例中的相关人物，模拟其心理活动、对话和沟通的情景，对整个审计业务的承接有一个完整的印象，并可进行相关的实务操作。通过实训使学生了解承接审计业务的实务流程、签订审计业务约定书应当注意的事项，理解业务约定书中各要素的含义，掌握业务约定书的格式与编写的具体要求，培养学生的沟通能力。

实训内容

让学生结合2.2节中的案例资料，增加具有冲突性的情景，如章凡与妻子、妻弟以及事务所主任注册会计师之间因利益、角度不同而出现的矛盾，模拟案例中的相关人物，如注册会计师章凡、其妻子、其妻弟李杰、事务所主任注册会计师等，使学生了解审计业务承接过程中如何了解客户，如何对客户的信息进行综合分析，并对事务所的风险承受能力进行自我评估，从而决定是否承接该业务。

1. 与客户的业务委托人商谈，询问相关问题，了解客户业务特点。
2. 针对客户所在的行业和客户自身的情况进行审计风险分析，以决定是否承接业务。
3. 评价注册会计师自身的独立性。
4. 讨论审计的时间安排及审计收费与付款方式。
5. 告知客户的会计责任及应协助的工作。
6. 签订审计业务约定书。
7. 讨论审计业务约定书的特殊关注。

实训要求

1. 模拟案例中的相关人物，体会业务委托与受托关系中涉及的相关利益方的心理活动以及利益驱动。
2. 熟悉审计准则以及职业道德准则中对业务承接的要求和规定，再现违反准则规定承接业务可能招致的风险。
3. 收集当地经政府批准的会计师事务所审计的收费标准。
4. 每5人为一实训小组，扮演注册会计师章凡、其妻子、其妻弟李杰、事务所主任注册会计师以及质量监督检查人员（可以提问，也可以纠正其他人的说法）。
5. 仔细分析实训材料，熟悉事务所承接业务的一般流程，明确实验的基本要求。
6. 实训以现场表演方式进行，提交签字后的审计业务约定书以及承接业务的备忘录。

7. 撰写该项目的实训小结。

实训指导

1. 组织实训的流程。

熟悉实训的目标与要求；实训小组充分讨论注册会计师章凡、其妻子、其妻弟李杰、事务所主任注册会计师以及质量监督检查人员的角色特征以及心理活动；设计不同情节让不同的实训小组表演；老师点评并提问；学生回答问题并在丰富故事情节的基础上深入思考签约前的工作、签约的主要内容以及相关风险控制。

2. 实训中的注意事项。

(1) 设计不同情节要切合现实，例如，其妻弟李杰对审计项目的要求与一般目的的财务报表审计不一致时如何签约；签约双方对审计费用的分歧和争论；提议变更审计业务约定的沟通；签约时缺乏法定签字人；等等。

(2) 避免过于追求情节而忽视对规范的签约过程和签约内容的体现。审计业务约定书签署过程也是评估项目风险和业务人员风险的过程，需要规范；审计业务约定书属于法律文书，其内容必须规范且符合法律要求。

2.7　舞弊风险识别和评估实训项目

实训目的

通过让学生阅读实训材料，学会通过询问从特殊事项、财务报表信息中识别出舞弊信号，然后评估舞弊风险，评估舞弊导致的报表重大错报，并编制相应的审计工作底稿。

实训资料

沿用 2.1 节中的案例资料。今明会计师事务所注册会计师在承接 ABC 公司 2016 年度财务报表审计时，向 ABC 公司管理层询问了以下问题：

1. 你们对于财务报表舞弊、盗用（挪用）资产或其他非法行为可能造成的错报有何了解？

2. 你们对那些与舞弊、盗用（挪用）或其他非法行为有关的特定行为、场所或个人有异常的担心吗？是什么导致了这些担心？

3. 哪些控制（如果有的话）减轻了这些担心？

ABC公司管理层说他们没有时间顾及财务报表舞弊、盗用（挪用）资产或其他非法行为可能造成的错报等问题，认为这些属于他们聘请的注册会计师管的事情，他们只是一门心思开拓市场进行生产经营。但他们也担心公司内部出现舞弊事项会影响公司的声誉或侵蚀公司的利益，为此，已经聘请知名会计师事务所设计了一整套内部控制和风险管理机制，但该机制的运行效果并不理想。

ABC公司2016年相关情况如下：

(1) 资产负债表项目（见表2-2）。

表2-2 资产负债表

报表项目	期初金额（万元）	期末金额（万元）
现金与现金等价物	128 136	93 771
应收账款	62 942	49 740
坏账准备	1 740	1 712
存货/跌价准备	44 549/174	60 677/174
资产总额	594 880	578 187

(2) 利润表项目（见表2-3）。

表2-3 利润表

报表项目	2015年1—12月	2016年1—12月
主营业务收入（万元）	135 423	169 401
主营业务成本（万元）	114 221	138 942
销售费用（万元）	7 658	4 152

(3) 根据董事会决议，公司对固定资产的折旧方法自2016年1月1日起从直接法变动为加权平均法。

(4) 公司的一些管理者在公司之外有自己的公司。

(5) 公司的重大投融资活动只由几个人决定，有关情况也只有他们知道。

实训要求

根据实训资料，学生要亲自感受并进行如下操作：

1. 注册会计师识别和评估舞弊的程序。
2. 注册会计师向企业管理层询问企业舞弊的技巧。
3. 掌握如何从特殊事项中识别舞弊信号。
4. 掌握如何从财务信息中识别舞弊信号。
5. 在计算机上形成相应的识别和评估舞弊的审计工作底稿。

实训指导

1. 组织实训的流程。

学生仔细分析实训资料，熟悉注册会计师识别和评估舞弊的程序，明确实验的基本要求；在阅读实训资料的基础上，实训小组充分讨论注册会计师向企业管理层询问企业舞弊的技巧；学生把案例的特殊事项列示出来，讨论这些特殊事项分别属于识别舞弊的哪些信号；学生运用分析程序从财务信息中识别舞弊信号；学生充分讨论识别出来的舞弊信号，理解舞弊三角在识别舞弊中的作用；学生在计算机上形成相应的识别和评估舞弊的审计工作底稿并撰写该项目的实训小结；学生提交识别和评估舞弊的审计工作底稿及实训小结。

2. 实训中识别的特殊风险。

(1) 管理层缺乏舞弊控制的理念。ABC公司管理层说他们没有时间顾及财务报表舞弊、盗用（挪用）资产或其他非法行为可能造成的错报等问题，认为这些属于他们聘请的注册会计师管的事情，他们只是一门心思开拓市场进行生产经营。

(2) 有内部控制与风险管理制度但运行不理想，如公司的重大投融资活动仅仅只由几个人决定，也只有他们知道。

(3) 固定资产的折旧方法变更。

(4) 公司存在利益输送通道，如公司的一些管理者在公司之外有自己的公司。

(5) 财务报表显示的财务信息不合理，如现金与现金等价物、应收账款的变动趋势（分别负增长26.82%和20.97%）与主营业务收入的变动趋势（增长25.09%）相反；主营业务收入（增长25.09%）、主营业务成本（增长21.64%）与销售费用（负增长45.78%）的变动趋势相反。应收账款与坏账准备、存货与存货跌价准备的比率两年的数据相比有异常。

3. 形成识别和评估舞弊的审计工作底稿的技巧。

(1) 注意形成底稿的逻辑关系。“考虑舞弊风险因素的记录”“考虑异常关系或偏离预期关系记录”“就舞弊风险询问管理层和其他人员的记录”“项目组讨论纪要”都属于基础性的审计工作底稿，对“舞弊风险与应对”这张识别和评估舞弊的综合性审计工作底稿形成支持。

(2) 底稿是学生在现有的资料基础上充分讨论的结果，文字叙述部分需要简单明了，但一定要与识别、评估和应对舞弊风险有关。

2.8 员工舞弊和管理层舞弊应对实训项目

实训目的

通过让学生讨论不同场景的情况产生动因、心理状况以及控制要点，了解员工舞弊和管理层舞弊的不同特征，以及应对员工舞弊和管理层舞弊的技巧。

实训资料

1. 食品零售店的兼职雇员从后门将成箱的啤酒偷运给他的朋友。

2. 保险销售员为了赢得一场以提交寿险申请表数量为依据的销售竞赛，在寿险申请表中填写的承保年限远远超出顾客要求。销售竞赛结束后几天，他会告诉承保部门他的填写有误，然后修改承保年限。

3. 为了避免违反债务契约中的净收益金额规定，公司的首席财务官将存货计价方法由先进先出法改为实际计价法。

4. 复印机售后服务部门经理出于个人目的使用公司车队。

5. 恰好在年底前，音乐制品分销商的管理层授权将大批预先录制好的CD运送给零售商，并允许零售商退回未销售出去的CD。分销商将运出的所有CD均按照正常销售价格确认了收入。

6. 虽然有证据表明账上部分存货的可实现净值已经降低，应进行冲销，管理层却拖延到下一个报告期间才予以冲销。

7. 制造企业的设备管理员经常将工具带回自己的家中使用，并且大多数没有还回厂里。

8. 财务副总经理说服首席执行官不向董事会披露债券投资组合价值下降的详细情况。

实训要求

1. 每8人组成一个实训小组，模拟每一种场景中不同人物的所作所为以及心理活动，然后：

（1）分辨哪些属于管理层舞弊，哪些属于员工舞弊，并指出两者如何区分；

（2）指出上述各种情景最可能导致的重大错报；

（3）指出针对各种可能的舞弊，企业应采取的控制措施；

（4）指出针对各种可能的舞弊，注册会计师如何查证。

2. 实训小组根据讨论情况，总结员工舞弊与管理层舞弊的不同特征及应对措施，选出演讲者宣讲实训小组的体验情况以及结论。

实训指导

1. 组织实训的流程。

实训小组认真阅读实训资料，充分讨论各种情况发生的动因、机会和借口；分别列示管理层舞弊和员工舞弊的动因、机会和借口；实训小组分两方讨论管理层舞弊和员工舞弊的区别；分别列示管理层舞弊和员工舞弊的影响及其改善措施。

2. 管理层舞弊和员工舞弊的区别。

尽管管理层舞弊与员工舞弊最大的区别在于舞弊者的职务，但实质上的区别表现在：

（1）动机不同。管理层舞弊的动机有：粉饰财务报表；掩盖经营不善或财务困难、失败；满足获取资本、融资或其他业绩的要求；维持或创造有利的股票价值；基于控制人（大股东或管理者）个人收益提高的目的。员工舞弊的动机主要是追求个人利益。

（2）表现形式不同。管理层舞弊大多表现为财务报表舞弊或者财务报表舞弊与挪用资产、腐败兼有。员工舞弊多表现为挪用资产、腐败。

（3）影响与应对不同。管理层舞弊的破坏性更大，而且往往是上下串通、内外勾结等群体舞弊，容易导致重大错报，因此对此舞弊应以完善公司治理和外部监督为主。应对员工舞弊的措施主要是完善内部控制。

资料中属于员工舞弊的事项是：事项 1、2、4、7。属于管理层舞弊的事项是：事项 3、5、6、8。

第 3 章

Chapter 3 风险评估与计划审计工作

3.1 华兴公司风险评估案例①

案例分析目的

通过阅读和分析案例资料，熟悉风险评估的流程，掌握如何通过风险评估识别重大错报风险，以及如何应对评估出来的重大错报风险。

案例资料

华兴公司主要从事小型电子消费品的生产和销售，产品销售以华兴公司仓库为交货地点。华兴公司日常交易采用自动化信息系统和手工控制相结合的方式，系统自 2011 年至今没有发生变化。华兴公司的产品主要销往国内各主要城市的电子消费品经销商。注册会计师 A 和 B 负责审计华兴公司 2016 年度财务报表。

注册会计师 A 和 B 在审计工作底稿中记录了所获取的华兴公司财务数据，部分内容摘录如表 3-1 所示。

表 3-1　华兴公司财务数据　　单位：万元

年份及产品项目	2015 年		2016 年	
	C 产品	D 产品	C 产品	D 产品
产成品	2 000	1 800	2 500	0
存货跌价准备	0		0	

① 改编自中国注册会计师全国统一考试"审计"试题。

续表

年份及产品项目	2015年		2016年	
	C产品	D产品	C产品	D产品
主营业务收入	18 500	8 000	20 000	0
主营业务成本	17 000	5 600	16 800	0
销售费用——运输费	1 200		1 150	
利息支出	300		25	
减：利息资本化	250		25	
净利息支出	50		0	

注册会计师A和B在审计工作底稿中记录了所了解的华兴公司经营状况及其所处的环境状况，部分内容摘录如下：

1. 在2015年实现销售收入增长10%的基础上，华兴公司董事会确定的2016年销售收入增长目标为20%。华兴公司管理层实行年薪制，总体薪酬水平根据上述目标的完成情况上下浮动。华兴公司所处行业2016年的平均销售增长率是12%。

2. 华兴公司财务总监已为华兴公司工作超过6年，于2016年9月劳动合同到期后被华兴公司的竞争对手高薪聘请。由于工作压力大，华兴公司会计部门人员流动频繁，除会计主管服务期超过4年外，其余人员的平均服务期少于2年。

3. 华兴公司的产品面临快速更新换代的压力，市场竞争激烈。为保持市场占有率，华兴公司于2016年4月将主要产品（C产品）的售价下调了8%～10%。另外，华兴公司在2016年8月推出了D产品（C产品的改良型号），市场表现良好，计划在2017年全面扩大产量，并在2017年1月停止C产品的生产。为了加快资金周转，华兴公司于2017年1月针对C产品开始实施新一轮的降价促销，平均降价幅度达到10%。

4. 华兴公司销售的产品均由经客户认可的外部运输公司负责运输，运费由华兴公司承担，但运输途中的风险仍由客户自行承担。受能源价格上涨影响，2016年的运输单价比上年平均上升了15%，但运输商同意将运费结算周期从原来的30天延长至60天。

5. 2016年华兴公司主要原料的价格与上年基本持平，供应商也没有大的变化。但由于技术要求发生变化，D产品所耗高档金属材料比例比C产品略有上升，使得D产品的原材料成本比C产品上升了3%。

6. 除了于2015年12月借入的2年期、年利率为6%的银行借款5 000万元外，华兴公司没有其他借款。上述长期借款专门用于扩建现有的一条生产线，以满足D产品的生产需要。该生产线总投资6 500万元，2016年12月开工，2017年7月完工投入使用。

注册会计师A和B在审计工作底稿中记录了所了解的华兴公司有关销售与收款循环的控制情况，部分内容摘录如下：

（1）仓库人员在系统中根据经销售部门批准的客户订单生成连续编号的发货单，在产品交由运输商发运后，将发货单设置为“已执行”状态并提交结算部门。结算部门根据系统中的“已执行”发货单记录、订单及相关客户基础资料，在系统中生成并打印销售发票，系统在月末根据发货单和发票信息自动汇总主营业务收入，并据此记入应收账款和主营业务收入账簿。

（2）每月末，系统自动匹配发货单、订单、发票和入账的主营业务收入，并生成一个专门反映未匹配项目的清单。系统授权可以生成和阅读该报告的人员是华兴公司的销售部经理和总经理。

案例分析

1. 针对注册会计师所了解的华兴公司经营及其所处环境状况，假定不考虑其他条件，请逐项指出所列事项是否可能存在重大错报风险。如果认为可能存在，请简要说明理由，并分别说明该风险属于财务报表层次还是认定层次。如果认为属于认定层次，请指出相关事项与何种交易或账户的何种认定相关。

分析要点：

事项1可能存在重大错报风险，其理由是：销售增长目标与同行业其他公司相比偏高，并且管理层的薪酬与销售增长目标挂钩，可能导致管理层多计销售收入。可能的重大错报属于认定层次，与“营业收入”的发生、“应收账款”的存在相关。

事项2可能存在重大错报风险，其理由是：关键人员的变动和缺乏有经验的会计人员可能表明存在重大错报风险。可能的重大错报属于财务报表层次。

事项3可能存在重大错报风险，其理由是：C产品在2016年的毛利率为8.1%，在2017年1月价格下调10%后，C产品的可变现净值小于成本，可能高估了存货成本。可能的重大错报属于认定层次，与“存货”的计价、“资产减值损失”的存在相关。

事项4可能存在重大错报风险，其理由是：2016年的产品总销量大于2015年，并且运输单价平均上升了15%，但是运输费只上升了4.3%，可能低估了2016年的运费。2016年的运费没有大的变化，表明销量变化不大，可能高估了销售收入。可能的重大错报属于认定层次，与“销售费用”“应付账款”的完整性，“营业收入”的发生，以及“应收账款”的存在相关。

事项5不存在重大错报风险。

事项6可能存在重大错报风险，其理由是：工程于2016年7月完工，但资本化了10个月的利息支出，可能高估了固定资产成本，低估了2016年的财务费用。可能的重大错报属于认定层次，与“财务费用”的完整性、“固定资产”的存在相关。

2. 针对注册会计师所了解的华兴公司有关销售与收款循环的控制情况，请逐项指出上述控制与何种交易或账户的何种认定相关。假定不考虑其他条件，请逐项判断上述控制在设计上是否存在缺陷。如果存在缺陷，请分别指出并简要说明理由，提出改进建议。

分析要点：

事项（1）与“营业收入”和“应收账款”的存在有关。内部控制不存在缺陷。

事项（2）与“营业收入”和“应收账款”的存在和完整性有关。内部控制存在缺陷，其缺陷在于：会计部门人员没有权限生成和阅读专门报告。理由是：如果未被授权生成和阅读专门报告，会计部门人员可能无法识别存在的差异并及时进行相应的会计处理。提出的改进建议是：应该授权会计部门人员生成和阅读专门报告。

3. 假定不考虑其他条件，请判断华兴公司的销售与收款循环的控制对防范或发现认定层次重大错报风险是否有效。如果有效，请指出认定层次重大错报风险的控制与识别的对应关系，并简要说明理由。

分析要点：

对防范或发现事项 4 中“由于受能源价格上涨影响，2016 年的运输单价比上年平均上升了 15%，但运输商同意将运费结算周期从原来的 30 天延长至 60 天”产生重大错报风险有效，理由是该控制的目标是已经入账的销售收入都要以完成发运（“已执行”）的发货单为依据。

对其他的事项均无效。

4. 结合本案例讨论注册会计师应当如何了解和评价被审计单位的经营及其所处环境状况。

分析要点：

注册会计师主要通过询问被审计单位管理层和内部其他相关人员、分析程序、观察和检查，从以下六个方面了解和评价被审计单位的经营及其所处环境状况：

（1）行业状况、法律环境与监管环境以及其他外部因素；

（2）被审计单位的性质；

（3）被审计单位对会计政策的选择和运用；

（4）被审计单位的目标、战略以及相关经营风险；

（5）被审计单位财务业绩的衡量和评价；

（6）被审计单位的内部控制。

5. 结合本案例讨论，针对识别出的认定层次的重大错报风险，注册会计师应当如何应对。

分析要点：

注册会计师针对识别出的认定层次的重大错报风险，应当实施以下有针对性的进一步审计程序：

（1）改变拟实施审计程序的性质，以获取更为可靠、相关的审计证据，或获取其他佐证性信息；

（2）改变实质性程序的实施时间，包括在期末或接近期末时实施实质性程序，或针对本期较早时间发生的交易或贯穿整个本期的交易事项实施测试；

（3）改变审计程序的实施范围，包括扩大样本规模、采用更详细的数据实施分析程序等。

3.2 华兴玩具公司特殊风险评估案例

案例分析目的

通过阅读和分析案例资料，熟悉舞弊风险评估的流程，掌握如何通过风险评估识别特殊风险，以及如何应对评估出来的特殊风险。

案例资料

华兴玩具公司是国内最大的玩具生产厂家之一。多年来，这家公司的经营非常成功，利润稳定增长。但在2015年，随着行业竞争的加剧及生产线的扩张，华兴玩具公司的盈利能力和资金流动性出现了问题。当2016年玩具业的销售遭受重大挫折时，华兴玩具公司发现，除非可以筹集到额外的资金，否则公司将面临资金周转的危机，并可能拖欠债务。

华兴玩具公司管理层认为，如果2016年度财务报表能够显示公司利润在以前年度的基础上仍有所增长，就有办法筹集到资金。为了达到利润增长的目的，华兴玩具公司的财务主管伙同主管市场的副总，编制了一组12月的销售数据，仅12月的最后一个星期六，公司就对外发运了超过1 800万元的玩具，并编制了配套的原始凭证：订货单、发货单、提货单和销售发票。客户是真实的，但销售和发运均为子虚乌有。在管理层“创造利润”的不懈努力下，华兴玩具公司2016年度的财务报表显示出稳定增长的财务状况。

案例分析

1. 在本案例的风险评估中，分析审计人员应当发现哪些预警信号？什么程序能够帮助审计人员发现这些预警信号？

分析要点：

审计人员应当发现的预警信号有：（1）压力与动机方面，如 2016 年玩具业的销售遭受重大挫折，公司将面临资金周转的危机，并可能拖欠债务。（2）机会方面，如仅 12 月的最后一个星期六，公司就对外发运了超过 1 800 万元的玩具。

实施下列风险评估程序能够帮助审计人员发现这些预警信号：（1）询问被审计单位管理层和内部其他相关人员；（2）执行分析程序；（3）观察和检查，如观察被审计单位的生产经营活动，检查文件、记录和内部控制手册，阅读由管理层和治理层编制的报告，实地查看被审计单位的生产经营场所和设备，追踪交易在财务报告信息系统中的处理过程（穿行测试）。

2. 结合本案例，分析审计人员会根据什么特征识别公司存在的特殊风险。

分析要点：

注册会计师应当在考虑识别出的控制对相关风险的抵消效果前，根据风险的性质、潜在错报的重要程度（该风险是否可能导致多项错报）和发生的可能性，判断风险是否属于特殊风险。在确定风险的性质时，注册会计师应当考虑下列事项：（1）该风险是否属于舞弊风险；（2）该风险是否与近期经济环境、会计处理方法和其他方面的重大变化有关；（3）交易的复杂程度；（4）该风险是否涉及重大的关联交易；（5）财务信息计量的主观程度，特别是对不确定事项的计量存在较大区间；（6）该风险是否涉及异常或超出正常经营过程的重大交易。特殊风险通常与非常规交易和判断事项相关。

3. 针对审计人员识别出的特殊风险，分析注册会计师应当如何确定下一步的审计程序。

分析要点：

对特殊风险，注册会计师应当评价相关控制的设计情况，并确定其是否已经得到执行。与重大非常规交易或判断事项相关的风险很少受到日常控制的约束，注册会计师应当了解被审计单位是否针对该特殊风险设计和实施了控制。（1）如果管理层未能实施控制以恰当应对特殊风险，注册会计师应当认为内部控制存在重大缺陷，并考虑其对风险评估的影响；（2）如果确定评估的认定层次重大错报风险是特殊风险，并拟信赖旨在减轻特殊风险的控制，注册会计师不应依赖以前审计获取的审计证据，而应在本期审计中测试这些控制的运行有效性；（3）如果认为评估的认定层次重大错报风险是特殊风险，注册会计师应当专门针对该风险实施实质性程序；（4）如果针对特殊风险仅实施实质性程序，注册会计师应当使用细节测试，或将细节测试和实质性分析程序结合使用，以获取充分、适当的审计证据。

4. 结合本案例，说明注册会计师在年报审计中应当从哪些方面了解被审计单位的经营及其所处环境状况，才能不被报表的假象蒙蔽。

分析要点：

注册会计师在年报审计中应当从以下几个方面了解被审计单位的经营及其所处环境状况，才能不被报表的假象蒙蔽：(1) 行业状况、法律环境与监管环境以及其他外部因素；(2) 被审计单位的性质；(3) 被审计单位对会计政策的选择和运用；(4) 被审计单位的目标、战略以及相关经营风险；(5) 被审计单位财务业绩的衡量和评价；(6) 被审计单位的内部控制。

5. 结合本案例，思考能够引发公司财务报表舞弊的压力有哪些。

分析要点：

引发公司财务报表舞弊的压力有：(1) 财务稳定性或盈利能力受到不利经济环境、行业状况或被审计单位运营状况的威胁；(2) 管理层为满足外部预期或要求而承受过度的压力；(3) 管理层或治理层的个人经济利益受到被审计单位财务业绩或状况的影响；(4) 管理层或业务人员受到更高职级管理层或治理层对财务或经营指标过高要求的压力。

6. 结合本案例，思考如果注册会计师已经识别出财务报表层次存在重大错报风险，在整体审计策略上应采取什么措施。

分析要点：

注册会计师已经识别出财务报表层次存在重大错报风险，在整体审计策略上应采取的措施如下：(1) 强调保持职业怀疑态度；(2) 派遣更有经验或具有特殊技能的审计人员，或利用专家的工作；(3) 提供更多的督导；(4) 注意使某些程序不被管理层预见或事先了解；(5) 对拟实施审计程序的性质、时间和范围作出总体修改。

3.3 审计工作的计划案例①

案例分析目的

通过阅读和分析案例资料，熟悉注册会计师在计划审计工作的过程中如何针对不同情况设计审计策略和计划，并掌握如何科学安排审计人员。

案例资料

某会计师事务所指派审计一部承担对常年审计客户甲公司 2016 年度财务

---

① 改编自中国注册会计师统一考试“审计”试题。

报表的审计工作。审计一部成立了由B负责的审计项目小组，成员包括B、D、F、G、I、K。注册会计师B撰写了总体审计策略和具体审计计划，部分内容摘录如下：

1. 初步了解2016年度甲公司的经营及其所处环境状况未发生重大变化，拟依赖以往审计中对管理层、治理层诚信形成的判断。

2. 因对甲公司内部审计人员的客观性和专业胜任能力存有疑虑，拟不利用内部审计的工作。

3. 确定财务报表整体的重要性水平时，注册会计师特别考虑了作为甲公司最大股东的Y公司的决策需要，以确保金额在重要性水平以下的错报不影响Y公司的经济决策。

4. 考虑到与存货跌价准备等具体项目计量相关的固有不确定性，注册会计师调低了财务报表整体的重要性。

5. 为便于实施审计程序，注册会计师将财务报表整体的重要性水平的1%作为界定明显微小错报的上限。对于超过明显微小错报临界值的错报都需要累积，并建议管理层更正。

6. 基于以前年度审计调整较少，A注册会计师认为应该把实际执行的重要性水平定为财务报表整体重要性的50%。

7. 选取金额超过实际执行的重要性的财务报表项目实施进一步审计程序，而对低于实际执行的重要性的财务报表项目不实施进一步审计程序。

8. 对计划的重要性水平作出修正，拟通过修改计划实施的实质性程序的性质、时间和范围降低重大错报风险。

9. 由于评估出收入确认方面存在舞弊风险，拟将销售交易及其认定的重大错报风险评估为高水平，不再了解和评估相关控制设计的合理性并确定其是否已得到执行，直接实施细节测试。

10. 因甲公司于2016年9月关闭某地办事处并注销其银行账户，拟不再函证该银行账户。

11. 甲公司2016年度多次向银行和其他企业抵押借款。为应对与财务报表披露的完整性认定相关的重大错报风险，注册会计师决定扩大对实物资产的检查范围。

12. 2016年度甲公司购入股票作为可供出售的金融资产核算。除实施询问程序外，预期无法获取有关管理层持有意图的其他充分、适当的审计证据，拟就询问结果获取管理层书面声明。

在该会计师事务所审计一部中，注册会计师A担任部门经理，注册会计师B和C担任项目经理，D、E是高级审计员，F、G、H、I、J、K、L、M、N、O是业务助理人员。人员的相关资料如表3-2所示。

表3-2　审计一部人员的相关资料

姓名	性别	年龄	业务资格	职业年限	业务水平	工作态度	性格特征及其他信息
A	男	40	注册会计师	15	很高	做事认真	同时负责几个大客户的审计
B	男	32	注册会计师	7	高	做事认真	重视开发市场，不关心内部人际关系
C	男	31	注册会计师	6	高		对自己的能力比较有信心，客户反馈比较正面，和一般员工的关系比较好，但是和相同资历员工的关系一般
D	男	30	注册会计师	6	较高		喜欢按照自己的习惯做事情，有时固执
E	女	30	注册会计师	6	较高		性格外向，善于处理人际关系
F	男	28	业务助理人员	5	较高		对薪酬不满意，孩子刚满一岁，希望能有较多时间陪伴家人
G	女	28	业务助理人员	5	较高	工作积极	为人好强，坚持自己的观点，不太善于合作
H	男	25	业务助理人员	2	一般		喜欢和有能力的人一起工作
I	女	25	业务助理人员	5	一般	做事认真	比较爱学习，和同事的关系较好，善于活跃气氛
J	男	26	业务助理人员	3	较高		沟通能力一般，平时花费较多的时间学英语
K	女	26	业务助理人员	3	较高	责任心较强	具有较强的团队合作能力，客户反馈比较正面
L	女	24	业务助理人员	3	一般		学习能力较强，喜欢和业务水平高的人一起工作，人比较灵活
M	女	24	业务助理人员	3	一般	做事认真	精力旺盛，不太合群
N	男	22	业务助理人员	1	一般	做事认真	精力旺盛，容易沟通
O	女	21	业务助理人员	1	一般	做事认真	精力旺盛，容易沟通

审计项目小组成员与甲公司的关联关系及相互之间的关系如下：

1. 注册会计师C与甲公司基建处处长是战友，后者将甲公司职工集资建房的指标转让给C，C按照甲公司职工的付款标准交付了集资款。

2. 注册会计师D与甲公司副总经理同为京剧社票友，经后者介绍，D从其他企业处筹得款项，成功举办了个人专场演出。

3. 注册会计师E与甲公司财务经理W毕业于同一所财经院校。

4. 业务助理人员F参加过甲公司成立时的验资工作，并担任甲公司的财务咨询顾问。

5. 甲公司系乙上市公司的子公司。2016年末，业务助理人员G的父亲拥有乙公司30 000股流通股股票，该股票每股市值为12元。

6. 业务助理人员 H 目前正在注册会计师 A 负责的一个大项目中工作。

7. 业务助理人员 I 过去连续 4 年参加对甲公司的年报审计工作。

8. 业务助理人员 J 目前正在注册会计师 A 负责的一个大项目中工作。

9. 业务助理人员 K 的朋友于 2015 年 2 月购买了甲公司发行的公司债券 20 万元。

10. 业务助理人员 M 目前正在注册会计师 A 负责的一个大项目中工作。

11. 业务助理人员 N 原来是甲公司办公室主任，离职一年多。

12. 业务助理人员 O 目前正在注册会计师 A 负责的一个大项目中工作。

案例分析

1. 针对注册会计师 B 撰写的甲公司的总体审计策略和具体审计计划中的事项 1 至事项 12，逐项指出注册会计师 B 拟定的计划是否存在不当之处。如有不当之处，简要说明理由。

分析要点：

（1）事项 1 不恰当。注册会计师 B 不应依赖以往审计中对管理层、治理层诚信形成的判断。

（2）事项 2 恰当。

（3）事项 3 不恰当。由于不同财务报表使用者对财务信息的需求可能差异很大，在确定重要性水平时，不应考虑错报对个别财务报表使用者可能产生的影响。

（4）事项 4 不恰当。确定重要性水平时，不需考虑与具体项目计量相关的固有不确定性。

（5）事项 5 恰当。

（6）事项 6 不恰当。对于连续审计，以前年度审计调整较少，注册会计师应该将实际执行的重要性确定为财务报表整体重要性的 75%，而不是 50%。

（7）事项 7 不恰当。注册会计师通常选取金额超过实际执行的重要性的财务报表项目实施进一步审计程序，因为这些财务报表项目有可能导致财务报表出现重大错报。但是，这不代表注册会计师可以对所有金额低于实际执行的重要性的财务报表项目不实施进一步审计程序，这主要出于以下考虑：①单个金额低于实际执行的重要性的财务报表项目汇总起来可能金额重大（可能远远超过财务报表整体的重要性），注册会计师需要考虑汇总后的潜在错报风险；②对于存在低估风险的财务报表项目，不能仅仅因为其金额低于实际执行的重要性而不实施进一步审计程序；③对于识别出存在舞弊风险的财务报表项目，不能因为其金额低于实际执行的重要性而不实施进一步审计程序。

（8）事项 8 不恰当。重大错报风险是客观存在的，不能通过修改计划实施的实质性程序的性质、时间和范围予以降低。

（9）事项9不恰当。判断收入确认方面存在舞弊风险，可以不执行控制测试，但必须了解内部控制程序，可以在了解内部控制程序后，根据评估的结果，直接执行细节测试。

（10）事项10不恰当。注册会计师B对银行存款的函证，应当选择在财务报表涵盖期间所有存过款的银行，包括零账户和已结清的账户。不能由于已经注销账户，就不进行银行存款函证。

（11）事项11不恰当。为应对抵押借款披露的完整性的重大错报风险，应实施对借款协议、契约的检查程序。检查实物资产与审计目标无关。

（12）事项12不恰当。询问本身并不足以测试控制运行的有效性，注册会计师B应当将询问与其他审计程序结合使用。如果无法利用其他审计程序获取审计证据，则应当视为审计范围受到限制。

2. 基于审计一部的人员情况，指出你认为审计项目小组的人员安排是否妥当，并说明原因；如果不妥当，审计小组人员应该如何构成。

分析要点：

不妥当。原因如下：

项目经理注册会计师B不关心内部人际关系，配置项目小组成员时应当优先考虑容易沟通、人际关系良好的人员；注册会计师D由于与甲公司副总经理存在密切关系，并通过后者筹得演出款项，会对审计项目组的独立性构成威胁，应当回避；业务助理人员F曾担任甲公司的财务咨询顾问，将产生自我复核的威胁，应当回避；业务助理人员G的直系亲属在可以对审计客户施加控制的实体中拥有直接经济利益，将产生重大的自身利益威胁，应当回避。

建议的审计人员构成如下：E、E、I、K、N。

3.4 计划重要性和实际执行重要性不一致案例

案例分析目的

通过阅读案例资料，掌握制定重要性水平和运用重要性水平的技巧，熟悉计划重要性水平和实际执行重要性水平不一致时的处理及其风险控制。

案例资料

华兴公司是一家生产和销售瓷器的股份制企业。该公司2016年末未经审计的财务报表显示的资产总额为35 543万元，销售收入为12 600万元，比上年增长了20%，利润总额为2 300万元。

2001年以来，华兴公司的年度财务报表一直由ABC会计师事务所审计。2016年3月，在执行完华兴公司2015年度财务报表审计业务并提交了无保留意见的审计报告后，ABC会计师事务所与华兴公司签订了其2016年度财务报表的审计业务约定书，并指派审计2015年度财务报表的注册会计师A和B继续负责该项审计业务。

基于华兴公司2016年度的经营计划，该公司在2016年度将进行全方位的改革。新的管理层上任时，向公司治理层及股东代表大会作出了力争5年上市、使2016年度销售收入比上年增加20%，否则将扣发全体高层管理人员全年奖金的承诺。

ABC会计师事务所的业务负责人要求注册会计师A和B对华兴公司的经营及其所处环境状况进行全面、深入的了解，并根据了解的情况于2016年末制定华兴公司2016年度财务报表的审计计划。

在了解华兴公司的经营及其所处环境状况、评估重大的错报风险时，注册会计师A和B发现华兴公司2016年度主要发生了下列事项：

1. 2016年以来，华兴公司所在地用于生产优质瓷器所需的特殊材料严重短缺。为维持正常的经营，华兴公司自2016年8月起派出专家在全国各地寻找该种特殊材料。2017年2月，接受专家的建议，并经董事会决定，华兴公司出资5 000万元在Z地设立分公司，利用当地材料生产瓷器。至2017年1月中旬，分公司的基建工程已基本完工。

2. 2016年初，为提高存货管理水平，华兴公司出资200万元为仓储部门下属的各个仓库配置了计算机信息系统，该系统使华兴公司各仓库之间实现了内部联网，存货明细账的登记、存货标签的编制和存货毁损情况的确定等工作均由人工改为计算机自动处理。

3. 为寻找新的替代原材料，华兴公司于2016年初出资1 000万元在Y地建立X研究基地，利用当地水源及土壤开展与制作瓷器所用原材料相关的大规模化学试验。该基地已于2016年4月开始运行。

4. 2016年5月，为开展多种经营，华兴公司与U、V两家上市公司签订合作协议，联合开发新型陶瓷卫浴产品。协议规定U公司出资8 000万元作为研发及宣传经费，V公司出资3 000万元建立营销网络，华兴公司则以其拥有专利权的高新技术使用权出资，并派出5名工程师作为研发的主要人员。这5名工程师的工资仍由华兴公司承担。协议规定，新产品开发成功后，华兴公司可获得税后利润的30%。

5. 2016年6月，为充分利用闲置资金，降低公司的经营风险，华兴公司向新疆和田地区一家玉石开采企业Q股份有限公司投资4 000万元，开展和田玉开采、收藏与销售业务。华兴公司凭借此项投资获得了Q股份有限公司的

40%股份，按规定采用权益法核算。

6. 为预防重大差错的发生，华兴公司财务部门于2016年6月30日按分管财务的副总经理的指示在财务部门内部进行了定期的人员轮换。此次轮换变更了所有财务人员的工作内容。为配合此次轮换，内部审计在轮换后的3个月内加大了复核与核查的力度。

7. 华兴公司设在境外P地的销售分公司连续多年来业绩不佳。其中2015年全年亏损达到125万元，2016年上半年亏损额达到160万元。7月，华兴公司董事会决定出售该分公司。9月，华兴公司已同当地的R公司办理完出售该分公司的全部手续，由此取得的3 500万元款项直接用作华兴公司的流动资金。

8. 2016年11月，华兴公司X研究基地周边的居民向环保机构举报，要求查处该基地大面积污染当地土壤，周边数十平方公里农作物大量枯死、水源受到污染的情况。环保部门已责令华兴公司暂停化学试验并展开调查。至2016年底，调查小组尚未公布调查结论。经向华兴公司聘请的律师和环保专家咨询，赔偿的可能性很大，但赔偿金额难以预计。

9. 2016年12月10日，华兴公司将所有库存材料中仅有的50万元生产必需的化学添加剂返销给该原料的供应商S公司，双方为此签订了相关的返销协议。但到2016年12月31日，该批材料仍存放在华兴公司的仓库。注册会计师向销售部门负责人询问该笔材料的返销业务时，相关人员出示了S公司提供的要求华兴公司在2017年前暂不发货的文件。

10. 2016年12月14日，华兴公司总经理调阅了财务部门提供的全年销售收入资料，获悉至当日为止当年已累计取得12 075万元的营业收入。从12月15日开始，总经理亲自参与销售部门的工作，并以诱人的优惠赊销条款吸引新老客户于2016年底之前签订赊销合同。部分客户受优惠条件的吸引，提前签订了销售合同。

对于12月中旬以后发生的赊销业务，信用管理部门根据总经理的要求，一律不进行信用审查；发运部门根据总经理的批示，一律不发出产成品；开具销售发票及记录销售的财务人员根据总经理的批示，直接根据销售单开出销售发票并登记入账。

案例分析

1. 了解审计实务中确定重要性水平的常用判断基础。假设判断重要性水平的经验比率是利润5%、资产总额0.5%、净资产1%、营业收入0.5%，说明应该将华兴公司2016年度财务报表层次重要性水平设定为多少，并说明原因。

分析要点：

审计实务中确定重要性水平的常用判断基础如表3-3所示。

表3-3　审计实务中确定重要性水平的常用判断基础

被审计单位情况	可选择基准
1. 企业保持稳定的盈利水平	经常性业务的税前利润
2. 企业近年来经营状况大幅波动，盈亏交替发生等	过去3～5年经常性业务的平均税前利润/亏损（绝对值）
3. 新设立企业，处在开办期，尚没有开始经营，正在建设厂房和购买机器	总资产
4. 处于新兴行业的企业，正在抢占市场份额，扩大企业知名度和影响力	营业收入
5. 某开放式基金，致力于优化投资组合，提高基金净值，为基金持有人创造投资价值	净资产
6. 企业集团设立的研发中心，为集团下属企业提供研发服务，并以成本加成方式向相关企业收取费用	成本与营业费用总额
7. 公益性质的基金会	捐赠收入或捐赠支出总额

35 543×0.5%＝177.715(万元)

12 600×0.5%＝63(万元)

2 300×5%＝115(万元)

基于谨慎原则，取其最低值63万元，以保证查证出所有重大的错报。

2. 针对注册会计师A和B了解华兴公司的经营及其所处环境状况、评估重大的错报风险发现的各种事项，逐一指出每种事项是否可能导致华兴公司存在经营风险或导致华兴公司财务报表存在重大错报风险，并简要说明理由。对于导致或存在财务报表重大错报风险的事项，请进一步指出影响最大的财务报表项目和涉及的一项最主要的管理层认定。在可能导致财务报表产生重大错报风险的各种事项中，指出哪种事项下的重大错报风险最有可能同时属于财务报表层次的重大错报风险。

分析要点：

事项1：

结论：可能导致经营风险，并可能导致财务报表产生重大错报风险。

理由：材料短缺会影响正常的生产经营，导致经营风险。尽管Z地的材料经过了专家的把关，但在新基地生产的产品能否得到市场的认可仍有待观察。华兴公司在异地设立分公司，开辟了新的经营场所，可能导致财务报表存在重大错报风险。

影响最大的项目：在建工程。影响的认定：计价和分摊。

事项2：

结论：不会导致经营风险，但可能导致财务报表产生重大错报风险。

理由：添置计算机信息系统属于管理方法的变更，不涉及经营。仓储部门信息系统的工作内容存在不合理之处：由于存货毁损情况难以像常规业务那样标准化，由信息系统实施这一工作并不恰当，可能导致存货计价方面的重大错报风险，进而影响财务报表的列报，但该事项不会导致经营风险。

影响最大的项目：存货（或资产减值损失）。影响的认定：计价和分摊（准确性）。

事项3：

结论：可能导致经营风险，并导致财务报表产生重大错报风险。

理由：原材料是生产经营的基础，将会极大地影响公司未来的生产。大规模化学试验可能导致环境污染，存在治理环境和赔偿的可能性，进而导致财务报表产生重大错报。

影响最大的项目：营业外支出。影响的认定：完整性。

事项4：

结论：不会导致经营风险，也不会导致财务报表产生重大错报风险。

理由：合作开发的产品不属于华兴公司的经营范围，无论是否开发成功，均不影响华兴公司的正常经营；在合作协议中，华兴公司以无形资产使用权出资，只承担5名工程师的工资，这表明华兴公司不存在重大的资金支出，不会导致财务报表产生重大错报。

事项5：

结论：不会导致经营风险，但可能导致财务报表产生重大错报风险。

理由：开采及销售玉石均不属于华兴公司的经营范围，华兴公司利用闲置资金投资，投资成功与否均不至于影响华兴公司现在的经营。但稀有玉石的开采属于采矿业，是一种成败难料、极易导致重大安全事故并可能严重破坏环境的行业。华兴公司在这种高风险的市场、行业开展业务，不仅可能投资无法收回，而且可能因Q公司发生巨额营业外支出而承担相应的亏损。

影响最大的项目：投资收益。影响的认定：准确性。

事项6：

结论：不会导致经营风险，也不会导致财务报表产生重大错报风险。

理由：总体而言，正常的财务人员轮换有助于降低财务信息的重大错报风险。对于轮换导致的暂时性不适应，华兴公司已采取应对措施。

事项7：

结论：可能导致经营风险，但不会导致财务报表产生重大错报风险。

理由：从长远来看，出售销售分公司可能导致华兴公司的市场萎缩，进而导致重大的经营风险。就近期而言，出售亏损的分公司意味着亏损的终止，收取的巨额价款还有利于改善财务状况，属于财务方面的利好消息。

事项8：

结论：不会导致经营风险，但可能导致财务报表产生重大错报风险。

理由：被责令停止X研究基地的试验工作不影响华兴公司的主营业务，不会导致经营风险，但因此而受到监管机构的调查很可能导致华兴公司对外赔偿巨额资金用于治理环境，从而导致财务状况恶化，并导致财务报表产生重大错报风险。

影响的项目：财务报表附注披露。影响的认定：完整性。

事项9：

结论：不会导致经营风险，但可能导致财务报表产生重大错报风险。

理由：出售生产必需的原材料给原供应商（而不是退货）属于重大的非常规交易。虽然发现的这笔交易金额较小，但它很可能是华兴公司为了达到预定的收入而制造的销售假象，性质严重。

影响最大的项目：营业收入。影响的认定：发生。

事项10：

结论：不会导致经营风险，但可能导致财务报表产生重大错报风险。

理由：管理层凌驾于销售业务的内部控制，很可能导致财务报表产生重大错报风险。

影响最大的项目：营业收入。影响的认定：发生。

在以上各种事项中，事项1导致的风险最可能属于财务报表层次的重大错报风险。因为在异地设立分公司会直接影响合并报表，对财务报表的影响是整体性的。

3. 针对上述各种事项，分析哪些事项意味着华兴公司存在特殊风险，简要说明原因。请逐一指出注册会计师应如何应对这些存在特殊风险的事项。分析上述各种事项中，哪些事项显示存在舞弊的迹象，哪种事项对财务报表造成的影响最严重，并简要说明理由。

分析要点：

事项8导致的重大错报风险属于特别风险。原因：经营活动受到监管机构的调查属于重大的异常情况，可能导致华兴公司难以实施有效的控制，但不存在舞弊的迹象。

事项9导致的重大错报风险属于特殊风险。原因：该事项中的交易属于重大的异常交易，存在舞弊的迹象。

事项10导致的重大错报风险属于特殊风险。原因：按照管理层的特定意图记录交易，属于管理层凌驾于内部控制的情形，存在舞弊的迹象。

事项8属于重大的不确定事项，注册会计师应当提请华兴公司在2016年度财务报表附注中加以披露，并考虑在审计报告的意见段后增加强调事项段，提醒财务报表使用者注意。

事项9与事项10都涉嫌舞弊，注册会计师应当专门实施针对舞弊的实质性程序。事项10中存在的管理层凌驾于内部控制的情况对财务报表造成的影响远比事项9严重，舞弊的金额很可能达到525万元（12 600—12 075），因此事项10对财务报表的影响更严重。

3.5 大数据环境下风险评估过程①

案例分析目的

通过阅读和分析案例资料，了解大数据环境下注册会计师可能面对的风险，熟悉注册会计师在计划审计阶段应当对信息化风险实施哪些措施。

案例资料

目前的社会是信息化社会，审计人员面临的数据不再是传统的数据，而更多偏向于信息化的大数据，大数据具有体量大、密度大、种类多的特点，且包含大量诸如语音、图片、影像等非结构化数据，如何在大数据背景下实施风险评估程序，是审计人员需要面对并解决的重点问题。

在大数据环境下，被审计单位需要以数据为依据，以风险为导向，结合监管环境与风险评估结果，制定年度审计计划和年度审计方案，并细化审计项目实施方案，以调配审计资源和报董事会批准，这就涉及审计数据的重构问题，即构建审计数据仓库问题，具体如图3-1所示。

如图3-1所示，构建审计数据仓库，需要以证券公司的业务、管理、财务、资讯等系统为数据来源，搭建以客户、产品/服务、机构/人员为主要维度的数据组织架构，实现从公司、分公司、营业部到客户的逐层穿透式数据分析，为多层次、多维度的数据化审计应用提供技术支撑。

审计数据集市分为三层数据，分别为结果/报表层数据、中间层数据和源系统数据。其中，源系统数据位于数据结构的底层，需要根据审计需求持续采集并维护，并进行数据清洗、转换，跟踪源系统变化；中间层数据需按主题轻度联结、汇总，供审计模型进一步使用，包括跨业务条线与系统，覆盖了业务/财务/人力等经营管理活动；结果/报表数据则由审计模型加工生成，包括任务模型、抽样模型、线索模型、问题模型、任务矩阵、审计抽样、线索追踪、问题确认，意图实现从宏观报表到具体明细的穿透查询，实现对客户/营

---

① 改编自中国注册会计师统一考试“审计”试题。

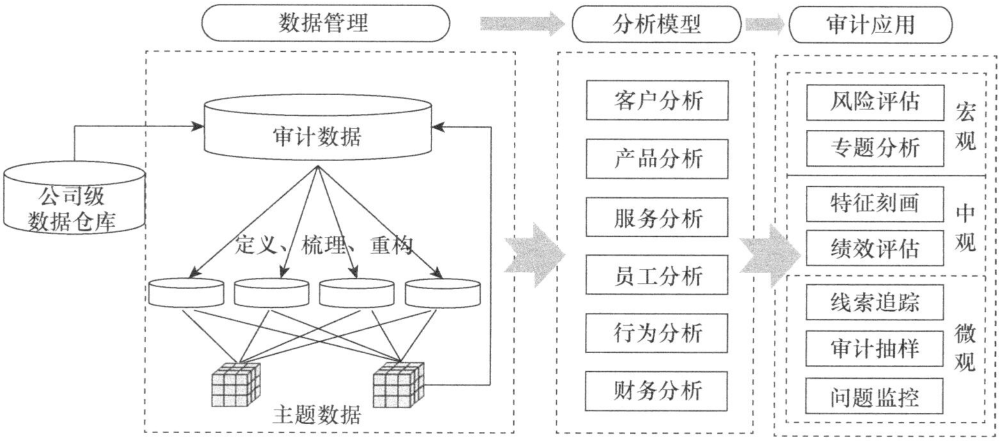

图3-1 公司数据仓库构建示意图

业部/分公司/公司多层次、多维度的分析，供审计项目使用。

通过数据的收集，审计人员需要建立风险控制矩阵和任务矩阵风险特征，将各类数据依照数据的相关性、重要性建立指标体系，并确定指标阈值，进行数据运算，其难点是把风险和控制联系起来，建立相关的风险指标，以建立风险库和控制库，并根据风险重要性水平确定指标阈值，进而编制脚本，在全公司数据环境中进行数据运算，分析公司每家分支机构需要重点审计的风险点和每一项风险在哪些分支机构突出存在，需要重点审计。风险库和控制库的示例如图3-2和图3-3所示。

风险编号	风险标题	风险描述	风险类型
R_JJYB_0101	营业柜台业务操作不完备	公司缺少完备的、操作性较强的营业与柜台操作标准，容易发生业务处理差错	操作风险
R_JJYB_0102	经济业务系统用户及权限设置不规范	证券交易业务系统用户及权限设置不规范，不能有效控制不适当操作，在不适当操作发生时，相关责任人不明确	操作风险
R_JJYB_0103	柜台专用章使用不规范	超范围使用柜台专用章，可能给公司带来不利影响	操作风险
R_JJYB_0104	客户档案管理不当	客户档案管理不当，可能泄露客户信息，在发生客户纠纷时，可能因相关证明材料管理不善使公司处于不利地位	操作风险
R_JJYB_0105	A股、基金账户开户不合规（现场开户）	为不符合开户条件的人开设A股基金账户，可能引发监管风险	操作风险
R_JJYB_0106	B股账户柜台开户不合规（现场开户）	为不符合开户条件的人开设B股账户，可能引发监管风险	操作风险
R_JJYB_0107	待测机构及产品账户不合规	待测机构或产品账户不合规或代理人超越授权，可能引发监管风险和操作纠纷	操作风险
R_JJYB_0108	见证开户账户不合规	见证开户账户灵活度不合规，为不符合开户条件的人开出A股、基金账户，可能引发监管风险	操作风险

图3-2 审计风险库示例

建立了风险库和控制库之后，需要针对被审计单位的特定风险进行分析，这就需要用到分析模型，常用的审计模型有样本模型、线索模型和问题模型。模型的建立需要遵循以下步骤：

控制编号	控制标题	控制描述	控制要素	业务线条	控制责任部门	控制类型	关键/次要控制	预防性/发现性控制	控制频率	控制手段	具体制度文件及流程
R_JJYB_0101	建立营业柜台业务操作流程	公司统一指定经济业务操作流程，在流程设计中贯彻内部控制的要求，实行业务流程标准化。	控制环境	经纪业务线	结算管理部	人工	关键控制	预防性	每年	授权	《内部控制制度》（股份字〔2007〕171号）
R_JJYB_0102	统一账户系统，集中交易系统用户信息准确	按照相关法规严格制定与核对员工的工作权限。在制定权限时，审核用户基本信息，如姓名、岗位名称、所在部门、联系电话等。此外，每个人在同一证券交易系统同一机构下只能拥有一个用户，不能同时拥有多个用户权限。	控制活动	经纪业务线	营业部	人工	关键控制	预防性	每一笔	审批	《证券交易系统用户及权限管理办法》《银行证券〔2014〕404号》

图3-3　审计控制库示例

第一步：以国家现有法律法规或行业规章制度为基础，建立模型依据。

第二步：归纳审计中发现的问题，确立风险因子。

第三步：分析数据来源，提炼关联性，构建模型。

第四步：应用模型进行审查。其中样本模型是给发现的问题样本贴上各种各样的样本标签，线索模型是说明相应的模型中可能存在的线索问题，问题模型则是直接探知说明的问题。

下面以采购业务中的特殊佣金线索模型进行举例。

第一步：建立模型依据。佣金行业的模型依据为公司规范佣金调整审批流程的相关规定和廉洁从业相关要求：诱导不必要交易、返还佣金等不当行为。

第二步：确立风险因子。这里分为三小步：

1. 归纳常规审计发现的问题：特殊佣金设置错误、超低佣金未经审批。

2. 确立风险因子：交易品种、佣金率、交易量。

3. 对因子进行赋值：佣金率为0.2‰以下或0.8‰以上，且年交易量超过1万元。

第三步：分析线索模型。包括：

1. 分析数据来源：［交易系统］客户佣金率设置流水表；公司制度规定的佣金率审批标准。

2. 提取数据并建立关联。

3. 运算输出各交易品种超高或超低佣金率线索数。

第四步：模型应用。即提供特殊佣金线索数据，由审计组现场核实后作出判断，可向审计项目组提供如下输出结果（见图3-4）。

机构	客户代码	开户日期	状态_c	证券交易类	交易量	佣金	佣金率‰	线索标志
101	1.01E+10	19980612	正常	A股	18114740	3043.276	0.168	特殊佣金
101	1.01E+10	19980821	正常	A股	25728388	25779.84	1.002	特殊佣金
101	1.01E+10	19981028	正常	A股	36437422	31445.49	0.863	特殊佣金
101	1.01E+10	19990625	正常	A股	95909548	15153.71	0.158	特殊佣金

图3-4　输出结果示例

案例分析

1. 了解大数据环境下风险评估程序的流程。

分析要点：

不同于传统审计需要的数据量较小，主要依赖人工收集的情况，大数据环境下的数据收集主要依赖于计算机先进技术，依照“收集—建模—分析”的思路，试图在较短的时间内找出可能存在问题的数据，将其贴上标签，并推断被审计单位可能存在的问题以及可能存在的重大错报风险，甚至可以对被审计单位画像，建立以业务数据与财务数据为核心的数据分析系统，更为全面系统地分析被审计单位的风险。

2. 思考大数据环境下风险评估程序可能存在的流程漏洞。

分析要点：

大数据技术虽然优化了风险评估程序，但也并非十全十美，具体而言，可能存在以下方面的漏洞：

(1) 数据存储问题。由于审计大数据体量过大，需要专门的服务器存储，而目前大多数被审计单位和会计师事务所的硬件设备达不到要求，如何解决数据存储问题是技术人员和管理人员都需要思考的。

(2) 数据传输问题。实行大数据审计要求数据的传输非常流畅，不能有卡顿，否则容易造成数据的遗漏，如何保证数据传输的流畅性也是技术人员需要考虑的。

(3) 数据的授权问题。大数据审计要求数据获取尽可能全面，但大量的被审计单位内部数据需要被审计单位管理层授权之后才可获取，这依赖于注册会计师和被审计单位的沟通，而数据获取的不全面有可能导致分析结果出错，致使信息使用者作出错误的决策，所以如何解决数据获取的授权问题是审计人员在执行项目时必须考虑的。

(4) 数据的安全问题。信息技术的发展带来了数据安全问题。数据在存储、传输的过程中都可能有遗漏，如何解决数据安全问题，利用信息安全技术优化数据存储和传输，也是项目组成员运用大数据审计时必须考虑的。

3. 说明管理层凌驾于数据流之上的风险。

分析要点：

这是目前大数据审计较难解决的问题。从案例中可以看出，大数据审计主要依赖于数据流，自动化程度较高，从数据的收集到分析再到出具结果，基本上都是在计算机环境中完成的，对被审计单位内部信息化控制和会计师事务所的内部控制依赖性较大。这时管理层与注册会计师串通，从源数据进行造假，则有可能使审计结果与实际情况南辕北辙。因此，如何避免管理层舞弊，保证数据获取的真实性，是整个大数据审计过程都必须考虑的问题。

3.6 公司经营及其所处环境状况了解的底稿编制实训项目

实训目的

通过阅读实训资料，掌握被审计单位的经营及其所处环境状况了解的相关底稿的编制，并熟悉风险评估的程序及其应对措施。

实训资料

审计晋美公司2016年度财务报表时，注册会计师正在了解晋美公司的经营及其所处环境状况，以便评估风险并安排应对措施。注册会计师了解到，晋美公司出现了以下情况：

1. 新颁布的行业相关法律法规、会计准则、监管规则对晋美公司的经营活动、投资活动和筹资活动可能产生重大影响。
2. 晋美公司经营活动现金流量连续为负。
3. 晋美公司盈利能力或财务状况必须满足上市交易、偿债要求或债务协议规定的其他要求，否则可能导致退市、特别处理、清偿债务等后果。
4. 晋美公司管理层的薪酬与公司报表利润挂钩。
5. 晋美公司2016年度出现大量非常规交易，且无法获得交易对方经审计的财务报表。
6. 晋美公司2016年度的高层管理人员、法律顾问发生了变动。
7. 晋美公司管理层过分强调保持或提高公司盈利水平。
8. 非财务主管的管理层过度干涉会计政策的选择或重大会计估计的作出。

实训要求

1. 编制注册会计师对晋美公司2016年度财务报表进行风险评估的相关底稿。
2. 结合注册会计师了解到的晋美公司的情况，分析舞弊因素。
3. 说明注册会计师评估晋美公司舞弊因素后，应如何运用职业判断评估舞弊导致的重大错报风险。
4. 阐述应对重大错报风险的总体措施有哪些。
5. 说明针对舞弊导致的认定层次的重大错报风险，注册会计师应如何实施进一步的审计程序。

6. 说明在哪些情况下注册会计师应当与晋美公司的治理层进行沟通。

7. 讨论注册会计师对舞弊的责任，并说明原因。

实训指导

1. 组织实训的流程。

实训小组认真阅读案例资料和要求；充分讨论 2016 年晋美公司出现的问题可能对 2016 年度财务报表产生的影响，并识别出风险领域；列出晋美公司 2016 年年报审计的风险领域以及相应的会计科目及其认定；充分讨论针对风险的应对措施；充分讨论注册会计师对舞弊的责任；模拟各种与晋美公司的治理层进行沟通的情景；在计算机系统内形成晋美公司 2016 年度财务报表风险评估的相关底稿。

2. 形成财务报表风险评估的相关底稿的技巧。

（1）注意风险评估底稿的逻辑关系。通过“了解被审计单位经营及其所处环境状况”“了解内部控制”等表格，认识和识别被审计单位的各种风险；将所有的风险提交项目组讨论，形成“项目组讨论纪要”，进一步形成“风险评估结果汇总表”。

（2）注意提高分析的针对性和影响措施的针对性。针对实训资料的相关问题，有针对性地识别出风险，并提出应对措施。

3.7 公司内部控制情况了解实训项目

实训目的

通过阅读和分析实训资料，掌握针对审计目标设计和执行了解内部控制情况的相关审计程序，并编制风险评估的相关底稿。

实训资料

华兴公司主要经营中小型机电类产品的生产和销售，采用手工会计系统，产品销售以公司仓库为交货地点。今明会计师事务所的注册会计师负责审计华兴公司 2016 年度财务报表，于 2016 年 12 月 1—15 日对华兴公司的购货与付款循环、销售与收款循环的内部控制进行了解、测试与评价。

1. 注册会计师计划实施以下程序以了解华兴公司的相关内部控制：

（1）询问华兴公司有关人员，并查阅相关内部控制文件。

（2）检查内部控制生成的文件和记录。

2. 注册会计师拟定的总体审计计划中关于控制测试和评价的部分内容摘录如下：

（1）在了解内部控制后，如认为华兴公司内部控制设计合理且得到了执行，则对相关内部控制进行测试。

（2）选择2016年1月1日至11月30日作为控制测试样本总体的所属期间。

（3）在控制测试的基础上，形成对华兴公司2016年度内部控制有效性的最终评价。

3. 注册会计师在审计工作底稿中记录了所了解的有关购货与付款循环、销售与收款循环的控制程序，部分内容摘录如下：

（1）采购原材料须由请购部门编制请购单，采购部门审核请购单后发出预先连续编号的采购订单。采购的原材料经采购人员验收后入库，仓库人员收到原材料后编制预先连续编号的入库单，并交采购人员签字确认。

（2）应付凭单部门核对供应商发票、入库单和采购订单，并编制预先连续编号的付款凭单。会计部门在接到经应付凭单部门审核的上述单证和付款凭单后，登记原材料和应付账款明细账。月末，在与仓库核对连续编号的入库单和采购订单后，应付凭单部门对相关原材料入库数量和采购成本进行汇总。应付凭单部门对已经验收入库但尚未收到供应商发票的原材料编制清单，会计部门据此将相关原材料暂估入账。

（3）销售的产品发出前，信用审核部门检查经授权的相关客户剩余赊销信用额度，并在销售部门编制的销售单上签字。在剩余销售信用额度内的销售，由信用审核部门职员E审批；超过剩余赊销信用额度的销售，在职员E审批后，还需获得经授权的信用审核部门经理F的批准。

（4）仓库开具预先连续编号的发货单，并在销售的产品装运后，将相关副本分送开具账单部门、运输单位和顾客。开具账单部门审核发货单和销售单后开具销售发票，在保留副本后将相关单据送交会计部门职员G审核。职员G核对无误后登记主营业务收入明细账和应收账款明细账。

4. 注册会计师李浩负责对购货与付款循环的内部控制实施测试，并在审计工作底稿中记录了测试情况，部分内容摘录如下：

（1）应付凭单部门在9月末编制了已验收入库但尚未收到供应商发票的原材料清单，会计部门据此将相关原材料暂估入账，并在10月1日全额冲回。上述原材料清单显示已入库甲原材料1 000千克，单价为每千克1 300元。经核对批准发出的订购单和入库单，数量和单价均相符，但注册会计师李浩注意到华兴公司另需向运输单位支付该原材料的运费10万元。财务人员解释，由于原材料运费是与运输单位另行结算的，因此在原材料暂估入账时未予考虑，并且在10月8日收到运输单位的运费发票时，华兴公司已将运费计入该原材料的采购成本。注册会计师李浩在甲原材料明细账中找到了上述10万元运费的相关记录。

（2）原材料明细账显示，华兴公司在11月27日购入乙原材料694千克，金额为7万元（不含增值税）。注册会计师李浩注意到该原材料订购单所列数量为700千克，单价为每千克100元（不含增值税），但相应的入库单所列数量为694千克。财务人员解释，上述数量差异是运输途中损耗所致。按照华兴公司原材料采购管理规定，乙原材料允许的入库检验差异率为±1%。

5. 注册会计师张兴负责对销售与收款循环的内部控制实施测试，并在审计工作底稿中记录了测试情况，部分内容摘录如下：

（1）注册会计师张兴选取了填制日期为6月25—26日的4张发货单，编号为3076～3079号，购货单位均为V公司。张兴在6月的主营业务收入明细账和相关原始凭证中找到了相应的记录，与上述发货单对应的销售发票填制日期为6月26日。

（2）W公司是华兴公司2005年7月新发展的客户。华兴公司信用审核部门批准W公司的赊销信用额度为50万元。在收到W公司于7月5日预付的10万元后，华兴公司以每件117元的价格（含增值税）分别于7月10日和12日向W公司发出3 500件和1 800件产品，并于7月30日收到剩余款项。张兴检查了以上两次发货的销售单和发货单，销售单的信用审核记录显示，上述两批产品均经信用审核部门职员E批准即予发货。注册会计师张兴检查了相关的银行收款单据，未发现异常。

（3）注册会计师张兴从华兴公司主营业务收入明细账中选取了10月31日的最后一笔交易和11月1日的第一笔交易，注意到10月31日最后一笔交易的发货单和销售发票的填制日期均为10月31日，发货单编号为6256号；11月1日第一笔交易的发货单和销售发票的填制日期均为11月1日，发货单编号为6255号。财务人员解释，由于华兴公司运输安排的原因，上述两笔交易的相关产品均在11月1日发出，但由于10月31日最后一笔交易的客户要求的发货时间是10月31日，故将6256号发货单和相关销售发票日期填为10月31日。

6. 注册会计师张梅负责对与信息系统有关的内部控制实施测试，并在审计工作底稿中记录了测试情况，部分内容摘录如下：

（1）张梅在审计的过程中，因不具备专业知识，聘请计算机行业的专家协助工作，她对专家的专业素质、胜任能力和客观性作出了评价，但以专家为外部人员为由，未对专家强调保密工作的重要性。

（2）在专家对信息系统进行评估后，张梅直接将专家的工作结果放入工作底稿，并作为发表审计意见的依据。

（3）专家评估信息系统后，得出信息系统运行流畅，不存在技术层面的问题的结论，张梅也通过了解内部控制，发现被审计单位的内部控制设计科学、运行流畅，遂直接利用大数据模型得出的结果进行风险评估。

实训要求

1. 针对注册会计师拟定的对内部控制的了解和评价程序，假定不考虑其他条件，请分析注册会计师还可以选择实施哪些审计程序以了解相关内部控制。

2. 假定不考虑其他条件，请分析注册会计师拟定的总体审计计划中关于控制测试和评价的内容存在什么缺陷，并简要提出改进建议。

3. 针对注册会计师在审计工作底稿中记录的所了解的有关购货与付款循环、销售与收款循环的控制程序，假定不考虑其他条件，请逐项判断华兴公司上述控制程序在设计上是否存在缺陷。如果存在缺陷，请分别指出，并简要说明理由，提出改进建议。

4. 针对注册会计师在审计工作底稿中记录的所了解的有关购货与付款循环、销售与收款循环的控制程序，请指出哪一项与“已发生的购货业务均已记录”这一控制目标相关，并确定针对该控制目标的测试程序。

5. 针对注册会计师李浩实施的审计程序，请分别指出这些事项主要与存货和应付账款的什么认定相关。

6. 针对注册会计师李浩和张兴实施的审计程序，假定不考虑其他条件，请逐项指出上述事项是否表明相关内部控制得到有效执行。如果表明相关内部控制未能得到有效执行，请简要说明理由，并提出改进建议。

7. 说明注册会计师聘请专家工作需要注意的事项，并判断张梅利用专家的工作是否存在不妥，如果是，提出改进意见。

8. 针对华兴公司的情况，编制风险评估的相关底稿。

实训指导

1. 组织实训的流程。

实训小组成员认真阅读实训资料，了解华兴公司的内部控制；充分讨论华兴公司的内部控制存在的缺陷；列示应对华兴公司内部控制缺陷的控制目标以及拟提出的建议；编制风险评估的相关底稿。

2. 实训要求讨论要点。

（1）注册会计师还可以实施以下程序以了解相关内部控制：

1）观察华兴公司的业务活动和内部控制的运行情况。

2）选择若干有代表性的交易和事项进行“穿行测试”。

（2）注册会计师拟定的总体审计计划中关于控制测试和评价的部分内容：

缺陷：注册会计师对相关内部控制的测试期间没有涵盖被审计财务报表的整个年度，不能形成对华兴公司 2016 年度内部控制有效性的最终评价。

建议：对 2016 年 12 月的相关内部控制实施追加测试，并在此基础上形成对华兴公司 2016 年度内部控制有效性的最终评价。

（3）有关购货与付款循环、销售与收款循环的控制程序：

第（1）项：有缺陷。采购的原材料经采购人员验收后入库。

理由：采购与验收是不相容的岗位。

建议：采购与验收应该由不同岗位的人员来实施。

第（2）项：没有缺陷。

第（3）项：没有缺陷。

第（4）项：有缺陷。会计部门职员 G 一人登记主营业务收入和应收账款的明细账。

理由：如果主营业务收入明细账由记录应收账款明细账之外的职员独立登记，则可以构成一项自动交互牵制。

建议：主营业务收入和应收账款的明细账应该由不同岗位的人员来登记。

（4）与“已发生的购货业务均已记录”这一内部控制目标相关的测试程序：

1）检查采购订单连续编号的完整性。

2）检查验收入库单的完整性。

（5）注册会计师李浩实施的审计程序中：

第（1）项与存货和应付账款的完整性认定相关，还与存货和应付账款的准确性认定相关。

第（2）项与存货和应付账款的存在认定相关。

第（1）项表明相关控制未能得到有效执行。

理由：原材料采购运费也是原材料成本的组成部分，在原材料已经办理入库的情况下，运费成本应该反映到暂估入账的相应原材料成本中，否则会导致少计存货成本和应付账款。

建议：公司应在期末汇总所有已验收入库但尚未收到供应商发票的原材料的未结算运费，并将其计入暂估入账的原材料成本。

第（2）项表明相关控制得到了有效执行。

（6）注册会计师张兴实施的审计程序中：

第（1）项表明相关控制得到了有效执行。

第（2）项表明相关控制未能得到有效执行。

理由：在华兴公司于7月10日向W公司发出3 500件产品后，W公司的经授权的剩余赊销信用额度仅为190 500元，因此，在华兴公司于7月12日以赊销方式向W公司发出价值为210 600元的1 800件产品前，除了经过职员E的批准外，还需获得经授权的信用审核部门经理F的批准。

建议：在销售的产品发出前，职员E应检查是否存在超过剩余赊销信用额度的情况。对于超过剩余赊销信用额度的销售，在经过职员E审批后，必须获得经授权的信用审核部门经理F的批准才能发货。

第（3）项表明相关控制未能得到有效执行。

理由：华兴公司人为提前了发货单日期，并提前确认了相关的主营业务收入。

建议：所有发货单应该按照实际发货时间填写日期。

第4章 Chapter 4 销售与收款循环审计

4.1 银广夏审计失败案例

案例分析目的

通过阅读案例资料和上网查阅相关资料，了解银广夏审计失败的种种表现，并掌握如何查证收入舞弊以及如何科学控制函证等审计程序。

案例资料

一、银广夏虚构利润

广夏（银川）实业股份有限公司（以下简称银广夏）1994年6月17日获准在深圳证券交易所上市，曾被称为“中国第一蓝筹股”，旗下设有天津广夏、芜湖广夏、上海广夏、天然物产、贺兰山酿酒等子公司。

据1999年的年报披露，银广夏当年实现利润总额1.58亿元，其中76%来自天津广夏。每股盈利0.51元，并实施公司历史上首次10转增10的分配方案。1999年12月30日至2000年4月19日，不到半年，银广夏股价从13.97元涨至35.83元，于2000年12月29日完全填权并创下37.99元的新高，复权价格为75.98元，较一年前启动时的价位上涨440%。

2001年3月，银广夏公布了2000年年报，全年主营业务收入9.1亿元，净利润4.18亿元，其中收入和利润绝大部分来自天津广夏，同年向德国诚信贸易公司出口金额为1.8亿德国马克（约合7.2亿元人民币）。据推算，天津广夏2001年度创造利润达4.7亿元。

2001年8月7日，《财经》杂志发表《银广夏陷阱》（以下简称《陷阱》）一文，披露银广夏利润赖以实现、其神话得以延续的秘密武器在于萃取技术和利用该技术进行的生产销售活动，而所谓的萃取技术和萃取产品是“不可能的产量、不可能的价格、不可能的产品”。

《陷阱》一文发表后，社会舆论一片哗然。2001年8月8日，三大证券报同时刊登《证监会正式立案稽查银广夏公司事件》一文。文中称：“就银广夏公司涉嫌造假的事件，中国证监会已于8月3日针对此事正式立案稽查，并于8月5日派稽查组抵达银川。”经调查，发现以下事实：

银广夏公司1998—2001年间共计虚增利润77 156万元，其中，1999年虚增17 781万元，2000年虚增56 704万元，从原材料购进到生产、销售、出口等环节，公司伪造了全部单据，包括销售合同、发票、银行票据、出口报关单和所得税免税文件等。

具体的造假过程包括：

1. 1999年的造假过程。天津广夏的董事长董博承认，1999年11月，他接到了银广夏财务总监丁功民的电话，要求他将每股利润做到0.8元。董博便进行了相应的计算，得出天津广夏公司需要制造多少利润，进而根据这一利润，计算出天津广夏需要多少产量、多少销售量以及购入多少原材料等数据。

造假首先从购入原材料开始。董博虚构了北京瑞杰商贸有限公司、北京市京通商贸有限公司、北京市东风实用技术研究所等单位，让这几家单位作为天津广夏的原材料供应商，虚假提供萃取产品所需的原材料蛋黄粉、姜、桂皮及产品包装桶等，并到黑市上购买了发票、汇款单、银行进账单等票据，伪造了这几家单位的销售发票和天津广夏发往这几家单位的银行汇款单。

有了原材料的购入，董博又伪造了总价值5 610万德国马克的货物出口报关单4份、德国捷高公司北京办事处支付的金额为5 400万元的出口产品货款银行进账单3份。为完善造假过程，董博又指使时任天津广夏萃取有限公司总经理的阎金岱伪造萃取产品生产记录，于是，阎金岱指使天津广夏公司职工伪造了萃取产品虚假原材料入库单、班组生产记录、产品出库单等。

由此，董博虚构天津广夏萃取产品出口收入23 898.60万元。

2. 2000年的造假过程。2000年，天津广夏没有再虚构原材料供应商。据董博称，依旧是依照丁功民的指示，伪造了虚假出口销售合同、银行汇款单、销售发票、出口报关单及德国诚信贸易公司支付的货款进账单，同时，同样指使天津广夏职工伪造了虚假财务凭据。

结果，2000年天津广夏共伪造萃取产品出口收入72 400万元。

3. 2001年的造假过程。2001年初，为进一步完善造假程序，董博虚报销售收入，从天津市北辰国税局领购增值税专用发票500份。除向正常销售单位开具外，董博指使天津广夏公司职员付树通以天津广夏公司的名义向天津禾源公司（系天津广夏公司萃取产品总经销商）虚开增值税专用发票290份，价税合计22 145.659 4万元，涉及税款3 764.761 9万元，后以销售货款没有全部回笼为由，仅向北辰区国税局缴纳税款500万元。

在调查进行的同时，银广夏公司股价暴跌，深陷危机。2001年8月4日，银广夏公司董事局公告称，公司计划于8月7日刊登有关公告，公司股票将于8月6日起继续停牌一天半。到停牌时，银广夏股票市场价格为30.79元，流通市值86.21亿元，总市值155.57亿元，其流通市值仅次于深发展（192亿元）、宝钢股份（90.66亿元），名列两市第三，比四川长虹（80.96亿元）和浦发银行（71.16亿元）还大。8月13日9：30起，公司股票恢复交易。接着，当天再次宣布停牌30天。9月10日，银广夏股票一复牌就被死死地封在跌停板上，并连续14个交易日跌停，其股票价格一路下挫，流通市值从86亿元快速下降到20多亿元。

在调查形成初步结论的同时，中国证监会将7名涉嫌银广夏证券犯罪的人员移送公安机关追究刑事责任，包括原银广夏公司总裁、副董事长李有强，公司财务总监丁功民，原天津广夏公司董事长董博，原天津广夏萃取有限公司总经理阎金岱，以及深圳中天勤会计师事务所注册会计师刘加荣等。

二、对银广夏审计情况的调查

银广夏案件披露以后，在社会舆论愤怒声讨上市公司的同时，人们对中介机构的信任也大打折扣。中天勤会计师事务所注册会计师作为为社会公众和广大投资者提供鉴证服务的专业人士，却对银广夏的巨额利润造假熟视无睹，连续多年出具无保留意见的审计报告，其专业技能和职业操守受到人们的强烈质疑。银广夏事件也给整个会计审计行业的社会形象造成了严重的冲击。

对于社会上的种种质疑，中天勤会计师事务所的有关负责人表示了歉意，并进行了辩解：“根据自查的结果，没有发现有关注册会计师及审计人员在审计过程中存在与企业串通作弊等违背职业道德的行为，事务所与银广夏公司也不存在利害关系，对审计失败带来的不良后果，有关注册会计师深表歉意……银广夏公司存在造假行为，我们也是受害者，但我们不会回避审计失败带来的问题。对于会计责任与审计责任，无论是法律法规还是审计约定都有明确的规定。一直以来，有关银广夏公司的正面报道颇多，公司在有关萃取产品销售、发展和进一步投资的公告方面，给人们的印象是信息披露及时、全面。这些给社会各界留下了良好的印象，严重误导了公众（包括注册会计师）。在这种情况下，很少有人对银广夏公司的财务报告产生怀疑，注册会计师无疑也受到同样的心理影响，在当时的情况下对公司的财务报告给予了肯定。”

但是，这样的辩解在社会公众的质疑声中显得苍白无力，公众不禁质问：中国的注册会计师怎么了？为什么非会计专家的记者都能发现问题，而自该公司上市以来一直对其进行审计的注册会计师却连续多年为该公司出具无保留意见的审计报告？究竟是注册会计师的能力不足，还是注册会计师故意不发现问题？注册会计师到底是造假者的幕后帮凶还是受害者？是涉案注册会计师的审计失败还是我国现行独立审计准则所提供的方法存在缺陷？

调查发现，对银广夏年报进行审计的注册会计师的执业行为存在以下重大过失：

1. 对财务报告及其相关信息中显示的异常变动缺乏应有的关注。通过分析银广夏的财务报告以及相关信息可以看到，公司在很多重要财务数据及会计信息之间存在异常变动，如：

(1) 关键产品投入产出异常。对于2000年度生产卵磷脂的投入产出比率较1999年度大幅下降的异常情况（事务所的工作底稿显示，银广夏公司萃取产品——卵磷脂1999年度的投入产出比率为14：1，2000年度投入产出比率为3.2：1)，注册会计师既未实地考察，又没有咨询专家意见，就轻信银广夏管理当局声称的“生产进入成熟期”。

(2) 水电能耗比异常。银广夏公司的生产成本中，2000年水电费支出70余万元，1999年水电费支出20余万元，平均每吨原材料消耗水电费50元，公司报表显示生产量很大，且主要生产动力为电能。

(3) 人工费、能源费异常。银广夏公司的分月产量统计显示各月产量明显有较大波动，但与产量有对应关系的直接人工费用、能源费用无明显的波动。

(4) 运输费异常。1999年度天津广夏的运输费用为9.9万元，2000年在出口量剧增的情况下，运输费反而下降为0.9万元。

(5) 收入利润指标异常。银广夏自1998年以来净利润保持强劲增长，从1998年的5 847万元增长至2000年的41 765万元，年均增长水平达到了121%，其中2000年较1999年利润增长226%，就同期上市公司的表现来看，这是十分罕见的。2000年天津广夏主营业务增长5.2亿元，主营业务利润增长4亿元，可以估算出天津广夏毛利率接近80%。对于低成本、高回报的产业，如果不存在特别高的技术壁垒，这种利益将迅速被新的市场进入者瓜分。因此，种种数据都显示银广夏的收入利润指标异常。

(6) 税收异常。银广夏公司2000年度合并报表显示实现利润总额4.23亿元，应缴所得税为739万元，综合所得税率仅为1.75%。另外，公司披露所适用的增值税税率为17%，但从2000年年报中可以知道，公司2000年度的增值税只缴了5万元，而工业企业性销售收入2000年度为8.27亿元，毛利为5.43亿元，从毛利率判断，公司产品增值比率较大，故应缴增值税也应该较多，若以毛利5.43亿元估算，公司应缴增值税至少为9 000万元。对于如此巨大的差异，银广夏公司没有给出合理的解释。

(7) 巨额合同。银广夏主营业务收入比上年增加5.25亿元，但天津广夏

2000年1月与德国诚信贸易公司签订的一单合同，其销售额就达到约7.2亿元人民币，从数量上看，这一合同金额就大致相当于本年较上年营业收入的增加额。整个企业的收入和利润集中和维系于一家公司，隐含着巨大经营风险。

(8) 应收账款异常。2000年末，银广夏应收账款4亿多元，占应收账款总额的77%，其中最大的欠款单位是德国诚信贸易公司，欠款达2.6亿元，欠款原因是依合同执行进度付款。而在2000年末的预付账款中，银广夏支付德国西伊利斯公司1.6亿元预付设备款，两笔巨额款项的债务人均为德国企业，其真实性值得思考。

(9) 外销免税异常。1999年、2000年，天津广夏披露执行“外销销项税全免，进项税全部内销抵扣”的增值税政策，对于这一不符合国家税法规定的异常现象，注册会计师没有予以应有的关注，直接依赖了公司的虚假陈述。

2. 重形式而轻实质地执行函证、存货监盘等公认审计程序。对于银广夏公司年报审计，注册会计师也执行了函证程序，但存在以下问题：

(1) 1999年度，在对银广夏公司应收德国诚信贸易公司账款（德国诚信贸易公司应收账款占公司全部应收账款的50%以上）进行函证时，客户提交的来自德国捷高公司北京办事处的回函传真件，连回函的单位名称都不一致，显然属于“有迹象显示不可靠的函证”，但注册会计师没有实施进一步的追加审计程序或替代测试，即对该项应收账款予以确认。

(2) 注册会计师未能严格执行应收账款函证程序。在对天津广夏进行审计的过程中，将所有询证函交由被审计公司发出，且并未要求公司债务人将回函直接寄达注册会计师处。

(3) 在审计天津广夏2000年度财务报表时，共发出应收账款询证函14封，至审计报告日未收到任何回函。在此情况下，注册会计师虽部分实施了替代测试，但取得的审计证据中没有海关报关单、运输单位的运单、提单等来自公司外部的重要原始凭证，仅根据公司内部证据即全额确认应收账款。

审计工作底稿以及产成品的盘点表显示，注册会计师在2001年初对2000年度报表审计时执行了存货监盘，且经过倒轧计算后账实相符。但如果认真推敲，联系其他几个相关联的审计项目，则很容易就可以发现漏洞：该盘点表显示期末产成品中有卵磷脂24 322.73千克，而1999年末产成品存货中无卵磷脂，2000年的注册会计师工作底稿中的生产统计表及出口报关单均显示当年生产卵磷脂200吨都已经销售，期末存货又从何而来？

3. 对获取的存有缺陷的证据缺乏专业关注。

(1) 银广夏年报审计工作底稿曾记录，银广夏公司向德国诚信贸易公司销售货物，却从德国捷高公司北京办事处收取部分货款计人民币5 400万元，从行文格式和语言文字来看，该收货确认书不符合商业惯例。另外，也有部分应收货款直接冲减了从德国购买设备的预付款，被审计单位提供的天津市三资企业进口物品审验通知单中填列的内容为“从出口萃取产品的应收款中抵扣”，而且该单据并非来自外汇管理局。

（2）向北京瑞杰商贸有限公司等采购的原材料达2.3亿元，但对方开具的是普通发票而不是增值税专用发票，而且其供货合同十分简单，仅有6条，共计166字。如此巨额的供货合同，条款却极其简单，甚至连产品的品质条款都没有，显然不合常理。执行现场工作的注册会计师只是复印了合同，在工作底稿中没有显示出他们对合同产生过任何怀疑。

（3）在审计天津广夏1999年度财务报表时，审计工作底稿中同时收集了公司提供的存在明显差异的真假两种海关报关单，注册会计师对真假两种报关单均予以信赖。在这些报关单上，每种商品前的“出口商品编号”均为空白，这明显不符合报送单的填写规定。

（4）注册会计师仅根据天津市北辰区国税局出具的证明的传真件，即确认了1998—2000年免征企业所得税的政策。

案例分析

1. 针对银广夏公司财务报表中的异常，说明注册会计师应当如何处理。

分析要点：

（1）应当执行分析程序，分析数据、指标和事情等的异常波动。

（2）应当调查异常的原因，并跟踪查证。

（3）对于注册会计师专业知识之外的领域，应当事先采取措施，如安排咨询专家工作。

2. 结合本案例思考如何实质性地执行函证、存货监盘等公认审计程序，以避免其流于形式。

分析要点：

为避免执行函证、存货监盘等公认审计程序流于形式，应当注意：

（1）强调注册会计师执行函证、存货监盘等程序的主动权，如选择样本、观察被审计单位存货盘点、收取询证函回函等必须是基于审计目的由注册会计师专业判断的结果。

（2）执行函证、存货监盘等程序需要综合运用观察、询问和分析程序。

（3）详细记录执行函证、存货监盘等公认审计程序的结果，并与其他测试获取的证据相互支持。

（4）对函证、存货监盘等公认审计程序实施全过程的质量控制。

3. 结合对银广夏财务报表舞弊案的阅读，思考注册会计师可以从哪些方面捕捉到企业收入舞弊的迹象。

分析要点：

在实务中，注册会计师应当综合运用分析程序、询问、检查等方式，谨慎地捕捉以下收入舞弊信号：

（1）分析程序表明对外报告的收入过高、销售退回和销售折扣过低、坏账准备的计提明显不足；

（2）在对外报告的收入中，已收回现金的比重明显偏低；

（3）应收账款的增幅明显大于收入的增幅；

（4）在根据收入测算的经营规模不断扩大的情况下，存货呈急剧下降趋势；

（5）当期确认的应收账款坏账准备占过去几年销售收入的比重明显偏高；

（6）本期发生的退货占前期销售收入的比重明显偏高；

（7）销售收入与经营活动产生的现金流入呈背离趋势；

（8）与收入相关的交易没有完整和及时地记录，或者在交易金额、会计期间和分类方面记录明显不当；

（9）记录的收入缺乏凭证支持或销售交易未获恰当授权；

（10）最后时刻的收入调整极大地改善了当期的经营业绩；

（11）销售交易循环中的关键凭证“丢失”；

（12）未能提供用以证明收入的原始凭证，或以复印件代替原件的现象屡见不鲜；

（13）未能对银行存款往来调节表或其他调节表上的重大差异项目作出合理解释；

（14）销售收入和现金日记账存在明显的不平衡；

（15）与收入相关的记录（如应收款记录）与函证证据（如询证函回函）存在异常差异；

（16）高管层逾越销售交易循环的内部控制；

（17）对新客户、异常客户或大客户未遵循惯常的客户审批程序；

（18）高管层或相关雇员对收入或收入异常现象的解释前后矛盾、含混不清或令人难以置信；

（19）存在禁止注册会计师接触相关设施、雇员、记录、客户、供应商等有助于获取收入证据的行为；

（20）高管层在收入确认方面对注册会计师施加了过分的时间压力；

（21）对注册会计师要求提供的收入相关信息拖延搪塞；

（22）高管层对注册会计师就收入提出的质询作出行为失常的举动（如勃然大怒、威胁利诱等）；

（23）接到客户、雇员、竞争对手关于收入失实的暗示或投诉。

4.2 不同情况的收入确认与查证案例①

案例分析目的

通过阅读和讨论案例资料，结合会计知识理解收入确认问题，掌握针对不同情况确认与查证收入的技术方法。

案例资料

今明会计师事务所接受了华兴公司2016年度财务报表的审计业务。为充分利用审计资源并保证2016年度财务报表的外勤审计工作能在规定的时间内顺利完成，今明会计师事务所指派注册会计师李浩作为项目经理，于2016年11月对华兴公司营业收入的确认进行预审。在预审中，以下事项引起了李浩的注意：

1. 2016年2月23日，华兴公司向A公司销售半成品，其成本为900万元，华兴公司已开具增值税发票且已经收到货款，确认对A公司的销售收入1 000万元（不含税，增值税税率为17%）。

2. 2016年3月1日，华兴公司因融资需要，将其生产的一批商品销售给同是增值税一般纳税人的B公司，销售价格为600万元，商品销售成本为480万元，商品已经发出，货款尚未收到。按照双方协议，华兴公司将在该批商品销售给B公司后一年内，以650万元的价格购回所售商品。2016年3月1日，华兴公司就该批商品确认了销售收入，并结转相应成本。2016年11月，华兴公司尚未回购该批商品。

3. 2016年6月1日，华兴公司与D公司签订销售合同。合同规定，华兴公司向D公司销售生产线一条，总价款为250万元；华兴公司负责该生产线的安装、调试，且安装调试工作是销售合同的重要组成部分。10月5日，华兴公司向D公司发出生产线；10月20日，华兴公司向D公司派出生产线安装工程技术人员，进行生产线的安装调试；至10月31日，该生产线尚未安装完工。10月31日，D公司收到生产线并向华兴公司支付250万元货款，华兴公司作了借记“银行存款”、贷记“预收账款”的账务处理。

4. 2016年11月1日，华兴公司向C公司销售商品一批，价款117万元，成本60万元，商品已经发出，该批商品对方已预付货款。C公司当天收到商

① 改编自中国注册会计师全国统一考试“审计”试题。

品后，发现商品质量未达到合同规定的要求，立即根据合同的有关价格减让和退货的条款与华兴公司协商，要求华兴公司在价格上给予一定的减让，否则将退货。至预审结束时，华兴公司相关部门尚未对此作出答复。

5. 2016 年 10 月 1 日，华兴公司与 E 公司签订协议，向 E 公司销售一台大型设备，总价款为 351 万元。但华兴公司需要委托 F 公司来完成设备的一个主要部件的制造任务。根据华兴公司与 F 公司之间的协议，F 公司生产该部件发生成本的 125%即为华兴公司应支付给 F 公司的劳务款（含税）。10 月 25 日，华兴公司负责的部件制造任务以及 F 公司负责的部件制造任务均已完成，并由华兴公司组装后将设备运往 E 公司；E 公司根据协议已向华兴公司支付有关货款。但 F 公司尚未将相关的制造成本详细资料交给华兴公司。华兴公司在该大型设备的制造过程中发生的成本为 130 万元。华兴公司于 2016 年 10 月确认了收入。相关的账务处理为：

借：银行存款	3 510 000	
贷：主营业务收入		3 000 000
应交税费——应交增值税（销项税额）		510 000
借：主营业务成本	1 300 000	
贷：库存商品		1 300 000

2017 年 3 月 5 日，今明会计师事务所派出的审计小组开始对华兴公司 2016 年度财务报表进行外勤审计工作。注册会计师李浩继续负责营业收入项目的外勤审计。在外勤审计过程中，李浩注意到以下事项：

（1）在华兴公司提供的 2016 年度未审利润表的营业收入项目中，没有包含原已确认的对 B 公司的营业收入；由于销售给 D 公司的生产线尚未调试完毕，因此没有确认该笔业务的营业收入。

（2）2016 年 12 月，华兴公司又以 1 287 万元的价格从 A 公司购进了其加工的华兴公司生产的半成品，A 公司已开具 1 287 万元（含税，增值税税率为 17%）的增值税发票且已收到货。

（3）2016 年 12 月 1 日，华兴公司接受一项产品安装任务，安装期为 4 个月，合同价款 46.8 万元（含税，增值税税率为 17%，下同），至 2016 年底已经预收款项 28.08 万元，实际发生成本 20 万元，估计还会发生成本 12 万元。华兴公司在 2016 年度利润表中确认劳务收入 24 万元，并结转 20 万元的成本。

（4）华兴公司 2016 年度财务报表的营业收入项目中，包含对 C 公司的销售收入。据了解，至 2016 年底，华兴公司未对销售给 C 公司的产品采取任何补救措施，双方也未就 C 公司提出的价格减让与退货事宜达成一致。华兴公司编制 2016 年度财务报表时确认了对 C 公司的销售收入，并结转了已售商品的成本。

（5）华兴公司 2016 年度利润表中包含销售给 E 公司的大型设备的营业收

入。2017 年 3 月 5 日，F 公司向华兴公司提交了制造部件的成本资料。资料显示 F 公司成本支出为 96 万元。

（6）2016 年 12 月 15 日，华兴公司采用托收承付方式向 G 公司销售一批商品，成本为 150 万元，开出的增值税发票上注明：售价 200 万元，增值税 34 万元。该批商品已经发出，并向银行办妥托收手续。此时 G 公司在另一项交易中发生巨额损失，资金周转十分困难，已经拖欠其他公司的货款。因此，华兴公司没有结转营业成本，但作了如下账务处理：

借：发出商品　　1 500 000
　贷：库存商品　　1 500 000
借：应收账款——G 公司　　2 340 000
　贷：营业收入　　2 000 000
　　应交税费——应交增值税（销项税额）　　340 000

（7）2016 年 12 月 20 日，华兴公司确认对 H 公司的销售收入 2 000 万元（不含税，增值税税率为 17%）。相关记录显示：销售给 H 公司的产品系按其要求定制，成本为 1 800 万元；H 公司监督该产品生产完工后，支付了 1 000 万元款项，但该产品尚存放于华兴公司，且华兴公司尚未开具增值税发票。

（8）2016 年 12 月 28 日，华兴公司确认对 I 公司的销售收入 3 000 万元（不含税，增值税税率为 17%）。相关记录显示：根据双方签订的协议，销售给 I 公司该批产品所形成的债权直接冲抵华兴公司所欠 I 公司原材料采购款；相关冲抵手续办妥后，华兴公司已经向 I 公司开具增值税发票；该批产品的成本为 2 500 万元。

案例分析

1. 针对预审中发现的事项，分析注册会计师李浩应当向华兴公司提出何种审计建议；对于涉及账项处理差错的，判断是否需要列示审计调整分录。请简要说明理由。

分析要点：

在预审时，华兴公司尚未编制 2016 年度财务报表，因此，即使在预审过程中发现华兴公司账项处理中存在差错，注册会计师也无须列示审计调整分录，但可以提出相关的账务调整建议，并关注所发现的差错是否会影响编制的年度财务报表。

事项 1：华兴公司的会计处理正确。

理由：截至 2016 年 11 月，华兴公司销售其生产的半产品款项已收、发票已开，成本也可以可靠地计量。

事项 2：所述事项属于售后回购情况下商品营业收入的确认问题，华兴公司的会计处理不正确。注册会计师应建议华兴公司冲回已确认的营业收入和结转的营业成本。

理由：华兴公司于 2016 年 7 月 1 日向 B 公司销售商品，同时约定销售后一年内回购，属于以商品作抵押进行融资，因此不应确认销售商品收入并结转有关成本。由于回购价格大于原售价，因此应在回购期间按期计提利息费用，计提的利息费用直接计入当期财务费用并增加其他应付款。

事项 3：华兴公司的会计处理正确。

理由：安装调试工作是生产线销售合同的重要组成部分。至 10 月 31 日，安装调试工作尚未完成。因此，华兴公司向 D 公司销售的生产线所有权上的主要风险和报酬没有转移，不应确认营业收入。

事项 4：注册会计师无须提出审计建议，但应关注该事项的后续进展以及华兴公司在编制财务报表时是否确认了营业收入。

事项 5：华兴公司的会计处理不正确。

理由：10 月 25 日，华兴公司将大型设备交付给 E 公司并收到货款，但是，华兴公司为生产该设备发生的成本因尚未收到 F 企业的相关成本资料而不能可靠地计量，不符合收入确认条件。应建议华兴公司冲回。

2. 针对注册会计师李浩实施外勤审计工作时发现的各种事项，指出注册会计师需要向华兴公司提出何种审计建议；对于涉及账项处理差错的，判断是否需要列示审计调整分录。请简要说明理由。

分析要点：

在实施外勤审计工作时，华兴公司的财务报表已经编制完成，因此对于发现的审计差异，应当提出审计建议。对于涉及账项的错报，只要最终导致财务报表产生错报，就应列示审计调整分录。

事项（1）：针对与 B 公司的交易，华兴公司在编制年度财务报表前冲回了不应确认的收入，注册会计师应予认可，无须提出审计调整建议，但应关注其他应付款和财务费用项目是否完整；针对与 D 公司的交易，由于至 12 月 31 日安装调试工作尚未完成，华兴公司不确认营业收入是正确的。

事项（2）：针对与 A 公司的交易，属于存货的委托加工业务，不属于销售业务，因此华兴公司不能作为销售和购进两个活动进行会计处理，相关确认销售和购进的会计处理不正确。建议调整的分录为：

借：营业收入	10 000 000	
应交税费——应交增值税（销项税额）	1 700 000	
其他应收款	1 170 000	
贷：存货		11 000 000
应交税费——应交增值税（进项税额）		1 870 000

同时：

借：存货　　9 000 000
　　贷：营业成本　　9 000 000

事项（3）：属于劳务收入的确认问题，华兴公司可以部分确认营业收入，但相关的账务处理不正确。

理由：产品安装任务开始于2016年11月30日，至2016年12月31日尚未完工，属于劳务的开始和完成分属于不同期间的劳务收入确认问题。至2016年12月31日，华兴公司预收款项28.08万元，实际发生成本20万元，估计至合同完工尚需发生成本12万元，因此，提供的结果能够可靠地估计，完工进度为62.5%［20÷(20+12)×100%］，应当采用完工百分比法确认收入25万元（40×62.5%），结转实际发生的收入20万元。华兴公司不应仅确认24万元的收入。应建议华兴公司追加确认1万元的收入（无须调整营业成本），调整分录为：

借：应收账款　　11 700
　　贷：营业收入　　10 000
　　　　应交税费——应交增值税（销项税额）　　1 700

在此基础上，注册会计师还应提请公司按规定对调整增加的上述应收账款补提相应的坏账准备。

事项（4）：华兴公司的账务处理不正确。

理由：华兴公司向C公司销售的产品质量没有达到合同规定的要求，华兴公司未就此采取补救措施，因此，该批产品所有权上的主要风险和报酬尚未发生转移，不符合收入确认条件。应建议华兴公司作以下调整分录：

借：营业收入　　1 000 000
　　应交税费——应交增值税（销项税额）　　170 000
　　贷：预收款项　　1 170 000
借：存货　　600 000
　　贷：营业成本　　600 000

事项（5）：华兴公司的账务处理不正确。

理由：华兴公司应按与F公司签订的协议，向F公司支付120万元（96×125%）的货款，并将该事项作为期后事项中的调整事项进行处理。调整分录如下：

借：营业成本　　1 200 000
　　贷：应付账款　　1 200 000

事项（6）：华兴公司的会计处理不正确。

理由：华兴公司在销售商品时，虽然商品已经发出，并向银行办妥托收手续，但是收货方发生资金困难并拖欠其他公司货款，华兴公司收回销售货款存在很大的不确定性，不能确认营业收入。华兴公司针对这一情况应作的账务处理为：

借：发出商品　　1 500 000

　贷：库存商品　　1 500 000

借：应收账款——G 公司　　340 000

　贷：应交税费——应交增值税（销项税额）　　340 000

因此，注册会计师应建议华兴公司冲回已确认的收入，但由于商品已发出，无须对应交税费项目进行调整；由于华兴公司没有结转营业成本，也无须调整营业成本项目。相应的调整分录如下：

借：营业收入　　2 000 000

　贷：应收账款　　2 000 000

在上述调整分录的基础上，注册会计师还应进一步提请华兴公司按照计提坏账准备的相关政策，冲回对上述应收账款计提的坏账准备，相应调整财务报表的应收账款与资产减值损失两个项目。

事项（7）：华兴公司的会计处理正确。

理由：由于与 H 公司的交易属于定制的销售活动，只要符合定制条件，无论产品是否运走，发票是否开具，都符合销售实现的条件。

事项（8）：华兴公司的会计处理正确。

理由：销售只有成立形成债权，才能与相关的债务进行重组。

3. 针对预审中发现的事项 5，分析华兴公司的做法影响了管理层对交易、事项、期末账户余额或财务报表列报这三类认定中的哪些类型的认定。

分析要点：

华兴公司确认了不应确认的收入，结转了不应结转的成本，违背了管理层关于交易、事项与期末账户余额这三类认定，但由于财务报表尚未编制，故不影响财务报表列报的认定。具体来说，影响了营业收入、营业成本两个项目的发生认定，应交税费项目的存在认定和存货项目的完整性认定。

4. 针对注册会计师李浩在外勤审计工作中发现的事项（5），如果华兴公司不接受注册会计师提出的审计建议，请指出华兴公司的做法影响了管理层对交易、事项、期末账户余额或财务报表列报中哪些类型的认定，并指出所影响的具体认定。

分析要点：

公司在期后收到 F 公司的相关资料后，应当确认营业收入并结转相应的营业成本，因此，原先对营业收入和营业成本的发生认定、应交税费的存在认定、存货的完整性认定的影响已经消除。但影响了应付账款的完整性认定和营业成本的准确性认定。

5. 结合本案例中不同情况下的收入确认，讨论收入确认原则以及应当注意的问题。

分析要点：

收入只有同时满足下列条件才能予以确认：

（1）企业已将商品所有权上的主要风险和报酬转移给购货方；

（2）企业既没有保留通常与所有权相联系的继续管理权，也没有对已售出的商品实施有效控制；

（3）收入的金额能够可靠地计量；

（4）相关的经济利益很可能流入企业；

（5）相关的已发生或将发生的成本能够可靠地计量。

4.3　函证的全面质量控制案例

案例分析目的

通过阅读和分组讨论案例资料，讨论如何实施函证，掌握不能函证、函证不能收到回函、询证函回函发现不符等情况下注册会计师应当如何作出专业判断并实施相应的审计程序。

案例资料

在对华兴公司2016年度财务报表进行审计时，注册会计师李浩负责审计应收账款，应收账款的可容忍错报是3万元。李浩对截止日为2016年12月31日的应收账款实施了函证程序，具体情况如下：

1. 截至2016年12月31日，4 000笔共计400万元应收账款中，注册会计师选择400笔应收账款进行函证，其中12笔应收账款共计24万元H公司不同意函证，注册会计师对108笔共计52万元的应收账款实施了积极式函证，对280笔共计4万元的应收账款实施了消极式函证。

2. 收到积极式回函证实相符的有102笔，共计45万元；发现不符的有4笔，共计2万元；因地址错误询证函被邮局退回的有2笔，共计5万元。未回函或收到消极式回函确认无误的有240笔，共计3.2万元；回函发现不符的有40笔，共计0.8万元。由于询证函回函不符金额2.8万元低于可容忍错报，注册会计师李浩认为华兴公司的应收账款得到了公允反映。

案例分析

1. 讨论在本案例中，注册会计师李浩实施的函证程序及其结论存在哪些缺陷。

分析要点：

注册会计师李浩实施的函证程序及其结论存在的缺陷有：

（1）对于 12 笔共计 24 万元 H 公司不同意函证的应收账款，注册会计师没有分析原因，也没有加以处理。

（2）对于回函发现不符的应收账款，注册会计师没有分析原因，也没有根据不同原因实施追加审计程序。

（3）对于发出询证函但没有收到回函的应收账款，注册会计师没有再次寄发询证函或追加其他程序。

（4）对于因地址错误询证函被邮局退回的 2 笔共计 5 万元的应收账款，注册会计师没有追加审计程序。

（5）注册会计师没有从样本错报结果推断总体错报，因此，形成应收账款得到公允反映的结论是不恰当的。

2．分析注册会计师在选择应收账款函证样本时，应当如何考虑。

分析要点：

注册会计师采用审计抽样或其他选择测试项目的方法选择函证样本时，样本应当足以代表整体，并且包括：（1）金额较大的项目；（2）账龄较长的项目；（3）交易频繁但期末余额较小的项目；（4）重大关联交易；（5）重大或异常的交易；（6）可能存在争议以及产生重大舞弊或错误的交易。

3．分析积极式函证和消极式函证的不同，并考虑应如何协调。

分析要点：

积极式函证和消极式函证的不同与协调如表 4－1 所示。

表 4－1　积极式函证和消极式函证的不同与协调

项目	积极式函证	消极式函证
要求	要求被询证者在所有情况下必须回函，确认询证函所列示信息是否正确或填列询证函要求的信息	要求被询证者仅在不同意询证函列示信息的情况下才予以回函
运用	以下情况，最好采用积极式函证： （1）个别账户的欠款金额较大 （2）有理由相信对欠款可能存在争议、差错等问题	当同时存在下列情况时，注册会计师可考虑采用消极式函证： （1）重大错报风险评估为低水平 （2）涉及大量余额较小的账户 （3）预期不存在大量的错误 （4）没有理由相信被询证者不认真对待函证
协调	综合运用积极式函证和消极式函证；对于大金额账项采用积极式函证，对于小金额账项采用消极式函证	

4．讨论对于注册会计师选定函证但客户不同意函证的应收账款，注册会计师应当如何处理。

分析要点：

当被审计单位管理层要求对拟函证的某些账户余额或其他信息不实施函证时，注册会计师应当考虑该要求是否合理，并获取审计证据予以支持。如果认为管理层的要求合理，注册会计师应当实施替代审计程序，以获取与这些账户余额或其他信息相关的充分、适当的审计证据。如果认为管理层的要求不合理，且受其阻挠而无法实施函证，注册会计师应当视为审计范围受到限制，并考虑对审计报告可能产生的影响。

5. 假设甲公司回函称，购买华兴公司15万元货物属实，但款项已于2016年12月25日用支票支付，讨论注册会计师应当如何处理。

分析要点：

注册会计师应当检查2016年12月25日及以后的银行对账单和银行存款日记账，确定该货款收妥入账的日期，以确认华兴公司是否存在跨期入账的现象。

6. 假设乙公司回函称，因产品质量不符合要求，根据购货合同，于2016年12月28日将货物退回，讨论注册会计师应当如何处理。

分析要点：

注册会计师应当检查销售退回的有关文件，检查退后货物的入库单，以确认货物是否已退回，并确认退回入库的日期。

7. 假设丙公司回函称，2016年12月10日收到华兴公司委托本公司代销的货物64万元，尚未销售，讨论注册会计师应当如何处理。

分析要点：

注册会计师应当检查与丙公司的货物代销合同和代销清单，以确认货物发出能否确认应收账款。

8. 讨论对于因地址错误被邮局退回的询证函，注册会计师应当如何处理。

分析要点：

注册会计师首先应当查明退函的原因，然后执行替代程序，如检查与销售有关的文件，包括销售合同、销售订单、销售发票副本及发运凭证等，以确认应收账款是否存在。

9. 讨论对于通过积极式函证方式没有收到回函的应收账款，注册会计师应当如何处理。

分析要点：

对于通过积极式函证方式没有收到回函的应收账款，应当再次寄发询证函。如果仍然收不到回函，应当实施替代审计程序。

10. 讨论应收账款询证函回函产生差异的原因及注册会计师的对策。

分析要点：

回函产生差异的原因及注册会计师的对策如表4-2所示。

表 4-2　回函产生差异的原因及注册会计师的对策

差异原因	追加的审计程序	注意防范的风险
款项已经支付，即客户在函证日之前已经付款，但被审计单位未能及时收到这笔款项，没有记账	检查函证日后的收款凭证	存在现金截止日错误或盗窃现金的可能性
货物尚未收到，即货物在途，被审计单位在发货当天记录销售，而客户是在收到货物时才记账	检查发货单或货运凭证、销售合同等	客户根本未收到货物或客户记录中存在截止日错误
货物已经退回	检查红字发票、销货退回及折扣折让通知单以及退回货物的入库单	虚增收入

4.4　销货的截止性测试案例

案例分析目的

通过阅读和分析案例资料，了解销货截止性错误及其风险，掌握如何执行截止性测试，并提出相应审计对策。

案例资料

华兴公司是专门销售进口汽车零件的公司，公司要求销货时必须有预先编号的出库单，出货时，发货人员要在出库单上填上日期。截至资产负债表日 12 月 31 日，最后一张出库单号码为 2167。会计部门按收到的出货单先后顺序开具发票。

华兴公司 12 月底已寄出的出库单号码及所附销货发票号码如表 4-3 所示。

表 4-3　出库单号码及销货发票号码

出库单号码	销货发票号码
2163	4332
2164	4326
2165	4327
2166	4330
2167	4331
2168	4328

续表

出库单号码	销货发票号码
2169	4329
2170	4333
2171	4335
2172	4334

华兴公司12月和次年1月的部分账簿记录如表4-4所示。

表4-4 账簿记录

日期	销货发票号码	金额（万元）
12月30日	4326	726.11
12月30日	4329	1 914.30
12月31日	4327	419.83
12月31日	4328	620.22
12月31日	4330	47.74
1月1日	4332	2 641.31
1月1日	4331	106.39
1月1日	4333	852.06
1月2日	4335	1 250.50
1月2日	4334	646.58

案例分析

1. 假定出货人员将号码为2168～2172的出库单日期写成12月31日，请分析这种情况对财务报表的影响，并讨论注册会计师如何才能发现这种错误。

分析要点：

由于截至资产负债表日12月31日，最后一张出库单号码为2167，因此实际上号码为2168～2172的出库单日期应是次年的，但出货人员将号码为2168～2172的出库单日期写成12月31日，这种出库单、销货发票日期不在同一年度的截止错误容易造成提前确认收入。注册会计师只有执行截止性测试才能够发现这种错误。

2. 结合本案例，请讨论作为注册会计师如何确认在资产负债表日销货截止是正确的。

分析要点：

有三条路径可供选择：

（1）从报表日前后若干天的账簿记录查至记账凭证，检查发票存根与发运凭证；

（2）从报表日前后若干天的发票存根查至发运凭证与账簿记录；

(3) 从报表日前后若干天的发运凭证查至发票开具情况与账簿记录。

3. 讨论哪些内部控制能够减少这种截止性错误，并讨论作为注册会计师如何测试这些内部控制。

分析要点：

建立下列内部控制措施能够减少这种截止性错误：

(1) 及时获取原始凭证并记账；

(2) 一项业务活动要由不同的人员相互牵制完成，并加强内部稽核。

注册会计师可采取以下程序对此内部控制予以测试：

(1) 询问被审计单位的人员，了解被审计单位销售和收款的主要控制制度是否得到执行；

(2) 观察销售和收款的关键控制点及特定控制点的控制实践；

(3) 检查关键控制点生成的有关文件和记录；

(4) 必要时通过重新执行来证实控制执行的有效性；

(5) 通过追踪交易在财务报告信息系统中的处理过程（穿行测试），提取对关键控制点控制有效支持的审计证据。

4.5　年报审计中的应收账款函证案例

案例分析目的

通过阅读和分析案例资料，了解函证中如何抽取样本，并掌握不同情况下注册会计师应如何判断。

案例资料

华兴公司年报中有 905 个应收账款明细账户，借方余额共计 4 250 000 元。这些账户余额为 10～140 000 元，其中有 5 个余额超过 50 000 元的账户，余额共计 500 000 元。另有 40 个贷方余额账户，余额共计 5 000 元。

注册会计师根据控制测试的结果，将与应收账款的存在性和计价认定有关的重大错报风险评估为高水平；确定的可容忍错报为 125 000 元，预计应收账款的错报为 35 000 元。注册会计师没有计划实施其他实质性程序以实现相同的目标，其他实质性程序不能发现重大错报的风险为“最高”。注册会计师通过分析程序合理确信，应收账款不存在重大的低估。

注册会计师将应收账款贷方余额作为应付账款单独测试，对选取的所有账户的余额进行函证：

1. 对余额超过 50 000 元的 5 个账户全部进行检查，并将其排除在准备抽样的总体之外。

2. 将其余 900 个有借方余额的账户（余额共计 3 750 000 元）分为三组：第一组由 250 个余额大于或等于 5 000 元的账户组成（余额总计 2 500 000 元），抽取样本多；第二组由余额小于 5 000 元但大于 500 元的账户组成（余额总计 1 200 000 元），抽取样本少；第三组为单笔余额小于 500 元的应收账款（余额总计 50 000 元），抽取样本比例为零。

注册会计师采用非统计抽样确定样本规模，模型中的保证系数见表 4－5。

表 4－5 保证系数

评估的重大错报风险	其他实质性程序未能发现重大错报的风险			
	最高	高	中	低
最高	3.0	2.7	2.3	2.0
高	2.7	2.4	2.0	1.6
中	2.3	2.1	1.6	1.2
低	2.0	1.6	1.2	1.0

在对确定的函证样本进行函证的过程中，华兴公司要求不对其中 6 笔应收账款函证，因为这 6 笔账款存有争议。由于这些争议悬而未决，在客户付款时华兴公司并没有及时入账。

华兴公司对应收账款积极式函证的结果如表 4－6 所示。

表 4－6 积极式函证结果汇总

函证类型	数量
给予肯定回函的客户	56
给予否定回函的客户	8
没有回函的客户	10
在华兴公司要求下没有发函的客户	6

注册会计师把发出询证函的存根以及收到的回函归入审计工作底稿，据此判断华兴公司原来的编报数值得信赖。

案例分析

1. 确定应收账款函证抽样样本规模，并说明注册会计师共需要发多少份询证函。

分析要点：

$$估计样本规模=\frac{37\ 500\ 000}{1\ 250\ 000}\times 2.7=81(个)$$

注册会计师应向 81 个其账户余额被选取的客户和全部检查组中的 5 个客

户寄发询证函，共发 86 份询证函。

2. 讨论注册会计师在什么情况下可以不对应收账款进行发函询证；对于不发函询证的应收账款，注册会计师应当如何处理。

分析要点：

除非存在下列两种情形之一，否则注册会计师应当对应收账款实施函证：

（1）根据审计重要性原则，有充分证据表明应收账款对财务报表不重要。

（2）注册会计师认为函证很可能无效。如果注册会计师认为被询证者很可能不回函或即使回函也不可信，可不对应收账款实施函证。注册会计师可能基于以前年度的审计经验或者类似工作经验，认为某被询证者的回函率很低或回函不可靠，并得出函证很可能无效的结论。

对于不发函询证的，注册会计师应当实施替代审计程序。替代审计程序应当能够提供实施函证所能提供的同样效果的审计证据，如针对应收账款存在性认定的替代程序有：检查被审计单位资产负债表日后收到有关款项的记录和凭证，包括银行进账单、汇款证明、银行存款日记账等；检查销售合同、销售发票和发货记录等证明交易确实已经发生的证据；检查被审计单位与客户之间的函电记录等。

3. 该案例中函证样本采用分层审计抽样的方法，对于单笔余额较小的应收账款抽取比例为零。讨论这种做法是否恰当，指出你认为正确的处理是什么，并说明原因。

分析要点：

这样的处理不恰当。因为余额较小的应收账款可能存在的错报性质严重，所以也应当抽取一定比例进行函证，讨论并结合实施替代审计程序。

4. 华兴公司要求注册会计师不对某些账目进行函证，讨论这种行为是否构成对华兴公司年报审计范围的限制；在什么情况下可以允许客户影响审计人员的决定。

分析要点：

这种行为构成对审计范围的限制。如果认为管理层的要求合理，注册会计师应当实施替代审计程序，以获取与这些账户余额或其他信息相关的充分、适当的审计证据。如果认为管理层的要求不合理，且受其阻挠而无法实施函证，注册会计师应当视为审计范围受到限制，并考虑对审计报告可能产生的影响。

5. 讨论对于收到否定回函的应收账款，应当如何确认，下一步的审计程序可能有哪些。

分析要点：

应当追加审计程序予以追查。检查被审计单位资产负债表日后收到有关款项的记录和凭证，包括银行进账单、汇款证明、银行存款日记账等；检查销售合同、销售发票和发货记录等证明交易确实已经发生的证据；检查被审计单位与客户之间的函电记录等。

6. 讨论注册会计师对于没有收到回函的应收账款应当如何处理，并说明原因。

分析要点：

再次发询证函，如果仍然收不到回函，应当执行替代审计程序予以查证。因为收不到回函的应收账款可能隐藏着重大问题。

7. 假定经查证，“大于或等于5 000元”的样本的错报金额为6 300元，“小于5 000元而大于500元”的样本的错报金额为750元，这些错误都是会计处理中的一般错误，华兴公司同意更正已发现的7 050元错报。分析华兴公司该年度应收账款账面余额是否可以接受，并说明原因。

分析要点：

“大于或等于5 000元”组总体错报＝6 300÷(739 000÷2 500 000)
＝21 300(元)

“小于5 000元而大于500元”组总体错报＝750÷(62 500÷1 250 000)
＝15 000(元)

因此，根据样本项目推断：

错报总额＝21 300＋15 000＝36 300(元)

华兴公司管理层同意更正已发现的7 050元错报，因此剩余的推断错报变为29 250元，小于预计错报35 000元，认为其假设与结果一致；小于可容忍错报125 000元，认为应收账款账面余额发生的错报不超过可容忍错报125 000元。而得到上述结果的风险很小，因此总体可以接受。

4.6 不同询证函回函情况的处理案例

案例分析目的

通过阅读和分析案例资料，了解不同询证函回函情况并掌握如何针对不同情况采取相应措施。

案例资料

ABC会计师事务所接受委托，审计华兴公司2016年度的财务报表。审计项目经理李浩根据以往经验确定该公司财务报表层次的重要性水平为50万元，并确定应收账款项目的重要性水平为10万元。在对应收账款项目实施审计程序之前，李浩编制了华兴公司 2016 年 12 月 31 日的应收账款明细资料，其中，应收账款超过 10 万元的 10 家客户的情况如表 4－7 所示。

表 4－7　应收账款超过 10 万元的 10 家客户资料　　单位：万元

名称	客户情况	应收金额	欠款笔数	账龄（月）	全年交易额	全年交易次数
A 公司		50	2	1，2	7 700	23
B 公司		40	1	71	0	0
C 公司	控股股东	800	1	1	800	1
D 公司	6 月要求退货	600	1	10	600	1
E 公司		10	2	3，8	900	3
F 公司		1 500	6	42	1 100	6
G 公司		10	1	4	400	6
H 公司		1 200	1	9	1 200	1
I 公司		200	2	5，34	50	2
J 公司		10	1	2	300	5

注册会计师于 2017 年 1 月 15 日采用积极式函证对华兴公司应收账款发出 23 份询证函。注册会计师收到的询证函回函情况如下：

1. 收回 13 份询证函回函原件，其中 8 份回函是肯定的，5 份称存在问题，分别为：

（1）A 公司：购买华兴公司 50 万元的货物属实，但款项已于 2016 年 12 月 29 日用支票支付。

（2）C 公司：购买华兴公司 40 万元的货物尚未收到。

（3）D 公司：因产品质量不符合要求，根据购货合同，于 2016 年 12 月 28 日将货物退回。

（4）H 公司：因货物在运输途中损坏，已提出诉讼要求半价支付款项，货款为 600 万元，而非 1 200 万元。

（5）J 公司：2016 年 12 月 8 日收到华兴公司委托 J 公司代销的货物 5 000 元，尚未销售。

2. 没有收到回函的有 10 份，其中：

（1）B 公司已经破产；

（2）F 公司因地址错误，询证函被邮局退回；

（3）I 公司先发了回函的传真件；

（4）其他公司情况不明。

案例分析

1. 讨论一般情况下，注册会计师应当选择哪些单位作为函证对象；就华兴公司前10家客户的具体情况而言，李浩应向哪些单位发函询证。简要说明原因。

分析要点：

一般情况下，注册会计师应选择以下项目作为函证对象：大额或账龄较长的项目；与债务人发生纠纷的项目；关联方项目；主要客户（包括关系密切的客户）项目；交易频繁但期末余额较小甚至余额为零的项目；可能产生重大错报或舞弊的非正常的项目。

针对华兴公司应收账款超过10万元的10家客户的具体情况，李浩应选择以下客户作为函证对象（见表4-8）。

表4-8 函证对象的选择情况

客户	是否函证	主要原因
A	是	交易频繁，全年交易额很大，属于重要的客户
B	是	账龄超长，未收回，也未注销，多年无往来，很可能存在纠纷
C	是	控股股东属于重要的关联方，交易时间接近年末，重大错报风险较高
D	是	已要求退货10个月，但一直未办理，双方很可能存在纠纷
E	否	账龄不长，余额不大，交易也不频繁
F	是	账龄长，余额大，往来频繁
G	否	账龄不长，余额不大，交易也不频繁
H	是	余额大
I	是	账龄长
J	否	账龄不长，余额不大，交易也不频繁

2. 假定注册会计师李浩决定对表4-8中认为需要函证的应收款项超过10万元的客户均实施积极式函证，请逐一指出最可能的原因。

分析要点：

选择A公司的原因是双方往来频繁，产生差错的可能性较大；选择B公司、D公司的原因是华兴公司与其可能存在纠纷，存在重大错报的可能性较大；选择C公司是基于双方之间的关联关系，存在特殊风险的可能性较大；选择F公司的原因是账龄长，余额大，往来频繁；选择H公司的原因是应收余额较大；选择I公司是基于账龄长。

3. 讨论针对5份称存在问题的回函，注册会计师应当如何处理。

分析要点：

针对A公司，检查2016年12月25日及以后的银行对账单和银行存款日记账，确定该货款收妥入账的日期，以确认华兴公司是否存在跨期入账的现象。

针对C公司，检查销售合同、销售发票以及发运凭证，以确定销售是否成立；检查运往C公司的在途货物是否纳入华兴公司的存货盘点表。

针对D公司，检查销售退回的有关文件，如销售退回的退回通知单、退税证明，检查退回后货物的红字发票及入库单，以确认货物是否已退回及退回入库的日期。

针对 H 公司，检查涉及诉讼的相关文件，并征求律师的意见，以确认应收货款金额。

针对 J 公司，检查与 J 公司的货物代销合同及其货运凭证，检查代销清单，以确认货物发出能否确认应收账款。

4. 讨论针对 B 公司，注册会计师应当如何处理。

分析要点：

对于 B 公司的应收账款，注册会计师应当追加程序获取并阅读 B 公司被注销的文件以及清算报告，建议被审计单位及时对此进行坏账注销。

5. 讨论针对发给 F 公司的询证函被邮局退回的情况，注册会计师应当如何处理。

分析要点：

首先，应当查明退函的原因；其次，执行替代程序，如检查与销售有关的文件，包括销售合同、销售订单、销售发票副本及发运凭证等，以验证应收账款的真实性。

6. 讨论对于 I 公司，注册会计师应当如何控制接收询证函回函；如果直到华兴公司追要审计报告，审计约定时间已到之时，I 公司的回函仍没有收到，注册会计师是否可以签发审计报告。说明原因。

分析要点：

注册会计师应当直接接收回函传真件，并要求 I 公司寄回回函原件。不能签发审计报告。因为在重要证据没有获取时，意味着审计工作没有结束，所以不能签发报告。

7. 假设注册会计师在没有收到 I 公司的询证函回函的情况下签发了审计报告，等财务报表公布后又收到 I 公司的回函，且发现 I 公司的回函原件与传真件不一致，讨论注册会计师应当如何处理。

分析要点：

与华兴公司积极沟通，查证问题后要求华兴公司发布修正的财务报表，并解释修正的原因。

8. 讨论对于没有收到回函、情况不明的应收账款，注册会计师应当如何处理。

分析要点：

对于其他情况不明的尚未收到回函的应收账款，注册会计师应当再发询证函，若仍收不到回函则执行替代程序，如检查与销售有关的文件，包括销售合同、销售订单、销售发票副本及发运凭证等，以验证应收账款的真实性。

4.7 销售与收款循环审计案例①

案例分析目的

通过阅读和分析案例资料，了解销售与收款循环内部控制存在的缺陷，掌握应收账款账龄分析以及函证的相关技巧。

案例资料

甲公司主要从事汽车轮胎的生产和销售，其销售收入主要来源于国内销售和出口销售。ABC会计师事务所负责审计甲公司2016年度财务报表，并委派注册会计师马华担任项目负责人。

资料一：

1. 甲公司的收入确认政策为：对于国内销售，在将产品交付客户并取得客户签字的收货确认单时确认收入；对于出口销售，在相关产品装船并取得装船单时确认收入。

2. 在甲公司的会计信息系统中，国内客户和国外客户的编号分别以D和E开头。

3. 2016年12月31日，中国人民银行公布的人民币对美元汇率为1美元=6.8元人民币。

资料二：

注册会计师了解到甲公司销售与收款循环的主要情况如下：

1. 收到顾客的采购订单后，业务员A将订单金额与顾客已被授权的信用额度以及至今尚欠的账款余额进行检查，经销售经理B审批后，交至信用管理经理C复核。如果采购订单的金额超过信用额度，应由总经理D审批。

2. 销售采用经法务部审核的标准合同，个别特殊订单由经验较丰富的业务员A与顾客签订非标准合同。

3. 信息管理员F负责将顾客采购订单和销售合同信息输入系统，由系统自动生成连续编号的销售订单，此时系统显示为“待处理”状态。仓库人员G在系统中根据经批准的客户订单、销售合同和销售订单生成连续编号的发货单，在将产品交运输商发运后，将发货单设置为“已执行”状态并提交财务部门。

4. 会计人员H根据系统中的“已执行”发货单记录、订单及相关客户基

① 改编自中国注册会计师统一考试“审计”试题。

础资料，在系统中生成并打印销售发票，系统在月末根据发货单和发票信息自动汇总主营业务收入，并据此登记应收账款和主营业务收入账簿。

5. 月末，系统自动匹配发货单、订单、发票和入账的主营业务收入，并生成一个专门报告反映未匹配项目的清单。系统授权可以生成和阅读该报告的人员是华兴公司销售经理 B 和总经理 D。

6. 业务员 A 全权负责顾客索赔及其退货处理，并集中在每个季度末向财务部门提供顾客索赔处理表或退货清单。

资料三：

甲公司编制的应收账款账龄分析表摘录如表 4－9 所示。

表 4－9 甲公司应收账款账龄分析表 单位：万元

2016 年 12 月 31 日账龄分析						
客户类别	原币	人民币	其中			
			1 年以内	1～2 年	2～3 年	3 年以上
国内客户		41 158	28 183	7 434	4 341	1 200
国外客户	（美元）2 046	折合 15 345	10 981	2 164	2 200	0
合计		56 503	39 164	9 598	6 541	1 200
2015 年 12 月 31 日账龄分析						
客户类别	原币	人民币	其中			
			1 年以内	1～2 年	2～3 年	3 年以上
国内客户		31 982	23 953	4 169	3 860	0
国外客户	（美元）2 006	折合 14 046	11 337	2 539	170	0
合计		46 028	35 290	6 708	4 030	0

资料四：

注册会计师采用抽样方法对主营业务收入的发生认定进行了审计，审计工作底稿部分内容摘录如表 4－10 所示。

表 4－10 审计工作底稿摘录

记账日期	金额（万元）	发票日期	发运单日期
2016 年 10 月 28 日	500	2016 年 10 月 27 日	2016 年 10 月 27 日
2016 年 11 月 1 日	750	2016 年 10 月 31 日	丢失
2016 年 12 月 7 日	600	2016 年 12 月 8 日	2016 年 12 月 7 日
2016 年 12 月 19 日	800	2016 年 12 月 18 日	2016 年 12 月 17 日
2016 年 12 月 31 日	1 600	2016 年 12 月 31 日	2017 年 1 月 3 日
2017 年 1 月 3 日	−2 000	2017 年 1 月 3 日	不适用
审计说明： (1) 公司采用交款提货的销售方式。已检查相关交易的销售合同、销售发票和发运凭证。 (2) 针对丢失发运凭证的销售交易，发运部门解释因更换物流公司所致，在对该笔交易检查了销售合同、销售单和销售发票后，认为不存在问题。 (3) 针对 2016 年 12 月 7 日所记录的销售交易，财务部门负责人解释销售当天发票用完，第二天补开了销售发票。			

资料五：

注册会计师马华选取了4个应收账款明细账户，对截至2016年12月31日的余额实施函证，并根据回函结果编制了应收账款函证结果汇总表。有关内容摘录如表4-11所示。

表4-11 甲公司应收账款函证结果汇总表 单位：万元

客户编号	客户名称	甲公司账面金额	回函金额	差异金额	回函方式	审计说明
D1	A公司	（人民币）7 616	5 000	2 616	原件	(1)
D2	B公司	（人民币）9 054	6 054	3 000	原件	(2)
D3	C公司	（人民币）7 618	7 618	0	传真件	(3)
E1	E公司	（美元）1 448	—	—	未回函	(4)

审计说明：

(1) 回函直接寄回本所。经询问甲公司财务经理得知，出现回函差异的原因是A公司的回函金额已扣除其在2016年12月31日以电汇的方式向甲公司支付的一笔2 616万元的货款。甲公司于2017年1月4日实际收到该笔款项，并记入2017年应收账款明细账。该回函差异不构成错报，无须实施进一步的审计程序。

(2) 回函直接寄回本所。经询问甲公司财务经理得知，出现回函差异的原因是甲公司在2016年12月31日向B公司发出一批产品（合同价款3 000万元），同时确认了应收账款3 000万元及相应的销售收入。B公司于2017年1月5日收到这批产品。其回函未将该3 000万元款项包括在回函金额中，经检查相关的销售合同、销售发票、出库单以及记账凭证，没有发现异常。该回函差异不构成错报，无须实施进一步的审计程序。

(3) 回函由C公司直接传真至本所。回函没有差异，无须实施进一步的审计程序。

(4) 未收到回函。执行替代测试程序：从应收账款借方发生额中选取样本，检查相关的销售合同、销售发票、出库单以及记账凭证，并确认这些文件中的记录是一致的。没有发现异常，无须实施进一步的审计程序。

案例分析

1. 针对资料二中的六种情况，逐项指出甲公司的内部控制是否存在缺陷。如果存在，简要说明理由并提出改进建议。将答案直接填入表4-12中。

分析要点：

表4-12 甲公司内部控制缺陷情况及改进建议

序号	是否存在缺陷	理由	改进建议
1	否		
2	是	授权不当，特殊订单不能仅授权业务员签订非标准合同	对于特殊订单的非标准合同更应当经法务部审核
3	否		
4	否		

续表

序号	是否存在缺陷	理由	改进建议
5	是	如果未被授权生成和阅读该专门报告，会计部门人员可能无法识别可能存在的差异并及时进行相应会计处理	应该授权会计部门人员生成和阅读该专门报告
6	是	顾客索赔及其退货处理不能由一人全权负责；需要及时记账监督	顾客索赔及其退货处理应当提交生产部门、质量检查部门以及财务部门审核处理，并及时向财务部门提供顾客索赔处理表或退货清单

2. 结合资料一，假定不考虑其他条件，指出资料三中的应收账款账龄分析表存在哪些不当之处，并简单说明理由。

分析要点：

资料三中的甲公司应收账款账龄分析表存在的不当之处有：

（1）国外客户 2016 年 12 月 31 日的应收账款 2 046 万美元，未按 2016 年 12 月 31 日“人民币对美元汇率为 1 美元＝6.8 元人民币”进行折算。

（2）2015 年 12 月 31 日账龄分析表中 1～2 年列的国内客户余额比 2016 年 12 月 31 日账龄分析表中 2～3 年列相应栏次的余额都小，存在不合理之处。

3. 针对资料四中的表 4－10，指出凭证与审计说明的不当之处，并简要说明理由。

（1）记账日期为 2016 年 12 月 7 日的业务存在不当之处，记账日期为 2016 年 12 月 7 日的业务中，记账日期早于发票开具日期，注册会计师应对该项交易实施进一步检查。

（2）记账日期为 2016 年 12 月 31 日的业务存在不当之处，该笔销售交易明显高于其他测试项目，有可能存在舞弊，注册会计师应当实施进一步检查。

（3）记账日期为 2017 年 1 月 3 日的业务存在不当之处，存在销货退回的，应当检查相关手续是否符合规定，结合原始销售凭证检查其会计处理是否正确。

（4）审计说明（1）存在不当之处，未检查销售单，销售单是证明销售交易发生认定的重要凭证之一。

（5）审计说明（2）存在不当之处，发运凭证是货物离开企业的证明，也是销售交易发生认定的重要凭证之一，仅仅检查销售合同、销售单和销售发票，不能为营业收入的发生认定提供充分适当的审计证据，该笔交易应当视为一项错报。

4. 针对资料五中表 4－11 的审计说明（1）～（4），结合资料一，假定不考虑其他条件，逐项指出注册会计师实施的审计程序及其结论是否存在不当之处。如果存在，简要说明理由并提出改进建议。将答案直接填入表4－13中。

分析要点：

表4－13　注册会计师审计情况分析

审计说明序号	是否存在不当之处	理由	改进建议
(1)	是	未对被审计单位资产负债表日后是否真实收到2 616万元货款进行追查	结合货币资金审计，确认被审计单位在资产负债表日后是否实际收到客户A公司的2 616万元货款
(2)	是	未向B公司进一步函证	应当向B公司再次函证，询证B公司于2017年1月5日是否收到这批产品，以验证赊销业务的真实性
(3)	是	未向C公司获取询证函回函原件	C公司直接将回函传真至会计师事务所后，还应当要求其将原件寄回会计师事务所
(4)	是	未再次向E公司实施函证	应再次向E公司实施函证

4.8　新准则下收入审计案例①

案例分析目的

通过阅读和分析案例资料，了解新收入准则与原收入准则的不同，并掌握新收入准则的相关审计要点。

案例资料

2017年，《企业会计准则第14号——收入（2017年修订）》（以下简称“新收入准则”）出台。新收入准则将收入、建造合同合并为统一的收入确认模型，以控制权转移为收入确认基础，对于包含多重交易安排的合同的会计处理和某些特定交易或事项的收入确认和计量提供更明确的指引和规定，对收入的确认、界定、计量以及预收账款、应收账款等科目进行了进一步的细化和界定，并定义了“合同资产”“合同负债”等一系列新科目。本案例以建筑行业、零售业、电商平台、酒店等行业和业务为例，讲解合同资产与应收款项的区

① 改编自中国注册会计师统一考试“审计”试题。

分、亏损合同的核算、合同负债的核算范围、营业成本与费用的区分、运输是不是一项单独的履约义务等知识点，着重说明会计师事务所在运用新收入准则进行审计时遇到的一些常见问题。

ABC 会计师事务所在对今年承接的被审计单位进行审计时，发现被审计单位存在如下问题，具体如下：

资料一：亏损合同

建筑企业与客户签订合同为客户提供建造服务。在建造期间，若该合同发生合同预计损失而成为亏损合同，且需要确认预计负债，相关损失应计入主营业务成本。此外，根据合同约定需等到质保期结束且未发生重大质量问题的情况下方能收款的应收质保金，在质保期结束之前在资产负债表中作为“合同资产”列示。

资料二：合同负债案例（涉及不同增值税税率的储值卡）

企业经营连锁超市，以主要责任人的身份向客户销售适用不同增值税税率的商品。该企业向客户销售不可退的储值卡，客户可使用该储值卡在超市内购买各种商品。企业需要对销售该储值卡收到的款项中包含的商品货款及增值税进行区分，其中，仅商品价款部分代表企业已收客户对价而应向客户转让商品的义务，应当确认合同负债；增值税的部分不应确认为合同负债，而应记入“应交税费——待转销项税额”。由于不同商品对应的增值税税率不同，企业应根据历史经验对增值税的金额进行估计，并在后续期间根据实际销售情况、取得的最新信息等进行重新估计。

资料三：合同负债（电商平台预售购物卡）

企业经营电商平台，仅提供平台供商家与消费者进行交易并负责协助商家和消费者结算货款，在商品买卖交易中为代理人。企业向平台的消费者销售不可退的电子购物卡，并根据消费者购买货款的固定比例向商家收取佣金。企业销售该电子购物卡收取的款项中，仅应将其中企业有权收取的佣金部分确认为合同负债，其余部分为企业代平台商家收取的款项，应作为其他应付款。

资料四：合同履约成本（酒店等服务行业的合同成本）

企业以自有资产经营酒店，与客房服务相关的资产（包括酒店、客房以及客房内的设备家具、酒店土地使用权等）的折旧和摊销，属于为履行与客户的合同而发生的履约成本，应计入营业成本；与客房服务不直接相关的成本费用，如财务部门、销售部门相关的资产折旧等费用，需要按其功能记入管理费用或销售费用等科目。

资料五：运输服务

企业向客户销售产品，并负责将产品运送到客户指定的地点，如果该产品的控制权在运输之前已经转移给客户，则企业提供的运输服务构成一项单独的履约义务；如果该产品的控制权在送达指定地点时才转移给客户，则企业从事的运输活动不构成一项单独的履约义务。

案例分析

针对以上五项资料，分别说明被审计单位业务处理的不当之处。

分析要点：

（1）资料一：该资料改变了合同预计损失和应收质保金的会计处理。对于合同预计损失，在原建造合同准则下，建造承包商的在建资产，性质上属于存货，如果建造合同的预计总成本超过合同总收入，形成合同预计损失，应提取存货跌价准备，并确认为资产减值损失。在该资料中，建筑公司发生的合同预计损失按照亏损合同的一般原则进行会计处理，即亏损合同产生的义务满足相关条件的，应当对亏损合同确认预计负债。而对于因亏损合同确认预计负债产生的损失，现行实务中一般计入营业外支出，而该案例中明确计入主营业务成本。对于应收质保金，在原建造合同准则下，质保金与其他合同价款一样，在结算时确认为应收款项。

新收入准则下引入了合同资产的概念，并对应收账款和合同资产进行了区分，二者的区别在于，合同资产并不是一项无条件收款权，该权利除了时间流逝之外，还取决于其他因素。在该案例中，应收质保金需等到质保期结束且未发生重大质量问题方能收款，因此其不是一项仅取决于时间流逝的无条件收款权，故作为合同资产列示。和原建造合同准则相比，该案例提供的会计处理指引将会对企业的毛利等财务指标产生影响。

（2）资料二：对于该资料提及的情形，在原收入准则下，企业因销售商品而预收的款项在预收账款列示，但由于缺乏明确的指引，实务中企业一般不会对预收的合同价款中包含的商品价款和增值税税额进行区分，而是直接将全部款项先计入预收账款，待客户实际购买商品时再将其中的增值税税额转入应交税费。

新收入准则引入了合同负债的概念，用于核算企业已收客户对价而应向客户转让商品的义务，并在企业履行了相关义务之后转入收入。在该案例中，客户支付的价款总额中包含商品价款和增值税，由于增值税本身属于价外税，并不代表企业需要向客户转让商品所获得的对价，不满足合同负债的定义，故需要将其合同负债进行区分。此外，在该资料中，由于客户可购买的各项商品的增值税税率不同，企业需要充分运用历史经验，对未来销售商品适用的税率进行合理估计，并于每个资产负债表日对该估计进行重新估计，这也会对企业在信息收集、会计核算等方面提出更高的要求。

（3）资料三：在原收入准则下，企业可能将销售购物卡收到的所有款项均记入“预收账款”科目。

新收入准则明确了主要责任人和代理人的概念，如果企业为代理人，应当按照预期有权收取的佣金或手续费的金额确认收入，其预收的款项中仅有佣金部分代表其应向客户提供服务的义务，应确认为合同负债，并在未来提供服务时转入收入，其余部分属于为平台商家代收代付的款项，不应作为合同负债。

（4）资料四：现行实务中，有些从事酒店经营的企业会将其与客房服务相关的资产的折旧和摊销费用计入期间费用。新收入准则引入了履约成本的概念，核算企业为履行合同所发生的、不属于其他准则规范范围的成本，并在收入确认时进行摊销。该资料明确指出与客房服务相关的资产的折旧和摊销费用属于履约成本，应在收入确认时摊销，计入营业成本，而不是管理费用或者销售费用。

和现行实务相比，该资料提供的会计处理指引可能会对部分企业的毛利等财务指标产生影响。

（5）资料五：企业向客户销售商品并负责运输是实务中很常见的安排。在原收入准则下，未要求评估运输是否构成一项单独的服务，企业确认商品销售收入的时点无论是发生在运输之前还是之后，均会将运输作为企业为销售商品而发生的活动并将其计入销售费用。在新收入准则下，对于履约义务的识别提供了更多的指引，在该案例中，进一步明确了企业销售商品并负责运输时，运输是否作为一项单独的履约义务的判断依据。如果运输服务是一项单独的履约义务，企业应该单独确认这部分收入，同时还需要考虑运输服务收入应该按照总额还是净额确认。

和原收入准则相比，如果在新收入准则下，运输被识别为一项单独的履约义务，则对企业的收入构成、确认时间等均会产生影响。

4.9　销售与收款循环关键控制及其控制测试实训项目

实训目的

通过学习实训资料、小组讨论与上机操作，熟悉销售与收款循环中的关键控制目标及其控制活动，熟悉销售与收款循环控制测试程序，并编制销售与收款循环控制测试的工作底稿。

实训资料

审计人员 A 和 B 在对华兴公司销售与收款循环进行初步了解测试时，注意到华兴公司针对销售与收款循环设计了如下控制活动。

一、对于销售

（1）如果是新顾客，销售经理将对其进行客户背景调查，获取包括信用评审机构对顾客信用等级的评定报告等，填写新顾客基本情况表，并附相关资料交给信用管理经理审批。信用管理经理将在新顾客基本情况表上签字注明是否同意赊销。通常情况下，给予新客户的信用额度不超过10万元；若高于该标准，应经总经理审批。

（2）如果是现有顾客，业务员对订单金额与该顾客已得到授权的信用额度以及至今尚欠的账款余额进行检查，经销售经理审批后，交给信用管理经理复核。如果是超过信用额度的采购订单，应由总经理审批。

（3）对于新顾客的初次订单，不允许超过经审批的信用额度。如新顾客能够及时支付货款，信用良好，则可视同现有顾客进行交易。

（4）收到现有顾客的采购订单后，业务员对订单金额与该顾客已得到授权的信用额度以及至今尚欠的账款余额进行检查，经销售经理审批后，交给信用管理经理复核。如果是超过信用额度的采购订单，应由总经理审批。

（5）信息管理员负责将顾客采购订单和销售合同信息输入系统，由系统自动生成连续编号的销售订单（此时系统显示为“待处理”状态）。每周，信息管理员核对本周内生成的销售订单，并对任何不连续编号的情况进行检查。

（6）每周，应收账款记账员汇总本周内签订的所有销售合同，并与销售订单核对，编制销售信息报告。如有不符，应收账款记账员将通知信息管理员，并与其共同调查该事项。

二、对于应收账款记录

（1）船运公司在货船离岸后，开出货运提单，通知公司货物离岸时间。

（2）信息管理员将商品离岸信息输入系统，系统内的销售订单状态由“已完工”自动更改为“已离岸”。

（3）应收账款记账员根据系统显示的“已离岸”销售订单信息，将销售发票所载信息和报关单、货运提单等进行核对。如所有单证核对一致，应收账款记账员在发票上加盖“相符”印戳并将有关信息输入系统，此时系统内的采购订单状态即由“已离岸”自动更改为“已处理”。

（4）信息管理员根据系统显示的“已完工”销售订单信息和销售合同约定的交货日期，开具连续编号的销售发票（出口发票一式六联），交销售经理审核，发票存根联由销售部留存，其他联次分别用于报关、出口押汇、税务核销、外汇核销以及财务记账等。

（5）业务员接到顾客的索赔传真件等资料后，编制连续编号的顾客索赔处理表，交给生产部门和技术部门，由生产经理、技术经理确定是否确属产品品质量问题，并签字确认。如确属华兴公司的责任，应收账款记账员在顾客索赔处理表上注明货款结算情况。索赔金额不超过 5 万元的，由销售经理批准；如超过该标准，应经总经理审批。

应收账款记账员编制应收账款调整分录，后附经恰当审批的顾客索赔处理表，交会计主管复核后进行账务处理。

(6) 月末，应收账款主管编制应收账款账龄报告，其内容还包括应收账款总额与应收账款明细账合计数以及应收账款明细账与顾客对账单的核对情况。如有差异，应收账款主管将立即进行调查。

(7) 公司董事会制定并批准应收账款坏账准备计提方法和计提比例的会计估计。

每年末，销售经理根据以往的经验、债务单位的实际财务状况和现金流量的情况，以及其他相关信息，编写应收账款可收回性分析报告，交财务部复核。

会计主管核对应收账款可收回性分析报告，分析坏账准备的计提比例与原先的估计相比是否发生较大变化。如发生较大变化，会计主管编写会计估计变更建议，经财务经理复核后报董事会批准。

公司坏账准备由系统自动计算生成，对于需要计提特殊坏账准备以及拟核销的坏账，由业务员填写连续编号的坏账变更申请表，并附顾客破产等相关资料，经销售经理审批后，金额在 5 万元以下的，由财务经理审批，金额在 5 万元以上的，由总经理审批。

应收账款记账员根据经恰当批准的坏账变更申请表进行账务处理。

三、对于收款

(1) 信用证到期或收到顾客已付款通知，由出纳员前往银行办理托收。款项收妥后，应收账款记账员将编制收款凭证，并附相关单证，如银行结汇水单、银行到款通知单等，提交会计主管审批。在完成对收款凭证及相关单证的复核后，会计主管在收款凭证上签字作为审批证据，并在所有单证上加盖“核销”印戳。

(2) 出纳员根据经复核无误的收款凭证及时登记现金和银行存款日记账。

(3) 月末，应收账款主管编制应收账款账龄报告。

四、对于保管顾客档案

(1) 如需对系统内的顾客信息作出修改，应由业务员填写更改申请表，经销售经理审批后，由信息管理员负责对更改申请表预先连续编号并在系统内进行更改。

(2) 财务经理核对月度顾客更改信息报告，检查实际更改情况和更改申请表是否一致，所有变更是否得到恰当审批以及编号记录表是否正确，在月度顾客信息更改报告和编号记录表上签字作为复核的证据。如发现任何异常情况，将进一步调查处理。

（3）信息管理员每月复核顾客档案。对两年内未与华兴公司发生业务往来的顾客，通知业务员填写更改申请表，经销售经理审批后交信息管理部删除该顾客档案。

每半年，销售经理复核顾客档案。

在了解华兴公司的上述控制活动后，审计人员A和B进一步实施了以下测试程序：

（1）抽取新顾客基本情况表，检查是否按政策审批信用额度；抽取现有顾客订单，检查是否恰当复核。

（2）抽取新顾客订单，检查是否符合经批准的信用额度。

（3）抽取销售信息报告，检查是否已经编制。如有差异，是否已进行调查和处理。

（4）抽取销售订单、销售发票、出运通知单以及送货单，检查其内容是否一致。

（5）抽取顾客对账单，检查其与应收账款明细账金额是否一致。如有差异，是否已进行调查和处理。

（6）抽取顾客索赔处理表，检查是否真实发生。

（7）抽取顾客索赔处理表，检查是否已记录。

（8）抽取记账凭证，检查与顾客索赔处理表金额是否一致，并经恰当复核。

（9）抽取销售部门出具的应收账款可收回性分析报告，检查是否编写会计估计变更建议，经财务经理复核后报董事会批准。

（10）抽取收款凭证，检查其是否经会计主管复核，是否加盖“核销”印戳。

（11）抽取应收账款账龄分析报告，检查是否编制并经复核。

（12）抽取更改汇总月报，检查是否已经复核。

（13）抽取顾客档案，检查是否已及时更新。

实训要求

1. 熟悉销售与收款循环中的关键控制目标及其控制活动。
2. 熟悉销售与收款循环控制测试程序。
3. 针对本案例中审计人员控制测试发现的事项，提出改进建议。
4. 编制华兴公司销售与收款循环控制测试的工作底稿。

实训指导

1. 组织实训的流程。

实训小组成员熟悉案例资料，并了解华兴公司销售与收款循环；充分讨论华兴公司销售与收款循环中各个环节的活动及其关键控制点；画出华兴公司销售与收款循环的业务流程图，并标注其关键控制点；充分讨论针对关键控制点的控制测试程序；形成华兴公司销售与收款循环控制测试的工作底稿。

2. 销售与收款循环控制测试的工作底稿的逻辑关系：

（1）销售与收款循环控制测试程序表，为如何执行销售与收款循环的控制测试作出规划；

（2）销售与收款循环控制测试汇总表，统领和汇总所有销售与收款循环控制测试情况；

（3）销售与收款循环控制测试过程表，记录支持销售与收款循环每个控制测试的底稿，支持销售与收款循环控制测试汇总表；

（4）销售与收款循环控制测试支持性工作底稿，属于细节测试销售与收款循环的底稿，支持销售与收款循环控制测试过程表。

4.10　主营业务收入审计实训项目①

实训目的

通过阅读实训资料，熟悉销售业务中的收入确认以及查证，并编制收入审计相关底稿。

实训资料

晋美公司系公开发行 A 股的上市公司，主要经营计算机硬件的开发、集成与销售，其主要业务流程通常为：向客户提供技术建议书；签署销售合同；结合库存情况备货；委托货运公司送货；安装验收；根据安装验收报告开具发票并确认收入。注册会计师于 2017 年初对晋美公司 2016 年度会计报表进行审计。经初步了解，晋美公司 2016 年度的经营形势、管理及经营机构与 2015 年度相比未发生重大变化，且未发生重大重组行为。

① 改编自中国注册会计师全国统一考试“审计”试题。

晋美公司2016年度未审利润及2015年度已审利润如表4-14所示。

表4-14　2016年度未审利润及2015年度已审利润　　单位：万元

项目	2016年度（未审数）	2015年度（审定数）
一、营业收入	104 300	58 900
减：营业成本	91 845	53 599
营业税费	560	350
营业费用	2 800	1 610
管理费用	2 380	3 260
财务费用	180	150
资产减值损失	130	130
加：公允价值变动收益	170	170
投资收益	980	16
二、营业利润	7 555	—13
加：营业外收入	100	150
减：营业外支出	260	300
三、利润总额	7 395	—163
减：所得税（税率33%）	800	0
四、净利润	6 595	—163

晋美公司2016年度1—12月主营业务收入、主营业务成本如表4-15所示。

表4-15　2016年度1—12月主营业务收入、主营业务成本　　单位：万元

月份	主营业务收入（未审数）	主营业务成本（未审数）
1	7 800	7 566
2	7 600	6 764
3	7 400	6 512
4	7 700	6 768
5	7 800	6 981
6	7 850	6 947
7	7 950	7 115
8	7 700	6 830
9	7 600	6 832
10	7 900	7 111
11	8 100	7 280
12	18 900	15 139
合计	104 300	91 845

注册会计师在实施实质性测试程序时，抽查到以下销售业务：

1. 销售给A公司硬件计936万元（含税，增值税税率为17%）。相关合

同约定：签订合同后支付 100 万元，出具安装验收报告后支付 200 万元，试运行一个月并终验合格后支付 636 万元，交货日期为 2016 年 11 月 20 日。实际执行情况是：晋美公司于 2016 年 11 月 15 日发货，经双方签字盖章的安装验收报告日期为 2016 年 12 月 25 日，发票日期为 2016 年 12 月 25 日。截至 2016 年 12 月 31 日，晋美公司已经收取货款 300 万元，确认 2016 年度该项销售收入 800 万元。

2. 销售给 B 公司硬件计 1 170 万元（含税，增值税税率为 17%）。相关合同约定：签订合同后支付 300 万元，出具安装验收报告后支付 870 万元，交货日期为 2016 年 12 月 26 日。实际执行情况是：经双方签字盖章的安装验收报告日期为 2016 年 12 月 29 日，发票日期为 2016 年 12 月 29 日。截至 2016 年 12 月 31 日，晋美公司已经收取货款 1 170 万元，并确认 2016 年度该项销售收入 1 000 万元。注册会计师在审计时，未取得该项销售业务的发货单据，晋美公司给出的理由是，供货单位接受晋美公司指令直接将货物发运至 B 公司。

3. 销售给再集成商 C 公司硬件计 1 755 万元（含税，增值税税率为 17%）。相关合同约定：该批货物直接发运至 C 公司的客户 D 公司，安装调试由 C 公司负责；C 公司在签订合同后支付 200 万元，剩余货款 1 555 万元在 C 公司收取 D 公司货款后一次性支付。实际执行情况是：晋美公司于 2016 年 12 月 18 日发货，发票日期为 2016 年 12 月 18 日，无安装验收报告。截至 2016 年 12 月 31 日，晋美公司已经收取货款 200 万元，确认 2016 年度该项销售收入 1 500 万元。

4. 销售给 F 公司硬件计 1 287 万元（含税，增值税税率为 17%）。相关合同约定：签订合同后支付 300 万元，货物发出后支付 987 万元，交货日期为 2016 年 11 月 28 日。实际执行中，晋美公司于 2016 年 12 月 29 日向 F 公司开具发票。截至 2016 年 12 月 31 日，晋美公司已经收取货款 300 万元，确认该项销售收入 1 100 万元。注册会计师在审计中注意到，上述货物尚存放在晋美公司仓库，晋美公司为此提供了一份 F 公司 2016 年 11 月 28 日发出的传真，内容为："由于本公司原因，自贵公司购进的硬件暂存贵公司，货物的所有权即日起转移至本公司。"

5. 销售给控股股东 G 公司硬件计 3 510 万元（含税，增值税税率为 17%）。发货单、发票、安装验收报告、销售合同核对后无异常，货款已于 2016 年 12 月全部收到。2016 年度，晋美公司确认该项销售收入 3 000 万元，销售成本 1 800 万元。2016 年度，同类硬件主要销售给非关联方，其加权平均毛利率为 10%。

6. 销售给 H 公司硬件计 2 106 万元（含税，增值税税率为 17%）。发货单、发票、安装验收报告、销售合同核对后无异常。截至 2016 年 12 月 31 日，已收到货款1 000万元，尚有1 106万元货款未收到。2016年度，晋美公司确认该项销售收入1 800万元。注册会计师在对应收H公司1 106万元款项进行函证时，H公司回函表示已经退货。经检查，晋美公司已于2017年5月10日冲减了当月销售收入1 800万元，并冲减相关销售成本。

7. 销售给J公司硬件计1 053万元（含税，增值税税率为17%）。发货单、发票、安装验收报告、销售合同核对后无异常。截至审计时，货款全部未收到。2016年度，晋美公司确认该项销售收入900万元。注册会计师在对应收J公司的1 053万元款项进行函证时，J公司回函予以确认，但在注册会计师进行电话询证时，J公司相关人员表示其从未与晋美公司发生业务往来，不存在欠付晋美公司债务的情况。

实训要求

1. 为确定重点审计领域，注册会计师拟实施分析程序，如果对利润表执行分析程序，请指出利润表中的重点审计领域，并简要说明理由。

2. 请根据晋美公司2016年度1—12月主营业务收入、主营业务成本的相关数据，编制相应的分析程序表，并指出主营业务收入和主营业务成本的重点审计领域，简要说明理由。

3. 注册会计师在了解晋美公司销售与收款循环内部控制后，准备对晋美公司销售业务的内部控制进行测试，以验证其能否确保已入账的销售确系已经实现的销售。请列示该项测试的主要程序。

4. 针对注册会计师抽查到的第1～6项销售业务，请分别判断晋美公司已经确认的销售收入能否确认（按“能够确认”“不能确认”“不能全部确认”“尚无法形成审计结论”四种结论分别予以回答）。若回答“不能确认”或“不能全部确认”，请简要说明理由；若回答“尚无法形成审计结论”，请指出应进一步实施哪些审计程序。

5. 针对注册会计师抽查到的第7项销售业务，请指出是否应进一步实施审计程序。若已经证实该项销售业务系虚构，请指出注册会计师应当采取哪些措施。

6. 请根据注册会计师的抽查情况，编制营业收入审计工作底稿。

实训指导

1. 运用分析程序确定审计重点领域。

第一步，分析表4-14，得到2016年度利润增长率（见表4-16）。

表 4－16　2016 年度利润增长率　单位：万元

项目	2016 年度（未审数）	2015 年度（审定数）	增长率
一、营业收入	104 300	58 900	77%
减：营业成本	91 845	53 599	71%
营业税费	560	350	60%
营业费用	2 800	1 610	74%
管理费用	2 380	3 260	−27%
财务费用	180	150	20%
资产减值损失	130	130	
加：公允价值变动收益	170	170	
投资收益	980	16	6 025%
二、营业利润	7 555	−13	
加：营业外收入	100	150	−33%
减：营业外支出	260	300	−13%
三、利润总额	7 395	−163	
减：所得税（税率 33%）	800	0	
四、净利润	6 595	−163	

分析表 4－16，将以下财务报表项目作为重点审计领域：

（1）营业收入。晋美公司 2016 年度营业收入比 2015 年度大幅增长 77%（相对比较），在 2016 年度经营形势与 2015 年度相比并未发生重大变化的情况下，这一变化属于异常情况，这种异常意味着晋美公司可能存在严重高估营业收入的情况。

（2）营业成本。晋美公司 2016 年度营业成本比 2015 年度大幅增长 71%（相对比较）；与此同时，毛利率从 2015 年的 9%提高到 2016 年度的 12%，提高了 3 个百分点（比率分析）。通常情况下，如果经营形势基本稳定，毛利率不应当有明显变化。这说明晋美公司可能隐瞒了营业成本。

（3）管理费用。在晋美公司的机构、人员均未发生重大变化情况下，其管理费用由 2015 年度的 3 260 万元下降到 2016 年的 2 380 万元，下降幅度达 27%（相对比较）。与此同时，管理费用在三类费用中的比例也由 2015 年的 65%下降到 2016 年的 44%（结构比例分析），这与销售收入大幅增长的情况相矛盾（方向分析），属于重大的异常情况。

（4）资产减值损失。一般来说，随着营业规模的扩大，资产总额也会相应增加，如果资产减值损失占资产总额的比例基本稳定，则应当有相应的上升，但晋美公司的资产减值损失并未上升（方向分析），其中可能存在隐瞒资产减值损失的情况。

（5）公允价值变动收益。在营业规模大幅上升的情况下，公允价值变动收益与上年完全一致，这几乎是不可能的（相对比较，异常情况）。

（6）投资收益。晋美公司 2015 年度取得投资收益 16 万元，2016 年度却取得了 980 万元的大额投资收益，属于重大的变化（绝对比较）。

(7) 所得税费用。晋美公司 2016 年度所得税占利润总额的比重仅为 11%，这与 33%的所得税税率之间存在重大的差异（比率分析、结构比例分析），应引起注册会计师的注意。

第二步，分析表 4－15，得到 2016 年度主营业务毛利率（见表 4－17)。

表 4－17　2016 年度主营业务毛利率　单位：万元

月份	主营业务收入（未审数）	主营业务成本（未审数）	毛利率（未审数）
1	7 800	7 566	3%
2	7 600	6 764	12%
3	7 400	6 512	14%
4	7 700	6 768	14%
5	7 800	6 981	12%
6	7 850	6 947	13%
7	7 950	7 115	12%
8	7 700	6 830	13%
9	7 600	6 832	11%
10	7 900	7 111	11%
11	8 100	7 280	11%
12	18 900	15 139	25%
合计	104 300	91 845	14%（平均）

分析表 4－17，将以下月份作为重点审计领域：

(1) 1 月。该月的毛利率为 3%，远远低于全年的平均毛利率 14%（趋势分析）。

(2) 12 月。该月的营业收入占全年比重很高，该月的毛利率高达 25%，远远高于全年的平均毛利率（趋势分析）。

2. 是否确认销售收入并追加审计程序。

(1) 销售业务 1 不能确认。根据合同条款，该项交易销售实现的时机应为终验合格，即终验合格为风险和报酬转移的标志。

(2) 销售业务 2 尚无法形成审计结论。注册会计师应向被审计单位索取要求供货单位直接将货物发运至 B 公司的书面指令及其他相关文件；结合采购与付款循环的审计，以确定公司确已从供货单位采购该批货物；向 B 公司发函，询证 B 公司是否确于 2016 年 12 月 31 日前收到该批货物；检查安装过程中所形成的相关记录及所发生费用的相关凭证，以确定安装验收报告的真实性。

(3) 销售业务 3 尚无法形成审计结论。由于被审计单位收入的确认取决于 C 公司的收入确认，即被审计单位收入的确认时机与 C 公司收入的确认时机相同。注册会计师应要求被审计单位提供经 D 公司认可的 C 公司收入确认时机的书面资料，以及 C 公司收入确认的直接依据；向 C 公司函证截至 2016 年 12 月 31 日的应收账款余额，以证实应收账款的真实性。

（4）销售业务 4 尚无法形成审计结论。注册会计师应实施以下审计程序：向 F 公司函证截至 2016 年 12 月 31 日的应收账款余额，以证实应收账款的真实性；向 F 公司函证 2016 年 11 月 28 日传真的真实性；检查期后发货记录及期后账簿记录，以取得期后发货、收款或者销售冲回的证据。

（5）销售业务 5 能够确认。

（6）销售业务 6 不能确认。资产负债表日以前已确认收入的销售，在资产负债表日后至财务会计报告批准报出日已经退回，应作为调整事项，进行相关的账务处理。因此，对该项销售退回，应冲减 2016 年度的销售收入和相关销售成本。

（7）针对销售业务 7，注册会计师应进一步实施审计程序以证实该项销售的真实性，如结合采购与付款循环的审计进一步收集审计证据。若证实该项销售业务虚假，注册会计师应当修改或追加相关实质性测试程序，并以恰当方式告知被审计单位管理层。必要时，应当征求律师意见或解除业务约定。

第 5 章

Chapter 5 采购与付款循环审计

5.1 锦州港虚假陈述案例

案例分析目的

通过阅读和分析案例资料，掌握运用分析程序寻找同时虚构资产和收入的线索，理解对于较隐蔽的财务舞弊运用分析程序的作用和注意事项。

案例资料

一、锦州港多列资产和收入的事实

锦州港股份有限公司（以下简称锦州港）是由位居《福布斯》排行榜前列的中国富豪张宏伟掌控的一家主营港口业务的上市公司。

财政部 2001 年 9—12 月对锦州港 2001 年及以前年度执行《中华人民共和国会计法》的情况进行核查时发现：锦州港在 2000 年及以前年度多确认收入 36 717 万元，公司还将应计入财务费用的利息支出予以资本化，少计财务费用 4 945 万元；同时，由于工程完工转入固定资产不及时，折旧计提起始月份不准确及港口设施、设备资产分类不恰当等导致 2000 年度少计提折旧 780 万元，相应少计主营业务成本等 780 万元。此外，公司对在建工程确认不准确，1998—2000 年多列资产 11 939 万元。实际虚增资产约 43 803 万元。财政部对锦州港下达了行政处罚决定，要求其对不符合《中华人民共和国会计法》和《企业会计准则》的行为限期整改，予以纠正，同时处以罚款 10 万元。

2002 年 10 月 28 日，锦州港披露了对 2000 年及以前年度会计报告进行追

溯调整的公告及对 2002 年第三季度报告进行更正的公告。该次账务调整主要是针对财政部文件中指出的问题，对 2000 年及以前年度虚增的收入、资产及其他会计差错予以纠正，调整所涉及的数据均以财政部查处文件认定的数据为准。

2003 年 2 月 11 日，锦州港在前次初步整改的基础上，再次对以前年度会计核算情况进行彻底清理整改：调减 1998—2000 年虚增收入约 985 万元；调减虚列账面货币资金约 3 858 万元；调减虚列在建工程约 814 万元；调整 1997 年及以前年度应计入费用或损失却计入其他应收款的款项约 2 348 万元，计入公司的净资产；调整以虚增货币资金冲减的其他应收款约 3 687 万元。这些调整使公司净资产减少约 8 846 万元，公司净资产减少至 9.5 亿元，每股净资产降到 1.01 元。

2003 年 4 月 8 日，锦州港发布风险提示公告称："公司在听取为公司审计的毕马威华振会计师事务所通报审计进展情况时获悉，毕马威华振会计师事务所拟对公司 2002 年度财务报表作较大调整，虽然尚有待于对未决事项进一步确认，但初步调整意见可能会将公司 2002 年度净利润调至微利甚至亏损，股东权益合计低于公司注册资本。"

2003 年 4 月 23 日，鉴于 2002 年调整后的股东权益低于公司注册资本，即每股净资产低于股票面值，根据上海证券交易所股票上市规则中"特别处理"的有关规定，对锦州港股票实行特别处理。

二、锦州港年报的审计情况

1999—2002 年，锦州港聘用毕马威华振会计师事务所审计 A、B 股年报，1999—2001 年的年报被毕马威华振会计师事务所连续出具了无保留意见的审计报告，2002 年的年报被毕马威华振会计师事务所出具了无法表示意见的审计报告。2003 年 10 月 25 日，锦州港董事会决议，聘请辽宁天津会计师事务所和何锡麟注册会计师负责其报表审计。

三、分析程序对锦州港年报的查证

对于 1999—2001 年锦州港的报表重大错报，难道连毕马威华振这家国际著名的会计师事务所都无法查出来吗？

事实并非如此。下面，我们运用一些简单的分析程序对锦州港历年财务报表进行分析。

1. 对锦州港"增量不增收"的质疑。

对比 1996—2002 年锦州港的业务量与净利润（如表 5-1 所示），1997 年实现的吞吐量只有 504 万吨，净利润有 16 952 万元，而 2001 年实现吞吐量 1 110 万吨，但净利润只有 4 817 万元，自 1997 年以来，锦州港总体出现"增量不增收”的异常现象。更为无常的是，2001年上半年实现吞吐量540万吨，实现净利润5 359万元；下半年实现吞吐量570万吨，却亏损542万元；2002年上半年实现吞吐量693万吨，又实现净利润3 297万元。上述不匹配的吞吐量和净利润的变动，暗示着这两个指标可能存在问题。

表5-1　锦州港1996—2002年业务量与净利润对比

项目	2002年（上）	2001年	2000年	1999年	1998年	1997年	1996年
主营收入（万元）	15 914	28 653	30 412	31 610	26 020	25 242	18 567
主营利润（万元）	7 543	12 669	16 627	20 569	16 511	18 110	13 253
毛利率（%）	47.40	44.22	54.67	65.07	63.46	71.75	71.38
净利润（万元）	3 297	4 817	9 083	14 726	11 607	16 952	11 502
股东权益（万元）	143 899	140 603	135 786	133 013	94 887	65 761	62 608
净资产收益率（%）	2.29	3.43	6.69	11.07	12.23	25.78	18.37
吞吐量（万吨）	692.6	1 110.2	1 005.6	735.6	574.5	503.6	438

2. 对折旧费及财务费用急剧增加的质疑。

由表5-2可见，锦州港的折旧费及财务费用急剧增加。

表5-2　锦州港1998—2001年折旧费与财务费用　　单位：万元

项目	2001年	2000年	1999年	1998年	合计
折旧费	3 910	3 036	2 513	2 498	11 957
财务费用	3 139	2 283	882	1 280	7 584
合计	7 049	5 319	3 395	3 778	19 541

折旧费用和财务费用急剧增加，说明锦州港的固定资产和银行贷款也急剧增长，事实也确实如此。由表5-3可见，锦州港的固定资产由1997年初的70 702万元增至2002年中期的187 757万元，净增117 055万元。

表5-3　锦州港1996—2002年固定资产余额　　单位：万元

项目	1996年	1997年	1998年	1999年	2000年	2001年	2002年（上）
固定资产原值	51 856	83 866	83 599	88 166	116 979	155 509	159 839
固定资产净值	46 880	76 898	74 853	76 734	102 637	137 291	139 558
在建工程	23 714	6 006	24 221	41 356	41 787	47 413	48 127
固定资产合计	70 702	82 987	99 754	118 153	144 485	184 763	187 757

分析表5-4可以发现，自1997年以来，锦州港通过股权融资筹资40 919万元（A股23 400万元，B股17 519万元），银行贷款净增108 204万元。自1998年以来，锦州港一直存在巨额的投资性现金净流出，累计高达149 006万元，但这些投资性现金净流出究竟是利用了经营活动产生的现金流量，还是股权融资或银行贷款产生的现金流量，没有人能够讲清楚，只是大量现金流量异常流动让人怀疑，如果经营活动真的能产生如此多的现金流量，还需要大量银行贷款吗？

表 5－4　锦州港 1998—2002 年现金流量情况　单位：万元

项目	2002 年（上）	2001 年	2000 年	1999 年	1998 年	合计
经营活动净现金流	3 851	15 480	17 661	18 155	13 458	68 605
投资活动净现金流	－8 650	－69 892	－23 625	－29 639	－17 200	－149 006
筹资活动净现金流	－8 005	52 712	8 282	18 736	22 975	94 700
现金净流量	－12 804	－1 700	2 318	7 252	19 233	14 299

3. 与同行固定资产周转率相比的疑虑。

自 1997 年以来，锦州港不断增加固定资产投资，扩大生产能力，但对比锦州港与同行业公司主营业务收入和固定资产（如表 5－5 所示），同行业公司的固定资产周转率平均为 0.52，锦州港仅为 0.21，说明锦州港的固定资产周转很慢。

表 5－5　锦州港与同行业公司主营业务收入和固定资产对比

上市公司	2001 年主营业务收入（万元）	2001 年 12 月 31 日固定资产净值（万元）	固定资产周转率
上港集箱	213 847	374 049	0.57
营口港	20 391	34 204	0.60
重庆港九	10 297	41 701	0.25
天津港	100 067	149 635	0.67
深赤湾	47 585	118 886	0.40
盐田港	38 341	105 441	0.36
合计	430 528	823 919	0.52（平均）
锦州港	28 653	137 291	0.21

由于锦州港固定资产及在建工程的主要构成是码头及辅助设施，很多固定资产不像房产、设备那么直观，锦州港到底在码头上投了多少资金极难验证，人们因此怀疑：锦州港在资产效率低下的情况下仍不断扩大生产能力，把资金投在码头上，这可信吗？

案例分析

1. 案例中的分析程序利用了多年的财务信息和其他相关信息，这说明在运用分析程序时需要收集大量资料。讨论注册会计师在执行分析程序时，应当如何考虑比较基准、数据关系和可使用的方法。

分析要点：

运用分析程序时，注册会计师应当考虑的比较基准、数据关系和可使用的方法如下：

（1）比较基准。在实施分析程序时，注册会计师应当考虑将被审计单位的财务信息与下列各项信息进行比较：

1）以前期间的可比信息。在运用分析程序时，注册会计师通常将被审计单位的本期实际数据与上期或以前期间的可比数据进行比较，以判断是否存在异常。

2）被审计单位的预期结果或者注册会计师的预期数据。被审计单位的预期结果包括预算和预测等。如果预算和预测是在分析各种因素的基础上认真编制的，则其与实际执行结果的比较可为注册会计师分析评价本期的财务信息提供重要的参考。

注册会计师的预期数据是注册会计师运用各种方法对被审计单位财务比率或财务报表金额作出的合理预期。注册会计师将自己的预期数据与被审计单位财务报表上反映的金额或比率进行比较，可以发现异常情况。例如，注册会计师可以根据被审计单位固定资产的账面价值和平均年折旧率，估计当期折旧费用，并与被审计单位财务报表中反映的折旧费用进行比较。

3）所处行业或同行业中规模相近的其他单位的可比信息。例如，注册会计师可以将被审计单位的财务信息与其所处行业的可比信息（如行业平均利润率）进行比较，也可以与同行业中规模相近的其他单位的可比信息进行比较，以了解被审计单位的经营情况，评价被审计单位的财务信息。

（2）数据关系。在实施分析程序时，注册会计师还应当考虑下列关系：

1）财务信息各构成要素之间的关系。根据被审计单位的经验，财务信息各要素之间存在某种内在联系，或遵循某种可预知的模式，包括财务报表项目之间的勾稽关系、联动关系等。例如，销售成本与销售收入之间通常有稳定的比率，当期银行借款平均数额与利息费用之间有联动关系。

2）财务信息与相关非财务信息之间的关系。常用的非财务信息包括生产能力、采购数量、销售数量、员工人数等统计资料。某些财务信息与非财务信息之间也存在内在联系。例如，被审计单位的员工人数和各级别人员的工资水平与工资费用有同增同减关系，洗车厂的用水量与营业收入有正相关关系，存货数量通常不应超过仓储能力，等等。

（3）可使用的方法。注册会计师实施分析程序时可以使用不同的方法，包括从简单的比较到使用高级统计技术的复杂分析。在实务中，可使用的方法主要有以下几种：

1）趋势分析法。趋势分析法主要是通过对比两期或连续数期的财务或非财务数据，确定其增减变动的方向、数额或幅度，以掌握有关数据的变动趋势或发现异常的变动。典型的趋势分析是将本期数据与上期数据进行比较，更为复杂的趋势分析则涉及多个会计期间的比较。用于趋势分析的数据既可以是绝对值，也可以是以比率表示的相对值。

趋势分析的运用形式主要包括：若干期资产负债表项目的变动趋势分析；若干期利润表项目的变动趋势分析；若干期资产负债表或利润表项目结构比例的变动趋势分析；若干期财务比率的变动趋势分析；特定项目若干期数据的变

动趋势分析；等等。

当被审计单位处于稳定经营环境中时，趋势分析法最适用；当被审计单位业务或经营环境变化较大或会计政策变更较大时，趋势分析法就不再适用了。趋势分析法中涉及的会计期间的期数，有赖于被审计单位经营环境的稳定性。经营环境越稳定，数据关系的可预测性越强，将多个会计期间的数据进行比较的方法越适用。

2）比率分析法。比率分析法主要是结合其他有关信息，将同一报表内部或不同报表间的相关项目联系起来，通过计算比率，反映数据之间的关系，用以评价被审计单位的财务信息。例如，应收账款周转率反映赊销销售收入与应收账款平均余额之间的比率，这一比率变小可能说明应收账款回收速度放慢，需要计提更多的坏账准备，也可能说明本期赊销销售收入与期末应收账款余额存在错报。当财务报表项目之间的关系稳定并可直接预测时，比率分析法最适用。

3）合理性测试法。合理性测试法通过彼此相关联的项目或造成某种变化的各种变量，测试某项目金额是否合理。简单的合理性测试包括三个基本步骤：识别能够引起和影响被测试项目金额变化的各种变量；确定变量与被测试项目间的恰当关系；将变量结合在一起对被测试项目作出评价。

例如，注册会计师对制造企业的营业收入进行分析时，可以考虑产品销售量与被审计单位可供销售产品数量（仓储能力、生产能力）的关系，并考虑被审计单位生产能力的利用情况等因素，将营业收入与运费、电费、水费、办公经费、销售人员工资等联系起来作配比分析。

4）回归分析法。回归分析法是在掌握大量观察数据的基础上，利用统计方法建立因变量与自变量之间回归关系的函数表达式，即回归方程式，并利用回归方程式进行分析。例如，产品销售收入与广告费用之间通常存在正相关关系，注册会计师可以建立两者之间的回归模型，并根据模型估计某一年度产品销售收入的预期值。

回归分析法理论上能考虑所有因素的影响，如相关经营数据、经营情况、经济环境的变化等，其预测精度较高，适用于中短期预测。回归分析法的一个突出优点在于以可计量的风险和准确性水平，量化注册会计师的预期值。但注册会计师在选择恰当关系时需要耗费大量时间，审计成本较高。

2. 结合本案例讨论并加深对分析程序作用的认识。

分析要点：

虽然审计人员运用分析程序的目的是对财务信息作出评价，但是具体到不同阶段，其目的也有所不同：

（1）用作风险评估程序，以了解被审计单位的经营及其所处环境状况；

（2）当使用分析程序比细节测试能更有效地将认定层次的检查风险降至可

接受的水平时，分析程序可以用作实质性程序；

（3）在审计结束或临近结束时对财务报表进行总体复核。

3. 结合本案例讨论执行分析程序应当注意的事项。

分析要点：

执行分析程序应当注意：

（1）获取企业管理层是否诚信以及是否存在管理层舞弊的动机、压力的信息，对于缺乏诚信或存在较大的舞弊动机、压力的管理层，注意分析程序的局限性。

（2）只有当在一段时期内存在可预期关系的交易或数据时，才能运用分析程序。也就是说，在运用分析程序时应当考虑：可获得信息的来源；可获得信息的可比性；可获得信息的性质和相关性；与信息编制相关的控制。

（3）对于分析程序获取的线索，应当追加其他程序予以查证。尤其对于分析出来异常的事项，要进一步调查。

5.2 分析程序在不同阶段的运用案例

案例分析目的

根据对案例资料的阅读和分析，掌握在不同阶段分析程序运用的技巧，以及不同阶段分析程序如何与其他审计程序相结合。

案例资料

注册会计师李浩负责对XYZ股份有限公司2016年度财务报表进行审计，在计划阶段，获取相关资料如下：

资料一：

XYZ股份有限公司主要从事A产品的生产和销售，无明显产销淡旺季。产品销售采用赊销方式，正常信用期为20天。在A产品的生产成本中，a原材料成本占重大比重。a原材料2015年的年初、年末库存均为零。A产品的发出计价采用移动加权平均法。

资料二：

2016年度，XYZ股份有限公司所处行业的统计资料显示，生产A产品所需a原材料主要依赖进口，汇率因素导致a原材料采购成本大幅上升；替代产品面世使A产品的市场需求减少，市场竞争激烈，导致销售价格明显下跌。

资料三：

XYZ 股份有限公司 2016 年度未经审计财务报表及相关账户记录情况如下：

1. A 产品 2015 年度和 2016 年度销售记录如表 5－6 所示。

表 5－6　A 产品 2015 年度和 2016 年度销售记录

产品名称	2016 年度（未审数）			2015 年度（已审数）		
	数量（吨）	营业收入（万元）	营业成本（万元）	数量（吨）	营业收入（万元）	营业成本（万元）
A	900	50 000	40 000	800	40 000	34 000

2. A 产品 2016 年度收发存记录如表 5－7 所示。

表 5－7　A 产品 2016 年度收发存记录

日期及摘要	入库			出库			库存		
	数量（吨）	单价（万元）	金额（万元）	数量（吨）	单价（万元）	金额（万元）	数量（吨）	单价（万元）	金额（万元）
年初余额							0	0	0
1 月 3 日入库	80	60	4 800				80	60	4 800
1 月 4 日出库				70	60	4 200	10	60	600
2 月 9 日入库	80	55	4 400				90	55.56	5 000
……									
11 月 30 日出库				75	52	3 900	75	52	3 900
12 月 2 日入库	75	48	3 600				150	50	7 500
12 月 9 日出库				150	50	7 500	0	50	0
年末余额							0	50	0

3. 销售 A 产品相关的应收账款变动记录如表 5－8 所示。

表 5－8　销售 A 产品相关的应收账款变动记录

日期及摘要	借方（万元）	贷方（万元）	余额（万元）
2016 年年初余额			3 000
2016 年 1 月 2 日收款		2 700	300
2016 年 1 月 4 日赊销	5 000		5 300
……			
2016 年 11 月 30 日收款		2 500	600
2016 年 12 月 9 日赊销	9 000		9 600
2016 年年末余额			9 600
2017 年年初余额			9 600
2017 年 1 月 25 日赊销	3 000		12 600
2017 年 1 月 31 日余额			12 600

4. 坏账准备核算的会计政策：坏账核算采用备抵法。坏账准备按期末应收账款余额的 5‰计提。

应收账款和坏账准备项目附注：

销售A产品的应收账款/坏账准备：2016年年末余额为16 553/52.77万元。

销售A产品的应收账款账龄分析见表5-9。

表5-9 销售A产品2016年应收账款账龄分析

账龄	年初数（万元）	年末数（万元）
1年以内	8 392	10 915
1～2年	1 186	1 399
2～3年	1 161	1 365
3年以上	1 421	2 874
合计	12 160	16 553

5. 长期借款项目附注：2016年年末余额13 730万元，如表5-10所示。

表5-10 长期借款项目附注

贷款单位	金额（万元）	借款期限	年利率	借款条件
A银行第一营业部	1 800	2013年8月至2017年8月	9.72%	抵押借款
B银行第一营业部	11 650	2014年9月至2016年9月	7.65%	抵押借款
C银行第二营业部	280	2016年1月至2019年1月	5.925%	抵押借款
合计	13 730			

资料四：

XYZ股份有限公司2016年度未发生并购、分立和债务重组行为，供产销形势与上年相当。

在实质性测试阶段，注册会计师李浩针对识别出的XYZ股份有限公司2016年度财务报表中存货、销售与应收账款等账户存在的重大错报风险，设计了如下不可预见的审计程序。

1. 针对存货：

（1）向以前审计过程中接触不多的被审计单位员工询问，例如采购、销售、生产人员等。

（2）在不事先通知被审计单位的情况下，选择一些以前未曾到过的盘点地点进行存货监盘。

2. 针对销售与应收账款：

（1）向以前审计过程中接触不多或未曾接触过的被审计单位员工询问，例如负责处理大客户账户的销售部人员。

（2）改变实施实质性分析程序的对象，例如对收入按细类进行分析。

（3）针对销售和销售退回延长截止测试期间。

（4）实施以前未曾考虑过的审计程序：

1）函证确认销售条款或者选定销售额较不重要、以前未曾关注的销售交易，例如对出口销售实施实质性程序。

2）实施更细致的分析程序，例如使用计算机辅助审计技术审阅销售及客户账户。

3）测试以前未曾函证过的账户余额，例如金额为负或为零的账户，以及余额低于以前设定的重要性水平的账户。

4）改变函证日期，即把所函证账户的截止日期提前或者推迟。

5）对关联公司销售和相关账户余额，除进行详细函证外，还要实施其他审计程序进行验证。

在终结审计阶段，项目合伙人张杰非常重视对XYZ股份有限公司2016年度财务报表审计使用与财务报表相关的三维空间的分析程序。

案例分析

1. 根据上述资料，假定不考虑其他条件，运用分析程序识别XYZ股份有限公司2016年度财务报表存在重大错报风险的领域及其事项。

分析要点：

（1）分析资料一，XYZ股份有限公司主要从事A产品的生产和销售，在A产品生产成本中，a原材料成本占重大比重。分析资料二，2016年度，生产A产品所需a原材料主要依赖进口，汇率因素导致a原材料采购成本大幅上升；替代产品面世使A产品的市场需求减少，市场竞争激烈，导致销售价格明显下跌，XYZ股份有限公司2016年度毛利率应下降。但根据资料三中表5-6所示数据计算，XYZ股份有限公司2015年度（已审数）毛利率为15%（(40 000－34 000)/40 000），2016年度毛利率为20%（(50 000－40 000)/50 000），2016年度毛利率较2015年明显上升。

2016年度报表所示数据与资料中的背景不符，预示着2016年度财务报表存在重大错报风险，营业收入和营业成本均可能存在重大错报风险，收入与成本不匹配。

（2）分析资料一，XYZ股份有限公司无明显产销淡旺季，资料三中表5-7却显示A产品在12月有大量的出库，很可能表明存在虚构销售的重大错报风险。

（3）根据资料一，产品销售采用赊销方式，正常信用期为20天，但分析资料三中表5-8所示数据可以看到，2016年12月9日赊销产生的应收账款在2017年1月31日仍未收回，应收账款很可能存在坏账计提不足或虚构收入等重大错报风险。

（4）分析资料二，因为市场竞争激烈，A产品的市场需求减少，这与资料二中表5-7显示的A产品2016年末存货余额为零存在矛盾，该存货很可能被低估。

（5）分析资料二，因为汇率因素导致a原材料采购成本大幅上升，将导致

A产品的成本上升，资料三中表5-7显示的A产品2016年的入库单价却是下降的，很可能表明存货成本存在重大错报风险。

（6）分析资料三，坏账准备年末余额52.77万元÷应收账款年末余额16 553万元=3.2‰，与会计政策规定的5‰的坏账准备计提比例不符；在应收账款账龄分析中，“2～3年”和“3年以上”这两部分的年初数之和仅2 582万元，“3年以上”的年末数却为2 874万元，通常，在公司2016年度未发生并购、分立和债务重组行为等的前提下，这种情况是不可能发生的。

（7）分析资料三中的表5-10，公司向B银行第一营业部借入的11 650万元长期借款的借款期限为“2014年9月至2016年9月”，按照公认的财务报告准则的规定，在编制财务报表时，应对其进行财务报表重分类调整，并记入“一年内到期的非流动负债”项目。

2. 讨论在实质性测试阶段，将分析程序直接作为实质性测试程序应当注意什么。

分析要点：

（1）只有对具有关系的数据和事项才能把分析程序直接作为实质性程序加以运用。

（2）实质性测试获取的是线索证据，该证据并不能直接支持结论，需要顺着此“线索”追查下去，结合函证、监盘、监察等程序查证。

3. 理解在终结审计阶段对与财务报表有关的三维空间进行分析的程序。

分析要点：

在终结阶段，使用与财务报表相关的三维空间的分析程序主要是为了从整体上分析财务报表的合理性和对财务报表发表意见的合理性。

与财务报表相关的三维空间的分析程序主要是指：

（1）对被审计单位的实际情况（一维空间）和已审计的财务报表所反映的情况（二维空间）进行对比分析，识别报表与现实是否存在差异。

（2）对已审计财务报表进行纵向、横向和比率分析，识别出异常的地方，追查审计工作底稿（三维空间），看审计是否把该异常情况查证清楚并得出恰当结论。

（3）对比分析试算平衡表、审计差异汇总表、未审计财务报表和已审计财务报表相关数据，识别数据之间的勾稽关系是否存在，审计意见的类型是否恰当。

5.3 运用分析程序控制风险案例

案例分析目的

通过阅读和分析案例资料，熟悉如何运用分析程序寻找报表重大错报，并掌握对于分析程序识别出来的可能存在的重大错报该如何处理。

案例资料

华兴公司属于运输行业，注册会计师李浩在审计其 2016 年度财务报表主营业务收入时结合使用了分析程序。李浩在对主营业务收入与非财务指标——运输能力的分析性复核中，注意到华兴公司 2016 年实现的主营业务收入显示该年公司运输能力可能闲置一半，于是追加审计程序。经询问运输部门，李浩认为 2016 年的运输任务十分繁重，甚至是超负荷的。李浩马上意识到风险，就主营业务收入确认和公司运输能力的不协调向华兴公司询问，要求华兴公司给出合理的解释。一开始，华兴公司的财务经理再三强调这是该年华兴公司业务发展的现实，虽然运输任务多，但由于运费降低致使收入减少。华兴公司没有拿出证据证明 2016 年的运费降低，注册会计师李浩却从运费的相关明细账中发现，2016 年运费不仅没有降低，反而因油价的上涨而上涨，因此就获取的证据进一步追问华兴公司。华兴公司的财务经理见状只好实话实说，原来华兴公司为了少缴税，对没有获取正式发票的运输活动均未在账上反映，而是记入另一套账。华兴公司的财务经理还告诉李浩，两套账、三套账在小企业中是普遍现象，对于大量现金交易，小企业常不获取相应原始凭证，也就不记入对外编制的报表，因此，他要求李浩就华兴公司提供的会计账簿和报表出具无保留意见的审计报告，不要追查没有入账的经济活动。

案例分析

1. 结合本案例，分析在将分析程序直接用于实质性程序时应当注意的事项。

分析要点：

在将分析程序直接用于实质性程序时，应当注意：

(1) 获取企业管理层是否诚信以及是否存在管理层舞弊的动机、压力的信息，对于缺乏诚信或存在较大的舞弊动机、压力的管理层，注意分析程序的局限性。

(2) 只有当在一段时间内存在可预期关系的交易或数据时，才能运用分析程序。也就是说，在运用分析程序时应当考虑：可获得信息的来源；可获得信息的可比性；可获得信息的性质和相关性；与信息编制相关的控制。

(3) 即便在把分析程序直接用于实质性程序时，也需要针对分析所获取的线索，追加其他审计程序，运用其他审计程序获取的证据佐证、支持分析的结果。

2. 结合本案例，分析对于执行实质性分析程序发现的异常事项，注册会计师应当如何处理。

分析要点：

针对执行实质性分析程序发现的异常事项，追加针对性的审计程序，对此异常事项予以查证，具体程序有：

（1）询问管理层（获取管理层的解释答复）；

（2）将管理层答复与注册会计师对客户的了解及获取的其他审计证据进行比较；

（3）考虑是否需要运用其他审计程序。

3. 结合本案例，分析当通过执行实质性分析程序发现被审计单位存在账外事项时，注册会计师应当如何处理。

分析要点：

注册会计师应当提请被审计单位把账外事项纳入账内处理，纠正财务报表。如果被审计单位拒绝接受注册会计师的意见，则注册会计师不能出具无保留意见的审计报告。

4. 结合本案例，讨论在审计实务中注册会计师如何发现企业的账外事项。

分析要点：

在实务中，如果注册会计师仅仅重视对账簿的检查，是没有办法发现企业存在的账外事项的，只有综合运用如下程序，才能有效地发现企业的账外事项：

（1）分析对比被审计单位生产经营情况与报表信息不协调的地方，并追查下去；

（2）关注财务报表的关键比率的变动是否异常，是否与一般或同行水平存在不协调，并追查下去；

（3）询问、观察和检查被审计单位的特殊和重大业务，如债务重组，非货币性交易，边角余料、废旧物资及固定资产清理报废的情况，投资业务，在建工程项目等，并追查下去；

（4）关注咨询费、赞助费、办公用品费、设备租赁费、会议费和运输费等数额较大的不正常支出。

5.4 识别采购与付款循环中的控制缺陷与风险实训项目

实训目的

通过分析实训资料以及小组讨论、演讲，熟悉采购与付款循环控制活动，识别采购与付款循环中的控制缺陷与风险，理解采购与付款循环中的关键控制措施。

实训资料

今明会计师事务所注册会计师接受委派，对上市公司华兴公司 2016 年度财务报表进行审计。注册会计师于 2016 年 11 月 1—7 日对华兴公司的内部控制制度进行了解和测试，注意到华兴公司在采购与付款循环、生产与仓储循环中的控制活动存在以下问题：

1. 公司规定，采购物资须由请购部门编制请购单，经请购部门经理批准后，送采购部门。但注册会计师发现，加工车间主管杨洪根据加工需要填制了一式三联的订购单，直接向供货方订购原料，第一联交供货方，第二联车间留存，第三联送交验收部门。

2. 公司规定，采购金额在 10 万元以下的，由采购部经理批准；采购金额超过 10 万元的，由总经理批准。但由于总经理出差而生产车间又急需采购材料，采购部经理李品多次批准了单笔金额超过 10 万元的采购申请。

3. 采购完成后，由采购部门指定业务人员进行验收，并编制一式多联的未连续编号的验收单。

4. 材料验收合格后，由验收部门通知加工车间主管杨洪，将材料转运到加工车间的材料存放点，车间材料管理员王一清点后在库存材料账上登记所收的材料数量，并根据各加工人员的需要直接发出材料。

5. 应付凭单部门核对供应商发票、入库单和采购订单，并编制预先连续编号的付款凭单。财务部门在接到经应付凭单部门审核的上述单证和付款凭单后，由财务人员洪英负责登记原材料采购业务。洪英根据验收部门送交的订货单和卖方发票，分别登记材料明细账和应付账款明细账，并据以填制付款凭单，交现金出纳员付款。

6. 月末，在核对连续编号的入库单和采购订单后，应付凭单部门对相关原材料入库数量和采购成本进行汇总。应付凭单部门对已经验收入库但尚未收到供应商发票的原材料编制清单，财务部门据此将相关原材料暂估入账。

7. 采购退货由采购部门负责，采购部门集中在每个季度末向财务部门提供退货清单。

实训要求

1. 分小组分别扮演不同部门的不同角色，让学生理解在采购与付款循环中不相容职责的相互牵制。

2. 围绕以下问题展开小组讨论：

(1) 根据实训资料，假定未描述的其他内部控制不存在缺陷，请指出华兴公司采购与付款循环控制活动在设计与运行方面是否存在缺陷，说明理由，并提出改进建议。

(2) 根据对华兴公司内部控制的了解和测试，请分别指出上述内部控制缺陷最容易产生的重大错报，以及与哪些报表项目或科目的何种认定相关。

(3) 为华兴公司采购与付款循环的内部控制设计控制测试程序。

3. 绘制采购与付款循环的流程图，标注出关键控制点。

实训指导

1. 组织实训的流程。

实训小组认真阅读实训资料；充分讨论采购与付款循环关键控制点及其控制措施；学生分别扮演不同部门的不同角色，体会采购与付款循环中不相容职责的相互牵制；充分讨论实训资料中采购与付款循环中内部控制存在的缺陷；绘制采购与付款循环的流程图，标注出关键控制点；针对缺陷，充分讨论缺陷最容易产生的重大错报，以及与哪些报表项目或科目的何种认定相关，并设计出控制测试程序。

2. 采购与付款循环中内部控制存在的缺陷、导致的错报及改进建议。

具体内容如表5-11所示。

表5-11　采购与付款循环中内部控制存在的缺陷、导致的错报及改进建议

序号	缺陷	导致的错报	改进建议
1	请购与订购不相容的职责相分离的制度执行无效。表现在：加工车间主管杨洪根据加工需要填制一式三联的订购单，直接向供货方订购原料，第一联交供货方，第二联车间留存，第三联送交验收部门	导致材料采购失控；容易产生高价采购、暗中回扣的舞弊事项	由杨洪根据加工需要填制请购单并送采购部门，采购部门根据请购单填制连续编号的订购单送生产主管人员（如生产厂长）审批，采购部门将审批同意的订购单寄送供货方
2	分级授权审批采购材料的制度执行无效。表现在：由于总经理出差而生产车间又急需采购材料，采购部经理李品多次批准了单笔金额超过10万元的采购申请	导致材料采购失控；容易产生高价采购、暗中回扣的舞弊事项	制定总经理出差特殊时期对超过10万元的采购申请审批的规范程序
3	采购与验收不相容的职责不分离；主要凭单缺乏有效的复核监督。表现在：采购完成后，由采购部门指定采购部门业务人员进行验收，并编制一式多联的未连续编号的验收单	企业无法发现验收中存在的数量和质量问题；企业无法发现材料的超量或短缺情况	验收部门使用连续编号的验收单，验收材料时应通知车间材料管理员王一参加，验收合格后由双方签字，将材料移交生产车间，同时将验收单副本连同卖方发票及订购单送交财务部门

续表

序号	缺陷	导致的错报	改进建议
4	材料明细账和应付账款明细账不相容的职责由一人完成，缺乏牵制和核对。表现在：洪英根据验收部门送交的订货单和卖方发票，分别登记材料明细账和应付账款明细账，并据以填制付款凭单，交现金出纳员付款	容易产生存货与应付账款的错账；容易产生现金支出错误	洪英可登记其中的一个科目，另一科目应由其他人员登记；登记应付账款明细账的人员填制连续编号的付款凭单后，交出纳人员之前须经财务部门主管签字批准
5	材料出入库缺乏牵制和复核监督。表现在：材料验收合格后，由验收部门通知加工车间主管杨洪，将材料转运到加工车间的材料存放点，车间材料管理员王一清点后在库存材料账上登记所收的材料数量，并根据各加工人员的需要直接发出材料	导致材料的保管及领用实质上由一人控制，容易产生材料的虚报冒领	材料的保管及材料明细账的记录由专门的仓储部门负责，加工车间领用材料填制领料单，经杨洪或其他指定人员审批签字后到仓储部门办理
6	主要活动由一个部分单独完成，会计核算不及时。表现在：采购退货由采购部门负责，采购部门集中在每个季度末向财务部门提供退货清单	容易产生虚假退货以及高估存货	采购退货由采购部门、验收部门、财务部门以及法务部门等共同办理，并及时向财务部门提供退货清单等凭证

5.5　采购与付款循环控制测试实训项目

实训目的

通过学习实训资料、小组讨论与上机操作，熟悉采购与付款循环中的关键控制目标及其控制活动，熟悉采购与付款循环控制测试程序，并编制华兴公司采购与付款循环控制测试的工作底稿。

实训资料

注册会计师在对华兴公司采购与付款循环进行初步了解测试时，注意到华兴公司针对采购与付款循环设计了如下控制活动：

1. 采购部门收到请购单后，金额在 10 万元以下的，由采购经理负责审批；金额在 10 万～50 万元的，由总经理负责审批；金额超过 50 万元的，须经董事会审批。

需发生销售（管理）费用支出的部门填写费用申请单，其部门经理可以审批金额1万元以下的费用；金额在1万～5万元的费用由总经理负责审批；金额在5万元以上的费用则须得到董事会的批准。

2. 采购信息管理员将有关信息输入系统，系统将自动生成连续编号的采购订单，此时系统显示为“待处理”状态。

每周，财务部门应付账款记账员汇总本周内生成的所有采购订单并与请购单核对，编制采购信息报告。如采购订单与请购单核对相符，应付账款记账员即在采购信息报告上签字。如有不符，应付账款记账员将通知采购信息管理员，与其共同调查该事项。应付账款记账员还须在采购信息报告中注明不符事项及其调查结果。

3. 采购订单由系统按顺序予以编号。每周，应付账款记账员编制采购信息报告时，采购信息管理员亦会核对这些采购订单，对任何未连续编号的情况进行调查。

4. 收到采购发票后，应付账款记账员将发票所载信息和验收单、采购订单进行核对。如所有单据核对一致，应付账款记账员在发票上加盖“相符”印戳并将有关信息输入系统，此时系统自动生成记账凭证过至明细账和总账，采购订单的状态也由“待处理”自动更改为“已处理”。

如发现任何差异，应付账款记账员将立即通知采购经理或发生费用支出部门的经理，以实施进一步调查。如果采购经理或发生费用支出部门的经理认为该项差异可以合理解释，需在发票上签字并注明原因，特别批准授权应付账款记账员将该发票输入系统。

5. 发生销售（管理）费用支出的部门收到费用发票后，由其部门经理签字确认并交至应付账款记账员。

应付账款记账员对收到的费用发票、费用申请单和其他单据进行核对，核对内容包括有关单据是否经恰当人员审批，金额是否相符等。如所有单据核对一致，应付账款记账员在发票上加盖“相符”印戳并将有关信息输入系统，此时系统自动生成记账凭证过至明细账和总账。

6. 每月末，应付账款主管编制应付账款账龄分析报告，其内容还应包括应付账款总额与应付账款明细账合计数以及应付账款明细账与供应商对账单的核对情况。如有差异，应付账款主管将立即进行调查，如调查结果表明须调整账务记录，应付账款主管将编制应付账款调节表和调整建议，连同应付账款账龄分析报告一并交至会计主管复核，经财务经理批准后方可进行账务处理。

7. 每月终了，对已经发生但尚未收到费用发票的支出，公司不进行账务处理。

8. 应付账款记账员编制付款凭证，并附相关单证，如费用申请单、费用发票及付款申请单等，提交会计主管审批。

在完成对付款凭证及相关单证的复核后，会计主管在付款凭证上签字，作为复核证据，并在所有单证上加盖“核销”印戳。

9. 每月末，由会计主管指定出纳员以外的人员核对银行存款日记账和银行对账单，编制银行存款余额调节表，并提交给财务经理复核。财务经理在银行存款余额调节表上签字作为其复核的证据。

10. 如需要对系统内的供应商信息作出修改，采购员填写更改申请表，经采购经理审批后，由信息管理员负责对更改申请表预先连续编号并在系统内进行更改。

11. 采购信息管理员负责对更改申请表预先连续编号。

财务经理核对月度供应商更改信息报告、检查实际更改情况和更改申请表是否一致、所有变更是否得到恰当审批以及编号记录表是否正确，在月度供应商信息更改报告和编号记录表上签字作为复核的证据。如发现任何异常情况，将进一步调查处理。

12. 采购信息管理员每月复核供应商档案。对两年内未与公司发生业务往来的供应商，由采购员填写更改申请表，经采购经理审批后交采购信息管理员删除该供应商档案。

每半年，采购经理复核供应商档案。

注册会计师进一步实施了以下测试程序：

（1）抽取请购单并检查是否得到恰当审批。

（2）检查应付账款记账员是否已复核采购信息报告；同时，检查报告上的采购订单是否按顺序编号以及是否出现任何不符合连续编号的情况。

（3）抽取采购订单、验收单和采购发票检查所载内容是否核对一致；检查发票上是否盖上“相符”印戳。

（4）抽取费用发票，检查发票是否得到恰当审批，并加盖“相符”印戳。

（5）抽取应付账款调节表，检查调节项目与有效的支持性文件是否相符，以及是否与应付账款明细账相符。

（6）抽取付款凭证，检查其是否经由会计主管复核和审批；检查有关的支票和信用证授权表是否得到恰当人员的复核和审批。

（7）抽取更改申请表，检查其是否已经审批。

（8）抽取更改信息报告，检查是否已经复核。

以上测试获取的证据除了以下两方面均支持：控制活动对实现控制目标有效；控制活动得到执行；控制活动有效运行。

（1）对期末商品已经发出尚未离岸的销售，公司的控制设计不合理。

（2）编号为5267、0938的档案，顾客已超过两年未与公司发生业务往来，未及时变更删除其档案。

实训要求

1. 分组进行讨论：

（1）采购与付款循环中的关键控制目标及其控制活动。

（2）采购与付款循环控制测试程序。

2. 每个学生根据实训资料上机编制采购与付款循环控制测试底稿。

3. 每组推荐一名学生汇报小组讨论结果。

实训指导

1. 组织实训的流程。

实训小组认真阅读实训资料；充分讨论采购与付款循环中的关键控制目标及其控制活动；根据实训资料理解注册会计师执行的针对采购与付款循环的控制测试程序；形成采购与付款循环控制测试底稿。

2. 采购与付款循环控制测试底稿的逻辑关系。

（1）采购与付款循环控制测试程序表，为如何执行采购与付款整个循环的控制测试作出规划；

（2）采购与付款循环控制测试汇总表，统领和汇总所有采购与付款循环控制测试情况；

（3）采购与付款循环控制测试过程表，记录支持采购与付款循环每个控制测试的底稿，支持采购与付款循环控制测试汇总表；

（4）采购与付款循环控制测试支持性工作底稿，属于细节测试采购与付款循环的底稿，支持采购与付款循环控制测试过程表。

5.6 固定资产循环控制测试实训项目

实训目的

通过学习实训资料、小组讨论与上机操作，熟悉固定资产循环中的关键控制目标及其控制活动，熟悉固定资产循环控制测试程序，并编制华兴公司固定资产循环控制测试的工作底稿。

实训资料

注册会计师在对华兴公司固定资产循环进行初步了解测试时，注意到华兴公司针对固定资产循环设计了如下控制活动：

1. 建立了固定资产投资的预算管理制度。每年末，各资产使用部门编制部门固定资产购置计划，经部门经理复核并签字后上报至公司预算管理部门。

预算管理部门对各部门上报的预算方案进行审查、汇总，将意见及时反馈编制预算的部门。预算经理复核汇总后的固定资产购置预算，并上报至总经理审批。

总经理负责召集技术和资产购置部门联合进行投资可行性论证，形成可行性报告并存档管理。金额在50万元以内的固定资产投资预算由总经理批准，超过50万元的固定资产投资预算应由董事会批准。

经批准后的固定资产投资预算即时下发至各资产使用部门。

2. 资产使用部门填写请购单（一式三联），经部门经理签字批准，附经批准的固定资产投资预算交至采购部。

公司董事会对固定资产采购合同重要条款进行审批，并授权总经理签署合同。采购合同一式四份，且连续编号。

3. 每月，财务部门应付账款记账员汇总本月内生成的所有采购信息，并与请购单核对，编制采购信息报告。如核对相符，应付账款记账员即在采购信息报告上签字。如有不符，应付账款记账员将通知采购信息管理员，与其共同调查该事项。应付账款记账员还须在采购信息报告中注明不符事项及其调查结果。

4. 采购信息管理员将有关信息输入系统，系统将自动生成连续编号的采购订单，此时系统显示为“待处理”状态。每月，采购信息管理员核对本月内生成的采购订单，并将采购订单存档管理。

5. 资产使用部门对固定资产进行验收，办理验收手续，出具验收单，并与采购合同、发货单等凭据、资料进行核对。

6. 收到固定资产发票后，应付账款记账员将发票所载信息和验收单、采购订单、采购合同等进行核对。如所有单证核对一致，应付账款记账员在发票上加盖“相符”印戳并将有关信息输入系统，此时系统自动生成记账凭证过至明细账和总账，采购订单的状态也由“待处理”自动更改为“已处理”。

如发现任何差异，应付账款记账员将立即通知采购经理和资产使用部门经理，以实施进一步调查。如果采购经理和资产使用部门经理认为该项差异可以合理解释，须在发票上注明其解释并特别批准授权将该发票输入系统。

7. 每月末，应付账款主管编制应付账款账龄分析报告，其内容还包括应付账款总额与应付账款明细账合计数以及应付账款明细账与供应商对账单的核对情况。如有差异，应付账款主管将立即进行调查，如调查结果表明须调整账务记录，应付账款主管将编制应付账款调节表并给出调整建议，连同应付账款账龄分析报告一并交给会计主管复核，经财务经理批准后方可进行账务调整。

8. 每月末，固定资产记账员编制月度内固定资产增减变动情况分析报告，交至会计主管复核。

9. 公司董事会制定并批准了固定资产折旧的会计政策和会计估计，规定固定资产按实际成本入账，对当月增加的固定资产，自下月起计提折旧，当月减少的固定资产，当月不再计提折旧。

公司折旧费用由系统自动计算生成，固定资产记账员在每月编制的月度内固定资产增减变动情况分析报告中，对折旧费用的变动作出分析。

每年终了，会计主管会同技术部门和资产使用部门，对固定资产的使用寿命、预计净残值、折旧方法进行复核，并检查固定资产是否出现减值迹象。技术部门根据复核和检查结果，编写固定资产价值分析报告。

根据固定资产价值分析报告，如果出现固定资产减值迹象，会计主管应对该固定资产进行减值测试，计算其可回收额，给出固定资产价值调整建议。

会计估计变更建议和固定资产价值调整建议经财务经理复核后，报董事会审批。只有经董事会批准后方可进行账务处理。

10. 为主要固定资产购买商业保险。

11. 以固定资产卡片的方式进行实物管理。

每季度末，资产使用部门对固定资产进行盘点，由设备管理员编制固定资产盘点明细表，固定资产记账员对盘点结果进行复盘，如有差异，经董事会审批后及时进行账务处理。

12. 对报废的固定资产，由资产使用部门填写固定资产报废单，交总经理审核，金额超过10万元的固定资产报废单，由董事会审批。固定资产记账员根据经恰当批准的固定资产报废单进行账务处理。

内部调拨固定资产，由调入、调出部门共同填写固定资产内部调拨单，交固定资产记账员进行账务处理。

注册会计师进一步实施了以下测试程序：

(1) 选取固定资产投资预算和投资可行性项目论证报告，检查是否编制预算并进行论证，以及是否经恰当层次审批。

(2) 选取请购单及相关采购合同，检查是否得到恰当审批和签署。

(3) 选取采购信息报告，检查是否已经编制并核对一致。

(4) 抽取固定资产增减变动情况分析报告，检查是否经复核。

(5) 抽取固定资产盘点明细表，检查差异是否经审批后及时处理。

(6) 抽取采购发票，检查发票所载信息是否与验收单、采购订单相符，并加盖“相符”印戳。

(7) 抽取月度内固定资产增减变动情况分析报告，检查是否已经正确编制并经复核。

(8) 抽取固定资产价值分析报告和固定资产价值调整建议，检查是否已经正确编制并经复核和处理。

(9) 抽取固定资产保险单盘点表，检查是否已办理商业保险。

(10) 抽取固定资产报废单，检查报废是否经恰当批准和处理。

(11) 抽取固定资产内部调拨单，检查调入、调出是否已进行恰当处理。

以上测试获取的证据均支持：控制活动对实现控制目标有效；控制活动得到执行；控制活动有效运行。

实训要求

1. 分组进行讨论：

(1) 固定资产循环中的关键控制目标及其控制活动。

(2) 固定资产循环控制测试程序。

2. 每个学生根据实训资料上机编制固定资产循环控制测试底稿。

3. 每组推荐一名学生汇报小组讨论结果。

实训指导

1. 组织实训的流程。

实训小组认真阅读实训资料；充分讨论固定资产循环中的关键控制目标及其控制活动；根据实训资料理解注册会计师执行的针对固定资产循环的控制测试程序；形成固定资产循环控制测试底稿。

2. 固定资产循环控制测试底稿的逻辑关系。

(1) 固定资产循环控制测试程序表，为如何执行固定资产整个循环的控制测试作出规划；

(2) 固定资产循环控制测试汇总表，统领和汇总所有固定资产循环控制测试情况；

(3) 固定资产循环控制测试过程表，记录支持固定资产循环每个控制测试的底稿，支持固定资产循环控制测试汇总表；

(4) 固定资产循环控制测试支持性工作底稿，属于细节测试固定资产循环的底稿，支持固定资产循环控制测试过程表。

第 6 章

Chapter 6 生产与仓储循环审计

6.1 美国道提斯食品公司审计案例

案例分析目的

通过阅读案例资料，了解企业虚构存货的各种手段，熟悉存货监盘的正确操作以及监盘程序执行不力的风险。

案例资料

20 世纪 70 年代末，威廉·那斯温特担任美国道提斯食品公司的销售员。该公司是上市公司，总部设在美国弗吉尼亚州的普茨茅斯。这个雄心勃勃的年轻销售员，以其努力工作及奉献精神，给上司留下了深刻印象。不久，他被提拔为格雷温斯分部的总经理，并加薪近一倍。格雷温斯分部是一个储货中心，专门负责将冷冻食品批发给东海岸的零售商。

那斯温特升职后不久，格雷温斯分部因业绩不佳和未能完成利润目标而接连受到总部的批评，他感到压力很大。为提升业绩，那斯温特开始采取诸如在实有存货报告书中混入虚假的存货项目登记表、更改存货计算单位和直接在存货日记账上输入虚构的存货等简单的造假方法，在上报总部的月度业绩报告中虚增存货，致使 1980—1981 年间道提斯食品公司的合并净收益分别虚增了 15％和 39％。

1980—1981 年间，格特曼会计师事务所负责审计道提斯食品公司的年度财务报表，却没有发现存货造假。为什么专业的注册会计师没有发现道提斯食品公司如此简单的存货造假呢？主要原因可归结为负责该审计项目的格特曼会计师事务所合伙人汤姆斯·韦森和主审注册会计师法莱克·波拉没有严格控制对实物资产的监盘。

1. 在发现道提斯食品公司存在如下情况时，韦森和波拉没有将存货列为高风险项目：（1）存货在道提斯食品公司资产负债表中约占总资产的 40%；（2）道提斯食品公司（特别是格雷温斯分部）的存货内部控制制度存在很多薄弱环节；（3）1980—1981 年间，格雷温斯分部的存货余额大量增加，使得该分部的存货周转率大大低于正常水平。

2. 注册会计师实地盘点时马马虎虎，未能勤勉尽职。如注册会计师因为怕冷在格雷温斯分部的冷库里清点存货时敷衍了事；在 1980 年的存货实地盘点后，那斯温特又向韦森和波拉交来三张虚假的存货登记表，并声明是注册会计师在盘点时忽略的，韦森和波拉只经过粗略的核对，便把表上所有金额归入了格雷温斯分部的存货余额。

3. 不重视对存货盘点差异的追查。1981 年，负责存货盘点的注册会计师发现存货登记表上的数目与计算机打印出来的年末存货余额不符，他通知了韦森并给那斯温特写了一份备忘录，要求他作出解释，但那斯温特没有答复，韦森也没有追查此事，而波拉在复核工作底稿时也没有关注监盘人员对存货差异提出的质疑。

那斯温特在提供证词时说，他虚增存货以提高利润只是想作为缓兵之计，等分部业绩提高之后就洗手不干，没想到业绩迟迟未能提高，他欲罢不能。他经常要为存货短缺和转移存货编造种种借口，而注册会计师从来不证实这些借口的真伪。

案例分析

1. 自 1939 年迈克逊·罗宾斯案发生后，存货监盘已成为公认审计程序，但在现实中，许多审计失败仍可以追溯到注册会计师执行存货监盘不力。请分析原因。

分析要点：

仍然存在许多因不重视实物资产的监盘而增大审计风险的事件。注册会计师不重视对实物资产的监盘通常表现在两个方面：一是不对实物资产实施监盘；二是虽然对实物资产实施监盘，但只是机械地走程序，而不实质性地控制监盘程序的实施。如本案例中，注册会计师在发现存货约占总资产的 40%，道提斯食品公司（特别是格雷温斯分部）的存货内部控制制度存在很多薄弱环节等具体情况时，没有扩大监盘范围；注册会计师在实地盘点时，因怕冷而不认真清点；对于盘点数和账面数之间的差异，注册会计师没有追查取证予以确认。这种不严格控制监盘程序的做法和不实施监盘程序一样，都不能取得确认存货数量和状况的有效证据，潜在风险很大。

在审计实务中，主审注册会计师或项目经理负责监盘计划的制定和对实施监盘程序进行控制，但具体负责清点的往往是一些缺乏经验的助理人员，因此，监盘风险可能源自两个方面：一是具体实施监盘的助理人员因怕冷、怕脏等工作不认真或因缺乏经验而操作不当；二是负责审计项目的主审注册会计师或项目经理未能有效地控制监盘的全过程。

2. 结合本案例，思考公司虚构存货的动因，以及如何利用分析程序寻找存货舞弊的线索。

分析要点：

公司虚构存货的动因多种多样，概括起来有虚增资产、虚构利润、粉饰财务报表等。

在实务中，注册会计师通过分析以下问题，可以找到存货舞弊的线索：(1) 存货的增长是否快于销售收入的增长？(2) 存货占总资产的比重是否逐期增加？(3) 存货周转率是否逐期下降？(4) 运输成本占存货成本的比重是否逐期下降？(5) 销售成本所占销售收入的比重是否逐期下降？(6) 销售成本的账簿记录是否与税收报告相抵触？(7) 存货的增长是否快于总资产的增长？(8) 是否存在用以增加存货余额的重大调整分录？(9) 下一年度是否存在过入存货账户的转回分录？

3. 结合本案例，分析注册会计师执行监盘程序应注意的事项。

分析要点：

注册会计师执行监盘程序应注意如下事项：

(1) 关注存货的移动情况，防止遗漏或重复盘点。虽然盘点存货时最好能保持存货不发生移动，但在某些情况下存货的移动是难以避免的。如果在盘点过程中被审计单位的生产经营仍将持续进行，注册会计师应通过实施必要的检查程序，确定被审计单位是否已经对此设置了相应的控制程序，确保在恰当的期间内对存货作出准确记录。

(2) 关注存货的状况，观察被审计单位是否已经恰当区分所有毁损、陈旧、过时及残次的存货。除了对存货的状况予以特别关注以外，注册会计师还应当把所有毁损、陈旧、过时及残次存货的详细情况记录下来，这样既便于进一步追查这些存货的处置情况，也能为测试被审计单位存货跌价准备计提的准确性提供证据。

(3) 关注存货截止。注册会计师应当获取盘点日前后存货收发及移动的凭证，检查库存记录与会计记录期末截止是否正确。注册会计师在对期末存货进行截止测试时，通常应当关注以下事项：

1) 所有在截止日以前入库的存货项目是否均已包括在盘点范围内，并已反映在截止日以前的会计记录中；任何在截止日以后入库的存货项目是否均未包括在盘点范围内，也未反映在截止日以前的会计记录中。

2）所有在截止日以前装运出库的存货项目是否均未包括在盘点范围内，且未包括在截止日的存货账面余额中；任何在截止日以后装运出库的存货项目是否均已包括在盘点范围内，并已包括在截止日的存货账面余额中。

3）所有已确认为销售但尚未装运出库的商品是否均未包括在盘点范围内，且未包括在截止日的存货账面余额中。

4）所有已记录为购货但尚未入库的存货是否均已包括在盘点范围内，并已反映在会计记录中。

5）在途存货和被审计单位直接向顾客发运的存货是否均已得到了恰当的会计处理。

4. 结合本案例，思考存货监盘的目的及其主要程序。

分析要点：

存货监盘具有双重目的：一方面，注册会计师通过观察和检查，确定被审计单位的存货盘点控制能否合理确定存货的数量和状况；另一方面，注册会计师通过检查存货的数量和状况，能够提供存货账面金额是否存在错报的直接审计证据。

其主要程序有：

（1）观察程序。注册会计师在实施监盘程序时，实地观察的内容包括：

1）在被审计单位盘点存货前，观察盘点现场，确定应纳入盘点范围的存货是否已经恰当整理和排列，并附有盘点标志，防止遗漏或重复盘点。对未纳入盘点范围的存货，查明未纳入的原因。对所有权不属于被审计单位的存货，取得其规格、数量等有关资料，并确定这些存货是否已分别存放、标明，且未被纳入盘点范围。

2）在存货盘点过程中，注册会计师应当跟随被审计单位安排的存货盘点人员，注意观察被审计单位事先制定的存货盘点计划是否得到了贯彻执行，盘点人员是否准确无误地记录了被盘点存货的数量和状况，是否已经恰当地区分所有毁损、陈旧、过时及残次的存货。当盘点人员没有按照存货盘点计划和程序进行盘点时，注册会计师应与被审计单位的复核或监督人员联系，以纠正盘点中存在的问题，或调整盘点程序。例如，假设盘点程序要求一组人员盘点存货，另一组人员重新盘点以保证存货数量的准确性，注册会计师如发现两组人员同时在一起盘点，需通知被审计单位管理层予以纠正。

3）在被审计单位存货盘点结束前，应当实施下列审计程序：再次观察盘点现场，以确定所有应纳入盘点范围的存货均已盘点；取得并检查已填用、作废及未使用盘点表单的号码记录，确定其是否连续编号，查明已发放的表单是否均已收回，并与存货盘点的汇总记录进行核对。

(2) 检查程序。注册会计师应当对已盘点的存货进行恰当检查，将检查结果与被审计单位盘点记录进行核对，并形成相应记录。对已盘点存货实施检查程序，既可以复核被审计单位的盘点计划是否得到恰当的执行（控制测试），也可以核实被审计单位的存货实物总额（实质性程序）。

在检查已盘点的存货时，注册会计师应当从存货盘点记录中选取项目追查至存货实物，以测试盘点记录的准确性；注册会计师还应当从存货实物中选取项目追查至存货盘点记录，以测试存货盘点记录的完整性。

如果检查时发现差异，注册会计师应当查明原因，及时提请被审计单位更正。如果差异较大，注册会计师应当扩大检查范围或提请被审计单位重新盘点。

6.2 存货内部控制、盘点计划缺陷的识别案例①

案例分析目的

通过阅读、讨论案例资料，熟悉如何识别存货内部控制、盘点计划是否存在缺陷，掌握存货内部控制、盘点计划对存货监盘及其审计报告的影响。

案例资料

华兴公司主业是生产和销售手机，其生产的手机全部发往各地经销处和境外销售分公司。华兴公司本部年末仓库不保留产成品，各地经销处除自行销售外，还将一部分寄销在各商场。各月初，经销处将上月的收、发、存的数量汇总后报华兴公司财务部门和销售部门，财务部门作相应的会计处理。华兴公司生产的手机约有30%出口，出口的手机先发往境外销售分公司，再分销到世界各地。

2016年12月31日，华兴公司的存货账面余额为62 000万元，资产总额为140 000万元。11月，注册会计师李浩通过对华兴公司内部控制的测试注意到，除下列情况表明存货相关内部控制可能存在缺陷外，其他内部控制均健全、有效：

1. 华兴公司以前年度未对存货实施盘点，但有完整的存货会计记录和仓库记录。

2. 华兴公司发出手机时未全部按顺序记录。

① 改编自2002年中国注册会计师全国统一考试“审计”试题。

3. 华兴公司生产手机所需的D材料委托A公司代管，但华兴公司未对D材料的变动进行会计记录。

4. 华兴公司每年12月25日后发出的存货在仓库的明细账上记录，但未在财务部门的会计账上反映。

5. 华兴公司发出的材料存在不按既定计价方法核算的现象。

6. 华兴公司财务部门的会计记录和仓库明细账均反映了代B公司保管的E材料。

2016年12月27日，华兴公司编制了存货盘点计划，并与注册会计师李浩讨论。存货盘点计划的部分内容如下：

（1）华兴公司本部的存货由采购、生产、销售、仓库和财务等部门相关人员组成盘点小组，于2016年12月31日进行盘点。经销处及境外存货的盘点分别由各经销处和境外销售分公司负责，在12月31日前后进行，盘点结束后分别将盘点资料报送财务部门和仓库部门。

（2）由于人力有限，在各商场寄销的手机以经销处的账面记录为准，不进行盘点。

（3）由于元旦前后是销售旺季，在2016年12月31日，生产手机的生产线不停产，仓库除对外发出手机外，不再对外发出其他存货。

（4）各盘点单位按存货类别和相关明细记录填写盘点清单、摆放存货，并填写连续编号的盘点标签。

（5）由于B公司寄存的E材料与华兴公司自身的E材料并无区别，故未单独摆放。E材料的库存数以盘点数扣除B公司寄存E材料的账面数确定；由A公司代管的D材料不安排盘点，库存数直接根据A公司的记录确定。

（6）对废品与毁损品不进行盘点，以财务部门和仓库部门的账面记录为准。

根据华兴公司存货的内部控制情况和盘点计划，注册会计师李浩决定实施的监盘计划部分内容如下：

（1）随机选择1/3的经销处进行存货监盘，直接审阅其盘点记录及账面记录。

（2）对在各商场寄销的手机以经审阅的经销处的账面记录为准。

（3）对境外销售分公司的存货不进行监盘，直接审阅其盘点记录及账面记录。

（4）对A公司代管的D材料，主要实施检查货运文件、出库记录等替代程序予以确认。

（5）在华兴公司开始盘点存货前，监盘人员在拟检查的存货项目上作出标记。

（6）对以标准规格包装箱包装的存货，监盘人员根据包装箱的数量及每箱的标准容量直接计算确定存货的数量。

（7）检查相关凭证以证实盘点截止日前所有已确认为销售但尚未装运出库的存货均已纳入盘点范围。

（8）在观察华兴公司盘点后，李浩仅从存货盘点记录中选取项目追查至存货实物，以测试盘点记录的准确性。

（9）李浩在复盘结束后，与公司盘点人员分别在清单上签字，并视情况考虑是否索取盘点前的最后一张验收报告单（或入库单）和最后一张货运单（或出库单）。

（10）在存货监盘结束时，监盘人员将除作废的盘点表单以外的所有盘点表单的号码记录于监盘工作底稿。

案例分析

1. 讨论华兴公司与存货相关的内部控制存在的缺陷及理由。

分析要点：

华兴公司与存货相关的内部控制存在的缺陷及理由如表6-1所示。

表6-1 华兴公司与存货相关的内部控制存在的缺陷及理由

序号	缺陷	理由
1	在以前年度未对存货实施盘点	保证存货账实相符是内部控制的重要目标，而定期盘点是实现该目标的重要内部控制。所以，未对存货进行盘点属于严重的内部控制缺陷
2	发出产品时未全部按顺序记录	发出产品时未全部按顺序记录，而出库单等原始凭证连续编号，会导致销售业务记录不完整；未按顺序记录可能会导致出现销货业务提前或拖后入账的情况
3	对委托代管材料的变动未进行会计记录	只要属于企业的存货就应在账上进行相应记录，而华兴公司未对A公司代管的D材料的变动进行记录，不能反映D材料的购入和发出，会导致存货成本计算不正确，也不能保证D材料的安全、完整
4	存货明细账与财务部门的会计记录不符	在一个会计期间内实物保管部门的明细账应与财务部门的会计记录完全相符。12月25日后发出的存货仓库已记录而财务账上未记录，会导致资产负债表日账账、账实不符，存货成本低估，利润高估，没有做到会计记录的及时、完整
5	发出材料没有按既定计价方法核算	发出材料存在不按既定计价方法核算的现象，导致会计处理方法的选用不一致，直接影响存货成本和期末存货价值的正确性
6	受托保管的材料记入企业会计记录	华兴公司财务部门会计记录和仓库明细账均反映了代B公司保管的E材料，实际上是将不属于自己的存货纳入了自身的存货范围，导致存货不真实

2. 针对与存货相关的内部控制存在的缺陷，讨论其与财务报表哪些重大错报相关，可考虑设计一项最主要的实质性程序。

分析要点：

与内部控制缺陷相关的重大错报及可考虑设计的主要的实质性程序如表6-2所示。

表6-2　与内部控制缺陷相关的重大错报及主要的实质性程序

序号	重大错报	主要的实质性程序
1	虚构存货或存货不完整等	监盘存货
2	虚构存货、存货成本不实，或存货不完整	销售业务的截止性测试（将12月31日前后的产品出库单、发票和账簿记录进行核对），并检查存货账簿；检查12月25日后的出库单、核对仓库明细账和财务部门的存货明细账，进行截止性测试
3	D材料的所有权及其价值有误	向A公司函证D材料及增减变动情况，并将函证结果与D材料的明细账及原始凭证进行核对
4	存货计价有误	对发出存货进行计价审计
5	E材料的所有权有误	向B公司函证E材料的情况，并检查E材料明细账

3. 讨论华兴公司编制的存货盘点计划的相关内容的不恰当之处，并予以更正。

分析要点：

华兴公司编制的存货盘点计划的不恰当之处包括：

内容（2）中，寄销的存货和各地经销处的存货不进行盘点，以账面记录为准不恰当。大量存货在存货盘点计划中不进行盘点，无法保证盘点结果的正确性。因此，注册会计师应考虑实施存货盘点，将所有存货纳入盘点范围或利用其他注册会计师的工作予以确认。

内容（3）中，盘点时必须停止存货流动，不应存在例外现象。

内容（5）中，代管E材料未单独摆放不正确，应将代管和自身的存货单独摆放。E材料的库存数倒推确定不正确，应以实际盘点数确认。在合并报表情况下，也应以全部实存数扣减经函证确认的代管E材料的实存数为准。由A公司代管的D材料不安排盘点不正确，只要属于企业的存货均应纳入盘点范围，但盘点方式可以选择，比如向A公司函证。

内容（6）中，废品与毁损品不进行盘点，以财务部门和仓库部门的账面记录为准不正确。注册会计师应特别关注存货的质量状况，观察被审计单位是否正确区分废品与毁损品，并注意确定这部分存货对整体存货价值的影响。

4. 讨论注册会计师编制的监盘计划的相关内容的不妥当之处，并予以更正。

分析要点：

注册会计师编制的监盘计划的相关内容的不妥之处有：

内容（1）中，随机抽取 1/3 的经销处盘点不妥。注册会计师对被审计单位存货监盘应进行 100%的监督，经销处及各商场的寄销存货也不应例外。注册会计师应在监督盘点的基础上，执行观察和检查程序。

内容（2）中，对在各商场寄销的手机以经审阅的经销处的账面记录为准不妥，应以审阅盘点记录及函证各商场的结果为准。

内容（4）中，对 A 公司代管的 D 材料，主要实施检查货运文件、出库记录等替代程序予以确认不妥，应实施函证或利用其他注册会计师的工作等替代程序。

内容（5）中，在华兴公司开始盘点存货前，监盘人员在拟检查的存货项目上作出标记不恰当，应当更正为监盘人员不在拟检查的存货项目上作出标记，因为注册会计师检查的范围不应该让被审计单位知道。

内容（6）中，监盘人员对以标准规格包装箱包装的存货，仅仅根据包装箱的数量及每箱的标准容量直接计算确定存货的数量不恰当，注册会计师应当对标准规格包装箱包装的存货进行开箱查验，以防止内装存货弄虚作假。

内容（7）中，检查相关凭证以证实盘点截止日前所有已确认为销售但尚未装运出库的存货均已纳入盘点范围不妥，应检查相关凭证以证实盘点截止日前所有已确认为销售但尚未装运出库的存货均未纳入盘点范围。

内容（8）中，在观察华兴公司盘点后，审计人员不仅应当从存货盘点记录中选取项目追查至存货实物，以测试盘点记录的准确性，还应当从存货实物中选取项目追查至存货盘点记录，以测试存货盘点记录的完整性。

内容（9）中，审计人员在复盘结束后，与公司盘点人员分别在清单上签字，并视情况考虑是否索取盘点前的最后一张验收报告单（或入库单）和最后一张货运单（或出库单）不妥。注册会计师应与公司盘点人员在盘点表上签字，并同时索取盘点前的最后一张验收报告单（或入库单）和最后一张货运单（或出库单）。

内容（10）中，监盘人员将除作废的盘点表单以外的所有盘点表单的号码记录于监盘工作底稿不恰当，注册会计师应当将所有盘点表单的号码记录于监盘工作底稿，包括作废的盘点表单。

5. 假设华兴公司境外销售分公司从未经过审计，注册会计师以华兴公司境外销售分公司的存货未经实地监盘为由，决定对华兴公司 2016 年度财务报表出具无法表示意见的审计报告。请判断注册会计师的决定是否正确，并简要说明理由。

分析要点：

注册会计师以华兴公司境外销售分公司的存货未经监盘为理由，作出对华兴公司 2016 年度财务报表出具无法表示意见的审计报告的决定是正确的。原因如下：

华兴公司生产的手机有 30%出口，按境外销售分公司的产品占全部产品 62 000 万元的 30%计算，为 18 600 万元，占全部资产的 13.29%。由于境外销售分公司历年未经审计，注册会计师对该部分存货又无法实施监盘，属于审计范围受到严重限制的情形，可考虑出具无法表示意见的审计报告。

6. 讨论注册会计师与被审计单位管理层关于存货盘点计划应当关注的事项，并指出当存货盘点计划存在缺陷时应如何处理。

分析要点：

在复核或与管理层讨论其存货盘点计划时，注册会计师应当考虑下列主要因素，以评价其能否合理地确定存货的数量和状况。

（1）盘点的时间安排。注册会计师应当考虑被审计单位的存货盘点时间与资产负债表日的间隔情况，评价在信赖内部控制的前提下能否将盘点日的结论延伸到资产负债表日。在此基础上，判断被审计单位的盘点时间是否合理，包括：1）盘点时间与资产负债表日的间隔期是否合理。2）对具体存货项目的盘点时点的安排是否合理。例如，对存放在不同场所的相同存货项目应当在同一时点进行盘点，而不应安排在不同日期盘点。3）不同的存货盘存制度下的存货盘点时间的安排是否合理。例如，被审计单位选择实地盘存制，则必须要求其在期末实施存货盘点。4）不同的存货内部控制下的存货盘点时间的安排是否合理。例如，被审计单位内部控制较差，则不能接受其只在期中盘点存货的做法。

（2）存货盘点范围和场所的确定。注册会计师应当关注：被审计单位是否恰当确定存货的盘点范围并将存货存放于恰当的场所；管理层是否区分并隔离受托代销商品或其他顾客已购商品，以确保此类商品未被纳入被审计单位的存货范围；是否将委托代销、委托加工和存放于第三方的存货纳入盘点范围，并针对其制定了恰当的盘点方案。

（3）盘点人员的分工及胜任能力。被审计单位的存货清查盘点工作应由熟悉相关业务的人员完成，同时配备日常不对这些存货负有管理责任的人员参与存货盘点工作。由一位熟悉存货情况的人员和另一位日常不对这些存货负有管理责任的人员组成盘点小组，其中一人负责清点，另一人负责记录，这样的盘点人员分工会取得更好的效果。

（4）盘点前的会议及任务布置。注册会计师应当关注：被审计单位是否召开盘点工作会议，全面布置盘点工作；是否明确现场盘点人员各自的职责；是否设置盘点的复核程序，如安排另一独立盘点工作组对盘点结果进行复核并再次盘点；盘点工作的任务布置是否合理，参与盘点的工作人员是否正确理解了各自的职责，能否落实盘点计划的各项指令。

（5）存货的整理和排列，对毁损、陈旧、过时、残次及所有权不属于被审计单位的存货的区分。注册会计师应当关注：被审计单位是否已将存货有序地组织与摆放，是否对毁损、陈旧、过时、残次及所有权不属于被审计单位的存货进行了区分并分别摆放。

（6）存货的计量工具和计量方法。注册会计师应当关注：盘点需要的计量工具是否准备妥当，所选取的计量方法是否恰当，存货的计量工具和计量方法能否满足盘点工作的需要。

（7）在产品完工程度的确定方法。注册会计师应当关注：被审计单位是否存在确定在产品完工程度的恰当程序，了解并评价在产品完工程度的确定方法。盘点时中止生产最为理想，如果无法做到这一点，应建议被审计单位将盘点前生产的在产品和盘点后生产的在产品区分开来，并制定令注册会计师满意的对在产品进行盘点的其他程序。

（8）存放在外单位的存货的盘点安排。注册会计师应当关注：被审计单位是否有存放在外单位的存货，如存放在公共仓库或质押给第三方的存货等；对此类存货是否已纳入盘点范围并制定了令注册会计师满意的盘点程序。

（9）存货收发截止的控制。注册会计师应当关注：被审计单位盘点计划是否包括对存货的收发截止的控制，盘点期间盘点人员如何收集。如果盘点期间未停止存货收发业务，被审计单位是否制定了恰当的程序以确保存货的收发能够正确归入所属会计期间。

（10）盘点期间存货移动的控制。注册会计师应当关注：被审计单位是否制定了存货移动的控制程序。在存货盘点过程中，不发生存货移动最为理想，但是在实务工作中，被审计单位有时无法在存货盘点过程中停止存货的生产、验收入库和装运出库业务。在这种情况下，被审计单位有必要制定相应程序，以充分识别存货的移动情况，并在恰当期间内记录存货。对于在盘点前后出入库的存货以及在不同部门间流转的存货，均应制定相应的截止程序加以区分。

（11）盘点表单的设计、使用与控制。盘点表单包括存货盘点表和存货标签等。注册会计师应当关注：盘点表设计是否恰当，盘点表的使用是否得到了控制，盘点表的收发是否有恰当的控制程序；为减少潜在的遗漏或重复盘点，是否使用了复制的预先编号的存货标签，或制定了能够提供相同控制效果的类似制度或程序。在许多情况下，存货项目在盘点工作进行之前便已经由熟悉存货情况的工作人员贴上了标签。两套标签中的一套粘贴在已盘点的存货上，另一套则由盘点工作人员留存并返还给存货盘点的监管人员。监管人员应单独控制所签发和收回的标签号码。如果标签没有事先编号，被审计单位出于控制目的，应当在每张标签上标注一个号码。如果被审计单位未使用盘点标签，注册会计师应了解被审计单位如何确定已盘点的存货，并考虑被审计单位所使用的方法是否尽可能地减少了重复盘点或遗漏存货项目等错误。

（12）盘点结果的汇总以及盘盈或盘亏的分析、调查与处理。注册会计师应当关注被审计单位对盘点结果的汇总以及盘盈或盘亏分析、调查与处理的安排是否恰当。如果认为被审计单位的盘点计划存在缺陷，注册会计师应当提请被审计单位采取必要措施，修改和完善盘点计划。

6.3　存货监盘案例

案例分析目的

通过阅读和分析案例资料，熟悉监盘程序及其应注意的事项，掌握针对监盘所遇到的不同情况的审计处理。

案例资料

注册会计师李浩在华兴公司 2016 年年报审计中负责存货监盘工作，在实施存货监盘时发现如下事项：

1. 在对华兴公司的 A 仓库的产成品——机床进行实物清点时，发现一些机床的账、卡、物三者的数额不一致，如表 6－3 所示。

表 6－3　四种机床的存货监盘情况

名称	明细账			卡片			盘点数量
	单价（元）	数量	金额（元）	单价（元）	数量	金额（元）	
机床甲	3 000	5	15 000	3 000	5	15 000	4
机床乙	4 000	7	28 000	4 000	7	28 000	8
机床丙	5 000	6	30 000	5 000	5	25 000	6
机床丁	3 000	10	30 000	3 000	9	27 000	9

2. 在对华兴公司的 B 仓库存货进行监盘时，注册会计师李浩关注到以下情况：

（1）存货 d 没有悬挂盘点，经询问，华兴公司称该批产品已经出售给 H 公司。

（2）存货 e 已经过了保质期。

（3）存货 f 中混有华兴公司为 C 公司委托代保管的存货。

（4）存货 g，由于其为辐射型存货，李浩无法在现场监督被审计单位存货盘点。

（5）存货 h，经询问已被质押。

3. 对华兴公司的 D 仓库存货监盘后，李浩发现 D 仓库的存货盘点表存在较大差错。

4. 在华兴公司B仓库、D仓库监盘时，注册会计师发现华兴公司盘点人员把盘点过程中收到的存货纳入了盘点和监盘范围。

案例分析

1. 根据四种机床的账、卡、物三者的数额，分析华兴公司存货控制可能存在的问题。

分析要点：

机床甲账卡相符，但账实不符，可能是丢失、被盗或机床损失后未销账、销卡导致的。

机床乙账卡相符，但出现盘盈，原因可能是机床入库后未入账建卡，或者机床报废后实物没处理，或者机床退货入库后没有及时建账或建卡。

机床丙账实相符，账卡不符，原因可能是机床入库后未建卡。

机床丁卡实相符，明细账多出，原因可能是已验收入库但未入账，或已销售发货但财务部门未及时销账。

以上问题说明企业存货收发制度不严格，存货建账、建卡不及时，存货保管存在缺陷。

2. 针对机床的财务明细账数量与实物监盘数量不一致情况，简要说明应当实施哪些必要的审计程序。

分析要点：

应当考虑实施以下审计程序：

（1）查明差异原因，并及时提请公司更正；

（2）考虑错误的潜在范围和重大程度，在可能的情况下，扩大检查范围或提请公司重新盘点。

3. 讨论对于存货d，注册会计师下一步应当如何实施审计测试。

分析要点：

注册会计师应当追加检查华兴公司与H公司签订的销售合同、销售发票等原始凭证，以证实存货d是否已经真正销售了。如果销售已经成立，应当把销售物品与自身存货分开存放。

4. 讨论对于存货e，注册会计师下一步应当如何实施审计测试。

分析要点：

注册会计师应当把存货e已过保质期的事项记录下来，建议华兴公司及时处理存货e。

5. 讨论对于存货f，注册会计师下一步应当如何实施审计测试。

分析要点：

注册会计师应当建议华兴公司把C公司委托代保管的存货与自身的存货

分开存放，注册会计师检查C公司委托代保管的协议，必要时向C公司函证，以查证华兴公司是否把C公司委托代保管的存货纳入盘点表。

6. 讨论对于存货g，注册会计师下一步应当如何实施审计测试。

分析要点：

注册会计师应当在评价内部控制值得信赖的基础上，采取以下措施：首先，审阅购货、生产和销售记录以获取必要的审计证据。如果是危害性存货，还应当获取检查被审计单位对其生产、使用和处置的正式报告。其次，向能够接触到相关存货项目的第三方检查人员作出询证。最后，实施其他替代审计程序，如检查资产负债表日后发生的销货交易凭证、向顾客或供应商函证。

7. 讨论对于存货h，注册会计师下一步应当如何实施审计测试。

分析要点：

注册会计师应当向债权人询证与被质押有关的内容。如果此类存货很重要，注册会计师可考虑与被审计单位讨论其已质押存货的控制程序，必要时对此类存货实施监盘程序。

8. 讨论对于D仓库存货盘点表存在的较大差错，注册会计师应如何处理。

分析要点：

注册会计师应当建议华兴公司重新盘点D仓库的存货。

9. 在华兴公司B仓库、D仓库监盘时，华兴公司盘点人员把盘点过程中收到的存货纳入盘点和监盘范围是否正确？如何处理？

分析要点：

存在不当之处。应当分析该存货的所有权是否属于被审计单位，如果属于，那么可纳入盘点范围；如果不属于，则不应纳入盘点范围。

10. 在以上分析的基础上，总结实施存货监盘程序时应当考虑的事项。

分析要点：

实施存货监盘程序时应当考虑如下事项：

(1) 在被审计单位盘点存货前，观察盘点现场，确定应纳入盘点范围的存货是否已经恰当整理和排列，并附有盘点标志，防止遗漏或重复盘点。对未纳入盘点范围的存货，查明未纳入的原因。对所有权不属于被审计单位的存货，取得其规格、数量等有关资料，并确定这些存货是否已分别存放、标明，且未被纳入盘点范围。

(2) 在存货盘点过程中，注册会计师应当跟随被审计单位安排的存货盘点人员，注意观察被审计单位事先制定的存货盘点计划是否得到了贯彻执行，盘点人员是否准确无误地记录了被盘点存货的数量和状况，是否已经恰当地区分了所有毁损、陈旧、过时及残次的存货。当盘点人员没有按照存货盘点计划和程序进行盘点时，注册会计师应与被审计单位的复核或监督人员联系，以纠正盘点中的问题，或调整盘点程序。

（3）在被审计单位存货盘点结束前，应当再次观察盘点现场，以确定所有应纳入盘点范围的存货均已盘点。

（4）实施检查程序时，对于所选择的存货项目，注册会计师可对存货的描述说明作出验证，并将自己的检查结果与被审计单位的盘点结果核对，在可能的情况下，还可与永续存货记录进行核对。

（5）注册会计师可将检查的内容予以记录以便于事后追踪查证。在对存货进行检查时，必要时注册会计师可要求将某些包装物打开，或将存货挪动位置。

（6）检查是否存在未被盘点的存货时，可了解存货是否有标签。如果在存货上采用了盘点标签或其他盘点标记，那么注册会计师通常可寻找未标标签的存货项目。如果在存货上没有采用标签或其他盘点标记，注册会计师可以考虑将存货记录和盘点记录进行比较。对大宗存货的漏记应特别关注。

（7）对于没有检查到的存货项目，注册会计师应考虑对其进行记录或复印相关项目的明细表，以便在获取期末存货完整性认定的审计证据时，与存货盘点明细报告进行核对。注册会计师还可以复核某些未被检查的存货项目在数量和描述说明上的合理性。

（8）对所有权不属于被审计单位的存货，如受托代销的存货或受托加工的存货，注册会计师应当取得其规格、数量等有关资料，必要时应当考虑向存货所有者实施函证程序，以确认存货的所有权。注册会计师还要确定这些存货是否与已经纳入盘点范围的存货分别存放并设有明确标志，避免盘点工作人员误将其纳入盘点范围。

（9）在被审计单位存货盘点结束前，注册会计师应当及时取得并检查已填用、作废及未使用盘点表单的号码记录，确定其是否连续编号，查明已发放的表单是否均已收回，并与存货盘点的汇总记录进行核对，防止被审计单位对盘点表单进行更改。

如果检查时发现差异，注册会计师应当查明原因，及时提请被审计单位更正。如果差异较大，注册会计师应当扩大检查范围或提请被审计单位重新盘点。

6.4 特殊情况下的存货确认案例

案例分析目的

通过阅读和分析案例资料，了解和掌握在不同情况下存货监盘如何执行，以及对财务报表的不同影响。

案例资料

华兴公司设立于 2015 年 7 月，从事零售连锁业务。ABC 会计师事务所于 2016 年 11 月 30 日接受委托，承接了华兴公司 2016 年度财务报表审计业务。注册会计师 A 接受 ABC 会计师事务所指派，负责该项审计业务，相关情况如下：

1. 2016 年 12 月中旬，注册会计师 A 在对华兴公司进行预审的过程中，获知以下情况并对存货监盘作出了相应安排：

（1）公司拥有 120 家连锁店，遍布 30 个城市。由于连锁店多，注册会计师不可能参与每一家连锁店的实地盘点，就根据华兴公司的内部控制和盘点惯例，确定了 10 家连锁店进行监盘。

（2）注册会计师事先通知华兴公司其选定进行监盘的连锁店，华兴公司要求注册会计师更换其中一家连锁店 W，原因是交通不便。

（3）华兴公司要求于 2016 年 12 月 31 日对 120 家连锁店按照公司统一部署实施盘点，填写盘点表并传真回公司，经公司的货运部门审核后，由财务部门核对确认。

（4）截至 2016 年 12 月 31 日，华兴公司共计有 12 辆厢式货车正在购进、销售或发往各地连锁店，华兴公司提供了装运凭证、运输情况表等，要求注册会计师确定其在途存货。

（5）华兴公司委托 B 物流公司代保管其统一采购调剂的商品，华兴公司向注册会计师提供了委托保管协议、B 物流公司定期盘点表，要求注册会计师确认这部分存货。

2. 为了测试存放在 B 物流公司的商品，注册会计师向 B 物流公司发出询证函，回函显示：截至 2016 年 12 月 31 日代保管存货共计 30 种，价值 5 800 万元，与华兴公司账上的数额不符。

3. 注册会计师在监盘 R 连锁店时，发现 R 连锁店中许多食品已经过了保质期，但 R 连锁店仍按原价记入盘点表。

4. 注册会计师在对 9 家连锁店进行监盘后，发现被审计单位的盘点计划在检查到的连锁店没有得到很好的执行，检查到的连锁店存货盘点均存在错误。

5. 注册会计师对于华兴公司要求更换的连锁店没有实施监盘，为此决定出具保留意见的审计报告，报告说明段中披露：“由于交通不便，我们无法对连锁店 W 存货实施监盘，无法获取充分、适当的审计证据。”

案例分析

1. 讨论针对华兴公司要求注册会计师更换其中一家连锁店W，注册会计师的监盘安排是否妥当，并说明原因。判断对于华兴公司的要求，注册会计师是否可以答应，并指出应如何应对。

分析要点：

注册会计师的监盘安排不妥当。因为如果注册会计师把欲监盘的连锁店事先告知被审计单位，被审计单位可能会利用移库等手段弄虚作假。注册会计师不能答应华兴公司的要求。应当进一步了解被审计单位阻挠注册会计师监盘的真正原因及其对财务报表的影响，以决定下一步的测试。

2. 讨论针对情况1中的第（4）项，注册会计师还应当实施什么程序，应当关注哪些事项。

分析要点：

注册会计师应当获取盘点日前后存货收发及移动的凭证，检查库存记录与会计记录期末截止是否正确。

注册会计师应当关注：（1）所有截止日期以前入库的存货项目均已包括在盘点范围内，并已反映在账簿之中，且任何在截止日期以后入库的存货项目均未包括在盘点范围内，也未反映在账簿之中；（2）所有截止日期以前装运出库的存货项目均未包括在盘点范围内，也未反映在账簿之中，且任何在截止日期以后装运出库的存货项目均已包括在盘点范围内，并已反映在账簿之中；（3）所有已确认为销售，但尚未装运出库的商品均未包括在盘点范围内，并已反映在账簿之中；（4）所有已记录为购货，但尚未入库的存货均已包括在盘点范围内，并已反映在账簿之中；（5）在途存货和被审计单位直接向其顾客发运的存货均已得到了恰当的会计处理。

3. 讨论针对情况1中的第（5）项，注册会计师能否确认；如果不能，还需要实施什么程序。

分析要点：

注册会计师不能确认。注册会计师应当向保管人函证，如果此类存货很重要，注册会计师还应当考虑实施存货监盘或利用其他注册会计师的工作。

4. 讨论针对情况2，注册会计师应当进一步实施哪些审计程序。

分析要点：

注册会计师应当对此差异进行分析，寻找差异的原因。

5. 讨论针对情况3，注册会计师应当提请被审计单位如何处理。

分析要点：

注册会计师应当提请被审计单位把已过保质期的食品的详细情况记录下

来，要求公司管理层及时处理资产。

6. 讨论针对情况 4，注册会计师应当考虑的进一步测试是什么。

分析要点：

注册会计师应当考虑扩大监盘抽点的范围。

7. 针对情况 5，指出你是否认可注册会计师的处理。请简要说明理由。

分析要点：

认可。由于被审计单位阻挠对连锁店 W 进行监盘，注册会计师的审计范围受到限制，可以考虑出具保留意见或无法表示意见的审计报告。

6.5　存货截止测试案例

案例分析目的

通过阅读和讨论案例资料，熟悉存货截止测试的程序，并掌握不同情况下存货截止与监盘的综合运用。

案例资料

注册会计师李浩在审计华兴公司 2016 年度财务报表时发现如下事项：

1. 2016 年 12 月 29 日购入的货物 230 万件虽已验收入库，也已纳入年底存货盘点表，但由于没有收到购货发票而没有入账。华兴公司 2017 年 1 月 3 日收到购货发票时记入 2017 年 1 月的账簿中。

2. 2016 年 12 月 30 日收到 A 原材料的购货发票时，及时进行相关会计处理，但后面没有附验收入库单，没有纳入 2016 年末的存货盘点表。2017 年 1 月 23 日该存货收到并验收入库。

3. A 仓库中堆放 F 产品 100 件，没有悬挂盘点表标签。经了解，该产品已经销售给 Y 公司。

4. 2016 年 12 月 31 日运货车厢中存有 B 原料 1 000 千克，据了解该材料为购入尚未验收入库，没有纳入存货盘点范围，也没有进行相应的会计处理。

5. 截至 2016 年 12 月 31 日，华兴公司共计购进在途商品 10 万件，销售在途商品 20 万件，均没有纳入盘点范围。

案例分析

1. 讨论存货正确截止的关键是什么。

分析要点：

存货正确截止的关键在于存货实物纳入盘点范围的时间与存货引起的借贷双方会计科目的入账时间处于同一会计期间。

2. 列举出存货截止性测试的两种方法。

分析要点：

存货截止性测试的方法有两种：（1）抽查存货盘点日前后的购货发票与验收报告，每张发票均应附有验收报告（入库单）。（2）查阅验收部门的业务记录，凡接近年底购入的货物，必须查明其相应的购货发票是否在同期入账。对于未收到购货发票的入库存货，查明其是否将入库单分开并暂估入账。

3. 讨论案例所给事项是否应当纳入2016年度存货盘点范围，注册会计师应当如何处理。

分析要点：

针对事项1，如果纳入2016年度存货盘点范围，将影响2016年度财务报表少记存货和应付账款。注册会计师应当建议华兴公司将入库单分开存放并暂估入账。建议调整分录为：

借：存货

　　应交税费——应交增值税（进项税额）

　贷：应付账款

针对事项2，注册会计师应当建议华兴公司将在途存货纳入盘点范围，否则在采用实地盘存制下可能虚增2016年度成本，虚减利润。可建议作如下调整分录：

借：存货

　贷：生产成本

针对事项3，如果销售成立，F产品不应纳入存货盘点范围，注册会计师应当追加审计程序，查阅有关的购销协议、结算凭证，以证实运输部承运的F产品的所有权及其相关会计处理。如果销售不成立，注册会计师应建议将F产品列入华兴公司的存货盘点范围，同时调整已确认的销售及其结转的成本。

针对事项4，如果购入成立，注册会计师应当获取和审阅满载的车厢或拖车记录及其各自的存货状况，并建议纳入存货盘点范围并及时作相应的会计处理。如果购入不成立，注册会计师应当了解其原因及其是否确实未纳入存货盘点范围且未作会计处理。

针对事项5，对于确认购入或不确认销售的在途商品，注册会计师均应当建议华兴公司把此在途商品纳入存货盘点范围，并检查相关会计处理是否正确；对于不确认的购入或已确认的销售，注册会计师应当检查相关原始凭证及其会计处理是否正确，在途商品不能纳入盘点范围。

6.6　应付职工薪酬审计案例

案例分析目的

通过阅读和分析案例资料，了解应付职工薪酬的范围，掌握审计中如何关注应付职工薪酬以及如何提出会计调整建议。

案例资料

华兴公司是一家电脑生产企业，2016 年 12 月有关业务发生如下：

1. 本月应付工资总额 231 000 元，工资费用分配汇总表中列示的车间产品生产人员工资为 160 000 元，车间管理人员工资为 35 000 元，行政管理人员工资为 30 200 元，销售人员工资为 5 800 元。

2. 本月应向社会保险经办机构缴纳职工基本养老保险费共计 32 340 元，其中，应计入基本生产成本的金额为 22 400 元，应计入制造费用的金额为 4 900 元，应计入管理费用的金额为 5 040 元。

3. 该公司共有职工 400 名，其中 300 名为直接参加生产的职工，60 名为车间管理人员，40 名为企业管理人员。该公司决定将其生产的每台成本为 18 000 元的笔记本电脑发放给职工作为福利。该型号的电脑市场售价为每台 20 000 元，该公司适用的增值税税率为 17%。

4. 该公司为总部各部门经理级别以上职工提供汽车免费使用，同时为副总裁以上高级管理人员每人租赁一套住房。该公司总部共有部门经理级别以上职工 10 名，为每人提供一辆捷达汽车免费使用，假定每辆捷达汽车每月计提折旧 1 500 元；该公司共有副总裁级别以上高级管理人员 3 名，公司为其每人租赁一套面积为 200 平方米带有家具和电器的公寓，月租金为每套 15 000 元。

5. 该公司根据工资结算汇总表结算本月应付职工工资总额 231 000 元，代扣职工个人所得税 20 500 元，企业代垫职工家属医药费 1 500 元，实发工资 209 000 元。

6. 该公司以现金支付职工生活困难补助 1 600 元。

7. 该公司以银行存款缴纳职工社会保险费 200 000 元。

8. 该公司向职工发放笔记本电脑作为福利，同时根据相关税收规定，视同销售计算增值税销项税额。

9. 该公司支付副总裁以上高级管理人员住房租金。

10. 该公司管理层于 2016 年 6 月 1 日决定缩减管理人员，提出了没有选择权的辞退计划，拟辞退5人，并于2016年12月1日起执行。被辞退人员已经接到公司通知，该公司董事会批准，辞退补偿为每人12万元。

根据以上资料，华兴公司进行了以下有关应付职工薪酬的会计处理：

（1）借：生产成本——基本生产成本	160 000	
制造费用	35 000	
管理费用	30 200	
销售费用	5 800	
贷：应付职工薪酬——工资		231 000
（2）借：生产成本——基本生产成本	22 400	
制造费用	4 900	
管理费用	5 040	
贷：应付职工薪酬——社会保险费（基本养老保险）		32 340
（3）从银行提取现金时：		
借：库存现金	209 000	
贷：银行存款		209 000
发放工资，支付现金时：		
借：应付职工薪酬——工资	209 000	
贷：库存现金		209 000
结转代扣款项时：		
借：应付职工薪酬——工资	22 000	
贷：应交税费——应交个人所得税		20 500
其他应收款——代垫医药费		1 500
（4）借：应付职工薪酬——职工福利	1 600	
贷：库存现金		1 600
（5）借：应付职工薪酬——社会保险费	200 000	
贷：银行存款		200 000

该公司认为业务3、业务4、业务8、业务9、业务10不属于应付职工薪酬的核算范围，因此没有进行应付职工薪酬的会计处理。

案例分析

1. 指出你是否认同华兴公司的会计处理，并说明原因。如果不认同，请给出调整分录。

分析要点：

不认同。理由如下：职工薪酬是指企业为获得职工提供的服务而给予的各种形式的报酬以及其他相关支出，具体指职工在职期间和离职后提供给职工的全部货币性薪酬和非货币性薪酬，包括职工工资、奖金、津贴和补贴，职工福利费，社会保险费，住房公积金，工会经费，职工教育经费，非货币性福利，因解除与职工的劳动关系给予的补偿（即辞退福利），其他与获得职工提供的服务相关的支出。因此该公司不将非货币性福利（即业务 3、业务 4、业务 8、业务 9）和辞退福利（即业务 10）纳入应付职工薪酬的核算是不正确的。正确的会计处理是，除了该公司进行的以上处理之外，还应将业务 3、业务 4、业务 8、业务 9、业务 10 列入应付职工薪酬的核算范围。具体应补充编制会计分录如下：

（1）借：生产成本（300×20 000+300×20 000×17%）　　7 020 000
　　　　制造费用（60×20 000+60×20 000×17%）　　1 404 000
　　　　管理费用（40×20 000+40×20 000×17%）　　936 000
　　　贷：应付职工薪酬——非货币性福利　　9 360 000
（2）借：管理费用（10×1 500+3×15 000）　　60 000
　　　贷：应付职工薪酬——非货币性福利　　60 000
　借：应付职工薪酬——非货币性福利　　15 000
　　贷：累计折旧　　15 000
（3）借：应付职工薪酬——非货币性福利　　9 360 000
　　　贷：主营业务收入（400×20 000）　　8 000 000
　　　　　应交税费——应交增值税（销项税额）　　1 360 000
　借：主营业务成本（400×18 000）　　7 200 000
　　贷：库存商品——笔记本电脑　　7 200 000
（4）借：应付职工薪酬——非货币性福利　　45 000
　　　贷：银行存款　　45 000
（5）借：管理费用　　600 000
　　　贷：应付职工薪酬——辞退福利　　600 000

2. 讨论该如何对应付职工薪酬展开审计。

分析要点：

可供选择的审计程序如下：

（1）获取或编制应付职工薪酬明细表，复核加计是否正确，并与报表数、总账数和明细账合计数进行核对，确认是否相符。

（2）实质性分析程序。

1）针对已识别需要运用分析程序的有关项目，并基于对被审计单位经营及其所处环境状况的了解，通过以下比较，同时考虑有关数据间关系的影响，以建立有关数据的期望值。

第一，比较被审计单位员工人数的变动情况，检查被审计单位各部门各月工资费用的发生额是否有异常波动，若有，则查明波动原因是否合理。

第二，比较本期与上期工资费用总额，要求被审计单位解释其增减变动的原因，或取得公司管理层关于员工工资标准的规定。

第三，结合员工社会保险费缴纳情况，明确被审计单位员工范围，检查是否与关联公司员工工资混淆列支。

第四，核对下列相互独立部门的相关数据：工资部门记录的工资支出与出纳记录的工资支付数；工资部门记录的工时与生产部门记录的工时。

第五，比较本期应付职工薪酬余额与上期应付职工薪酬余额，检查是否有异常变动。

2）确定可接受的差异额。

3）将实际的情况与期望值相比较，识别需要进一步调查的差异。

4）如果其差额超过可接受的差异额，调查并获取充分的解释和恰当的佐证审计证据，方法有检查相关的凭证等。

5）评估分析程序的测试结果。

（3）检查工资、奖金、津贴和补贴。

1）检查计提是否正确，依据是否充分，将执行的工资标准与有关规定进行核对，并对工资总额进行测试；被审计单位如果实行工效挂钩，应取得有关主管部门确认的效益工资发放额认定证明，结合有关合同文件和实际完成的指标，检查其计提额是否正确，是否应作纳税调整。

2）检查分配方法与上年是否一致，除将因解除与职工的劳动关系给予的补偿直接计入管理费用外，被审计单位是否根据职工提供服务的受益对象，分别对下列情况进行处理：

第一，应由生产产品、提供劳务负担的职工薪酬，计入产品成本或劳务成本；

第二，应由在建工程、无形资产负担的职工薪酬，计入固定资产或无形资产成本；

第三，作为外商投资企业，按规定从净利润中提取职工奖励及福利基金，记入“利润分配——提取的职工奖励及福利基金”科目；

第四，其他职工薪酬，计入当期损益。

3）检查发放金额是否正确，代扣的款项及其金额是否正确。

4）检查是否存在属于拖欠性质的职工薪酬，并了解拖欠的原因。

（4）检查社会保险费（包括医疗、养老、失业、工伤、生育保险费）、住房公积金、工会经费和职工教育经费等计提（分配）和支付（或使用）的会计处理是否正确，依据是否充分。

（5）检查辞退福利的下列项目：

1）对于职工没有选择权的辞退计划，检查按辞退职工数量、辞退补偿标准计提的辞退福利负债金额是否正确；

2）对于自愿接受裁减建议的，检查按接受裁减建议的预计职工数量、辞退补偿标准（该标准确定）等计提的辞退福利负债金额是否正确；

3）检查实质性辞退工作在一年内完成，但付款时间超过一年的辞退福利，是否按折现后的金额计量，折现率的选择是否合理；

4）检查计提辞退福利负债的会计处理是否正确，是否将计提金额计入当期管理费用；

5）检查辞退福利支付凭证是否真实正确。

（6）检查非货币性福利。

1）检查以自产产品发放给职工的非货币性福利；检查是否根据受益对象，按照该产品的公允价值，计入相关资产成本或当期损益，同时确认应付职工薪酬。对于难以认定受益对象的非货币性福利，检查是否直接计入当期损益和应付职工薪酬。

2）检查无偿向职工提供住房的非货币性福利，是否根据受益对象，将该住房每期应计提的折旧计入相关资产成本或当期损益，同时确认应付职工薪酬。对于难以认定受益对象的非货币性福利，检查是否直接计入当期损益和应付职工薪酬。

3）检查租赁住房等资产供职工无偿使用的非货币性福利，是否根据受益对象，将每期应付的租金计入相关资产成本或当期损益，并确认应付职工薪酬。对于难以认定受益对象的非货币性福利，检查是否直接计入当期损益和应付职工薪酬。

（7）检查以现金与职工结算的股份支付。

1）检查授予后立即可行权的以现金结算的股份支付，是否在授予日以承担负债的公允价值计入相关成本或费用。

2）检查完成等待期内的服务或达到规定业绩条件以后才可行权的以现金结算的股份支付，在等待期内的每个资产负债表日，是否以可行权情况的最佳估计为基础，按照承担负债的公允价值金额，将当期取得的服务计入成本或费用。在资产负债表日，后续信息表明当期承担债务的公允价值与以前估计不同的，是否进行调整，并在可行权日调整至实际可行权水平。

3）检查可行权日之后，以现金结算的股份支付当期公允价值的变动金额，是否借记或贷记“公允价值变动损益”科目。

4）检查在可行权日，实际以现金结算的股份支付金额是否正确，会计处理是否恰当。

（8）检查应付职工薪酬的期后付款情况，并关注在资产负债表日至财务报表批准报出日之间，是否有确凿证据表明需要调整资产负债表日原确认的应付职工薪酬事项。

（9）根据评估的舞弊风险等因素增加其他审计程序。

（10）检查应付职工薪酬是否已按照《企业会计准则》的规定在财务报表中作出恰当的列报。

1）检查是否在附注中披露了与职工薪酬有关的下列信息：

第一，应当支付给职工的工资、奖金、津贴和补贴及其期末应付未付金额；

第二，应当为职工缴纳的医疗、养老、失业、工伤和生育等社会保险费及其期末应付未付金额；

第三，应当为职工缴存的住房公积金及其期末应付未付金额；

第四，为职工提供的非货币性福利及其计算依据；

第五，应当支付的因解除劳动关系而给予的补偿及其期末应付未付金额；

第六，其他职工薪酬。

2）检查因自愿接受裁减建议的职工数量、补偿标准等不确定而产生的预计负债（应付职工薪酬），是否按照《企业会计准则第13号——或有事项》进行了披露。

6.7 关于销售、采购与生产的综合案例

案例分析目的

通过阅读和分析案例资料，了解公司销售、采购与生产等方面存在的风险，掌握公司销售、采购与生产等方面关键的会计和审计处理。

案例资料

华兴公司是一家注册资本为15 000万元的民营非上市公司，主要经营矿山开采、生铁冶炼和公路运输等业务。

华兴公司2016年未经审计的财务报表显示，2016年12月31日，公司资产总额为45 000万元，负债总额为8 000万元，营业收入为42 000万元，营业成本为33 600万元。

华兴公司于1994年以2 750万元取得了一座矿山50年的开采权，该矿山除了蕴藏大量的可开采铁矿石之外，还盛产优质煤炭。所开采的铁矿用于炼铁，但仅能满足该公司所需铁矿的70%，其余的30%依靠从澳大利亚进口铁矿粉。所开采原煤的80%转化为焦炭后用于炼铁，其余的20%在50个原煤销售点向当地其他企业和居民出售。华兴公司拥有120辆载重卡车，用于矿山至厂区之间（50公里）原煤、铁矿石的运输和厂区至火车站之间（30公里）铁

锭的运输，有时也直接向客户长途运输铁锭。

2016 年，由于能源短缺，煤炭、电力的价格有明显上涨，冶金企业的成本大幅上升。华兴公司自澳大利亚进口的铁矿粉的价格比上年上涨了 70%，货运柴油的价格上涨了 40%。与此同时，钢铁产品的销售价格也随之大幅上涨。

ABC 会计师事务所连续多年接受华兴公司年度财务报表的审计业务，2016 年度财务报表的审计业务仍由 ABC 会计师事务所承担。注册会计师李浩继续担任华兴公司 2016 年度财务报表审计小组的项目经理。

审计小组于 2017 年 3 月 24 日开始执行华兴公司 2016 年度财务报表审计的外勤工作。根据以往审计华兴公司的经验并结合 2016 年情况，注册会计师李浩确定华兴公司 2016 年度财务报表层次的重要性水平为 400 万元。

资料一：

2016 年度，华兴公司出售铁锭的总收入为 31 500 万元。约 90%的铁锭销售给国内的 A、B、C 三家大型冶金企业和韩国、日本的两家冶金企业 D、E 公司，其余约 10%销售给国内 315 家小型翻砂、铸造厂。除销售给 A、B、C 公司的 67 批次铁锭采用赊销方式（回款期一般为半年）外，销售给 A、B、C 公司的其他 195 批次及销售给 D、E 公司的 172 批次铁锭均采用现销方式，销售给各翻砂、铸造厂的 56 批次铁锭则一律采用预收账款方式。所销售的产品均由铁路运输部门承运，运费按月结算。

华兴公司应收 A、B、C 公司的货款情况如表 6 - 4 所示。

表 6 - 4　华兴公司应收 A、B、C 公司的货款情况

客户单位名称	2016 年末应收账款余额（万元）	发货批次	账龄			
			1 年以下	1～2 年	2～3 年	3 年以上
A 公司	1 250	21	1 000	250	0	0
B 公司	1 450	25	1 400	0	0	50
C 公司	1 350	21	1 250	100	0	0
合计	4 050	67	3 650	350	0	50

因向当地其他企业和居民出售原煤而确认的收入为 1 500 万元，其中大部分收入为现金。具体销售方式为：由大型卡车将原煤运送到方圆百余公里的 50 个销售点，由销售点直接向当地其他企业和居民零售。

资料二：

华兴公司的存货主要包括：不同标号的铁锭 30 000 吨（堆放于厂区的 10 000 吨，存放在火车站站台等待发运的 5 000 吨，交由铁路运输而尚在运输途中的 3 000 吨，存放于 A、B、C 公司料场尚未交货的 5 000 吨，存放于港口尚未装船、等待出口的 7 000 吨，在所有堆放场地均横成行、纵成列，整齐摆放）；铁矿石 40 000 吨（全部堆放于厂区）；铁矿粉 15 000 吨（堆放于厂区的 2 000 吨，由 F 远洋海运公司承运、正在运输途中的 13 000 吨）；焦炭 30 000

吨（每吨650元，堆放于厂区的5 000吨，堆放于煤矿的25 000吨）；原煤8 000吨（每吨320元，堆放于各销售点）；厂区仓库存放的包括各种材料在内的其他存货。

资料三：

注册会计师正在按审计计划的规划，对华兴公司库存的乙材料进行计价测试，以确认其账面金额的正确性。在此之前的3月25日，注册会计师通过实施监盘已确认该材料的库存数量为1 692件，账簿记录显示的乙材料账面总金额为100万元。

注册会计师基于先前进行的风险评估及控制测试结论，决定采用PPS抽样方法对乙材料进行抽样计价。为确定样本规模，注册会计师确定的可接受误受风险为5%，可容忍错报额为6万元，并根据以前年度工作底稿确定的预计错报额为1.8万元，如表6-5所示。

表6-5　可接受误受风险为5%的样本规模表（部分） 金额单位：万元

预计错报额占可容忍错报的百分比（%）	可容忍错报占全部账面金额的百分比（%）					
	8	6	5	4	3	2
20	58	77	92	115	154	230
30	75	100	120	150	200	300
40	101	135	162	202	269	404

注册会计师在按上述条件抽出样本并进行计价测试后，在样本中没有发现错报。

资料四：

华兴公司拥有各种固定资产1 500件。其中包括：大型高炉10座，账面价值为8 000万元；生产、加工车间和办公用房，账面价值2 600万元；各种价值在50万元左右的运输车辆120辆，机械设备110台；单价在10万～50万元的管理部门用轿车20辆；仪器、仪表30台，价值900万元；包括固定资产装修在内的其他固定资产，价值1 000万元。

案例分析

1. 假定华兴公司规定每批铁锭出厂都要填制连续编号且标明客户的发货凭证，控制测试表明相关内部控制的可信赖程度较高。请根据资料一中给出的铁锭销售情况，分析：

（1）如何对华兴公司2016年度发生的铁锭销售业务进行分类，以便分别实施具有针对性的实质性程序。

（2）对于分类后的各类销售业务，注册会计师应将实质性程序的重点放在哪一类。

（3）为确定华兴公司是否存在漏记销售收入的情况，针对每类销售业务，注册会计师应分别实施何种具体的、有针对性的进一步审计程序。

分析要点：

（1）针对华兴公司 2016 年度发生的 490 批次铁锭销售业务，注册会计师应依据不同的收款方式，将相应的 490 张发货凭证分为现销、赊销和预收账款三类，如表 6－6 所示。

表 6－6　华兴公司 2016 年度铁锭销售业务情况

销售类型	销售方式	客户	凭证数（张）
第一类	现销	A、B、C、D、E	367
第二类	赊销	A、B、C	67
第三类	预收账款	翻砂厂、铸造厂	56

（2）注册会计师应将上述第一类销售业务作为实质性程序的重点。

（3）华兴公司具有严格执行、效果良好的填制发运凭证的内部控制，即该项内部控制可以保证所有的发货均已开具发运凭证，因此，注册会计师将进一步程序建立在该项内部控制之上。具体来说，应当按照一定的保证程度，从发货凭证中抽出一个适当的样本，将样本中的每张发运凭证追查到营业收入明细账，一方面，确认该发运凭证是否入账；另一方面，核对入账的收入与发运凭证上列示的数量是否匹配。

2. 假设经测试发现华兴公司的销售业务缺乏可以信赖的内部控制，注册会计师就只能依赖实质性程序确认销售收入的低估问题。讨论这时注册会计师应当考虑执行的实质性测试程序有哪些。

分析要点：

（1）取得开户银行出具的各月对账单及收款凭证。凡付款人是 A、B、C、D、E 五家大客户的，一律追查到营业收入明细账；如果所列款项属于上年产生的应收账款，追查到上年的营业收入明细账加以证实；凡付款人是其他客户的，追查到预收账款明细账，进而追查发货情况，核实发货后是否确认营业收入。

（2）向承担运输工作的铁路部门发函询证，取得被审计年度各月的运费结算单及所附的铁路部门发货单，检查货运目的地和提货单位名称，以确认接货人是否为这五家大客户。凡属于这五家大客户的，一律追查到营业收入明细账；凡属于翻砂厂、铸造厂的，一律追查到预收账款明细账，并作进一步追查。

（3）向 A、B、C 三家客户各发一封积极式询证函，根据回函情况追查到应收账款明细账，确认是否存在漏记部分应收账款或少记应收账款金额的情况。

3. 假定误受风险为 5%，与所确定的样本规模相应的偏差率上限为 3%。在估计华兴公司对乙材料高估和低估的平均百分比时，注册会计师决定利用以前年度信息来确定。假定在以前某年的审计中，注册会计师发现华兴公司将实际价值为30万元的乙材料在账面上高估为80万元，而在另一年的审计中发现实际价值为90万元的乙材料的账面金额为50万元。请代注册会计师实施具体操作，并作出接受或拒绝总体的最终决策。

分析要点：

（1）确定的样本量计算过程如下：

可容忍错报额6万元占总部账面金额100万元的比重为6%，预计错报1.8万元占可容忍错报额6万元的比重为30%。依据可接受误受风险5%的样本规模表，相应的样本规模为100件。

（2）当样本中未发现错报时，推断总体错报金额、形成审计结论的步骤如下：

第一，以误受风险代替信赖过度风险，查控制测试中统计抽样结果评价的偏差率上限表，确定总体中可能存在的高估和低估的最大百分比 p；

第二，根据专业判断，为含有错报的总体金额分别确定高估错报平均百分比 α 和低估错报平均百分比 β，将上述最大百分比 p 转换成高估的金额上限（UCL）和低估的金额上限（LCL），计算公式为：

$$\text{UCL}=\text{总体账面价值}\times p\times\alpha$$
$$\text{LCL}=\text{总体账面价值}\times p\times\beta$$

第三，将UCL及LCL直接与可容忍错报额进行比较。如果二者均低于可容忍错报额，接受总体；否则拒绝总体。

（3）高估的平均百分比 α 为62.5%（50÷80），低估的平均百分比 β 为80%（40÷50）。

（4）在给定的条件下，高估和低估的错报上限分别为：

$$\text{UCL}=1\,000\,000\times 3\%\times 62.5\%=18\,750(\text{元})$$
$$\text{LCL}=1\,000\,000\times 3\%\times 80.0\%=24\,000(\text{元})$$

因为两个错报上限均低于可容忍错报6万元，所以注册会计师可以接受总体。

4. 在制定存货监盘计划时，注册会计师到存货存放现场进行了实地观察，确定华兴公司生产的铁锭按不同的标号堆放，每堆10层，每层5锭，各层纵横交替；矿石、焦炭经机械及人工加工成棱长3厘米的均匀块状后，经传送带提升到100米高度直接倾泻到料堆，基本呈锥形堆放；矿粉、原煤入场时均呈粉末状，亦经类似传送带直接倾泻到各个料场，基本呈锥形堆放。除此之外，注册会计师还发现料场堆放有华兴公司收购来的数十米高的废钢管、钢筋、断裂的铁锭、建筑模板等废料堆。请结合资料二，针对铁锭、铁矿石、铁矿粉、焦炭、原煤、废料等各种存货的特点，分析应当分别实施何种具体的审计程序以证实这些存货的数量。

(1) 铁锭。对于堆放整齐的铁锭，首先利用专家工作确定铁锭的标号等级，在确保堆放场所铁锭停止流动的条件下，对每种标号的铁锭，清点堆放的行数和列数，抽样检查每堆的层数和每层的锭数，按体积折合成吨数；对于交由铁路部门运输的在途铁锭，检查铁路部门的运输单，确定在途铁锭的标号与数量；对于存放在 A、B、C 公司料场及港口的 12 000 万吨铁锭，可以委托当地会计师事务所代为监盘。

(2) 铁矿石和铁矿粉。对于堆放于厂区的矿石堆和矿粉堆，利用几何计算确定矿石堆、矿粉堆的体积，利用专家工作确定铁矿石、铁矿粉的含铁量和体积与重量之间的换算比例并按比例换算成重量；对于在途铁矿粉，应向 F 公司发出积极式询证函予以证实。

(3) 焦炭。对于堆放在厂区和矿区的焦炭，利用专家工作确定焦炭的等级，利用几何计算确定焦炭堆的体积，并按专家提供的单位体积焦炭重量计算焦炭的总重量。

(4) 原煤。从 50 个原煤销售点中随机选择若干家进行监盘，确定监盘结果与存货汇总表是否一致。如差异较大，应进一步扩大监盘的销售点数。

(5) 废料。利用专家或被审计单位内部有经验的人员的工作，运用工程估测、几何计算、高空勘测并依赖详细的存货收购、付款和出库记录等，推算存货的数量和价值。

5. 针对资料四中列示的各类固定资产，华兴公司编制的盘点计划如下：

(1) 由各部门对本部门使用和管理的固定资产进行登记，填制本部门固定资产分类汇总表，3 月 28 日前统一上交到总经理办公室。

(2) 由总经理办公室指定人员对大型高炉进行观察、拍照，记录使用状况和维护保养情况，向高炉生产值班人员询问并确认原预计使用年限是否需要调整。

(3) 3 月 28 日上午，由各车间及管理部门负责人会同安全生产管理人员对生产、加工车间和办公用房进行安全检查，记录使用状况并将需要修理维护之处拍照。

(4) 对 3 月 28 日前返回厂区的运输车辆进行观察，并对车辆及其号牌进行拍照，由车辆维护部门提出使用状况的说明，为判断剩余使用年限提供依据。

(5) 3 月 28 日上午，对机械设备进行逐台现场观察，登记每台设备的型号、规格、已使用年限和维护保养情况，并向操作人员询问有关使用状况。

(6) 3 月 28 日上午，对管理部门用车进行现场观察，登记车牌号，复印驾驶证，向每辆车的专职司机询问使用状况和其估计的剩余使用年限。

(7) 3 月 28 日上午，召开仪器、仪表使用管理人员的专门会议，由总经理指定人员听取并记录使用及管理人员对仪器、仪表状况的汇报，由使用人员填制自己所使用的仪器的详细情况表。

(8) 召开固定资产盘点相关人员会议，对各部门盘点过程中发现的固定资产管理漏洞、使用不当和陈旧过时等情况征求意见，以提高管理水平。

针对以上盘点计划的每一项内容，分析是否存在缺陷以及所存在缺陷的内容和改进建议，并请站在审计人员的立场上，指出是否需要就盘点与监盘的协调工作提出具体建议，如需要，请给出。

分析要点：

华兴公司制定的盘点计划存在以下缺陷：

内容（1）：盘点计划的收集没有指定专人负责，没有规定由谁对各部门上交的固定资产分类汇总表进行汇总、整理和总结、报告。应指定专门人员和工作截止时间；登记固定资产的工作不能仅由各部门人员进行，应有本部门以外的其他人员参与。

内容（2）：不存在缺陷。

内容（3）：不存在缺陷。

内容（4）：未指定人员对车辆进行观察及拍照，观察时未登记车辆的运行公里数、未检查车辆的行驶证、未说明对3月28日之前不能返厂的车辆如何进行观察，均属于缺陷。建议在观察运输车辆时登记每辆车的累计运行公里数；应将车辆照片连同车辆行驶证复印件一同上交；应说明未观察的车辆的补充盘点计划。

内容（5）：未指定专门的观察人员、没有向机械设备的操作人员询问对设备的剩余使用年限的估计属于缺陷，应修改补充。

内容（6）：司机的驾驶证与车辆的现状及所有权无关，复印专职司机的驾驶证无必要。应复印每辆车的行驶证，登记每辆车已行驶的累计公里数；仅由专职司机估计剩余使用年限属于缺陷，应由车辆维修人员估计剩余使用年限。

内容（7）：没有规定对仪器、仪表实施现场观察属于缺陷，难以发现仪器、仪表账存实亡的情况和因操作人员使用不当造成毁损的情况。应安排现场观察。

内容（8）：盘点计划中没有安排对包括固定资产装修在内的其他固定资产进行盘点，属于缺陷，应当补充列入计划。

此外，盘点计划将4项工作同时安排在3月28日上午进行，审计人员难以安排充分的人员实施现场观察程序，建议安排在不同的时间进行。

6. 假定在存货及固定资产监盘过程中出现了以下情况：

(1) 焦炭：按监盘计划的规定，注册会计师于3月25日陪同聘请的专家赴矿区对账面价值1 625万元的焦炭实施监盘。出发前华兴公司以生产安全和商业机密为由，提出以本公司专家代替审计小组所聘的专家。

（2）原煤：为对50个原煤销售点的原煤进行监盘，注册会计师随机抽取了15个销售点。华兴公司相关人员提出，有的销售点平时无人值班，希望注册会计师提前告知抽取的15个销售点，以便在监盘时提前安排人员。

（3）在前往Y原煤销售点的途中，华兴公司陪同人员突然接到电话通知，称前方道路塌方无法通行，希望就近选择没有抽中的Z销售点作为替代监盘点。在审计人员抽中的15个销售点中，因道路塌方无法前往的销售点共计6个，注册会计师对其余9个销售点按计划实施了监盘程序。

（4）由于大型运输卡车在全国各地跑运输，至4月初外勤审计结束前仍有58辆未能返回厂区。为配合审计，华兴公司向注册会计师提供了这些车辆的购车发票、牌照号码、行驶证复印件和司机电话，并带注册会计师到当地车辆管理部门进行了计算机查询，结果表明这些车辆均归华兴公司所有。经向车管所业务人员询问得知，如果发生车辆转让、报废等情况，相关的计算机信息会在3个月内更新。

请分析：

（1）注册会计师能否同意华兴公司提出的更换监盘专家的要求，并简要说明理由。

（2）注册会计师能否同意华兴公司提前告知抽取的原煤销售点的要求，简要说明理由。

（3）假定没有替代监盘程序，指出注册会计师能否同意华兴公司人员以就近的销售点代替因道路塌方而无法监盘的销售点的要求，并进一步指出注册会计师应如何确定样本结果。

（4）针对行驶在外而无法返厂的大型卡车，指出有无可供选择的能证实这些卡车真实存在性的替代程序。如没有，请说明原因；如有，请具体指明。

分析要点：

（1）注册会计师不能同意华兴公司更换煤炭监盘专家的要求。因为专家工作是确定焦炭等级与数量的关键，况且存放在矿区的焦炭价值约1 625万元，远远超过了财务报表的重要性，如果专家由华兴公司安排，会使对重大事项的审计丧失独立性。

（2）注册会计师不能提前告知华兴公司被抽中的销售点。依据审计准则，注册会计师应尽可能避免被审计单位了解自己将要抽取测试的存货项目。

（3）注册会计师不能同意华兴公司人员以就近的销售点代替因道路塌方而无法监盘的要求，因为这样将丧失样本的随机性，降低抽样结果的可靠性。

（4）注册会计师不能接受华兴公司的要求，因为原煤实物以及相关的销售记录均在销售点。按照审计准则的规定，如无法按既定的程序对样本实施审计，且没有或无法实施替代程序，应将该样本视为一项误差。据此，注册会计师应当认为未被监盘的6个销售点的原煤储存量为0。

（5）存在可供选择的替代程序：注册会计师可以依据华兴公司提供的车牌号和行驶证复印件等文件，会同华兴公司相关人员到车辆管理机构查询。因查询时间为4月初，车管所的信息在3个月内更新，如果2016年12月31日被查询车辆不属于华兴公司，在查询时一般可识别。

7. 假定注册会计师因不同意更换焦炭监盘专家而未能对矿区的焦炭实施监盘，且没有替代的监盘程序；由于不同意华兴公司更换原煤销售点的要求而未能对所选定的样本实施监盘，被监盘的9个销售点的原煤合计1 440吨；在出具审计报告前所有运行在外的大型卡车均已返厂并实施了观察程序；除此之外，华兴公司不存在其他问题。请代注册会计师确定审计意见的类型，并简要说明原因。

分析要点：

注册会计师应当出具保留意见的审计报告。这是因为：会计资料显示的未能观察的焦炭价值高达1 625万元（25 000×0.065），远远超过了财务报表的重要性水平400万元，影响重大，但占未审资产总额45 000万元的比重为3.6%，不构成总体性影响；这部分存货占当年未审营业利润8 400万元（42 000－33 600）的比重为19.35%，也不构成总体性影响。

6.8 生产与仓储循环控制测试实训项目

实训目的

通过学习实训资料、小组讨论与上机操作，熟悉生产与仓储循环中的关键控制目标及其控制活动，熟悉生产与仓储循环控制测试程序，并编制华兴公司生产与仓储循环控制测试的工作底稿。

实训资料

华兴公司是一家医疗设备生产企业，日常核算高度电算化。2017年1月5日委托ABC会计师事务所对其2016年度财务报表进行审计，注册会计师在对华兴公司生产与仓储循环进行初步了解测试时，注意到华兴公司针对生产与仓储循环设计了如下控制活动：

1. 质量检验员比较所收材料与采购订单的要求是否相符，并检查其质量等级。验收无误后，质量检验员签发预先编号的验收单，作为检验商品的依据。对于单价在10万元以上的材料，还须质检经理验收签字。

2. 仓库管理员负责将购入材料的采购订单编号，验收单编号，材料数量、规格等信息输入系统，经仓储经理复核并以电子签名方式确认后，系统自动更新材料明细账。

3. 仓库分别于每月、每季和年度终了，对存货进行盘点，会计部门对盘点结果进行复盘。仓库管理员编写存货盘点明细表，发现差异及时处理，经仓储经理、财务经理、生产经理复核后调整入账。

4. 生产成本记账员根据原材料出库单，编制原材料领用凭证，与系统自动生成的生产记录日报表核对材料耗用和流转信息。由会计主管审核无误后，生成记账凭证并过账至生产成本及原材料明细账和总分类账。

5. 系统对生产成本中各项组成部分进行归集，按照预设的分摊公式和方法，自动将当月发生的生产成本在完工产品和在产品中按比例分配；同时，将完工产品成本在各不同产品类别中分配，由此生成产品成本计算表和生产成本分配表。生产成本记账员编制生产成本结转凭证，经会计主管审核批准后进行账务处理。

6. 每月末，第一车间、第二车间与仓库核对原材料及半成品/产成品转出/转入记录，如有差异，仓库管理员编制差异分析报告，经仓储经理、生产经理签字确认后交会计部门进行调整。

7. 质量检验员检查并签发预先编号的产成品验收单，生产小组将产成品送交仓库。仓库管理员检查产成品验收单，并清点产成品数量，填写预先编号的产成品入库单，经质检经理、生产经理和仓储经理签字确认后，仓库管理员将产成品入库单信息输入系统，系统自动更新产成品明细账并与采购订单编号核对。

8. 每月末，生产成本记账员根据系统内状态为“已处理”的订单数量，编制销售成本结转凭证，结转相应的销售成本，经会计主管审核批准后进行账务处理。

9. 根据验收单，仓储部门清点商品数量，对已验收商品进行保管，仓储区相对独立，限制无关人员接近。

10. 系统中的物流子系统设有存货账龄分析功能，对账龄长的存货会进行提示。在盘点时，盘点人员也需关注是否需要计提存货跌价准备。

11. 如果出现毁损、陈旧、过时及残次存货，仓库管理员编制不良存货明细表，经仓储经理复核后，交采购经理、销售经理，由他们分析这些存货的可变现净值，如需计提存货跌价准备，由会计主管编制存货价值调整建议。

存货价值调整建议经财务经理复核后，报董事会审批。只有经董事会批准后方可进行账务处理。

注册会计师实施询问、检查、观察、穿行测试等控制测试程序后，发现华兴公司现实的生产、储存及发出产成品的业务流程是：

（1）计划和开始生产时，根据销售需求量对生产数量实施计算机化监督，显示相关的订购数量等，生产开始前，获得生产经理对于产品设计和规格的认可。计划和生产进度由生产部门监控，并取得生产经理批准。

（2）产成品入库时，仓库保管员检查并签发预先按顺序编号的产成品验收单，并清点产成品数量，填写预先顺序编号的产成品入库单。经质检经理、生产经理和仓储经理签字确认后，由仓库管理员将产成品入库单信息输入计算机系统，计算机系统自动更新产成品明细台账并与采购订购单编号核对。

（3）产成品出库时，由仓库管理员取得发运凭证副联，作为产成品出库单，并将产成品出库单信息输入计算机系统，经销售经理复核并以电子签名方式确认后，计算机系统自动更新产成品明细台账。

（4）产成品装运发出前，由运输经理独立检查出库单和发运通知单。

（5）每月末，生产成本记账员根据计算机系统内状态为“已处理”的订购单数量，编制销售成本结转凭证，结转相应的销售成本，经核对无误后进行账务处理。

（6）产成品仓库分别于每月、每季和年度终了，对产成品存货进行盘点，由会计部门对盘点结果进行复盘，仓库管理员应编写产成品存货盘点明细表，发现差异及时处理，经仓储经理和生产经理复核后调整入账。

实训要求

1. 分组进行讨论：

（1）生产与仓储循环中的关键控制目标及其控制活动。

（2）生产与仓储循环控制测试程序。

2. 每个学生根据实训资料上机编制生产与仓储循环控制测试底稿。

3. 每组推荐一名学生汇报小组讨论结果。

实训指导

1. 组织实训的流程。

实训小组认真阅读实训资料；充分讨论生产与仓储循环中的关键控制目标及其控制活动；根据实训资料理解注册会计师执行的针对生产与仓储循环的控制测试程序；形成生产与仓储循环控制测试底稿。

2. 生产与仓储循环控制测试底稿的逻辑关系。

（1）生产与仓储循环控制测试程序表，为如何执行生产与仓储整个循环的控制测试作出规划；

（2）生产与仓储循环控制测试汇总表，统领和汇总所有生产与仓储循环控制测试情况；

(3) 生产与仓储循环控制测试过程表，记录支持生产与仓储循环每个控制测试的底稿，支持生产与仓储循环控制测试汇总表；

(4) 生产与仓储循环控制测试支持性工作底稿，属于细节测试生产与仓储循环的底稿，支持生产与仓储循环控制测试过程表。

3. 华兴公司现实的生产、储存及发出产成品的内部控制是否存在缺陷，说明理由。

分析：

(1) 存在缺陷。生产开始前，获取客户对于产品设计和规格的认可，而非生产经理。

(2) 存在缺陷。产成品入库时，验收工作应由独立的质量检验员负责，而不能是仓库保管员。

(3) 存在缺陷。出库单应由仓储经理审批，而不能是销售经理审批。

(4) 存在缺陷。运输经理除了检查出库单和发运通知单，还要检查经批准的销售单。

(5) 存在缺陷。进行账务处理前应经会计主管审核批准。

(6) 存在缺陷。发现差异时应经仓储经理、财务经理和生产经理复核后调整入账。

6.9 工薪与人事循环控制测试实训项目

实训目的

通过学习实训资料、小组讨论与上机操作，熟悉工薪与人事循环中的关键控制目标及其控制活动，熟悉工薪与人事循环控制测试程序，并会编制华兴公司工薪与人事循环控制测试的工作底稿。

实训资料

注册会计师 A 和 B 在对华兴公司工薪与人事循环进行初步了解测试时，注意到华兴公司针对工薪与人事循环设计了如下控制活动：

1. 人事信息管理员将新员工的信息输入系统中的员工档案子系统，系统自动生成连续编号的新入职人员通知单，由用人部门复核后交财务部，作为其发放工资的依据。

2. 人事信息管理员根据经恰当审批的解除、终止劳动合同审批表，将离职员工的信息输入系统中的员工档案子系统，并生成连续编号的离职人员通知单，由用人部门复核后交财务部，作为停止发放工资的依据。

3. 生产工人每天进出厂区时必须将自己的考勤卡插入打卡机以便记录工作时间。人事信息管理员将打卡机每天记载的每个工人的工时按照标准工时（每天8小时）和加班工时（超出8小时的工时）记录在用Excel编制的工时记录单内，月末交给生产经理复核批准后输入系统，系统生成工时统计表。

4. 管理人员每月填写当月工作时间表（包括出勤、休假等具体情况），由所在部门主管/经理审批签字后，在次月第一个工作日结束之前交给人事信息管理员。如果当月管理人员加班，须填写加班申请表并由部门经理/主管审核批准，与当月的工作时间表一并交给人事信息管理员，由其负责输入系统，系统生成出勤统计表。

5. 系统自动将已录入当月工作时间的员工名单和系统内员工档案名册进行核对。如有遗漏或不符，系统会作出提示，人事信息管理员将解决该问题。

6. 人事信息管理员将经生产经理签字的工时记录单以及经所在部门主管/经理签字的管理人员工作时间表交给薪资主管，薪资主管检查输入系统的工作时间是否与工时统计表和出勤统计表一致。

7. 系统中的工资模块根据已核对无误的工时和出勤记录，计算所有员工的当月工资金额（包括工资、加班费、奖金、各项补贴、社会保险费扣除金额、个人所得税扣除金额等），并汇总各部门员工的各项工资费用总额，自动生成员工工资明细表和员工工资汇总表。经人事经理签字批准后，薪资主管填写工资支付申请表。

同时，系统还将自动计算当月应缴纳的各项社会保险费（包括个人缴纳部分和企业缴纳部分），人事经理审核签字后交财务经理，安排办理缴纳。

如果需要对系统计算的工资费用和社会保险费进行调整，薪资主管应编制调整说明，并附送支持性文件，交人事经理审核批准。

8. 应付职工薪酬记账员根据员工工资汇总表编制工资费用分录，经会计主管复核后，将工资费用分别记入“制造费用”“管理费用”“销售费用”等科目。

9. 每月末，薪资主管编写员工变动及工资费用分析报告，经人事经理、财务经理复核后，上报总经理和董事会审阅。

10. 财务经理审核员工工资明细表、员工工资汇总表和工资支付申请表，将工资支付申请表交给总经理签字批准。

应付职工薪酬记账员根据经批准的工资支付申请表编制付款凭证，并附相关单证，提交会计主管审批。

在完成对付款凭证及相关单证的复核后，会计主管在付款凭证上签字，作为复核证据，并在所有单证上加盖“核销”印戳。

出纳员根据经复核无误的付款凭证办理付款，由银行转入员工个人账户，并及时登记银行存款日记账。

11. 如果需要修改员工社保基金的适用基数和扣除率，或者需要对生产工人每工时工资率、职员月工资及各项补贴标准、每小时加班费、公司缴纳社保费比率等基准进行调整，应由董事会批准。

经批准后，薪资主管填写工资信息输入/更改申请单，经人事经理批准后输入或修改系统内的信息，并经人事经理核对后在系统中以电子签名方式批准生效。

12. 只有人事经理和薪资主管有权接触系统里的工资信息。人事信息管理员有权作时间记录和员工档案维护。

注册会计师进一步实施了以下测试程序：

(1) 抽取员工聘用资料，检查员工信息变更是否真实。

(2) 抽取员工聘用资料，检查员工信息是否已被记录。

(3) 抽取员工离职资料，检查员工信息是否已被删除。

(4) 抽取生产工人考勤卡，检查其工时是否已记入工时统计表。

(5) 抽取管理人员工作时间表，检查其工时是否已记入出勤统计表。

(6) 抽取生产工人和管理人员的信息，检查是否在系统中的员工档案子系统内。

(7) 抽取工时记录单与工时统计表，检查记录是否一致；抽取工作时间表与输入系统的工作时间，检查是否与出勤统计表一致。

(8) 利用计算机专家的工作。

(9) 选取员工工资汇总表和记账凭证，检查是否经恰当审批。

(10) 选取员工变动及工资费用分析报告，检查是否已编制并经恰当层级管理层复核。

(11) 选取工资信息输入/更改申请单，检查是否经恰当审批、复核以确保其正确。

以上测试获取的证据均支持：控制活动对实现控制目标有效；控制活动得到执行；控制活动有效运行。

实训要求

1. 分组进行讨论：

(1) 工薪与人事循环中的关键控制目标及其控制活动。

(2) 工薪与人事循环控制测试程序。

2. 每个学生根据实训资料上机编制工薪与人事循环控制测试底稿。

3. 每组推荐一名学生汇报小组讨论结果。

实训指导

1. 组织实训的流程。

实训小组所有成员认真阅读实训资料；充分讨论工薪与人事循环中的关键控制目标及其控制活动；根据实训资料理解注册会计师执行的针对工薪与人事循环的控制测试程序；形成工薪与人事循环控制测试底稿。

2. 工薪与人事循环控制测试底稿的逻辑关系。

（1）工薪与人事循环控制测试程序表，为如何执行工薪与人事整个循环的控制测试作出规划；

（2）工薪与人事循环控制测试汇总表，统领和汇总所有工薪与人事循环控制测试情况；

（3）工薪与人事循环控制测试过程表，记录支持工薪与人事循环每个控制测试的底稿，支持工薪与人事循环控制测试汇总表；

（4）工薪与人事循环控制测试支持性工作底稿，属于细节测试工薪与人事循环的底稿，支持工薪与人事循环控制测试过程表。

第7章 Chapter 7 筹资与投资循环审计

7.1 所有者权益存在重大错报案例

案例分析目的

通过阅读和分析案例资料，熟悉企业影响所有者权益的相关会计处理和审计关注，掌握如何查证所有者权益存在重大错报，并给出调整分录。

案例资料

华兴公司2016年1月1日所有者权益各项余额为：股本3 000万元（每股面值1元），资本公积5 600万元（其中股本溢价5 500万元，其他资本公积100万元），盈余公积1 000万元，未分配利润800万元。2016年12月31日所有者权益各项余额（未审数）为：股本4 480万元，资本公积6 790万元，盈余公积0，未分配利润770万元。

注册会计师李浩审计华兴公司2016年度财务报表时发现如下事项：

1. 2016年4月5日，华兴公司召开股东大会，审议批准了董事会的预案，以留存收益转增资本，每3股转增1股，计1 000万股。其会计处理是：

借：盈余公积	10 000 000	
贷：股本		10 000 000

2. 2016年9月7日，华兴公司委托证券公司代理发行新普通股500万股，每股面值1元，按每股3.5元的价格出售，根据协议，证券公司收取3%的手续费，从发行收入中扣除。其会计处理是：

借：银行存款　　16 975 000

　　财务费用　　525 000

　贷：股本　　5 000 000

　　　资本公积——股本溢价　　12 500 000

3. 2016年12月，华兴公司为奖励公司高管回购本公司股票，以每股4元的价格收购20万股普通股。其会计处理是：

借：库存股　　200 000

　　资本公积——股本溢价　　600 000

　贷：银行存款　　800 000

4. 2016年12月，由于全年亏损30万元，华兴公司结转亏损。会计处理是：

借：利润分配——未分配利润　　300 000

　贷：本年利润　　300 000

案例分析

1. 讨论以上各种事项的会计处理是否正确，并说明原因；如果不正确，请给出调整分录。

分析要点：

事项1的会计处理错误。

原因：动用盈余公积增资超出法定要求。《中华人民共和国公司法》规定，用盈余公积转增资本后，法定盈余公积不得低于原注册资本的25%。

盈余公积增资最高额度＝1 000－3 000×25%＝250(万元)

用留存收益转增资本，其余不足部分应动用未分配利润750万元。

调整分录为：

借：利润分配——未分配利润　　7 500 000

　贷：盈余公积　　7 500 000

事项2的会计处理错误。

原因：发行手续费应直接冲减股票溢价。

调整分录为：

借：资本公积——股本溢价　　525 000

　贷：财务费用　　525 000

事项3的会计处理错误。

原因：回购本公司股票，库存股应以收购价格入账。

调整分录为：

借：库存股　　600 000

　　贷：资本公积——股本溢价　　600 000

事项 4 的会计处理错误。

原因：第二笔业务中发行费用会计处理错误，使费用多计 52.5 万元，经营成果应为盈利 22.5 万元。

调整分录为：

借：本年利润　　525 000

　　贷：利润分配——未分配利润　　502 500

　　　　盈余公积——法定盈余公积　　22 500

2. 假定华兴公司没有其他重大错报，请指出注册会计师查出的错报对华兴公司净资产的影响。

分析要点：

华兴公司净资产调整为：

股本	4 420 万元
资本公积	6 797.50 万元
盈余公积	752.25 万元
未分配利润	70.25 万元
所有者权益合计	12 040 万元

3. 讨论注册会计师查证所有者权益应当关注的合法合规性问题。

分析要点：

(1) 关注实收资本或股本的合法性。

1) 对非货币财产出资应当评估作价。

2) 全体股东的货币出资金额不得低于有限责任公司注册资本的 30%。

3) 公司应当自作出减少注册资本决议之日起 10 日内通知债权人，并于 30 日内在报纸上公告。债权人自接到通知书之日起 30 日内，未接到通知书的自公告之日起 45 日内，有权要求公司清偿债务或者提供相应的担保。

4) 公司减资后的注册资本不得低于法定的最低限额。

(2) 关注资本公积来源与运用的合法性。资本公积不得用于弥补公司的亏损。

(3) 关注盈余公司的来源与运用。

1) 公司分配当年税后利润时，应当提取利润的 10%列入公司法定公积金。公司法定公积金累计额为公司注册资本的 50%以上的，可以不再提取。

2) 法定公积金转为资本时，所留存的该项公积金不得少于转增前公司注册资本的 25%。

(4) 关注未分配利润的合法性。

1) 税后利润的分配顺序为：弥补亏损—提取 10%的法定公积金—分配股利。

2）分配股利的限制：股东会、股东大会或者董事会违反上述规定，在公司弥补亏损和提取法定公积金之前向股东分配利润的，股东必须将违反规定分配的利润退还公司。

7.2 资产减值损失存在重大错报案例

案例分析目的

通过阅读和分析案例资料，熟悉引起资产减值损失的各种事项的会计处理及其审计关注，掌握如何查证资产减值损失存在重大错报，并给出调整分录。

案例资料

华兴公司系2006年12月在深圳证券交易所挂牌的上市公司，主要从事彩色电视机的生产和销售，注册会计师审计其2016年度财务报表时，判断资产是否减值，发现如下事项：

1. 华兴公司于2016年10月1日将自用房屋用于出租，转为投资性房地产，按公允价值计量，转换日公允价值为2 500万元，至2016年12月31日公允价值为2 300万元。

华兴公司财务部门认为，投资性房地产公允价值下跌，发生减值，提取减值准备200万元，计入资产减值损失。

2. 因2016年市场上出现新产品，华兴公司一条R型号平面直角彩色电视机生产线产品竞争力下降，资产的经济效益明显低于预期。生产线原值为5 000万元，累计折旧3 000万元，以前未提取减值。估计2016年12月31日其公允价值为1 100万元，处置费为50万元，预计未来现金流量的现值为1 200万元。

华兴公司财务部门认为，2016年该生产线可收回金额为1 050万元，低于资产账面价值2 000万元，发生减值，提取固定资产减值准备950万元，计入资产减值损失。

3. 华兴公司拥有一项液晶电视专有技术，原值5 000万元，累计摊销3 000万元，因竞争对手发明了类似的技术，一度使产品市场销量大幅下降，已提取减值准备500万元。2016年华兴公司开辟了海外市场，使产品销量大幅增加，经济效益显著提高。

华兴公司财务部门认为，至2016年末，该专有技术减值的因素已完全消失，将以前确认的减值准备500万元全部予以冲回。

案例分析

1. 讨论以上各种事项的会计处理是否正确，并说明原因；如果不正确，请给出调整分录（审计调整分录均不考虑对税费、递延所得税资产和负债、期末结转损益及利润分配的影响）。

分析要点：

事项 1 的会计处理不正确。

原因：以公允价值计量的投资性房地产，不计提减值准备；公允价值变动发生的损失，计入公允价值变动损失，同时直接冲减投资性房地产的账面价值。

其调整分录为：

借：公允价值变动损益　　2 000 000

　贷：资产减值损失　　2 000 000

事项 2 的会计处理不正确。

原因：确定固定资产的可收回金额，应选取公允价值扣除处置费后的净额与预计未来现金流量的现值两者中的较高者。生产线的未来现金流量的现值高于公允价值扣除处置费后的净额，故应选择未来现金流量的现值作为可收回金额。

其调整分录为：

借：固定资产　　1 500 000

　贷：资产减值损失　　1 500 000

事项 3 的会计处理不正确。

原因：长期资产减值不得转回。

其调整分录为：

借：无形资产——无形资产减值准备　　5 000 000

　贷：资产减值损失——无形资产减值损失　　5 000 000

2. 假定华兴公司没有其他重大错报，请指出注册会计师查出的错报对华兴公司 2016 年度利润的影响。

分析要点：

调减年度利润 650 万元。

3. 讨论注册会计师如何查证资产减值损失。

分析要点：

（1）获取或编制资产减值损失明细表，复核加计是否正确，并与报表数、总账数和明细账合计数进行核对，检查是否相符。

（2）对本期增减变动情况检查如下：

1）对本期增加及转回的资产减值损失，与坏账准备、固定资产减值准备等科目进行交叉勾稽；

2）对本期转销的资产减值损失，结合相关科目的审计，检查会计处理是否正确。

（3）根据评估的舞弊风险等因素增加审计程序。

（4）检查资产减值损失是否已按照《企业会计准则》的规定在财务报表中作出恰当列报。

1）当期确认的各项资产减值损失金额；

2）上期确认的各项资产减值损失金额。

7.3 信用减值损失存在重大错报案例

案例分析目的

通过阅读和分析案例资料，熟悉引起信用减值损失的各种事项的会计处理及其审计关注，掌握如何查证信用减值损失存在重大错报，并给出调整分录。

因2019年新金融工具准则提出了“信用减值损失”这一概念，专门用来核算应收账款、债权投资等金融资产的减值损失，且减值损失的确认方法与传统资产并不一致，故本书除讨论资产减值损失外，还需讨论新准则下的信用减值损失。

案例资料

资料一：

20×1年1月1日，甲银行向ABC公司发放了一笔金额5 000万元的贷款，到期日为20×7年12月31日，每年分期还款920万元。甲银行初始确认时，按照新CAS22分类规定划分为以摊余成本计量的金融资产，并预计该笔贷款在后续12个月内的违约概率为0.35%。

资料二：

对资料一进行变形：在20×3年，ABC公司遭遇财务困境，甲银行认为该笔贷款的信用风险自初始确认后已显著增加（信用风险显著增加的比较基准，是当前资产负债表日相对于初始确认日的信用风险变化是否显著增加，而不是相对于上一资产负债表日的信用风险变化）。甲银行召集法律、风险管理、贷后管理等相关部门，就ABC公司的信用风险及其未来的经济前景的各种可能情形进行了讨论、评估。根据讨论、评估结果，甲银行认定20×3年：

情形 1：自当前资产负债表日后未来 12 月内，甲银行对 ABC 公司该笔贷款的预计违约概率是 20%，在此情形下，甲银行预计可以从 ABC 公司破产财产分配中收回未偿付贷款金额 300 万元（预计收回时间在 20×5 年 12 月 31 日）。

情形 2：自当前资产负债表日未来 1～2 年内，甲银行对 ABC 公司该笔贷款的预计违约概率是 25%，在此情形下，甲银行预计可以从 ABC 公司破产财产分配中收回未偿付贷款余额 200 万元（预计收回时间：20×7 年 12 月 31 日）。

情形 3：自当前资产负债表日未来 2 年之后，甲银行对 ABC 公司该笔贷款的预计违约概率是 20%，在此情形下，甲银行预计一分钱也收不回来。

20×3 年 12 月 31 日，甲银行如期收到 ABC 公司的分期还款，并且没有因 ABC 公司陷入财务困境而修改该笔贷款合同条款。

请在此假定背景下，帮助甲银行计算其在 20×3 年 12 月 31 日对 ABC 公司该笔贷款的损失准备。

资料三：

对资料一进行变形：假定 20×5 年甲银行诉求 ABC 公司破产财产分配，没有收到当年分期还款，该笔贷款已经发生信用减值。假定甲银行收回从 ABC 公司破产财产中可收回 400 万元的概率是 50%。截至 20×4 年 12 月 31 日，甲银行对 ABC 公司该笔贷款的预期信用损失是 14 800 000 元。预计甲银行自 ABC 破产中可取得 400 万元，预计收到时间是 20×7 年 12 月 31 日。请帮助甲银行计算其对 ABC 公司的贷款在 20×5 年的预期信用损失。

资料四：

在 20×1 年，M 电商公司向 500 个自然人消费者提供消费贷款（500 笔贷款），总贷款余额 100 万元（平均每个借款人贷款金额为 2 000 元）。M 电商公司基于其对这 500 个自然人的内部信用评级和借款人提供的担保，认定这些贷款具有共同的风险特征，划分为一个组合进行信用风险评估。基于该组自然人消费信贷历史违约、损失经验数据，并考虑前瞻性信息对历史数据予以更新，M 电商公司确定该组自然人消费信贷的损失率是 0.58%（每个资产负债表日，M 电商公司都需要更新下述表格数据）。在本案例中，M 电商公司评估该组自然人贷款在 20×1 年 12 月 31 日的违约笔数是 8，但自初始确认后，该组贷款的信用风险并未显著增加（该组贷款处于 ECL 模型第一阶段）。以下述假定信息为基础，计算 20×1 年 12 月 31 日该组贷款的损失准备（截至 20×1 年 12 月 31 日，这 500 笔自然人消费贷款余额合计为 80 万元）。

资料五：

EFG 公司为一家制造企业，经营区域限于公司所在省市，市场区域较为固定。在 20×1 年应收账款 500 万元（众多小客户，具有除账龄之外共同信用风险特征），其中没有一笔应收账款包含新收入准则定义的或需要考虑的重大融资费用。EFG公司仔细分析500万元应收账款余额后，显示信息如下：

其中客户A在20×3年破产，EFG公司应收客户A账款余额为25 000元，预计能收回金额为0。

EFG公司应收账款余额表如图7－1所示。图中信息包括基于该组应收账款回收期内的历史违约率、违约损失率等经验数据，并考虑前瞻性信息予以调整后的违约损失率等信息。

	A	B	C=A*B
应收账款	EAD 期末账面余额（元）	违约损失率 （整个存续期内）	应当按照整个存续期为基础计量预期信用损失（元）
信用账期内	3,922,000	0.55%	21,571
逾期1-30 days	523,000	0.82%	4,289
逾期31-90 days	276,000	5.70%	15,732
逾期91-180 days	132,000	8.95%	11,814
逾期181-365 days	75,000	20.20%	15,150
逾期365+ days	50,000	71.00%	35,500
客户A	25,000	n/a	25,000
合计	**5,003,000**		**129,056**

注1：当期确认的损失准备=本期末应计预期信用损失金额减去上期末已累计确认的预期信用损失后的差额，有时是利得，有时是损失。

注2：如果本期划分为一个组合的应收账款，公司下一年对其中某些客户的信用政策进行了调整，下一期划分资产组合时，应当考虑基于客户信用政策的调整可能导致其与原组合中的其他原客户的信用风险特征不再同质，而不应当再放入同一组合进行信用评估和估计违约损失率等。

图7－1 ABC公司贷款账龄分析图

请帮助EFG公司按照CAS22规定，运用简化方法计量其在20×1年12月31日的预期信用损失，并确认坏账准备。

案例分析

分析要点：

资料一：考虑到对具体相似信用风险的其他金融工具的预期、借款的信用风险以及未来12个月的经济形式前景，在初始确认后首个资产负债表日（在该贷款最终还款到期日之前）即20×1年12月31日，甲银行预计未来12个月的违约概率无变化仍为0.35%，也无其他迹象表明该笔贷款信用风险显著增加，甲银行评估该笔贷款的信用风险自初始确认后未显著增加，处于预期信用损失减值模型的第一阶段，即以预期信用损失为基础确认未来12个月内的预期信用损失。

假定对未来12个月该贷款产生的现金流折现后，发现发生减值损失46 389元，则分录为：

借：信用减值损失　　46 489

　贷：贷款减值准备　　46 389

资料二：此时ABC公司的贷款违约率已大大增加，贷款处于第二阶段，应当以整个存续期为基础计量其预期信用损失，利息收入以账面余额为基础按实际利率法确认（即不考虑预期信用损失），需要根据每种情形下违约率的不同，估算不同的现金流量现值，并计算不同的信用减值损失。

（1）情形1：甲银行预计可以从ABC公司破产财产分配中收回未偿付贷款金额300万元，在此情形下，应以300万元为基础，估算现金流，计算信用减值损失，借记“信用减值损失”，贷记“贷款减值准备”

（2）情形2：甲银行预计可以从ABC公司破产财产分配中收回未偿付贷款余额200万元（预计收回时间：20×7年12月31日），在此情形下，应以200万元为基础，估算现金流，计算信用减值损失，借记“信用减值损失”，贷记“贷款减值准备”

（3）情形3：甲银行预计一分钱也收不回来，在此情形下，应以0为基础，估算现金流，计算信用减值损失，借记“信用减值损失”，贷记“贷款减值准备”。

资料三：此时贷款位于第三阶段，应该以整个存续期为基础计量其预期信用损失，利息收入以摊余成本为基础按实际利率法确认（考虑预期信用损失），确认方法同资料二。

资料四：因为这些贷款具有共同的风险特征，划分为一个组合进行信用风险评估，所以应当将这些贷款作为一个风险组合进行估计，并计提信用减值损失。

资料五：EFG公司针对该类由众多小型分散客户构成的应收账款，考虑以代表偿付能力的客户共同风险特征对应收账款进行分类。由于这些应收账款中没有一笔包含新收入准则定义或要求考虑的重大融资成分，根据新CAS22减值规定（第六十三条），EFG公司对该类应收账款应当按照整个存续期内的预期信用损失计量损失准备（即简化方法）。EFG公司根据客户账龄对这一组合进行细分，编制逾期账龄与违约损失率对照表，确定该应收账款组合的预期信用损失。对照表以此类应收账款预计存续期的历史违约损失率为基础，并根据前瞻性估计予以调整。在每个资产负债表日，EFG公司都需要分析前瞻性估计变动，并据此对历史违约损失率进行调整。在本案例中，EFG公司预测下一年（20×2年）的经济形势将恶化，违约损失率估计结果已反映这一前瞻性信息，对违约损失率调整。下年末（20×2年12月31日），EFG预测20×3年影响该组客户的经济形势将转好，则在20×2年12月31日这一时点，也应基于该组应收账款预计存续期内历史违约率，根据前瞻性信息（20×3年经济形势将转好）予以调整。即不论公司应当采用一般方法还是简化方法计量应收账款的预期信用损失，估计违约损失率的原理是相同的，都要求考虑前瞻性信息的影响，对历史违约率、违约损失率予以更新。

7.4 金融资产分类存在重大错报案例

案例分析目的

通过阅读和分析案例资料，熟悉金融资产分类、确认、会计处理及其审计关注，掌握如何查证金融资产存在重大错报，并给出调整分录。

案例资料

新华公司为一家非金融类上市公司。注册会计师就新华公司2020年财务报告有关金融资产的分类和会计处理提出异议：

1. 2019年3月1日，新华公司在股权分置改革中取得甲公司5%的有表决权股份。新华公司对甲公司不具有控制、共同控制或重大影响。新华公司将该项股票投资分类为以公允价值计量且其变动计入当期损益的金融资产，并采用公允价值进行后续计量。

2. 2019年4月1日，新华公司从证券市场上购入乙公司0.3%的股份，该股份仍处于限售期内（不属于股权分置改革中的限售股权），对乙公司不具有控制、共同控制或重大影响，且在活跃市场中有公开的市场报价。因乙公司的股份比较集中，新华公司未能在乙公司的董事会中派有代表，但由于新华公司打算将该股份长期持有，遂将其划分为长期股权投资，并采用成本法核算。

3. 2019年7月1日，新华公司从上海证券交易所购入丙公司2016年1月1日发行的3年期债券50万张。该债券面值总额为1 000万元，票面年利率为4.5%，于每年初支付上一年度债券利息。新华公司购买丙公司债券合计支付了1 086.3万元（包括交易费用6.3万元）。新华公司拟随时出售该债券，以获取差价，遂将该债券分类为以公允价值计量且其变动计入其他综合收益的金融资产。

4. 2019年2月1日，新华公司从深圳证券交易所购入丁公司同日发行的5年期债券80万张，该债券面值总额为8 000万元，票面年利率为5%，支付款项为8 010万元（包括交易费用）。新华公司持有该债券的目的是定期获取利息，故将其分类为以摊余成本计量的金融资产。

新华公司2019年下半年资金周转困难，遂于2019年11月1日在深圳证券交易所出售了60万张丁公司债券，出售所得价款扣除相关交易费用后的净额为5 800万元。出售60万张丁公司债券后，新华公司将所持剩余20万张丁公司债券重分类为以公允价值计量且其变动计入当期损益的金融资产。

5. 2019 年 11 月 1 日，新华公司从证券市场上购入戊公司 2019 年 1 月 1 日发行的 5 年期债券 10 万张，该债券面值总额为 1 000 万元，票面年利率为 4.5%，于每年初支付上一年度利息。新华公司购买戊公司债券支付购买价款 1 000 万元，另发生交易费用 22.5 万元。新华公司持有债券不是以获取合同现金流量为目的，而是准备在获取合同现金流量的基础上视市场情况出售，遂将该债券划分为以公允价值计量且其变动计入其他综合收益的金融资产。

6. 2019 年 7 月，新华公司支付 1 250 万美元从市场上以折价方式购入一批 A 国 W 汽车金融公司 2014 年 1 月发行的 3 年期固定利率债券，票面年利率为 4.5%，债券面值为 1 500 万美元。新华公司将其划分为以摊余成本计量的金融资产。

2020 年初，A 国汽车行业受燃油价格上涨、劳资纠纷、成本攀升等诸多因素影响，盈利能力明显减弱，W 汽车金融公司所发行债券的二级市场价格严重下滑。为此，国际公认的评级公司将 W 汽车金融公司的长期信贷等级从 BAA2 下调至 BAA3，认为 W 汽车金融公司的清偿能力较弱，风险越来越大，对经营环境和其他内外部条件变化较为敏感，容易受到冲击，具有较大的不确定性。

综合考虑上述因素，新华公司认为，尽管所持有的 W 汽车金融公司债券剩余期限较短，但由于其未来业绩表现有相当大的不确定性，继续持有这些债券会有较大的信用风险。为此，新华公司于 2020 年 8 月将该持有至到期债券按低于面值的价格出售，并将其他持有至到期投资重分类为以公允价值计量且其变动计入其他综合收益的金融资产。

7. 2020 年初，新华公司购买了一个贷款组合，该组合中包含已发生信用减值的贷款。如果贷款不能按时偿付，甲企业将通过各类方式尽可能实现合同现金流量，例如通过邮件、电话或其他方法与借款人联系催收。同时，新华公司签订了一项利率互换合同，将贷款组合的利率由浮动利率转换为固定利率。

8. 2020 年初，新华公司持有某项 2018 年购入的金融资产组合以满足其每日流动性需求。新华公司为了降低其管理流动性需求的成本，高度关注该金融资产组合的回报。组合回报包括收取的合同付款和出售金融资产的利得或损失。

案例分析

根据新金融工具准则，金融资产不再遵循以前的“四分法”，而是改为更为便捷的“三分法”，以持有交易目的为依据进行衡量。企业应当根据其管理金融资产的业务模式和金融资产的合同现金流量特征，对金融资产进行合理的分类。

金融资产一般划分为以下三类：

（1）以摊余成本计量的金融资产；

（2）以公允价值计量且其变动计入其他综合收益的金融资产；

（3）以公允价值计量且其变动计入当期损益的金融资产。

对金融资产的分类一经确定，不得随意变更。

具体分类方法如图7-2所示。

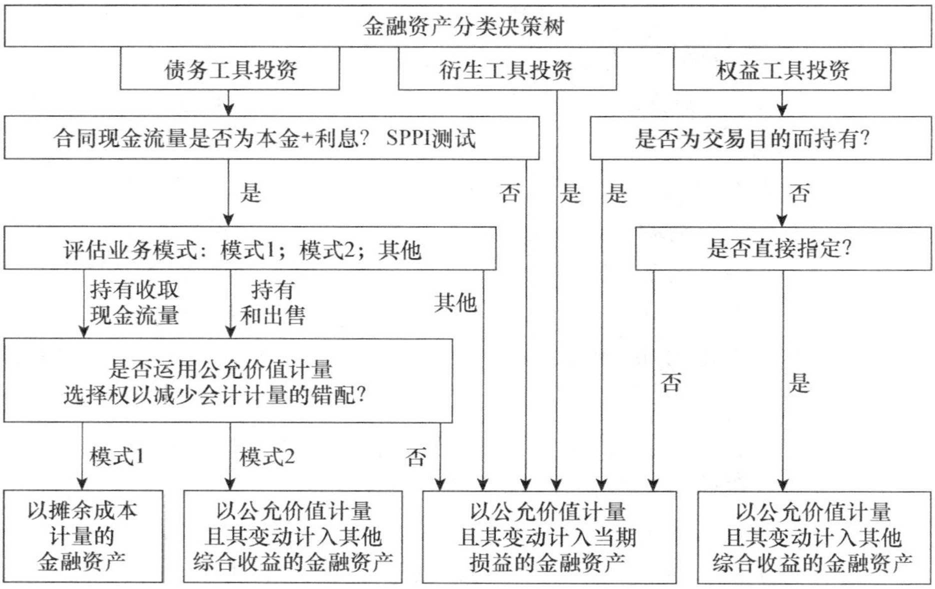

图7-2 金融资产分类决策树

其中，对于债务工具投资而言：

（1）如果符合“本金＋利息”的合同现金流量模式，即以持有收取现金流量为目的，则划分为以摊余成本计量的金融资产，也即债权投资。

（2）如果在“本金＋利息”的合同现金流量模式的基础上，再运用公允价值计量选择权以减少会计计量的错配，即以持有和出售为目的，则划分为以公允价值计量且其变动计入其他综合收益的金融资产，即其他债权投资。

（3）如果都不符合，则划分为以公允价值计量且其变动计入当期损益的金融资产，即交易性金融资产。

对于衍生金融工具，如期权、期货、远期交易合同等，一般划分为以公允价值计量且其变动计入当期损益的金融资产，即交易性金融资产。

对于权益工具投资，如股票等，一般划分为以公允价值计量且其变动计入当期损益的金融资产，即交易性金融资产。但管理层也可直接将其指定为以公允价值计量且其变动计入其他综合收益的金融资产，即其他权益工具投资，一经指定，不得更改。其他权益工具投资以公允价值计量，后续的公允价值变动计入其他综合收益，出售时，需将出售价款和账面价值的差额计入留存收益，再将前期确认的其他综合收益转入留存收益。

这三种金融资产皆可重分类，但其他权益工具投资不得重分类为任何一项其他金融资产。

1. 针对事项1，分析、判断新华公司对相关金融资产的分类是否正确，并简要说明理由；如不正确，请指出相关金融资产正确的分类。

分析要点：

事项1新华公司持有甲公司限售股权的分类正确。

理由：企业在股权分置改革过程中持有对被投资单位在重大影响以上的股权，应当作为长期股权投资，视对被投资单位的影响程度分别采用成本法或权益法核算；企业在股权分置改革过程中持有对被投资单位不具有控制、共同控制或重大影响的股权，应当划分为以公允价值计量且其变动计入当期损益的金融资产。

正确的分类和处理：新华公司持有的甲公司限售股权应划分为以公允价值计量且其变动计入当期损益的金融资产，采用公允价值进行后续计量。

2. 针对事项2，分析、判断新华公司对相关金融资产的分类是否正确，并简要说明理由；如不正确，请指出相关金融资产正确的分类。

分析要点：

事项2新华公司持有乙公司限售股权的分类不正确。

理由：企业持有上市公司限售股权（不包括股权分置改革过程中持有的限售股权），对上市公司不具有控制、共同控制或重大影响的，应当按照《企业会计准则第22号——金融工具确认和计量》的规定，将该限售股权划分为以公允价值计量且其变动计入当期损益的金融资产，不能按照长期股权投资核算。

正确的分类和处理：新华公司持有的乙公司限售股权应划分为以公允价值计量且其变动计入当期损益的金融资产，采用公允价值进行后续计量。

3. 针对事项3，分析、判断新华公司对相关金融资产的分类是否正确，并简要说明理由；如不正确，请指出相关金融资产正确的分类。

分析要点：

事项3新华公司将所持丙公司债券分类为以公允价值计量且其变动计入其他综合收益的金融资产的处理不正确。

理由：新华公司购入丙公司3年期的债券，拟随时用于出售以获取差价，不符合持有获取本金加利息和出售的模式，而是单纯用于出售，所以应划分为以公允价值计量且其变动计入当期损益的金融资产。

正确的分类和处理：新华公司应将所持丙公司债券分类为以公允价值计量且其变动计入当期损益的金融资产，采用公允价值进行后续计量。

4. 针对事项4，分析、判断新华公司对相关金融资产的分类是否正确，并简要说明理由；如不正确，请指出相关金融资产正确的分类。

分析要点：

事项4新华公司将所持丁公司债券剩余部分重分类为以公允价值计量且其变动计入当期损益的金融资产的处理正确。

理由：根据《企业会计准则第22号——金融工具确认和计量》的规定，持有至到期投资部分出售或重分类的金额较大且不属于例外情况，使该投资的剩余部分不再适合划分为持有至到期投资的，企业应当将该投资的剩余部分重分类为以公允价值计量且其变动计入当期损益的金融资产，也可重分类为以公允价值计量且其变动计入其他综合收益的金融资产。

正确的分类和处理：2016年11月1日，新华公司应将剩余20万张丁公司债券投资重分类为可供出售金融资产，采用公允价值进行后续计量。

5. 针对事项5，分析、判断新华公司对相关金融资产的分类是否正确，并简要说明理由；如不正确，请指出相关金融资产正确的分类。

分析要点：

事项5新华公司将所持戊公司债券投资分类为以公允价值计量且其变动计入其他综合收益的金融资产的处理正确。

理由：新华公司的持有目的符合收取合同现金流量和出售模式，故应划分为以公允价值计量且其变动计入其他综合收益的金融资产，采用公允价值进行后续计量。

6. 针对事项6，分析、判断新华公司对相关金融资产的分类是否正确，并简要说明理由；如不正确，请指出相关金融资产正确的分类。

分析要点：

事项6新华公司将持有的W汽车金融公司债券重分类为以公允价值计量且其变动计入其他综合收益的金融资产的处理不正确。

理由：新华公司出售持有的W汽车金融公司债券主要是由其自身无法控制、预期不会重复发生且难以合理预计的独立事件所引起，因而不会影响到新华公司债权投资的分类。

正确的分类和处理：新华公司剩余的债权投资不需要重分类，继续作为持有至到期投资，采用实际利率按摊余成本进行后续计量。

7. 确定新华公司对该贷款组合的分类。

新华公司应当将其划分为以摊余成本计量的金融资产，记入“债权投资”科目，这是因为：新华公司管理该贷款组合的业务模式是以收取合同现金流量为目标。即使甲企业预期无法获取全部合同现金流量（部分贷款已发生信用减值），但新华公司所做的一切措施保证了现金流量的授予，因此并不影响其业务模式。此外，该公司签订利率互换合同也不影响贷款组合的业务模式。

8. 确定新华公司对该金融资产组合的分类。

由案例描述可知，新华公司管理该金融资产组合的业务模式以收取合同现金流量和出售金融资产为目标，应当分类为以公允价值计量且其变动计入其他综合收益的金融资产，记入“其他债权投资”科目。

9. 讨论注册会计师应如何查证金融资产。

分析要点：

金融资产审计可供选择的程序有：

(1) 获取或编制金融资产明细表，复核加计是否正确，并与报表数、总账数和明细账合计数核对是否相符；检查非记账本位币交易性金融资产的折算汇率及折算是否正确；与被审计单位讨论以确定划分为交易性金融资产是否符合企业会计准则的规定。

(2) 根据被审计单位管理层的意图和能力，判断金融资产的分类是否正确。

(3) 确定金融资产的余额正确并存在：对于没有划分为以公允价值计量且其变动计入当期损益的金融资产，获取股票、债券、基金等账户对账单，与明细账余额核对，需要时，向证券登记公司等发询证函，以确认其存在。如有差异，查明原因，作出记录或进行适当调整。被审计单位的主管会计人员盘点库存金融资产，编制金融资产盘点表，注册会计师实施监盘并检查金融资产名称、数量、票面价值、票面利率等内容，并与相关账户余额进行核对；如有差异，查明原因，作出记录或进行适当调整。如金融资产在审计工作日已售出或兑换，则追查至相关原始凭证，以确认其在审计截止日存在。在外保管的金融资产等应查阅有关保管的文件，必要时可向保管人函证，复核并记录函证结果。了解在外保管的金融资产是否实质上为委托理财，如是，则应详细记录，分析资金的安全性和可收回性，提请被审计单位重新分类，并充分披露。

(4) 确定融资产的会计记录是否完整，并确定金融资产归被审计单位所有。

(5) 确定融资产的计价是否正确：复核金融资产计价方法，检查其是否按公允价值计量，前后期是否一致；复核公允价值取得依据是否充分，公允价值与账面价值的差额是否记入“公允价值变动损益”科目。

(6) 抽取金融资产增减变动的相关凭证，检查其原始凭证是否完整合法，会计处理是否正确：抽取金融资产增加的记账凭证，注意其原始凭证是否完整合法，成本、交易费用和相关利息或股利的会计处理是否符合规定；抽取金融资产减少的记账凭证，检查其原始凭证是否完整合法，会计处理是否正确；注意出售金融资产时其成本结转是否正确。

(7) 期末对金融资产进行如下逐项检查，以确定金融资产是否已经发生减值：核对金融资产减值准备本期与以前年度计提方法是否一致，如有差异，查明政策调整的原因，并确定政策变更对本期损益的影响，提请被审计单位作适当披露。期末对金融资产逐项进行检查，以确定是否已经发生减值。如果金融资产的公允价值发生较大幅度下降，或在综合考虑各种相关因素后，预期这种下降趋势属于非暂时性的，可认定该项金融资产已发生减值，应当确认减值损失，并与被审计单位已计提数相核对，如有差异，查明原因。将本期减值准备计提（或转回）金额与利润表资产减值损失中的相应数字核对无误。金融资产减值准备按单项资产（或包括在具有类似信用风险特征的金融资产组中）计提，计提依据充分，得到适当批准。

（8）检查非货币性资产交换、债务重组获取的金融资产的会计处理是否正确。

（9）检查有无变现存在重大限制的金融资产，如有，则查明情况，并作适当调整。

（10）结合银行借款等的检查，了解金融资产是否存在质押、担保的情况；如有，则应详细记录，并提请被审计单位进行充分披露。

（11）针对识别的舞弊风险等因素增加审计程序。

（12）检查金融资产的列报是否恰当：各类金融资产期初、期末价值；确定金融资产的依据；金融资产利得和损失的计量基础；金融资产减值的判定依据。

7.5 权益工具和金融负债错报分类案例

案例分析目的

通过阅读和分析案例资料，熟悉金融负债和权益工具分类的相关会计处理，并掌握新准则下金融负债和权益工具的分类。

案例资料

甲公司为一家非金融类上市公司。注册会计师就新华公司2020年财务报告有关金融负债和权益工具的分类提出问题：

1. 甲公司拟发行优先股。按合同条款约定，甲公司可根据相应的议事机制自行决定是否派发股利，如果甲公司的控股股东发生变更（该事项不受甲公司控制），甲公司必须按面值赎回该优先股。

2. 甲公司发行了一项年利率为8%、无固定还款期限、可自主决定是否支付利息的不可累积永续债，其他合同条款如下：

(1) 该永续债嵌入了一项看涨期权，允许甲公司在发行第5年及之后以面值回购该永续债。

(2) 如果甲公司在第5年末没有回购该永续债，则之后的票息率增加至11%（通常称为“票息递增”特征）。

(3) 该永续债票息在甲公司向其普通股股东支付股利时必须支付。

甲公司根据相应的议事机制能够自主决定普通股股利的支付；该公司发行该永续债之前多年来均支付普通股股利。

3. 甲公司向银行借入可展期借款，借款期限3年，利率为10%。其合同条款约定：3年后甲公司可选择不归还本金，展期3年，但是合同利率将向上跳升300个基点（即利率调整至13%）；展期3年后，甲公司可再度选择不归还本金，再度展期3年，但是合同利率将继续向上跳升300个基点。甲公司可以在借款到期日永久行使这种续期权利。

4. 甲公司发行了一项年利率为8%、无固定还款期限、可自主决定是否支付利息的不可累积永续债，合同条款中包含的投资者保护条款如下：

当发行人未能清偿到期应付的其他债务融资工具、企业债或任何金融机构贷款的本金或利息时，发行人立即启动投资者保护机制（实务中有时将此类保护条款称为“交叉保护”），即主承销商于20个工作日内召开永续债持有人会议。永续债持有人有权对如下处理方案进行表决：

(1) 无条件豁免违反约定；

(2) 有条件豁免违反约定，即如果发行人采取了补救方案（如增加担保），并在30日内完成相关法律手续的，则豁免违反约定。

如上述豁免的方案经表决生效，发行人应无条件接受持有人会议作出的上述决议，并于30个工作日内完成相关法律手续。如上述方案未获表决通过，则永续债本息应在持有人会议召开日的次日立即到期应付。

5. 甲公司与乙公司签订的合同约定，甲公司以100万元等值的自身权益工具偿还所欠乙公司债务。

6. 甲公司与乙公司签订的合同约定，甲公司以100盎司黄金等值的自身权益工具偿还所欠乙公司债务。

7. 甲公司发行了名义金额每股人民币100元的优先股，合同条款规定甲公司在3年后将优先股强制转换为普通股，转股价格为转股日前一工作日的该普通股市价。

8. 甲公司为乙公司的母公司，其向乙公司的少数股东签出一份在未来6个月后以乙公司普通股为基础的看跌期权。如果6个月后乙公司股票价格下跌，乙公司少数股东有权要求甲公司无条件地以固定价格购入乙公司少数股东所持有的乙公司股份。

案例分析

新准则规定，金融负债和权益工具的区分通常遵循以下原则：

1. 是否存在无条件地避免交付现金或其他金融资产的合同义务。

如果企业不能无条件地避免以交付现金或其他金融资产来履行一项合同义务，则该合同义务符合金融负债的定义。实务中，该类合同义务的常见情形包括：

（1）不能无条件避免的赎回，即金融工具发行方不能无条件地避免赎回此金融工具。

（2）强制付息，即金融工具发行方被要求强制支付利息。

此时，还需要注意股利制动机制、股利推动机制和投资者保护条款。

实务中，优先股等金融工具发行时还可能会附有与普通股股利支付相联结的合同条款。这类工具常见的联结条款包括股利制动机制、股利推动机制等。

股利制动机制的合同条款要求企业如果不宣派或支付（视具体合同条款而定，下同）优先股等金融工具的股利，则其也不能宣派或支付普通股股利。

股利推动机制的合同条款要求企业如果宣派或支付普通股股利，则其也须宣派或支付优先股等金融工具的股利。

如果优先股等金融工具所联结的是诸如普通股的股利，发行方根据相应的议事机制能够自主决定普通股股利的支付，则股利制动机制及股利推动机制本身均不会导致相关金融工具被分类为金融负债。

企业还应当注意相关投资者保护条款。例如，一旦发行人破产或视同清算、发生超过净资产10%以上重大损失、财务指标承诺未达标、财务状况发生重大变化、控制权变更或信用评级被降级、发生其他投资者认定足以影响债权实现的事项等情形，那么永续债一次到期应付，除非持有人大会通过豁免的决议。

在这些合同中，破产往往是指无力偿债、拖欠到期应付款项、停止或暂停支付所有或大部分债务或终止经营其业务，或根据《破产法》规定进入破产程序。由于发行人不能控制上述投资者保护条款所述情形，进而无法无条件地避免以交付现金或其他金融资产来履行一项合同义务，因此，包含此类条款的永续债也应当被分类为金融负债。

2. 是否通过交付固定数量的自身权益工具结算。

将来须用或可用企业自身权益工具结算的金融工具应当区分为衍生工具和非衍生工具。例如，甲公司发行了一项无固定期限、能够自主决定是否支付本息的可转换优先股。按合同规定，甲公司将在第5年末将发行的该工具强制转换为可变数量的普通股，则该可转换优先股是一项非衍生工具。又如，甲公司发行一项5年期分期付息到期还本，同时到期可转换为固定数量普通股的可转换债券，则该可转换债券中嵌入的转换权是一项衍生工具。

（1）基于自身权益工具的非衍生工具。对于非衍生工具，如果发行方未来有义务交付可变数量的自身权益工具进行结算，则该非衍生工具是金融负债；否则，该非衍生工具是权益工具。

（2）基于自身权益工具的衍生工具。对于衍生工具，如果发行方只能以固定数量的自身权益工具交换固定金额的现金或其他金融资产进行结算（即“固定换固定”），则该衍生工具是权益工具；如果发行方以固定数量自身权益工具交换可变金额现金或其他金融资产，或以可变数量自身权益工具交换固定金额现金或其他金融资产，或在转换价格不固定的情况下以可变数量自身权益工具交换可变金额现金或其他金融资产，则该衍生工具应当确认为衍生金融负债或衍生金融资产。

分析要点：

基于此，本书对以上案例进行分析：

1. 此时，该或有事项（控股股东变更）不受甲公司控制，属于或有结算事项。同时，该事项并非“极端罕见、显著异常且几乎不可能发生”。由于甲公司不能无条件地避免赎回股份的义务，因此，该工具应当划分为一项金融负债。

2. 此时，尽管甲公司多年来均支付普通股股利，但由于甲公司能够根据相应的议事机制自主决定普通股股利的支付，进而影响永续债利息的支付，对甲公司而言，该永续债利息并未形成支付现金或其他金融资产的合同义务；尽管甲公司有可能在第5年末行使回购权，但是甲公司并没有回购的合同义务。如果没有其他情形导致该工具被分类为金融负债，则该永续债应整体被分类为权益工具。同时，虽然合同中存在利率跳升安排，但该安排也不构成企业无法避免的支付义务。

3. 合同条款赋予甲公司可以无限期递延借款本金的偿付，表面上合同中并未包含一项不可避免偿付本金的合同义务。但是，由于利率跳升机制的存在，利率将会一直向上调整，这将会使得甲公司在经过若干次展期后，在未来需要偿付其无法承受的高额利息。这种经济上的压力将迫使甲公司不得不偿付借款本金。上述合同条款的存在间接地形成了甲公司不可避免地将要偿付本金的合同义务。

4. 此时，首先，因为受市场对生产经营的影响等，能否有足够的资金支付到期的债务不在甲公司的控制范围内，即其无法控制是否会对债务产生违约；其次，当甲公司对债务产生违约时，其无法控制持有人大会是否会通过上述豁免的方案。而当持有人大会决定不豁免时，永续债本息就到期应付。因此，甲公司不能无条件地避免以交付现金或其他金融资产来履行一项合同义务，该永续债符合金融负债的定义，应当被分类为金融负债而非权益工具。

5. 此时，甲公司需偿还的负债金额100万元是固定的，但甲公司需交付的自身权益工具的数量随着其权益工具市场价格的变动而变动。在这种情况下，甲公司发行的该金融工具应当划分为金融负债。

6. 此时，甲公司需偿还的负债金额随黄金价格变动而变动，同时，甲公司需交付的自身权益工具的数量随着其权益工具市场价格的变动而变动。在这种情况下，该金融工具应当划分为金融负债。

7. 此时，转股价格是变动的，未来须交付的普通股数量是可变的，实质可视作甲公司将在3年后使用自身普通股并按其市价履行支付优先股每股人民币100元的义务。在这种情况下，该强制可转换优先股整体是一项金融负债。

8. 在此时甲公司的个别财务报表中，由于该看跌期权的价值随着乙公司股票价格的变动而变动，并将于未来约定日期进行结算，因此该看跌期权符合衍生工具的定义而确认为一项衍生金融负债。在乙公司财务报表中，少数股东所持有的乙公司股份则是其权益工具。而在集团合并报表层面，由于看跌期权使集团整体承担了不能无条件避免的支付现金的合同义务，因此该少数股东权益不再符合权益工具定义，而应确认为一项金融负债，其金额等于回购所需支付金额的现值。

7.6 房地产企业筹资与投资循环中的会计错报案例

案例分析目的

通过阅读和分析案例资料，熟悉房地产企业筹资与投资的相关会计处理，并掌握筹资与投资循环中各个会计科目审计的特殊性。

案例资料

甲公司为一家从事房地产开发的上市公司，注册会计师审计甲公司2019年度财务报表时发现以下事项：

1. 甲公司为取得B公司拥有的正在开发的某房地产项目，2019年3月1日，以公允价值为15 000万元的非货币性资产作为对价购买了B公司35%有表决权股份；2019年下半年，甲公司筹集到足够资金，以现金20 000万元作为对价再次购买了B公司45%有表决权股份。甲公司把此项并购按企业合并处理。

2. 甲公司为进入西北地区市场，2019年6月30日，以现金2 400万元作为对价购买了C公司90%有表决权股份。C公司为2019年4月1日新成立的公司，截至2019年6月30日，C公司持有货币资金2 600万元，实收资本2 000万元，资本公积700万元，未分配利润−100万元。甲公司把此项并购按企业合并处理。

3. 甲公司2019年持有D公司80%有表决权股份，基于对D公司市场发展前景的分析判断，2019年8月1日，甲公司以现金5 000万元作为对价向乙公司购买了D公司20%有表决权股份，从而使D公司变为其全资子公司。甲公司把此项并购按企业合并处理。

4. 2019年6月1日，甲公司购入E上市公司首次公开发行的5%有表决权股份，该股份的限售期为12个月（2019年6月1日至2020年5月31日）。除规定有限售期的股份外，E上市公司的其他流通股在首次公开发行结束后很快上市交易。甲公司对E上市公司不具有控制、共同控制或重大影响。甲公司将该项股票投资分类确认为长期股权投资，并采用成本法进行核算。

5. 2019年7月1日，甲公司从上海证券交易所购入F公司2016年1月1日发行的3年期债券50万张。该债券面值总额为5 000万元，票面年利率为4.5%，于每年初支付上一年度的债券利息。甲公司购买F公司债券合计支付了5 122.5万元（包括交易费用）。因没有明确的意图和能力将F公司债券持有至到期，甲公司将该债券分类为以公允价值计量且其变动计入其他综合收益的金融资产。

6. 2019年2月1日，甲公司从深圳证券交易所购入G公司同日发行的5年期债券80万张，该债券面值总额为8 000万元，票面年利率为5%，支付款项8 010万元（包括交易费用）。甲公司以收取合同现金流量为目的，并且有能力持有至到期，将其分类为以摊余成本计量的金融资产。

甲公司2019年下半年资金周转困难，遂于2019年9月1日在深圳证券交易所出售了60万张G公司债券，出售所得价款扣除相关交易费用后的净额为5 800万元。出售60万张G公司债券后，甲公司将所持的剩余20万张G公司债券重分类为以公允价值计量且其变动计入当期损益的金融资产。

7. 2019年10月1日，甲公司将持有的H公司债券（甲公司最初将其确认为可供出售金融资产）出售给I公司，取得价款2 500万元，已于当日收存银行；同时，甲公司与I公司签订协议，约定2019年12月31日按2 524万元的价格回购该债券，该债券的初始确认金额为2 400万元，假定截至2019年10月1日其公允价值一直未发生变动。当日，甲公司终止了对该项目为其他权益工具投资的确认，并将收到的价款2 500万元与其账面价值2 400万元之间的差额100万元计入当期损益（投资收益）。

8. 2019年12月1日，甲公司发行了100万张面值为100元的可转换公司债券，发行取得价款10 000万元。该可转换公司债券期限为5年，票面年利率为4%。每年12月1日支付上年度利息，每100元面值债券可在发行之日起12个月后转换为甲公司的10股普通股股票。二级市场上不附转换权且其他条件与甲公司该债券相同的公司债券市场年利率为8%。甲公司将发行可转换公司债券收到的10 000万元全额确认为应付债券，在2016年末按照实际利率确认利息费用。

案例分析

1. 根据《企业会计准则》，逐项分析、判断甲公司2019年上述会计处理是否正确，并简要说明理由。

分析要点：

（1）事项1的会计处理正确。甲公司2019年两次合计收购B公司80%有表决权股份，形成企业合并。

（2）事项2的会计处理不正确。因为甲公司2019年收购C公司90%有表决权股份，C公司在2019年6月30日仅存在货币资金，不构成业务，不形成企业合并。

（3）事项3的会计处理不正确。因为D公司在甲公司2019年收购其20%有表决权股份之前已经是甲公司的子公司，股份购买前后未发生控制权的变化，不应作为企业合并处理。

（4）事项4甲公司持有E上市公司股份的分类不正确。根据《企业会计准则第2号——长期股权投资》的规定，企业持有对被投资单位不具有控制、共同控制或重大影响，并且在活跃市场中没有报价、公允价值不能可靠计量的权益性投资，应当作为长期股权投资。企业持有上市公司限售股权（不包括股权分置改革中取得的限售股权），如果对上市公司不具有控制、共同控制或重大影响，应当按照《企业会计准则第22号——金融工具确认和计量》的规定，将该限售股权划分为以公允价值计量且其变动计入当期损益的金融资产（或交易性金融资产）。

（5）事项5甲公司将所持F公司债券分类为以公允价值计量且其变动计入其他综合收益的金融资产的会计处理正确，应记入“其他债权投资”科目。

（6）事项6甲公司将所持G公司债券剩余部分重分类为以公允价值计量且其变动计入当期损益的金融资产的会计处理正确。根据《企业会计准则第22号——金融工具确认和计量》的规定，企业持有金融资产的目的改变，使该投资的剩余部分不再适合划分为持有至到期投资的，企业应当将该投资的剩余部分重分类为可供出售金融资产。

（7）事项7甲公司出售H公司债券的会计处理不正确。根据《企业会计准则第23号——金融资产转移》的规定，在附回购协议的金融资产出售中，转出方将予以回购的资产与售出的金融资产相同或实质上相同、回购价格固定或者原售价加上合理回报的，不应当终止确认所出售的金融资产。出售 H 公司债券不应终止对该项金融资产的确认，应将收到的价款 2 500 万元确认为一项负债（或金融负债、其他应付款、短期借款），并确认 24 万元的利息费用（或财务费用）。

（8）事项 8 甲公司发行可转换公司债券的会计处理不正确。企业发行的可转换公司债券包括负债和权益成分的，应当在初始确认时将负债成分和权益成分进行分拆，先确定负债成分的公允价值（或未来现金流量的折现值）并以此作为其初始确认金额，再按照该金融工具整体的发行价格扣除负债成分初始确认金额后的金额确定权益成分的初始确认金额。正确的会计处理是：将该债券未来现金流量按照实际利率（或 8%）的折现值确认为应付债券，并在 2019 年末按实际利率确认利息费用；将发行所得价款 10 000 万元减去应付债券的初始确认金额后的余额确认为资本公积。

2. 结合本案例，分析筹资与投资循环中会计科目审计的特征。

分析要点：

（1）由于筹资与投资循环中相关交易数量较少，但每笔交易的金额通常较大，因此需要对每笔交易进行详细审计。

（2）由于筹资与投资循环中相关交易数量少但涉及金额大，漏记或不恰当地对一笔业务进行会计处理将会导致重大错误，从而对企业财务报表的公允反映产生较大的影响，因此需要对每笔交易进行实质性测试。

（3）由于筹资与投资循环中交易必须遵守国家法律、法规和相关契约的规定，因此需要在审计中增加合法性的实质性测试。

7.7　筹资与投资循环中的会计错报案例

案例分析目的

通过阅读和分析案例资料，熟悉企业筹资与投资的相关会计处理，并掌握筹资与投资循环中各个会计科目审计的特殊性。

案例资料

华兴公司为增值税一般纳税人，适用的增值税税率为 13%（华兴公司的客户均为增值税一般纳税人，适用的增值税税率为 13%），所得税税率为 25%。注册会计师 A 和 B 接受 XYZ 会计师事务所的指派，负责华兴公司 2020

年度财务报表的审计业务。按照审计业务约定书的约定，2021年3月15日，XYZ会计师事务所向华兴公司正式提交了审计报告。

华兴公司未经审计的财务资料显示，其2020年12月31日的资产总额为14 000万元，利润总额为150万元。注册会计师A和B将华兴公司资产总额的0.5%作为2016年度财务报表层次的重要性水平。

2021年3月5—10日，注册会计师A和B对华兴公司2020年度财务报表的重要项目实施了外勤审计工作，并以金融资产、投资性房地产等项目和非货币性资产交换、债务重组等业务为审计的重点领域。在实施审计程序后，注册会计师A和B发现了以下需要重点考虑的事项：

1. 华兴公司于2020年1月2日从证券市场上购入A公司于2020年1月1日发行的债券，该债券期限为3年，票面年利率为4%，到期一次归还本金和利息。华兴公司购入债券的面值为1 000万元，实际支付价款为947.50万元，另支付相关费用20万元。华兴公司购入后将其划分为以摊余成本计量的金融资产。购入债券的实际利率为5%，华兴公司的会计资料显示，此笔业务按年计提利息，不计复利。华兴公司对此笔业务进行了如下会计处理：

2020年1月1日购入债券时：

借：债权投资——成本　　9 675 000

　贷：银行存款　　9 675 000

2020年12月31日，应确认的投资收益为48.38万元（967.5×5%），"债权投资——利息调整"应记8.38万元（48.38－1 000×4%），账务处理如下：

借：债权投资——应计利息　　400 000

　　　　　——利息调整　　83 800

　贷：投资收益　　483 800

2. 华兴公司于2020年1月1日从证券市场上购入B公司于2019年1月1日发行的债券，该债券期限为5年，票面年利率为5%，每年1月5日支付上年度的利息，到期日为2024年1月1日，到期日一次归还本金和最后一次利息。华兴公司购入债券的面值为1 000万元，实际支付价款1 005.35万元，另支付相关费用10万元。华兴公司购入后将其划分为持有至到期投资。购入债券的实际利率为6%，按年计提利息。2020年12月31日，该债券的预计未来现金流量现值为930万元（不属于暂时性的公允价值变动）。相关资料显示，华兴公司对此笔业务进行了如下会计处理：

2020年1月1日购入债券时：

借：债权投资——成本　　10 000 000

　　应收利息（10 000 000×5%）　　500 000

　贷：银行存款　　10 153 500

债权投资——利息调整 346 500

2020 年 1 月 5 日收到上年度利息时：

借：银行存款 500 000

贷：应收利息 500 000

2020 年 12 月 31 日，华兴公司确认的投资收益为 57.92 万元［(1 000－34.65)×6%］，应收利息为 50 万元（1 000×5%），“债权投资——利息调整”应记 7.92 万元（57.92－50）。

借：应收利息 500 000

债权投资——利息调整 79 200

贷：投资收益 579 200

3. 2020 年 1 月 5 日，华兴公司向 C 公司销售材料一批，增值税专用发票上注明的价款为 500 万元，增值税税额为 65 万元，至 2020 年 9 月 30 日尚未收到上述货款，华兴公司对此项债权已计提 5 万元坏账准备。

2020 年 9 月 30 日，C 公司由于财务困难，提出以其生产的一批产品和一台设备抵偿上述债务。经双方协商，华兴公司同意 C 公司的偿债方案。用于抵偿债务的产品和设备的有关资料如下：

C 公司用于抵债的产品的成本为 200 万元。为该批产品开出的增值税专用发票上注明的价款为 300 万元，增值税税额为 39 万元。用于抵债的设备的公允价值为 200 万元，账面原价为 434 万元，至 2020 年 9 月 30 日的累计折旧为 200 万元。C 公司在清理设备过程中以银行存款支付清理费用 2 万元。

华兴公司已于 2020 年 10 月收到 C 公司用于偿还债务的上述产品和设备。华兴公司将收到的上述产品作为存货处理，收到的设备作为固定资产处理，编制会计分录如下：

借：库存商品 3 126 000

应交税费——应交增值税（进项税额） 390 000

坏账准备 50 000

固定资产 2 084 000

贷：应收账款 5 650 000

4. 华兴公司 2020 年 1 月 30 日将采用公允价值模式计量的投资性房地产（建筑物）转为本公司的行政管理部门办公使用。该建筑物 2019 年 12 月 31 日的公允价值为 2 000 万元（成本 1 900 万元，公允价值变动 100 万元），2020 年 1 月 30 日的公允价值为 2 070 万元。转换日该建筑物的尚可使用年限为 15 年，采用年限平均法计提折旧，无残值。2020 年 1 月 30 日，华兴公司所作的会计处理为：

借：固定资产 20 000 000

贷：投资性房地产——成本 19 000 000

——公允价值变动　　1 000 000

2020年底，华兴公司对该项建筑物计提了折旧，相应的会计分录为：

借：管理费用　　1 222 000

　贷：累计折旧　　1 222 000

5. 2020年4月10日，华兴公司购入D公司的股票200万股作为以公允价值计量且其变动计入其他综合收益的金融资产，每股10元，其中包含已宣告但尚未发放的现金股利1元。另支付相关费用10万元。当日所作的会计处理为：

借：其他权益工具投资——成本（2 000 000×(10－1)＋100 000）

　　18 100 000

　　应收股利　　2 000 000

　贷：银行存款　　20 100 000

12月31日，每股市价为9.3元，华兴公司作了如下会计处理：

借：其他权益工具投资——公允价值变动　　500 000

　贷：其他综合收益（2 000 000×9.3－18 100 000）　　500 000

2020年12月31日，华兴公司将上述股票对外出售100万股，每股售价为9.4元。当日进行了如下会计处理：

借：银行存款（1 000 000×9.4）　　9 400 000

　　其他综合收益　　500 000

　贷：其他权益工具投资——成本（18 100 000÷2）　　9 050 000

　　　投资收益　　850 000

6. 华兴公司采用实际成本对发出材料进行日常核算，期末存货采用成本与可变现净值孰低计价，并按单个存货项目计提存货跌价准备。

华兴公司用于生产新产品的丁设备的账面原价为120万元，至2019年末，该设备已提折旧18万元，可收回金额均为86.4万元，预计使用年限为4年。

2020年4月30日，因停止生产新产品，华兴公司不再需要丁设备，决定将丁设备与E公司的一批X材料进行交换，换入的X材料用于生产Y产品。双方商定设备的公允价值为80万元，换入原材料的发票上注明的售价为60万元，增值税税额为7.8万元，华兴公司收到补价12.2万元。会计资料显示，华兴公司对此项交易进行了如下财务处理（核算时华兴公司和E公司均不考虑增值税以外的其他税费）：

借：固定资产清理　　882 000

　　固定资产减值准备　　156 000

　　累计折旧　　162 000

　贷：固定资产　　1 200 000

借：原材料　　600 000

应交税费——应交增值税（进项税额） 78 000
银行存款 122 000
营业外支出 82 000
贷：固定资产清理 882 000

7. 2020年5月，华兴公司以480万元购入F公司发行的股票60万股作为其他权益工具投资，为此支付的手续费为10万元。购入当日，华兴公司对此笔交易作了如下会计处理：

借：其他权益工具投资——成本 4 800 000
管理费用 100 000
贷：银行存款 4 900 000

2020年6月30日，股票市价为7.5元，8月10日，F公司宣告每股分派现金股利0.20元，华兴公司均未进行相应的会计处理。8月20日，华兴公司收到分派的现金股利后，作了如下账务处理：

借：银行存款 120 000
贷：投资收益 120 000

12月31日，股票市价为8.5元，华兴公司决定继续持有该股票，并作了如下账务处理：

借：其他权益工具投资——公允价值变动 300 000
贷：其他综合收益 300 000

8. 华兴公司原持有G公司60%的股权，其账面余额为6 000万元，未计提减值准备。2020年12月6日，华兴公司将其持有的对G公司长期股权投资中的1/3出售给H企业（当日G公司可辨认的净资产公允价值总额为16 000万元），取得价款3 600万元，当日作了如下账务处理：

借：银行存款 36 000 000
贷：长期股权投资 20 000 000
投资收益 16 000 000

华兴公司原取得G公司60%股权时，G公司可辨认净资产公允价值总额为9 000万元（公允价值与账面价值相同）。自华兴公司取得对G公司长期股权投资后至部分处置投资前，G公司实现净利润为5 000万元。假定G公司一直未进行利润分配，除所实现净损益外，G公司未发生其他计入资本公积的交易或事项。华兴公司按净利润的10%提取盈余公积。

审计中发现，华兴公司没有将出售1/3股权后剩余的长期股权投资账面价值4 000万元与原投资时应享有的G公司可辨认净资产公允价值份额之间的差额400万元（4 000－9 000×40%）作进一步调整。

在出售20%股权后，华兴公司对G公司的持股比例为40%，在G公司董事会中派有代表，但不能对G公司的生产经营决策实施控制。对G公司长期股权投资由成本法改为按照权益法核算。

华兴公司基于处置投资后按持股比例计算享有G公司自购买日至处置投资日期间实现的净损益为2 000万元（5 000×40%），相应调整增加了长期股权投资的账面价值，同时调整留存收益。账务处理如下：

借：长期股权投资　　20 000 000
　贷：盈余公积　　2 000 000
　　利润分配——未分配利润　　18 000 000

案例分析

1. 根据《企业会计准则》，逐项分析、判断华兴公司上述会计处理是否合规。需要进行调整的，请直接列出相应的调整分录。

分析要点：

（1）华兴公司购入债券时应以债券面值作为该持有至到期投资——成本二级科目的入账价值，而不应以实际支付的价款入账，注册会计师本应建议华兴公司进行审计调整，但由于相应的审计调整分录仅涉及“债权投资”项目的明细科目：

借：债权投资——成本　　325 000
　贷：债权投资——利息调整　　325 000

并不影响财务报表上“债权投资”项目的金额，故注册会计师无须建议华兴公司调整。

（2）华兴公司已作的会计处理都是正确的，但在年末发生减值后没有按规定计提债权投资减值准备，应建议补提。相应的调整分录为：

借：信用减值损失（10 053 500＋100 000－10 000 000×5%＋79 200－9 300 000）　　432 700
　贷：债权投资减值准备　　432 700

（3）华兴公司应作的正确的会计处理为：

借：库存商品　　3 000 000
　应交税费——应交增值税（进项税额）　　390 000
　坏账准备　　50 000
　固定资产　　2 000 000
　营业外支出　　210 000
　贷：应收账款　　5 650 000

可见，华兴公司在进行会计处理时，将原应计入营业外支出的21万元分摊到库存商品和固定资产的价值中，这不符合《企业会计准则》的规定。应建议华兴公司进行以下调整：

借：营业外支出 210 000
　　贷：存货——库存商品 126 000
　　　　固定资产 84 000

(4) 华兴公司 2019 年 1 月 30 日将投资性房地产转换为固定资产时，应以转换日（而不是上年末）该项建筑物的公允价值作为固定资产（借方）的入账价值，故应建议进行调整；同时，作为贷方科目的“投资性房地产”应分别在“成本”与“公允价值变动”明细科目记入 1 900 万元与 100 万元。由于在编制财务报表时这两个明细科目均应合并到“投资性房地产”项目下，注册会计师可不建议华兴公司进行调整。相应的调整分录为：

借：固定资产 700 000
　　贷：公允价值变动损益 700 000

在此基础上，应建议华兴公司相应地调整 2020 年应对该建筑物计提的折旧。调整分录为：

借：管理费用（20 700 000÷15×11/12－1 222 000） 43 000
　　贷：固定资产——累计折旧 43 000

(5) 华兴公司 2020 年 12 月 31 日出售股票时，应作的会计处理为：

借：银行存款（1 000 000×9.4） 9 400 000
　　其他权益工具——公允价值变动 250 000
　　贷：其他权益工具——成本（18 100 000÷2） 9 050 000
　　　　盈余公积 60 000
　　　　未分配利润 540 000
借：其他综合收益 500 000
　　贷：盈余公积 50 000
　　　　未分配利润 450 000

可见，华兴公司所作的会计处理不符合《企业会计准则》的规定。应建议进行以下调整：

借：投资收益 850 000
　　其他权益工具投资——公允价值变动 250 000
　　贷：盈余公积 110 000
　　　　未分配利润 990 000

(6) 2019 年 12 月 31 日，华兴公司应对丁设备计提减值准备 15.6 万元（102－86.4），2020 年 1—4 月，丁设备应计提的折旧为 7.2 万元（86.4÷4×4/12），设备的账面价值为 79.2 万元（86.4－7.2），因此转入固定资产清理科目的金额应为 79.2 万元。正确的会计处理如下：

借：固定资产清理 792 000
　　固定资产减值准备 156 000

累计折旧（180 000+72 000）　　252 000

贷：固定资产　　1 200 000

借：原材料　　600 000

应交税费——应交增值税（进项税额）　　78 000

银行存款　　122 000

贷：固定资产清理　　792 000

营业外收入　　8 000

据此应建议华兴公司作以下审计调整：

借：固定资产——累计折旧　　90 000

贷：营业外支出　　82 000

营业外收入　　8 000

（7）购入股票时，“其他权益工具投资——成本”科目的借方应为 490 万元。华兴公司记录的 480 万元不正确，应建议调整。调整分录为：

借：其他权益工具投资——成本　　100 000

贷：管理费用　　100 000

2020 年 6 月 30 日股票市价下跌时，华兴公司未进行会计处理，不影响该笔业务在财务报表中的反映；2020 年 8 月 10 日 F 公司宣告分派现金股利时，华兴公司应作借记“应收股利”、贷记“投资收益”的处理，待收到现金股利时再作借记“应收股利”、贷记“银行存款”的会计处理。因华兴公司在当月已经收到分派的现金股利，其所作的处理亦不影响相关业务在财务报表中的反映。

12 月 31 日，华兴公司应作借记“其他权益工具投资——公允价值变动”200 000 元（600 000×8.5−4 900 000）、贷记“其他综合收益”200 000 元的会计处理，其所作的会计处理不正确，应建议调整。调整分录为：

借：其他综合收益　　100 000

贷：其他权益工具投资——公允价值变动　　100 000

以上两笔调整分录可以合并为：

借：其他综合收益　　100 000

贷：管理费用　　100 000

（8）华兴公司剩余长期股权投资的账面价值为 4 000 万元，与原投资时应享有被投资单位可辨认净资产公允价值份额之间的差额 400 万元（4 000−9 000×40%）为商誉。按规定，该部分商誉的价值不需要对长期股权投资的成本进行调整。

华兴公司所作的其他会计处理均符合相关的规定，无须建议调整。

2. 假定除事项 3、事项 5 外，华兴公司接受了其他所有审计建议，请代 A 和 B 注册会计师确定华兴公司 2020 年度财务报表的审计意见的类型。

分析要点：

事项 3、事项 5 对华兴公司 2020 年度财务报表的综合影响情况如表 7－1 所示。

表 7－1　事项 3、事项 5 对华兴公司 2020 年度财务报表的综合影响

单位：万元

事项	资产	负债	权益	利润
3	－21			－21
5	－25		＋25	－50
合计	－56		＋25	－71

由于对利润总额的影响额达到了财务报表层次的重要性水平，表明华兴公司 2020 年度财务报表中存在重要错报。注册会计师 A 和 B 应当出具保留意见的审计报告。

7.8　筹资与投资循环的控制测试实训项目

实训目的

通过阅读和分析案例资料，熟悉筹资与投资循环中的控制活动以及控制测试程序，掌握编制筹资与投资循环控制测试的工作底稿。

实训资料

注册会计师 A 和 B 在对华兴公司筹资与投资循环进行初步了解测试时，注意到华兴公司针对筹资与投资循环设计了如下控制活动：

1. 筹资活动。

（1）公司建立了筹资预算管理制度。每年初，预算经理编制年度筹资预算，经财务经理复核并签署意见，上报公司总经理和董事会审批。财务部在批准的预算限额内开展筹资活动。

预计流动资金可能不足时，信贷管理员将填写借款申请表。其中，金额在 50 万元以下的借款申请由财务经理和总经理审批；金额超过 50 万元的借款申请由董事会审批。董事会授权总经理签订借款合同。

财务经理依据审批后的借款申请表，与银行洽谈综合授信协议或借款合同的主要条款，报总经理审核并签订协议或合同。

如签订综合授信协议，信贷管理员根据月度用款计划，在综合授信额度内，申请使用款项，填写综合授信使用申请，由财务经理审批后办理借款手续。

（2）信贷记账员编制记账凭证，后附综合授信使用申请或借款合同、银行回单等单证交会计主管复核，复核无误后登记短期借款明细账。

（3）信贷管理员根据综合授信协议或借款合同，逐笔登记借款备查账。

每月末，信贷管理员与信贷记账员核对借款备查账与借款明细账，编制核对表报会计主管复核。如有任何差异，应立即调查。

若出现需要调整的情况，会计主管将编写调整建议，连同有关支持文件一并提交财务经理复核和审批后进行账务处理。

（4）信贷管理员按月汇总编制信贷情况表，内容包括授信额度总额、已使用额度、累计贷款金额、本月新增贷款总额以及预计下月到期贷款总额等，交财务经理审核后，上报总经理和董事会。

（5）每季度末，信贷记账员根据银行借款利息回单编制付款凭证，并附相关单证，提交会计主管审批。

在完成对付款凭证及相关单证的复核后，会计主管在付款凭证上签字，作为复核证据，并在所有单证上加盖“核销”印戳。

如未能及时取得银行借款利息回单，由信贷管理员根据借款利率估算应付利息，经会计主管复核后，信贷记账员进行账务处理。同时，该金额还将与当月银行存款余额调节表中体现的银行已划转的利息金额进行核对。

2. 投资活动。

（1）每年末，投资管理经理制定下一年度的投资预算，经预算管理部门审批后，报总经理和董事会审批。

投资管理员根据经批准的投资预算，就拟投资项目进行可行性研究，组织专家论证，编写可行性研究报告。经投资管理经理、财务经理复核后，交总经理或董事会批准后执行。其中，金额在100万元以下的投资项目由总经理审批；金额超过100万元的投资项目由董事会审批。

投资管理经理编写投资计划书并草拟投资合同，与被投资单位进行讨论。投资合同的重要条款应经律师、财务经理和总经理审核，由董事会授权总经理签署。

依据投资合同及投资计划书，投资管理员填写长期投资付款申请单，由投资管理经理签字后交总经理审批。

（2）每月末，财务经理编制资金状况表，报总经理审核。总经理根据资金盈余情况及短期内资金计划安排，确定是否进行短期投资及其投资规模，并报董事会批准。

投资管理员根据确定的投资规模，编制短期投资付款申请单，报投资管理经理审批。

（3）投资记账员根据经批准的长期投资付款申请单，编制付款凭证，并附相关单证，提交会计主管审批。

在完成对付款凭证及相关单证的复核后，会计主管在付款凭证上签字，作为复核证据，并在所有单证上加盖“核销”印戳。

（4）投资管理员根据交易流水单，对每笔投资交易记录进行核对、存档，并在交易结束后一个工作日内将交易凭证交投资记账员。

（5）投资记账员编制转账凭证，并附相关单证，提交会计主管复核。复核无误后进行账务处理。

每周末，投资管理员与投资记账员就投资类别、资金统计进行核对，并编制核对表，分别由投资管理经理、财务经理复核并签字。如有差异，将立即调查。

每月结束后一周内，投资管理经理编写上月交易性金融资产报告，报总经理和董事会。

（6）期末，投资管理员取得投资项目的公允价值，经投资管理经理审核后，交投资记账员对交易性金融资产进行后续计量。

（7）年度终了后 20 日内，投资管理员取得联营公司经审计的财务报表等资料。投资记账员复核被投资公司的财务信息，按权益法计算投资收益，经会计主管复核后进行账务处理。

注册会计师进一步实施了以下测试程序：

（1）选取借款申请表或综合授信使用申请，检查是否得到恰当审批。

（2）选取借款合同，检查是否与账务记录一致。

（3）选取信贷情况表，检查是否得到恰当复核。

（4）选取银行借款利息回单，检查是否已准确、及时记录。

（5）选取借款备查账记录，检查是否与账务记录一致。

（6）选取短期投资付款申请单，检查是否得到恰当复核。

（7）选取交易性金融资产核对表，检查是否得到恰当复核。

（8）选取记账凭证，检查与账务记录是否一致。

（9）选取记账凭证，检查与支持性文件是否一致。

（10）选取交易性金融资产报告，检查是否得到恰当复核。

（11）选取交易流水单，与记账记录进行核对，检查是否准确记录于恰当期间。

以上测试获取的证据均支持：控制活动对实现控制目标有效；控制活动得到执行；控制活动有效运行。

实训要求

1. 熟悉筹资与投资循环中的关键控制目标及其控制活动。
2. 熟悉筹资与投资循环控制测试程序。

3. 编制华兴公司筹资与投资循环控制测试的工作底稿。

实训指导

1. 组织实训的流程。

实训小组所有成员认真阅读实训资料；充分讨论筹资与投资循环中的关键控制目标及其控制活动；根据实训资料理解注册会计师执行的针对筹资与投资循环的控制测试程序；形成筹资与投资循环控制测试底稿。

2. 筹资与投资循环控制测试底稿的逻辑关系。

（1）筹资与投资循环控制测试程序表，为如何执行筹资与投资整个循环的控制测试作出规划；

（2）筹资与投资循环控制测试汇总表，统领和汇总所有筹资与投资循环控制测试情况；

（3）筹资与投资循环控制测试过程表，记录支持筹资与投资循环每个控制测试的底稿，支持筹资与投资循环控制测试汇总表；

（4）筹资与投资循环控制测试支持性工作底稿，属于细节测试筹资与投资循环的底稿，支持筹资与投资循环控制测试过程表。

7.9 递延所得税资产/负债存在重大错报实训项目

实训目的

通过阅读和分析7.4节中的案例资料，熟悉递延所得税资产/负债确认、会计处理及其审计关注，掌握如何编制递延所得税资产/负债实质性测试的工作底稿。

实训要求

1. 在案例讨论的基础上，每个学生自己编制递延所得税资产/负债实质性测试的工作底稿。

2. 对照所学知识以及案例讨论的结论，案例小组成员交换批改，指出编制审计工作底稿中存在的问题。

3. 就编制底稿中存在的问题进行讨论，统一认识，提交小组达成共识的审计工作底稿。

实训指导

1. 组织实训的流程。

实训小组所有成员认真阅读实训资料；充分讨论确认递延所得税资产/负债的条件及其审计关注；根据案例资料提出针对递延所得税资产/负债的审计程序；形成递延所得税资产/负债审计工作底稿。

2. 递延所得税资产/负债审计工作底稿的逻辑关系。

(1) 递延所得税资产/负债审计实质性程序表，为如何执行递延所得税资产/负债审计作出规划；

(2) 递延所得税资产/负债审定表，统领和汇总所有递延所得税资产/负债明细检查以及细节测试的情况；

(3) 递延所得税资产/负债明细检查表，用来支持递延所得税资产/负债审定表。

(4) 递延所得税资产/负债细节测试表，如递延所得税资产/负债测算表等，用来支持递延所得税资产/负债明细检查表。

第8章 货币资金审计

Chapter 8

8.1 帕玛拉特公司审计案例

案例分析目的

通过阅读与分析案例资料，思考货币资金舞弊的动因及其机会，掌握货币资金舞弊的手段和方法，以及为应对货币资金舞弊风险，注册会计师应当如何查证。

案例资料

帕玛拉特公司（Parmalat）成立于1961年，是一家拥有60多年历史的家族企业，主要生产和销售牛奶、酸奶酪、果汁、冰激凌、蔬菜罐头、烘焙食品以及番茄制品等。它旗下的品牌很多，除Parmalat品牌外，还拥有其他著名的品牌，如Chef、Mr. Day、Beatrice和Blackdiamond等，并拥有AC米兰俱乐部。其创始人为卡利斯托·坦齐（Calisto Tanzi），坦齐对帕玛拉特的管理一直持续到2003年12月。

帕玛拉特危机的爆发始于2003年11月中旬。公司突然宣布无法偿还价值1.5亿欧元的到期债券，引起了注册会计师和银行对其财务状况的警觉。当公司宣称无法清偿向开曼群岛的共同基金筹借的大约5亿欧元的债务时，真正的恐慌开始了。帕玛拉特的股票价格在几个星期内持续暴跌，仅12月就下跌了87%。同时，标准普尔评级公司将帕玛拉特的信用评级降至最低的D级。2003年12月27日，帕玛拉特向帕尔玛地方破产法院申请破产保护并获得批准。

帕玛拉特危机是其管理层进行财务欺诈导致的。在初步调查之后，意大利检察人员表示，在过去长达15年的时间里，帕玛拉特的管理层通过伪造会计记录，以虚增资产的方法弥补了累计高达162亿美元的亏损。欺诈的目的不外乎两个：一是隐瞒公司因长期扩张而导致的严重财务亏空；二是把资金从帕玛拉特公司（其中坦齐家族占有51%的股份）转移到由坦齐家族完全控股的其他公司。帕玛拉特财务欺诈的手法包括以下四个方面：

1. 利用衍生金融工具和复杂的财务交易掩盖负债。帕玛拉特通过花旗集团（Citigroup）、美林证券（Merrill Lynch）等投资银行进行操作，利用衍生金融工具和复杂的财务交易掩盖负债。例如，1999年帕玛拉特向花旗集团借款1.17亿欧元，这笔借款却由花旗集团的一家分公司Buconero（意大利语，意思为“黑洞”）以“投资”形式流向帕玛拉特，从而掩盖了负债。

2. 伪造文件虚报银行存款。帕玛拉特通过伪造文件，声称通过其在开曼群岛注册的分公司Bonlat将价值49亿美元的资金（大约占其资产的38%）存放在美洲银行的账户。据波契（帕玛拉特集团财务部会计）供述，他从公司的旧文件中剪下来一个美洲银行的徽记，扫描进电脑后打印出来，又在传真机里传真了多次（为了使那个确认函显得更加真实可信）。至于文件上美洲银行职员阿涅斯·贝尔格蕾的签名，则是从公司的一堆旧信件中找出来再扫描进去的。这位美洲银行普通的数据处理员表示，她甚至连帕玛拉特公司的名称都没听说过。汤纳（担任帕玛拉特公司财务总监达16年之久）事后向检察官供认，选择美洲银行完全是偶然的。就这样，波契利用一台扫描仪和一台传真机制造了美洲银行对49亿美元虚假账目的确认函。

3. 利用关联方转移资金。帕玛拉特利用复杂的公司结构和众多的海外公司转移资金。1990—1998年，坦齐从帕玛拉特公司抽走了总额达3.25亿美元的资金，帕玛拉特公司注册在荷属安的列斯群岛的两家分公司——Curcastle公司和Zilpa公司则是用来转移资金的工具。通常，坦齐指定的人会制造虚假证明文件证明帕玛拉特对这两家公司负债，将资金注入这两家公司。随后这两家公司会依据伪造的合同将“债务”“归还”给坦齐家族控制的公司。汤纳在供述中说，到1998年，两家公司的虚假负债达19亿美元。

4. 设立投资基金转移资金。帕玛拉特与在开曼群岛注册的一家神秘的证券投资基金Epicurum的关系扑朔迷离。Epicurum基金成立于2002年，对外声称主要投资于休闲、旅游和食品业。在其成立两个月后，帕玛拉特就对它投资了6.17亿美元，并承诺将继续投资1.54亿美元，成为Epicurum基金最大的投资者。同样，这笔投资也是通过Bonlat分公司流出的，且没有向投资者公告，甚至董事会的两名成员在接受采访时也称毫不知情。越来越多的证据显示，在坦齐的授意下，帕玛拉特的财务总监汤纳和一名外聘律师兹尼建立了这个基金，目的是向坦齐的家族企业转移资金。坦齐向调查人员承认，公司利用编造假账的方式掩盖了高达100亿美元的亏损，并使帕玛拉特不断获得借款。同时坦齐也承认，还有大约6.2亿美元（检查人员相信这一数字可能高达10亿美元）的假账掩盖了家族拥有的其他公司的亏损。

1990—1999年，均富（Grant Thornton）会计师事务所一直为帕玛拉特提供审计服务。1999年，在意大利法律的强制要求下，帕玛拉特将为其服务的会计师事务所更换为德勤。但是，均富仍然为帕玛拉特的海外分公司提供审计服务。汤纳供认，正是均富会计师事务所的成员建议他建立另一个代替Curcastle和Zipla的公司，由均富对它进行审计，这在意大利是完全合法的。因此在1998年，帕玛拉特公司设立了Bonlat财务公司，由均富负责审计。此后，Bonlat分公司成为制造一系列阴谋诡计的中心环节。

据报道，对于帕玛拉特将资金由荷属安的列斯群岛转移到开曼群岛，注册会计师第一次查询开曼群岛的账户是在2002年12月，并在2003年3月收到一封来自美洲银行的信件，确认了这一账户的存在。令人疑惑的是，请求确认存款的信函是由均富向美洲银行发出的，但美洲银行方面表示从未收到过这样的函件。检察官说，一个可能的解释是，均富的注册会计师就在帕玛拉特的办公室办公，并且由帕玛拉特公司的职员邮寄信函，而实际上这些信函可能从未投递。意大利均富的首席注册会计师彭卡和合伙人比安基均已被捕。这封信确认，有高达49亿美元的存款归属于Bonlat分公司，负责Bonlat分公司审计工作的均富在收到这个确认函后，将这笔资金列在了Bonlat分公司的资产目录中，而负责整个帕玛拉特集团审计的德勤随后也在财务报表上签字认可。

2003年2月，帕玛拉特推迟对一笔到期债券的还本付息，此举大大激怒了投资者。均富要求了解更多关于Epicurum基金的情况，查看基金董事会成员的名单，以核实是否存在关联交易。在复核名单（只是认为名字听起来不像意大利人）和听取律师（外聘律师兹尼）的解释后，均富将该投资在其审计的资产负债表上认可为现金和可流通的有价证券，但没有提及Epicurum基金。直到2003年8月，均富才要求提供Epicurum基金的资产负债表，以便对投资进行估价，但帕玛拉特告知其没有这些资料。均富随即将该情况报告了德勤，后者表示拒绝接受帕玛拉特第三季度的财务报表，并通知了意大利证券监管机构。

对帕玛拉特财务欺诈案进行了3个多月的调查后，意大利检察人员于3月18日以操纵市场的罪名正式向米兰法院起诉29名涉案人员，以及美洲银行、德勤和均富会计师事务所在意大利的分支机构。被起诉的29名人员包括帕玛拉特创始人坦齐、财务总监汤纳、法律顾问兹尼以及美洲银行、德勤和均富会计师事务所在意大利分支机构的负责人。检察人员指控他们共谋出具伪造的财务报表，借以操纵帕玛拉特的股票价格。如果被判定有罪，他们将面临15年以上的监禁。

案例分析

1. 分析帕玛拉特公司货币资金舞弊的动因和机会。

分析要点：

帕玛拉特公司货币资金舞弊的动因有：一是隐瞒公司因长期扩张而导致的严重财务亏空；二是把资金从帕玛拉特（其中坦齐家族占有51%的股份）转移到由坦齐家族完全控股的其他公司。

帕玛拉特公司货币资金舞弊的机会在于：(1) 家族集权管理，管理层凌驾于内部控制之上，缺乏有效的内部治理；(2) 投资银行等中介机构介入设计的衍生金融工具和复杂的财务交易；(3) 复杂的公司结构和众多的海外公司。

2. 讨论帕玛拉特公司货币资金的舞弊手段有哪些。

分析要点：

帕玛拉特财务欺诈的手法包括以下四个方面：

(1) 利用衍生金融工具和复杂的财务交易掩盖负债。衍生金融工具本来是防范风险的工具，但由于其复杂性，常被作为掩盖负债的手段。帕玛拉特通过花旗集团、美林证券等投资银行进行操作，利用衍生金融工具和复杂的财务交易浑水摸鱼，以“投资”形式使借款流向帕玛拉特，从而掩盖了负债。

(2) 伪造文件虚报银行存款。帕玛拉特伪造文件的手段并不高明。据波契供述，他从公司的旧文件中剪下来一个美洲银行的徽记，扫描进电脑后打印出来，又在传真机里传真了多次；阿涅斯·贝尔格蕾的签名则是从公司的一堆旧信件中找出来再扫描进去的。就这样，波契利用一台扫描仪和一台传真机制造了美洲银行对49亿美元虚假账目的确认函。

(3) 利用关联方转移资金。在资本市场中，一些公司常利用复杂的公司结构和众多的海外公司转移资金，帕玛拉特公司也精于此道。帕玛拉特公司注册在荷属安的列斯群岛的两家分公司——Curcastle公司和Zilpa公司，是用来转移资金的工具。坦齐指定的人会制造虚假证明文件证明帕玛拉特对这两家公司负债，将资金注入这两家公司。随后这两家公司会依据伪造的合同将“债务”“归还”给坦齐家族控制的公司。利用这种方法，1990—1998年，坦齐从帕玛拉特公司中抽走了总额达3.25亿美元的资金。

(4) 设立投资基金转移资金。在开曼群岛注册的Epicurum基金成立于2002年，对外声称主要投资于休闲、旅游和食品业。在其成立两个月后，帕玛拉特就对它投资6.17亿美元，并承诺将继续投资1.54亿美元，成为Epicurum基金最大的投资者。这些投资款通过Bonlat分公司流出，且没有向投资者公告，甚至董事会的两名成员在接受采访时也称毫不知情。

3. 分析在帕玛拉特审计案例中，均富对帕玛拉特的货币资金审计在审计程序上存在哪些问题。

分析要点：

均富对帕玛拉特的货币资金审计在审计程序上存在如下问题：

（1）均富执行的函证程序由帕玛拉特公司职员邮寄，容易被篡改，降低了外部证据的可信度。

（2）对于投资者关注的到期债券的还本付息检查缺乏谨慎，仅在复核名单和听取律师的解释后，就将该投资在其审计的资产负债表上认可为现金和可流通的有价证券。

4. 讨论注册会计师应该采取哪些方法来识别企业可能存在的现金舞弊。

分析要点：

注册会计师应该采取如下方法来识别企业可能存在的现金舞弊：

（1）关注大额现金。

（2）关注异常交易涉及的现金流动。

（3）关注频繁现金流动。

（4）关注关联方之间的现金流动。

（5）关注复杂的现金流动。

5. 讨论对内外勾结，治理层、管理层操纵的货币资金舞弊，注册会计师应当如何查证。

分析要点：

注册会计师应当实施风险评估，通过对被审计单位生产经营情况的了解，识别货币资金舞弊的动机、机会和合理化解释的种种表现，追加适当的审计程序予以查证。

6. 结合上市公司现金舞弊案例，讨论企业现金舞弊的方式。

分析要点：

企业现金舞弊主要有如下方式：

（1）虚构现金。

（2）隐瞒现金受限。

（3）虚假现金流。

（4）挪用募集资金。

8.2 康得新的货币资金之谜与审计应对

案例分析目的

通过阅读与分析案例资料，思考货币资金被占用的动因及其机会，掌握货币资金舞弊的手段和方法，以及为应对货币资金舞弊风险，注册会计师应当如何查证。

案例资料

一、货币资金跑哪去了？

2019 年 4 月 30 日康得新发布的 2018 年年报显示，公司账面货币资金 153.16 亿元，其中 122.1 亿元存放于北京银行西单支行，但 2019 年 1 月 15 日，康得新因无法偿付 18 康得新 SCP001 到期的本息共 10.41 亿元而被判为实质性违约。153.16 亿元的资金偿还不了 10 余亿元的债务，公司股价连续 4 个交易日下跌 14%，人们纷纷质疑上百亿元货币现金跑哪去了。

（一）＊ST 康得的资金集中管理制度安排

2014 年，康得集团和西单支行签署现金管理服务协议，康得集团要求西单支行统一规划管理、实时归集其控制的下属公司在该行开立的银行账户，各子账户实行零余额管理，平时余额为零，需要支付款项时再由母公司账户统一划拨。具体内容如表 8-1 所示。

表 8-1　康得集团与西单支行签订的现金管理服务协议的主要内容

序号	项目	具体内容
1	参与主体	康得新、康得菲尔、光电、北京功能有限公司、北京康得通用设备有限公司、北京康得新能源科技股份有限公司、康得世纪能源科技有限公司。
2	网络组织和设置	康得集团账户的开立银行为西单支行，并和下属企业在同一银行开立账户，目前康德集团的账户为总行—分行—支行的树形账户结构。
3	账户资金集中	账户资金集中采取实时集中方式，账户余额采取零余额管理模式，即以康得集团总账户资金作为所有子账户资金的归集点，实时归集子账户资金，并令子账户及时反映向上缴存的余额；而子账户的付款行为也由集团总账户下付，并在拨付同时扣减该子账户资金。
4	定向支付控制	账户可设置收付合用、只付不收和只收不付三类。
5	内部资金计价	现金管理服务网络下康得集团及下属企业对各账户之间调剂使用的资金根据康得集团提供的其他标准或活期存款利率综合计算后得出资金占用方应支付的资金对价。
6	呈现余额管理	可以选用账户实际剩余的金额或应当计量发生的余额作为根据，来调查、划扣和冻结现金管理服务网络参与主体的相关活动。 账户实际剩余的金额模式：子账户余额均为零，以零余额管理为准。 应当计量发生的余额模式：子账户不再显示与总账户之间的来往交易。
7	账单及凭证服务	现金管理服务网络提供标准化的对账单和相关凭证服务。

续表

序号	项目	具体内容
8	资金证明服务	按照账实相符，为相关主体提供资金、存款证明。
9	主要权利、义务	西单支行：提供上述现金管理服务。 康得集团、下属各子公司参与主体：负担管理费用，并保证交易过程和记账凭证真实有效、完整合法。

（二）＊ST康得货币资金被占用的方式

＊ST康得2018年12月31日资金池账户显示余额：人民币122.09亿元，实际余额：0。追踪＊ST康得122.09亿元货币资金不翼而飞的资金去向，发现康得集团利用关联担保、关联交易（非经营性占款）等多种手段占用＊ST康得资金。

1. 关联担保。＊ST康得上市之初并没有为其他公司提供任何担保，但第二年就开始为其他公司提供融资担保，截至2018年12月共发生超过300次的对外担保，＊ST康得的关联担保程度在大股东康得集团质押后显著提高，公司的关联担保规模越来越大，2011年之后公司的关联担保余额合计值逐年快速攀升，同时担保金额占净资产金额的比例也保持在60%以上。

2. 非经营性占款。在＊ST康得公司上市之初头几年，公司其他应收款尚且维持在比较低的水平，但2015年以后该科目数额激增，康得集团及其关联企业非经营性占款如表8－2所示。

表8－2 康得集团及其关联企业非经营性占款

年份	其他应收款余额（万元）	其他应收款占流动资产比例（%）	非经营性占款关联交易（万元）	关联交易占净资产比例（%）
2013	7 955.19	2.00	—	—
2014	41 320.87	6.03	65.23	171.75
2015	176 363.13	12.45	58.57	120.92
2016	459 461.37	21.10	76.72	83.26
2017	586 042.14	23.32	171.50	109.92
2018	290 452.76	13.30	159.31	88.36

二、瑞华所对现金失踪风险的应对

根据“康得新复合材料集团股份有限公司关于深交所关注函的回复”，瑞华会计师事务所（特殊普通合伙）对公司货币资金项目执行的主要审计程序如下：

1. 货币资金明细账与总账、报表数的金额是否相符。

2. 监盘库存现金，将盘点金额与现金日记账余额进行核对，并倒轧至资产负债表日。

3. 获取银行存款明细表、银行对账单及调节表，审计人员亲自函证当期所有银行存款账户（包括零余额账户和本期内注销的账户）；如果开户银行为境外银行或无法亲自函证的开户银行，采用邮寄的方式完成函证。(1) 由审计员核对对账单，亲自填写询证函；(2) 交由企业财务人员核实询证内容填写无误后，公司在询证函上盖章；(3) 项目组对计划发出的询证函复印留档，原件寄至瑞华会计师事务所，由本所负责询证的同事从本所办公地址向被询证单位寄发询证函，并由快递员在发函清单上签字；(4) 对发函的银行地址在官网查询并进行核对，确保发函收件人与收件地址均为被函证银行的真实情况；(5) 被询证银行将回函直接寄回本所，项目组根据回函情况登记询证控制表，检查函证结果与对账单金额一致，并检查询证函上的其他信息与账面记录一致。

4. 打印银行开户清单及企业信用报告，核对企业开户数量及进行企业信用信息核对；通过函证了解货币资金所有权受限情况；取得银行对账单，将银行存款账面收付记录与银行对账单抽样核对；将保证金户对账单与相应的交易进行核对，检查保证金与相关债务的比例和合同约定的一致性；编制银行存单检查表，检查与账面记录金额的一致性及质押或限制使用的情况，确认存单所有权属于康得新公司；抽查大额银行存款收支的原始凭证，确认账务处理的正确性。

5. 检查所有定期存款存入与取出的凭证，计算银行存款累计余额应收利息收入，分析比较公司银行存款应收利息收入与实际利息收入，评估利息收入的合理性，确认银行存款余额的真实性、利息收入记录的完整性。

6. 对货币资金收支凭证实施截止测试，检查是否存在跨期情况。

7. 检查货币资金，是否已按照企业会计准则的规定在财务报表中作出恰当列报。

瑞华会计师事务所（特殊普通合伙）对货币资金项目获取的主要外部证据有：银行账户清单、企业信用报告、银行函证、银行对账单、银行存单、银行水单等。

康得新及其下属的三家全资子公司康得新光电、康得菲尔、康得新功能等四家公司 2018 年末账面显示在北京银行西单支行的银行存款总余额为 12 210 067 986.20 元，瑞华会计师事务所（特殊普通合伙）核对了相关的网银记录，网银记录显示余额与公司财务账面余额记录一致，瑞华会计师事务所（特殊普通合伙）于 2019 年 3 月 25 日、2019 年 4 月 2 日、2019 年 4 月 16 日分别三次通过顺丰邮寄发函给北京银行西单支行。2019 年 4 月 29 日，瑞华会计师事务所（特殊普通合伙）收到了通过顺丰邮寄至本所办公地址的北京银行西单支行询证函回函，并电话回访确认系北京银行工作人员寄出；银行回函显示："银行存款该账户余额为 0 元，该账户在我行有联动账户业务，银行归集金额为12 209 443 476.52元”；另外，北京银行西单支行对康得新功能在北京银行西单支行的美元账户20000024054200023974114年末余额为1 924.82美元，人民币账户01090371520120109034230年末余额为611 299.26元未进行回复。瑞华会计师事务所（特殊普通合伙）向北京银行了解联动账户信息，北京银行工作人员在电话回访中未予回复。因北京银行西单支行回函信息与公司账面记载余额、公司网银显示余额不一致，同时也无法实施进一步有效的替代程序以获取充分、适当的审计证据，瑞华会计师事务所（特殊普通合伙）无法判断公司上述银行存款期末余额的真实性、准确性及披露的恰当性。

案例分析

1. 分析＊ST康得“货币资金不翼而飞”的内部控制方面的原因。

分析要点：

从与资金集中管理相关的内部控制缺陷分析，＊ST康得“货币资金不翼而飞”主要是由于与资金集中管理相关的内部控制缺陷耦合而成的，具体分析为：

（1）实际控制人或控股股东“强权力”与缺乏股权制衡机制。由于公司整体股权较分散，第一大股东拥有绝对控制权，且实际控制人钟玉凭借其优势地位凌驾于公司内部控制之上，＊ST康得合并范围内的5个银行账户资金被实时归集到康得集团时，既没有经过模拟银行的内部委托贷款的严密流程和合理的资金占用费的定价，也没有按照法定程序的审批和披露，使得本身正常的存储行为变成康得新与关联公司间的资金交易，增大了非经营资金占用风险。为此，＊ST康得“货币资金不翼而飞”的原因不在于集团资金集中管理，而在于实际控制人钟玉凌驾于上市公司内部控制之上的公司治理问题。

（2）内部控制制度执行不到位。公司虽然制定了各种内部控制制度，但缺乏与货币资金使用权、决策权和融资权控制相关的内部控制制度，且已有的制度也没有有效地执行。这具体表现在：＊ST康得董事会及其财会人员不知道2014年＊ST康得已经加入康得集团的现金管理合作协议；＊ST康得大量货币资金存在西单支行但余额为0时，公司会计人员和董监高都不知道货币资金去向等。这说明公司货币资金使用权、决策权和融资权已经失控，印鉴管理的授权和使用不到位。

（3）集团公司与附属单位之间缺乏有效的信用机制。集团公司资金集中管理的主要问题在于集团公司与附属单位之间缺乏有效的信用机制。如严格审核并合理配置公司借款，对借款用途进行严格审核，对成本收益进行权衡后，再考虑是否发放借款，借款要求统一申请，以达到效益最大化。但从康得集团占用＊ST康得资金的种种表现看，康得集团与＊ST康得之间根本不存在有效的信用机制。

（4）外部金融机构缺乏风险控制制度执行的审慎性。从 * ST 康得与北京银行之间的诉讼分析，尽管北京银行西单支行一再表示现金管理协议是在双方意思表示一致的基础上签署的，符合法律要求、具有法律效力，但北京银保监局认为，此协议的签订未对公司上市与否作出明确区分，未对集团公司及其附属单位资金使用、借贷、投资运营等相关风险控制制度进一步审查，没有把资金流动明确标识在对账单及网银页面，余额为零的情况也没有很好地反映在账户、询证函等一系列文书里。作为康得新资金集中管理的外部银行，尤其是先后 6 次担任康得新债券主承销商的银行，没有在签约时留存和评估康得集团对资金集中管理的内部控制政策和制度，没有在第一时间提醒 * ST 康得资金被占用的风险，这暴露出银行为实体经济提供金融服务时缺乏风险控制的审慎性，这为企业的实际控制人侵占公司资金提供了机会。

2. 为什么说瑞华所针对 * ST 康得“货币资金不翼而飞”实施的货币资金审计程序有些苍白无力？

分析要点：

（1） * ST 康得“货币资金不翼而飞”的背后是大股东利用集团公司统一资金管理的资金池大量占用资金，这种情况下，原来的货币资金常规审计程序有些无力。

（2）审计师在查证问题时仅仅是执行审计程序，而不是以风险导向审计实施实质的查证。

3. 结合本案例，思考对于通过银行实施资金池业务的被审计单位，注册会计师在实施货币资金审计时，有哪些特殊考虑？

分析要点：

资金池业务属于商业银行和其他金融机构为客户建立用于资金集中管理的账户架构，根据客户需求进行各账户间资金归集、余额调剂、资金计价、资金清算的现金管理产品。资金池业务主要包括的事项有客户成员企业账户余额上划、成员企业日间透支、主动拨付与收款、成员企业之间委托借贷以及成员企业向集团总部的上存、下借分别计息等。不同的商业银行和其他金融机构对资金池有不同的表述。资金池业务的客户一般为采用总分公司结构的统一法人客户和采用母子公司形式的集团客户。

《上市公司治理准则》（〔2018〕29 号）规定，上市公司控股股东、实际控制人与上市公司应当实行资产分开，控股股东、实际控制人及其关联方不得占用、支配上市公司资产。因此，如果被审计单位为上市公司，注册会计师应当特别关注其参与此类资金池业务的合法性以及是否按照相关规定进行了恰当的授权和披露。

（1）审计是否存在资金池业务。注册会计师可以通过下列程序检查被审计单位是否存在资金池业务：

1）了解被审计单位与银行账户有关的内部控制和操作规程；

2）询问被审计单位相关管理层及资金管理人员；

3）查阅董事会会议等有关会议纪要；

4）向开设银行账户的银行进行函证，要求确认相关账户是否有资金池安排；

5）检查被审计单位与控股股东、实际控制人及其关联方的资金往来，需要注意的是，资金池协议可能约定，参与资金池安排的账户之间的资金划转不在银行对账单或网银中显示。

（2）针对资金池业务，注册会计师的特殊关注。如果被审计单位存在资金池业务，注册会计师需要了解和评估被审计单位加入资金池业务的合理合规性，以及对于资金池资金在各企业之间和集团层面的管理，是否采取了适当措施保证资金安全。注册会计师可考虑实施以下审计程序：

1）获取资金池协议、股东大会或根据其有效公司规章规定的有权机构同意加入协议的决议等文件，关注相关协议签订的授权审批情况。

2）阅读资金池协议，了解资金集中方式、相关账户的余额显示模式，关注账户支付控制及其变更的设定等重要内容。

3）在理解银行对账单上关于资金池资金使用的各种银行术语的释义的基础上，函证实际余额，在可行的情况下，可以同时函证上划或下拨余额；必要时，关注函证基准日后资金池账户之间的资金划拨，防止被审计单位为应付注册会计师的函证程序而突击划转资金。

4）在可行的情况下，询问并获取被审计单位的控股股东或其关联方的财务信息，分析是否存在资金紧张或长期资金不在资金池内流通的情况，是否存在资金可能被占用无法按期归还的情形，是否应当计提坏账准备。

5）如果对被审计单位收入真实性存在重大疑虑，且通过常规审计程序无法应对舞弊风险以获取充分、适当的审计证据，注册会计师应当考虑延伸检查被审计单位实际控制人或董监高等关联方是否通过资金池业务，配合被审计单位虚构销售交易以虚增销售收入。

6）关注被审计单位是否将资金池资金按照企业会计准则的要求在财务报表中予以恰当列报。在资产负债表中，被审计单位通过资金池业务向其他关联公司提供的融资可能并不符合货币资金的定义，而应列报为其他应收款等相关科目；同时，在现金流量表中，资金池资金可能并不符合现金及现金等价物定义；是否在财务报表附注中对资金池业务及其受限情况、由此产生的关联交易（如有）给予充分披露。

4. 结合本案例，思考针对货币资金被占用，注册会计师在实施货币资金审计时，有哪些特殊考虑。

分析要点：

为有效应对被审计单位编制虚假财务报告、管理层或员工非法侵占货币资金等舞弊风险，除实施其他审计程序外，注册会计师还可以考虑对货币资金的发生额实施以下程序：

(1) 结合银行账户性质，分析不同账户发生银行日记账漏记银行交易的可能性，获取相关账户相关期间的全部银行对账单。

(2) 关注银行对账单的真实性。检查银行对账单的编号是否重复或不连续，同一对账单或不同月份的对账单字体是否一致，结息日及结息金额是否合理，存款余额是否连贯，对公账户是否包含如“积分”等异常信息，同一银行账户对账单所列的账户名称、账号、开户行名称、银行业务章等在审计期内不同阶段是否一致。

(3) 如果对被审计单位提供的银行对账单的真实性存有疑虑，可以采取的审计程序有：1）注册会计师可以在被审计单位协助下亲自到银行获取银行对账单。在获取银行对账单时，注册会计师要全程关注银行对账单的打印过程。2）核对网银中显示和下载的信息与提供给注册会计师的信息在内容、格式及金额上的一致性。

(4) 利用数据分析等技术，对比银行对账单上的收付款流水与被审计单位银行存款日记账的收付款信息是否一致，对银行对账单及被审计单位银行存款日记账记录进行双向核对。

注册会计师通常选择以下银行账户作为核对样本：基本户、交易额大且交易频繁的银行账户、零余额账户、当期销户的银行账户、有贷款的账户、募集资金账户等。

针对同一银行账户，首先选定同一期间（月度、年度）的银行日记账、银行对账单的发生额合计数（借方及贷方）进行总体核对；再对银行对账单及被审计单位银行存款日记账记录进行双向核对，即在选定的账户和期间，从被审计单位银行存款日记账上选取样本，核对至银行对账单；最后从银行对账单中进一步选择样本，与被审计单位银行日记账记录进行核对。核对内容包括日期、金额、收付款单位、摘要等。对收付款对方为自然人、关联公司的可以详查，核对银行存款日记账记录、银行对账单记录及原始收付单据，保持职业怀疑，关注是否存在关联方非经营性资金占用的情形。IPO审计时，延伸检查被审计单位关联方是否与被审计单位的客户或供应商存在资金往来。

(5) 获取银行存款明细账，检查是否存在大量大额红字冲销或调整记录，如存在，需要实施进一步的审计程序。

(6) 现场观察被审计单位财务人员登录和操作网银系统的过程，观察制单权限和审核权限等不相容职责是否分离，突击监盘网银密钥（UKey）是否分别持有，而不是集中在同一人手里。

（7）突击检查被审计单位支票等重要凭证存根联，并与银行对账单进行核对。对于长期未使用且不销户的银行账户，注册会计师可以在被审计单位协助下亲自到银行获取银行对账单，检查是否存在发生额。

（8）在细节测试中对银行回单等凭证存在的异常情况保持警惕。如存在疑虑，注册会计师可以通过银行官网中的电子回单验证网页（如有），查询电子回单的内容并比对；此外，也可经授权通过被审计单位的“回单卡”或单位结算卡，在银行营业网点的自助服务机直接打印一定期间的银行对账单。

8.3 货币资金控制测试案例

案例分析目的

通过阅读与分析案例资料，思考货币资金内部控制的关键控制点，学会通过控制测试识别货币资金内部控制存在的缺陷。

案例资料

今明会计师事务所的注册会计师20×6年1月4日进驻XYZ公司，对其20×5年度财务报表进行审计。

审计组对XYZ公司货币资金的内部控制制度进行了了解和测试，并在审计工作底稿中记录了有关情况，摘录如下：

财务专用章由专人保管，分管财务的总经理个人印章由其授权办公室主任梁某保管；对重要货币资金支付业务，实行集体决策；现金收入及时存入银行，特殊情况下，经公司领导班子集体研究批准后，方可坐支现金；银行存款余额调节表由出纳员李某负责定期编制。

XYZ公司财务部的人员要进行重新分工，在与审计组交换意见时，该公司就下列问题提出咨询。该公司财务部门有3位员工要进行重新分工，以承担以下8项工作，分工结果要符合内部控制制度的要求：

1. 记录并保管总账。
2. 记录并保管应付账款明细账。
3. 记录并保管应收账款明细账。
4. 记录货币资金日记账。
5. 记录、填写支票。
6. 发出销货退回及折让的贷项通知书。
7. 调节银行存款日记账和银行存款对账单。

8. 保管并送存现金收入。

案例分析

1. 分析 XYZ 公司货币资金的内部控制存在缺陷之处。

分析要点：

(1) 现金收入经公司领导班子集体研究决定后，可以坐支。这违反了《中华人民共和国现金管理暂行条例》中现金不能坐支的规定。

(2) 银行存款余额调节表由出纳员李某定期编制。这违反了不相容职务分离的原则，银行存款余额调节表应由出纳员以外的人员定期编制。

2. 作为注册会计师，指出你建议 XYZ 公司的财务人员如何分工，并简述理由。

分析要点：

(1) 第 1、第 6、第 7 项工作由总账会计或综合会计人员承担。

(2) 第 2、第 3 项工作由管明细账的会计承担。

(3) 第 4、第 5、第 8 项工作由出纳员承担。

理由如下：

(1) 按内部控制制度的要求，分工总体原则是将不相容职务恰当划分。

(2) 记录并保管总账的应与记录并保管明细账、日记账的分开，所以第 1 与第 2、第 3 项工作应由不同的人承担。

(3) 记录应收账款明细账的应与发出销售退回及折让的贷项通知书的分开，否则可能发生贪污或挪用贷款等舞弊行为，即第 3 与第 6 项工作要分开。

(4) 调节银行存款日记账和银行存款对账单的工作要与记录、保管送存货币的工作分开，否则可能发生偷借银行账户等违法行为，即第 7 与第 4、第 5、第 8 项工作要分开。

8.4 库存现金盘点实训项目

实训目的

通过阅读和分析案例资料，熟悉库存现金盘点的整个流程，掌握库存现金盘点中应注意的事项以及如何编制库存现金盘点表。

实训资料

华兴公司是ABC会计师事务所的常年审计客户，在对华兴公司20×6年度财务报表进行审计时，注册会计师李浩负责审计货币资金项目。华兴公司在总部和营业部均设有出纳部门。

注册会计师李浩拟于20×7年2月5日对华兴公司库存现金进行监盘。为顺利监盘库存现金，注册会计师李浩在监盘前一天已通知华兴公司会计主管赵新做好监盘准备。考虑到出纳日常工作安排，对总部和营业部库存现金的监盘时间分别定在上午10点和下午5点。营业部监盘时，华兴公司下属门市部送营业部当天零售货款2 580元（25张100元，8张10元），附发票副本16张，未送存银行，未包括在盘点实有数内，也没有入账，放在出纳李梅的办公桌抽屉里。注册会计师李浩当场盘点现金，在与现金日记账核对后填写库存现金监盘表，签字后直接形成审计工作底稿。

监盘中注册会计师李浩注意到如下事项：

1. 保险柜里现金盘点实有数为5 108.70元（50张100元，2张50元，8张1元，1张5角，1张2角），另有单独包封的未领工资1 480元（10张100元，8张50元，8张10元）没有包括在盘点实有数内。

2. 下列凭证已付款但尚未制证入账：

（1）职工朱敏1月25日借差旅费643.30元，已经领导批准；

（2）职工王林1月10日借款600元，未经批准，也未说明用途。

3. 银行核定库存现金限额5 000元。

华兴公司20×7年1月1日至2月4日的现金收入总额为165 200元，现金支出总额为165 500元。2017年2月4日的账面库存现金余额为6 832元，2月5日发生的现金收支全部未登记入账，其中收入金额为5 580元，支出金额为2 000元。

实训要求

1. 讨论库存现金盘点应注意的事项。
2. 指出上述库存现金监盘工作中有哪些不当之处，并提出改进建议。
3. 根据盘点结果，编制正确的库存现金盘点表。
4. 讨论华兴公司现金业务中存在的问题，并提出审计处理意见。

实训指导

1. 库存现金盘点应注意的事项：

（1）实施突击性的检查。

（2）盘点时间最好选择在上午上班前或下午下班后。

（3）盘点的范围一般包括企业各部门经管的现金。在进行现金盘点前，应由出纳员将现金集中起来存入保险柜。必要时可加以封存，然后由出纳员把已办妥现金收付手续的收付款凭证登入库存现金日记账。如企业库存现金存放地点有两处或两处以上，应同时进行盘点。

（4）若有冲抵库存现金的借条、未提现支票、未作报销的原始凭证，应在库存现金盘点表中注明或作出必要的调整。

2. 库存现金监盘工作中不当之处，及其改进建议：

（1）提前通知华兴公司会计主管人员做好监盘准备的做法不恰当。最好实施突击性检查。

（2）没有同时监盘总部和营业部库存现金的做法不当。注册会计师李浩应组织同时监盘总部和营业部的库存现金，若不能同时监盘，则应对后监盘的库存现金实施封存。

（3）华兴公司会计主管人员没有参与盘点的做法不当。盘点人员应包括出纳、会计主管人员和注册会计师。

（4）下属门市部送营业部当天零售货款存放在出纳李梅的办公桌抽屉里的做法不当。应当全部放入保险柜，并纳入货币资金盘点表中。

（5）现金盘点操作程序不当。库存现金应由出纳盘点，由注册会计师监盘。

（6）库存现金监盘表签字人员不当。库存现金监盘表应由公司相关人员和注册会计师共同签字。

（7）未调整得出资产负债表日的金额。在非资产负债表日进行盘点和监盘时，应调整至资产负债表日的金额。

3. 库存现金盘点表（见表 8－3）。

表 8－3　库存现金盘点表金额　　单位：元

检查盘点记录					实有库存现金盘点记录						
项目	项次	人民币	美元	某外币	面额	人民币		美元		某外币	
上一日账面库存余额	①	6 832				张数	金额	张数	金额	张数	金额
盘点日未记账传票收入金额	②	5 580			1 000 元						
盘点日未记账传票支出金额	③	2 000			500 元						
盘点日账面应有金额	④＝①＋②－③	10 412			100 元	85	8 500				
盘点日实有库存现金数额	⑤	9 168.7			50 元	10	500				

续表

检查盘点记录						实有库存现金盘点记录						
项目		项次	人民币	美元	某外币	面额	人民币		美元		某外币	
盘点日应有与实有差异		⑥=④-⑤	1 243.3			10 元	16	160				
差异原因分析	白条抵库（张）		1 243.3			5 元						
						2 元						
						1 元	8	8				
						5 角	1	0.5				
						2 角	1	0.2				
						1 角						
						合计		9 168.7				
追溯调整	报表日至审计日库存现金付出总额		16 750									
	报表日至审计日库存现金收入总额		17 078									
	报表日库存现金应有余额		7 132									
	报表日账面汇率											
	报表日余额折合本位币金额											
本位币合计												

审计说明：20×7 年 2 月 5 日下午 5 时由注册会计师李浩、出纳员李梅、会计主管人员赵新共同参与盘点，发现华兴公司库存现金管理存在严重缺陷。

4. 华兴公司现金业务中存在的问题及其审计处理意见。

（1）职工朱敏借差旅费 643.3 元，没有及时制单入账。应及时制单入账。职工王林借款 600 元，未经批准，也未说明用途。应及时收回交库或履行核准报销手续。

（2）当天下属门市部上交的零售货款 2 580 元未及时入账，存放在出纳的办公桌抽屉里，库存现金的安全性存在问题。应及时入账，并把现金放入保险柜或存入银行。

（3）库存现金盘点范围有误。应当把存放在不同地点的当天下属门市部上交的零售货款 2 580 元、单独包封的未领工资 1 480 元全部纳入盘点范围。

（4）现金账实不符。短缺 1 243.3 元，查明原因是白条抵库，应及时收回交库或作会计处理。

（5）库存现金超限额，超出限额 4 168.70 元，应及时送存银行。

8.5　银行存款余额调节表的取得与检查实训项目

实训目的

通过阅读和分析案例资料，掌握如何编制银行存款调节表，并检查银行存款调节表。

实训资料

注册会计师在了解、评价和测试华兴公司银行存款内部控制的相关情况后，对该公司的银行存款余额进行了审查，现将相关资料摘录如下。

华兴公司银行账号及存款情况如表 8-4 所示。

表 8-4　华兴公司银行账号及存款情况

截止日期：20×6 年 12 月 31 日　　　单位：元

开户银行	账号	银行账面余额	银行存款记账余额	差额
中国工商银行朝阳支行	10142	689 704.89	698 769.94	9 065.05
中国农业银行海淀支行	32189	569 865.74	589 023.56	19 157.82
中国建设银行海淀支行	9256	478 534.98	268 951.68	209 583.30
招商银行朝阳支行	4057	311 505.38	311 505.38	0

华兴公司 20×6 年 12 月末银行存款日记账余额为 1 878 250.56 元，银行对账单上企业存款余额为 2 049 610.99 元。

经逐笔核对，中国工商银行账户中发现以下未达账项：

(1) 20×6 年 12 月 25 日，晋美公司以电汇方式向华兴公司汇入代垫的产品运输费用 71 434.95 元，中国工商银行已经入账，公司未收到收账通知，尚未入账。

(2) 20×6 年 12 月 21 日，在中国工商银行对账单上有编号为 2241999 号的转账支票划出资金 50 000 元，而公司的银行存款日记账中无此记录。审计人员是在查阅公司支票登记簿时发现此支票存根的，经查证为出纳员私自将款项借与亲友使用，待其归还后直接销账。

(3) 20×6 年 12 月 26 日，公司送存中国工商银行转账支票一张，系由南方公司开具，面值 20 000 元，华兴公司已按进账单入账，银行尚未入账。

(4) 根据委托收款凭证，20×6 年 12 月 31 日，中国工商银行代公司支付电费 10 500 元，已从公司存款账户划出，企业未收到付款通知和电力部门开具的发票，因而未入账。

实训要求

1. 编制华兴公司银行存款余额调节表。
2. 讨论华兴公司银行存款业务中存在哪些问题，应当如何应对。
3. 讨论注册会计师应当如何获取和检查银行存款余额调节表。

实训指导

1. 华兴公司银行存款余额调节表（见表8－5）。

表8－5　华兴公司银行存款余额调节表

开户银行：中国工商银行朝阳支行　　账号：10142　　币种：人民币

项目	金额（元）	调节项目说明	是否需要审计调整
银行对账单余额	689 704.89		
加：企业已收，银行尚未入账合计金额			
其中：1.	20 000.00		不需要
2.			
减：企业已付，银行尚未入账合计金额			
其中：1.			
2.			
调整后银行对账单余额	709 704.89		不需要
企业银行存款日记账余额	698 769.94		
加：银行已收，企业尚未入账合计金额	71 434.95		
其中：1.			
2.			
减：银行已付，企业尚未入账合计金额	60 500.00		
其中：1.	10 500.00	当期电费支出需要及时入账处理	需要
2.	50 000.00	出纳员挪用公款	需要
调整后企业银行存款日记账余额	709 704.89		

经办会计人员（签字）：赵华　　　　会计主管（签字）：李铭

审计说明：除当期电费支出应当及时记账处理，以及经查证为出纳员私自将款项借与亲友使用两笔未达账项需要调整外，其余未达账项经查验凭证属正常时间差异。

2. 讨论应当如何应对华兴公司银行存款业务中存在的问题。

华兴公司银行存款业务存在的问题有：

（1）多个账户银行日记账与银行对账单存在差异，且没有查找出未达账项；

（2）公司入账不及时；

（3）出纳员挪用公款。

应对措施有：

（1）向开户银行沟通，逐笔查证产生差异的事项及其原因；

（2）与被审计单位管理层沟通，完善货币资金管理控制；

（3）逐个银行账户编制银行存款余额调节表；

（4）追查未达账项，根据情况判断是否需要调整。

3. 讨论注册会计师应当如何获取和检查银行存款余额调节表。

（1）取得被审计单位的银行存款余额对账单，并与银行询证函回函核对，确认是否一致，抽样核对账面记录的已付票据金额及存款金额是否与对账单记录一致。

（2）获取资产负债表日的银行存款余额调节表，检查调节表中加计数是否正确，调节后银行存款日记账余额与银行对账单余额是否一致。

（3）检查调节事项的性质和范围是否合理。

1）检查是否存在跨期收支和跨行转账的调节事项。编制跨行转账业务明细表，检查跨行转账业务是否同时对应转入和转出，未在同一期间完成的转账业务是否反映在银行存款余额调节表的调整事项中。

2）检查大额在途存款和未付票据：检查在途存款的日期，查明发生在途存款的具体原因，追查期后银行对账单存款记录日期，确定被审计单位与银行记账时间差异是否合理，确定在资产负债表日是否需要审计调整；检查被审计单位的未付票据明细清单，查明被审计单位未及时入账的原因，确定账簿记录时间晚于银行对账单的日期是否合理；检查被审计单位未付票据明细清单中有记录，但截至资产负债表日银行对账单无记录且金额较大的未付票据，获取票据领取人的书面说明，确认资产负债表日是否需要进行调整；检查资产负债表日后银行对账单是否完整地记录了调节事项中的银行未付票据金额。

（4）检查是否存在未入账的利息收入和利息支出。

（5）检查是否存在其他跨期收支事项。

（6）当未经授权或授权不清支付货币资金的现象比较突出时，检查银行存款余额调节表中支付异常的领款（包括没有载明收款人）、签字不全、收款地址不清、金额较大票据的调整事项，确认是否存在舞弊。

第 9 章 Chapter 9 特殊项目审计

9.1 对比较信息的关注案例

案例分析目的

通过阅读和分析案例，熟悉财务报表中比较信息的种种表现，掌握审计中如何关注比较信息，以及比较信息审计对审计报告的影响。

案例资料

今明会计师事务所是对华兴公司进行连续审计的会计师事务所，注册会计师对其 2014 年度、2015 年度财务报表出具的均是保留意见的审计报告。2014 年，华兴公司为晋美公司（其董事长为华兴公司董事长之子）提供了巨额债务担保。2015 年，因债务人晋美公司未能偿还到期债务，法院判决华兴公司承担连带责任，并查封了其主要经营性资产，华兴公司按照规定计提了巨额预计负债，导致资不抵债，连续两年出现亏损。由于持续经营能力存在重大不确定性，且华兴公司管理层拒绝对其持续经营能力作出评估，注册会计师对公司 2015 年度财务报表出具了保留意见的审计报告。另外，2015 年，注册会计师查证华兴公司存货计价随意性大，多计存货 2 000 万元，但华兴公司对外报出的报表已经正确调整。2016 年，注册会计师在审计华兴公司的财务报表时，注意到以下事项：

1. 经法定程序决议后，董事会同意自 2016 年 1 月 1 日起，为了适应高新技术的发展，华兴公司的固定资产折旧计提由直线法改为年数总和法。

2. 2016 年，债务人晋美公司偿还了逾期债务，资产查封得以解除，公司因转回对应的预计负债，2016 年度出现盈利，避免了因连续 3 年亏损而被证券交易所暂停股票上市的噩运。

3. 华兴公司 2015 年对于多计存货仅调表但未调账，导致 2016 年度财务报表中存货期初数与对外报出的 2015 年度报表数据不一致。华兴公司虽已在会计政策中披露公司存货计价采用加权平均法，但 2016 年公司存货计价方法仍然随意性大，有的采用实际计价法，有的采用先进先出法，有的采用加权平均法。

案例分析

1. 讨论针对事项 1，注册会计师应当如何查证，华兴公司应当在财务报表中如何披露。假设经查证华兴公司的固定资产折旧计提由直线法改为年数总和法的会计处理不正确且公司拒绝调整，讨论单独考虑此事项时，注册会计师应当考虑出具什么意见类型的审计报告。

分析要点：

注册会计师应从以下几个方面查证：

（1）检查华兴公司的固定资产折旧计提由直线法改为年数总和法是否合法、合理。

（2）检查华兴公司的固定资产折旧计提由直线法改为年数总和法的会计处理是否正确。

（3）检查华兴公司的固定资产折旧计提由直线法改为年数总和法在财务报表附注中的披露是否充分、适当。

华兴公司在财务报表附注中应当披露其固定资产折旧计提由直线法改为年数总和法的原因及其对财务报表的影响。

如果经查证华兴公司的固定资产折旧计提由直线法改为年数总和法的会计处理不正确且公司拒绝调整，单独考虑此事项时，注册会计师应当考虑出具保留意见或否定意见的审计报告。

2. 针对事项 2，假设注册会计师实施审计程序查证由于债务人晋美公司偿还了逾期债务，华兴公司资产查封得以解除，公司因转回对应的预计负债，2016 年度出现盈利不存在重大错报，讨论单独考虑此事项时，注册会计师应当考虑出具什么意见类型的审计报告，并说明原因。请编制出审计报告（规范的段落可以省略）。

分析要点：

注册会计师应当考虑出具带强调事项段的审计报告。注册会计师因此事对 2015 年度财务报表出具了保留意见的审计报告，此保留事项在 2016 年已经得到解决，不影响2016年度财务报表，但对2016年度财务报表很重要，决定其盈亏逆转，为此，需要增加强调事项段提醒报表使用者关注。

审计报告

华兴股份有限公司全体股东：

我们审计了后附的华兴公司财务报表，包括2016年12月31日的资产负债表，2016年度的利润表、股东权益变动表和现金流量表，以及财务报表附注。

一、管理层对财务报表的责任（略）

二、注册会计师的责任（略）

三、审计意见

我们认为，华兴公司财务报表在所有重大方面按照《企业会计准则》的规定编制，公允反映了华兴公司2016年12月31日的财务状况以及2016年度的经营成果和现金流量。

四、强调事项

我们提醒财务报表使用者关注，如财务报表附注×所述，华兴公司因对外担保而被判决承担连带责任，并被法院查封了主要经营性资产，2015年度已按规定计提了巨额预计负债，导致资不抵债。因持续经营能力存在重大不确定性，且管理层拒绝对持续经营能力作出评估，注册会计师对华兴公司2015年度财务报表出具了保留意见的审计报告。在2016年，债务人偿还了逾期债务，上述事项已解决，巨额预计负债的转回对华兴公司2016年度扭亏为盈起到了很大作用。本段内容不影响已发表的审计意见。

今明会计师事务所　　　　　　　　　　中国注册会计师：××

（盖章）　　　　　　　　　　　　　　（签名并盖章）

　　　　　　　　　　　　　　　　　　中国注册会计师：××

　　　　　　　　　　　　　　　　　　（签名并盖章）

中国××市　　　　　　　　　　　　　二〇一七年一月×日

3. 讨论针对事项3，注册会计师应当如何处理。假设华兴公司对注册会计师查证的问题都接受调整建议，讨论单独考虑此事项时，注册会计师应当考虑出具什么意见类型的审计报告。

分析要点：

注册会计师可以考虑的处理有：

（1）追查2016年度财务报表中存货期初数与对外报出的2015年度报表数据不一致的原因，并提出处理意见。

（2）扩大抽样比例，检查2016年华兴公司存货计价随意性大对财务报表的影响，并给出调整分录。

（3）与华兴公司管理层沟通，询问2015年调表不调账的原因，并指出公司存货计价随意性大的缺陷与影响，建议其纠正。

如果华兴公司对注册会计师查证的问题都接受调整建议，单独考虑此事项时，注册会计师应当考虑出具无保留意见的审计报告。

9.2 对期初余额的关注案例

案例分析目的

通过阅读和分析案例资料，熟悉财务报表审计中涉及期初余额的事项，掌握如何关注期初余额及期初余额对审计报告的影响。

案例资料

2015年12月，A会计师事务所接受华兴公司审计委托。由于A会计师事务所的注册会计师没有对2015年初的存货实施监盘，也无法获取华兴公司2014年存货相关资料，不能确定期初存货对2015年度经营成果和期初留存收益的影响。尽管2015年在注册会计师的建议下，华兴公司对其存货进行了全面盘点，但2016年2月15日，注册会计师仍对华兴公司2015年度财务报表出具了保留意见的审计报告。

华兴公司于2016年6月发布了修正的财务报表，对2015年12月31日已存在但审计报告日后发现的虚构3 000万元收入的重大错报予以调整，A会计师事务所的注册会计师对修正的财务报表出具了新的审计报告。

负责华兴公司现场审计的注册会计师李浩于2016年5月离职，加入B会计师事务所，转所手续至2017年5月办理完毕。2017年1月，华兴公司决定改聘B会计师事务所审计2016年度财务报表，并与其签订了审计业务约定书。在该约定书中，华兴公司同意B会计师事务所与A会计师事务所联系，以了解相关情况。B会计师事务所委派注册会计师李浩担任华兴公司2016年度财务报表审计的外勤负责人，并于2017年4月出具了无保留意见的审计报告。

案例分析

1. 分析A会计师事务所的注册会计师对华兴公司2015年度财务报表出

具保留意见的审计报告的原因。

分析要点：

由于华兴公司2015年度财务报表中存货的期初余额审计范围受到限制（没有参与监盘，也无法获取相关原始资料），A会计师事务所的注册会计师无法获取充分、适当的审计证据，因此考虑出具保留意见的审计报告。

2. 指出A会计师事务所出具修正的审计报告的意见类型是什么，并说明原因。

分析要点：

A会计师事务所出具的是带强调事项段的审计报告。由于华兴公司于2016年6月发布了修正的财务报表，对2015年12月31日已存在但审计报告日后发现的虚构3 000万元收入的重大错报予以调整，这种期后发现的事实导致2015年度财务报表重述，应当考虑出具带强调事项段的审计报告。又因为对于2016年度财务报表，A会计师事务所的注册会计师出具了保留意见的审计报告，所以，A会计师事务所出具的修正审计报告应是带强调事项段的保留意见的审计报告。

3. 讨论B会计师事务所通常应当采用什么方式了解期初余额的情况，了解的主要内容有哪些。

分析要点：

B会计师事务所通常应采用向A会计师事务所调阅审计档案的方式了解期初余额的情况。注册会计师应了解的主要内容包括：

（1）通过协商查阅前任注册会计师的审计工作底稿，获取有关期初余额的审计证据，应考虑前任注册会计师的专业胜任能力和独立性，以判断前任注册会计师获取审计证据的充分性、适当性。

（2）了解前任注册会计师是否对上期财务报表出具了非无保留意见的审计报告，并查清原因，特别关注其中与本期财务报表有关的部分。

4. 讨论B会计师事务所对期初余额通常应当实施哪些主要审计程序。

分析要点：

B会计师事务所对期初余额通常实施的主要审计程序包括：

（1）分析被审计单位所选用的会计政策是否恰当，是否一贯运用。

（2）分析上期期末余额是否正确结转至本期。

（3）向A会计师事务所调阅审计工作底稿，获取有关期初余额的审计证据，考虑前任注册会计师的专业胜任能力和独立性，以判断前任注册会计师获取的证据的充分性、适当性。

（4）了解前任注册会计师是否对上期财务报表出具了非无保留意见的审计报告，并查清原因，特别关注其中与本期财务报表有关的部分。

（5）如实施上述审计程序仍不能获取充分、适当的审计证据，应通过询问被审计单位管理层、审阅上期会计记录及相关资料、对本期财务报表实施的审计程序进行证实、补充实施适当的实质性测试审计程序等程序来认定期初余额。

(6) 形成审计结论，确定对本期审计意见的影响。

5. 分析针对A会计师事务所对华兴公司2015年度财务报表审计意见中的保留事项，B会计师事务所对华兴公司2016年度财务报表出具无保留意见的审计报告的前提是什么。

分析要点：

B会计师事务所对华兴公司2016年度财务报表出具无保留意见的审计报告的前提是：A会计师事务所对2015年度财务报表所出具的保留意见对本期财务报表的影响已消除，且不重要。

6. 讨论注册会计师李浩能否签署华兴公司2016年度财务报表的审计报告，并说明具体原因。

分析要点：

注册会计师李浩不能签署华兴公司2016年度财务报表的审计报告。这是因为注册会计师李浩的转所手续至2017年5月才办理完毕，而华兴公司财务报表的审计报告于2017年4月签发，所以，注册会计师李浩不能在B会计师事务所执业并签署审计报告。

9.3 对会计估计的关注案例

案例分析目的

通过阅读和分析案例资料，熟悉财务报表审计中的会计估计事项及其会计处理，掌握如何关注会计估计风险及会计估计对审计报告的影响。

案例资料

华兴公司是一家生产电子产品的上市公司。该公司为增值税一般纳税人，适用的增值税税率为17%。其未经审计的2016年度财务报表列示的资产总额为23 056万元，当年的利润总额为580万元。

华兴公司2015年度财务报表由H会计师事务所审计。由于华兴公司拒绝按注册会计师的要求对其库存A产品计提跌价准备，被出具了保留意见的审计报告。其后，华兴公司不再委托H会计师事务所审计2016年度财务报表，转而委托A会计师事务所。

A会计师事务指派注册会计师U和V担任华兴公司2016年度财务报表的

审计项目负责人。注册会计师U和V在审计计划中确定的华兴公司2016年度财务报表的重要性水平为200万元。在实施审计的过程中，注册会计师U和V发现了以下事项。

资料一：

注册会计师U和V按照审计准则中有关首次接受审计业务的相关规定，在审计工作的初始阶段首先对华兴公司2016年度期初存货进行审计，并将2015年12月31日库存的A产品作为审计的重点。相关资料显示，2015年12月31日华兴公司库存A产品13 000台，单位成本1.4万元，当日该产品的市场售价为每台1.3万元（不含税）。

2015年9月26日，华兴公司与黄河公司签订销售合同，合同约定：华兴公司于2016年3月6日向黄河公司销售A产品10 000台，每台售价1.5万元（不含税），此笔交易已于2016年3月6日完成。此后的4月6日，华兴公司向其他公司销售A产品1 000台，每台售价1.3万元（不含税），货款均已收到。除以上两笔销售外，华兴公司2016年度没有发生A产品的其他销售业务。A产品2016年的期末可变现净值与上年相同。

华兴公司在上述两笔销售业务完成后，分别作了如下账务处理：

借：银行存款	175 500 000	
贷：营业收入		150 000 000
应交税费——应交增值税（销项税额）		25 500 000
借：营业成本	140 000 000	
贷：库存商品		140 000 000
借：银行存款	15 210 000	
贷：营业收入		13 000 000
应交税费——应交增值税（销项税额）		2 210 000
借：营业成本	14 000 000	
贷：库存商品		14 000 000

资料二：

2016年12月31日，华兴公司期末存货中有关B、C、D、E四种产品的资料如表9-1所示。

表9-1　华兴公司期末存货情况

存货品种	数量	单位成本（万元）	账面余额（万元）	备注
B	280台	10.0	2 800	
C	500台	3.0	1 500	
D	1 000台	1.7	1 700	
E	400件	1.5	600	用于生产D产品
合计			6 600	

2016年12月31日，B产品市场销售价格为每台13万元，预计销售费用及税金为每台0.5万元。

2016年12月31日，C产品市场销售价格为每台3万元，华兴公司已经与某企业签订了一份不可撤销的销售合同，约定在2017年2月10日向该企业销售C产品300台，售价为每台3.2万元，C产品的预计销售费用及税金为每台0.15万元。

2015年12月31日，D产品的存货跌价准备余额为150万元，对其他存货未计提存货跌价准备；2016年销售D产品结转存货跌价准备100万元。华兴公司按单项存货、按年计提跌价准备。

2016年12月31日，E配件的市场销售价格为每件1.2万元。现有E配件可用于生产400台D产品，用E配件加工成D产品后，预计D产品的单位成本为1.75万元。

2016年12月31日，D产品的市场销售价格为每台2万元，预计销售费用及税金为每台0.15万元。

华兴公司财务资料显示，其2016年12月31日转回了原为D产品计提的存货跌价准备50万元，并作以下账务处理：

借：存货跌价准备——D产品　　500 000

　贷：资产减值损失　　500 000

除此之外，华兴公司没有对上述产品进行与跌价准备相关的账务处理。

资料三：

泰山公司系外商投资生产企业，于2014年3月6日成立并受三大股东共同控制。

华兴公司持有泰山公司41.68%的股权，初始投资成本为10 705.03万元，2015年度、2016年度均全额计提了减值准备。计提原因为：泰山公司向日本ITT株式会社引进的第一代TFT-LCD彩色液晶显示屏及模块生产线的关键设备——曝光机在运输途中碰损，致使该生产线未能按时投产。2015年度泰山公司获得确证，碰损的曝光机无法修复，整个生产线不能正常运转，不能为投资者带来任何收益。

除股权投资外，华兴公司对泰山公司的债权余额为7 295.51万元，债权余额的内容包括：为维持泰山公司的日常开支垫付的工资及房租；代为清偿泰山公司的银行债务。由于泰山公司投产无望，华兴公司对泰山公司未来现金流进行了预测，并据此于2015年度对该项债权计提减值准备3 873.18万元，但2016年度华兴公司仅按一般债权的年末余额5%的政策计提了364.78万元坏账准备，原因是2016年华兴公司预测泰山公司2016年未来现金流入为20 600万元，大于泰山公司对外债务合计数20 561.65万元，华兴公司对泰山公司的债权未来能够收回，无须计提坏账准备。

预测泰山公司2016年未来现金流入为20 600万元，包括：

(1) 赔偿款5 800万元。中国国际贸易仲裁委员会于2015年2月对泰山公司引进设备曝光机碰损一案下达了终局裁定，裁定设备供应商日本ITT株式会社赔偿泰山公司5 800万元。

(2) 租赁收入10 000万元。泰山公司与韩国首尔大学和MU风险投资基金于2015年12月进行了接触并达成初步合作意向，泰山公司拟向对方出租生产线设备、厂房等固定资产，租期5年，年租金约2 000万元。

(3) 处置收入4 800万元。租赁期满后设备等固定资产的处置收入。

案例分析

1. 针对资料一，分析：

(1) 注册会计师U和V考虑专门设计审计程序对华兴公司2016年期初存货中A产品的余额进行审计的原因。

(2) 注册会计师U和V能否仅依据华兴公司2015年度财务资料对2016年度期初存货中的A产品形成审计结论，并简要说明原因。

(3) 如果能够获取本期期末存货余额的充分、适当的审计证据，注册会计师U和V应当在对上期期末A产品实施哪些审计程序的情况下才可以被认为获取了本期期初A产品的充分、适当的审计证据？其中最主要的程序是什么？实施这一重要审计程序的前提是什么？

(4) 如果问题（3）中涉及的审计程序均得以实施，注册会计师U和V是否需要建议华兴公司基于A产品存在的问题调整上年度财务报表？如需要，请直接列示相关的调整分录，并详细写明计算过程和决策依据。

分析要点：

(1) 对A产品计提存货跌价准备是前任注册会计师对上年度财务报表出具保留意见的审计报告的主要原因。这一问题能否在2016年度得以解决，将直接影响后任注册会计师对2016年度财务报表确定的审计意见。因此，注册会计师U和V必须对上年末存货，特别是对上年末库存的A产品进行适当审计。

(2) 注册会计师U和V不能仅依据华兴公司2015年度财务资料对2016年期初存货余额形成审计结论。这是因为注册会计师确定存货余额的主要审计程序为监盘和计价程序，而不是检查程序，但由于2016年期初库存的13 000台A产品在2016年度已出售10 000台，导致注册会计师对这部分存货无法监盘，因此不能仅仅依据被审计单位上期的财务资料对上年度存货项目形成审计结论。

(3) 如果注册会计师能够获取2016年期末存货余额的充分、适当的审计证据，而且能够对上期期末存货实施下列一项或多项审计程序，就可以认为获取了本期期初存货的充分、适当的审计证据。这些审计程序包括：查阅前任注册会计师的工作底稿，复核上期存货盘点记录或文件，检查上期存货交易或记录，运用毛利百分比法进行分析。

上述程序中，最主要的程序是查阅前任注册会计师的工作底稿。实施该程序的前提是取得审计客户华兴公司的同意。这就需要注册会计师 U 和 V 与前任注册会计师沟通，但事先必须取得华兴公司的书面认可。

(4) 由于华兴公司 2016 年末库存 A 产品数量为 13 000 台，多于已签订销售合同的数量 10 000 台，按照会计制度规定，对于有销售合同的 10 000 台，应以合同约定的销售价格作为确定可变现净值的依据，对其余的 3 000 台，应以可变现净值计量期末存货。具体计算过程如下：

对于有销售合同的 10 000 台 A 产品，其可变现净值为 15 000 万元 (10 000×1.5)，这部分产品的账面成本为 14 000 万元 (10 000×1.4)，不需要计提跌价准备。

对没有销售合同的 3 000 台 A 产品，其可变现净值为 3 900 万元 (3 000×1.3)，这部分产品的账面成本为 4 200 万元 (3 000×1.4)，华兴公司应于 2015 年末对这部分产品计提 300 万元 (4 200－3 900) 的跌价准备。注册会计师 U 和 V 应建议华兴公司调整。由于注册会计师 U 和 V 是在 2016 年初列示审计调整分录的，因此只能通过 2016 年度财务报表的期初未分配利润进行调整。列示的审计调整分录应为：

借：未分配利润　　3 000 000

　贷：存货——存货跌价准备　　3 000 000

2. 针对资料二，确定华兴公司有关存货跌价准备的会计处理是否正确。需要提请公司调整财务报表的，请直接列示审计调整分录。

分析要点：

B 产品的可变现净值为 3 500 万元 (280×(13－0.5))，大于成本 2 800 万元，不用计提存货跌价准备。

C 产品有合同部分的可变现净值为 915 万元 (300×(3.2－0.15))，其成本为 900 万元 (300×3)，不用计提跌价准备；无合同部分的可变现净值为 570 万元 (200×(3－0.15))，其成本为 600 万元 (200×3)，应计提存货跌价准备 30 万元 (600－570)。

D 产品的可变现净值为 1 850 万元 (1 000×(2－0.15))，其成本为 1 700 万元，不用计提存货跌价准备；同时，应将原有的存货跌价准备的余额 50 万元 (150－100) 转回。

E 配件对应的 D 产品成本为 700 万元 (400×1.5＋400×(1.75－1.5))，相应的可变现净值为 740 万元 (400×(2－0.15))，表明这部分 D 产品的可变现净值高于账面成本，相应的400件E配件不用计提跌价准备。

据此，注册会计师应提请华兴公司进行以下审计调整：

借：资产减值损失	300 000
贷：存货——存货跌价准备	300 000

3. 假定除了资料一和资料二所涉及的错报之外，华兴公司不存在其他错报，但拒绝接受注册会计师针对资料一和资料二中的错报提出的审计调整（如果有），请代注册会计师U和V确定审计意见的类型，并简要说明原因。

分析要点：

如果华兴公司拒不接受注册会计师针对资料一和资料二中的相关事项提出的审计调整建议，则其2016年12月31日的资产总额将被高估330万元（300+30），当年利润总额将被高估30万元，当年的未分配利润将被高估300万元。

如果华兴公司拒不接受注册会计师针对资料一和资料二中的相关事项提出的审计调整建议，对资产负债表的影响额超过了财务报表层次的重要性水平，属于重要的错报，且这一错报金额占当年利润总额的比重为5.17%。考虑到对2016年度未分配利润的300万元影响额很可能继续造成对2017年度未分配利润的影响，但这种影响不至于导致盈利与亏损的本质性变化，而且错报金额占其财务报表上列示的资产总额的比重仅为1.3%，注册会计师应当出具保留意见的审计报告。

4. 假设华兴公司以存货涉及商业机密，且在注册会计师开始审计之前已经盘点完毕为由，拒绝注册会计师U和V对其2016年末存货进行监盘，请代注册会计师确定审计意见的类型，并简要说明原因。

分析要点：

注册会计师应当出具无法表示意见的审计报告。这是因为华兴公司存货的账面余额为9 400万元（6 600+2 800），占其财务报表上列示的资产总额的比重高达40.8%；而在华兴公司2016年度经营成果很差的情况下，财务报表使用者对资产负债表更加依赖。存货属于制造企业财务报表的核心账户，对财务报表上其他各项目的牵扯性很大，因此存货审计范围受限将导致注册会计师无法形成对财务报表整体性的审计结论。

5. 针对资料三，分析注册会计师U和V对华兴公司2015年、2016年与泰山公司之间的股权、债权确认的长期股权投资减值准备和坏账准备能否认同，并说明原因。讨论注册会计师对该项股权和债权减值准备计提应当主要考虑测试什么。

分析要点：

对2015年和2016年确认的长期股权投资减值准备可以确认，对2015年和2016年确认的坏账准备不可以确认。原因如下：自2014年3月6日成立以来，泰山公司一直未能开展生产经营活动，其日常开支、厂房及设备的维护、贷款利息的支付全部依赖于华兴公司及其他两家股东的资金融通，而且泰山公司的厂房及设备均处于闲置状态，变现能力存在重大不确定性，因此，该项长期股权投资及债权已于2015年度出现了重大减值迹象，2015年、2016年都应当考虑对其减值准备进行测试，个别确认其减值准备。

对于泰山公司的债权的减值迹象，华兴公司管理层没有否认。因此，注册会计师应当主要对管理层的会计估计的合理性进行详细复核和测试，主要测试：

（1）中国国际贸易仲裁委员会裁定5 800万元赔偿的裁决书及其执行情况；

（2）与韩国首尔大学和MU风险投资基金关于设备租金10 000万元的合作意向书、谈判会议记录及其进展情况；

（3）租赁期满后设备等固定资产的处置收入4 800万元的依据。

9.4 对期后事项的关注案例

案例分析目的

通过阅读和分析案例资料，了解如何区分影响财务报表的资产负债表日后调整事项和披露事项，掌握注册会计师对于不同阶段的期后事项的责任及处理办法。

案例资料

注册会计师审计华兴公司2016年度财务报表，审计报告日为2017年3月15日，财务报表公布日为3月20日。华兴公司在资产负债表日后有如下事项：

1. 华兴公司应收C公司一笔金额较大的货款，但2017年2月3日C公司突然破产，无力偿还华兴公司的货款。

2. 华兴公司在2016年5月由于未能履行供货合同，致使D公司遭受损失，D公司已在2016年10月通过法律途径索赔。2016年末，由于双方对损失赔偿金额未达成一致，华兴公司对此仅仅披露在财务报表中。2017年3月16日，经法院一审判决，华兴公司需要赔偿D公司经济损失3 000万元，公司决定不再上诉。

3. 华兴公司内部注册会计师于2017年3月21日发现2016年度已审计财

务报表存在100万元的重大错报，并向公司最高管理层作了汇报。

4. 华兴公司2016年没有对存货甲计提存货跌价准备，但2017年1月25日的销售情况显示，其可变现净额低于库存商品期末成本。

5. 华兴公司于2017年3月25日公布的其他信息与已审计财务报表的相关信息存在重大不一致。

案例分析

1. 结合本案例，讨论如何区分影响财务报表的资产负债表日后调整事项和披露事项。

分析要点：

影响财务报表的资产负债表日后调整事项和披露事项的区分标志有：

(1) 是否在资产负债表日前已存在某种迹象，资产负债表日后事项是资产负债表日前某种迹象的进一步发展或延续。

(2) 资产负债表日后事项能否被可靠估计和计量。

如果对于以上问题的回答都是“是”，则属于资产负债表日后调整事项；如果以上问题至少有一个的回答是“否”，则属于资产负债表日后披露事项。

2. 假定注册会计师在2017年2月4日获知C公司突然破产，并于当日实施了必要的审计程序，请讨论注册会计师应实施的审计程序以及应当提请华兴公司如何处理。

分析要点：

注册会计师应实施的必要的审计程序有：

(1) 与华兴公司管理层讨论获知的C公司突然破产相关事项及其影响；

(2) 检查C公司突然破产的相关资料，如破产公告；

(3) 检查应收C公司款项的相关原始凭证，以及计提坏账准备的会计处理及其支持凭证。

该事项是第一时段期后事项，注册会计师应当提醒华兴公司计提坏账准备或者增加计提坏账准备，调整财务报表有关项目的数额。

3. 假定注册会计师在2017年3月17日获知法院判决华兴公司赔偿D公司经济损失后，于3月18日实施追加审计程序，请讨论注册会计师应实施的追加审计程序以及应当给华兴公司提出什么建议。若华兴公司拒绝注册会计师的建议，讨论在审计报告提交华兴公司前后，注册会计师的正确处理是什么。

分析要点：

注册会计师应追加的审计程序有：

(1) 检查供货合同等原始凭证及其相关会计处理；

(2) 检查诉讼相关的资料及法院判决书；

（3）检查华兴公司对预计负债以及支付赔偿的会计处理。

注册会计师应当建议华兴公司在2016年对此估计预计负债3 000万元，并进行会计处理。

该事项是第二时段期后事项，在审计报告提交华兴公司前，如果公司拒绝接受调整建议，注册会计师应当考虑出具保留意见或否定意见的审计报告。在审计报告提交华兴公司后，如果公司拒绝接受调整建议，注册会计师应当通知管理层不要将财务报表和审计报告提交第三方。如果财务报表仍被报出，注册会计师可以利用证券媒体刊登必要的声明，防止使用者信赖审计报告。注册会计师采取的措施取决于自身的权利和义务以及所征询的法律意见。

4. 假定注册会计师在2017年3月22日获知华兴公司已审计财务报表中存在100万元的重大错报，如不改正，将影响财务报表使用者的判断，讨论注册会计师应当采取何种最恰当的补救措施；在华兴公司接受或不接受注册会计师建议时，注册会计师应如何处理。

分析要点：

该事项是第三时段期后事项，注册会计师应当要求华兴公司立即发布修改的财务报表，并解释原因。

在华兴公司接受注册会计师建议时，注册会计师应当采取以下措施：

（1）实施必要的审计程序，如查阅法院判决文件、复核会计处理或披露事项，以确定管理层对财务报表的修改是否恰当。

（2）复核管理层采取的措施能否确保所有收到原财务报表和审计报告的人士了解这一情况。

（3）针对修改的财务报表出具新的审计报告。

在华兴公司不接受注册会计师建议时，注册会计师应当采取措施防止财务报表使用者信赖该审计报告，并将拟采取的措施通知华兴公司治理层。

5. 讨论针对事项4，注册会计师应当实施的审计程序，并简要说明注册会计师对此事项的责任。

分析要点：

注册会计师应当实施的审计程序有：

（1）检查存货可变现净额低于库存商品期末成本的相关资料；

（2）检查存货计提跌价损失准备的会计处理。

该事项是第一时段期后事项，注册会计师负有主动识别的义务，应当设计专门的审计程序来识别这些期后事项，并根据这些事项的性质判断其对财务报表的影响，进而确定是进行调整还是披露。

6. 假定注册会计师在2017年3月25日查阅华兴公司年度报告时发现，华兴公司公布的其他信息与已审计财务报表的相关信息存在重大不一致。经认定，其他信息对事实有重大错报，且华兴公司同意修改，分析注册会计师应当采取什么措施；如果华兴公司拒绝修改，注册会计师应当采取什么措施。

分析要点：

如果华兴公司同意修改，注册会计师应当实施审计程序以查证财务报表和审计报告的使用者是否已知悉此事项。

如果注册会计师确定其他信息中存在对事实的重大错报而华兴公司管理层拒绝更正，注册会计师应当考虑采取恰当的进一步措施。进一步措施包括向公司治理层书面说明注册会计师对其他信息的关注，以及征询法律意见。

9.5 对审计报告日后事项的关注案例

案例分析目的

通过阅读和分析案例资料，熟悉审计报告日后事项，掌握注册会计师对审计报告日后事项的责任及处理办法。

案例资料

今明会计师事务所注册会计师在审计华兴公司2016年度财务报表时发现，应收A公司账款的询证函回函在外勤时间内尚未收到，于是打电话给A公司，A公司称回函正要寄出，为了提高审计效率，注册会计师要求A公司先发回函的传真件。注册会计师收到并核对A公司发来的传真件，没有发现异常。

截至合同约定提交审计报告时间，注册会计师仍没有收到A公司的询证函回函。由于华兴公司催着要审计报告，注册会计师于2017年4月20日对华兴公司2016年度财务报表出具了无保留意见的审计报告。2017年4月21日，今明会计师事务所把审计报告递交给华兴公司；4月28日，华兴公司对外发布了其2016年度财务报表。

2017年4月19日，注册会计师从报纸上得知华兴公司宣布与其竞争者进行一次重要合并。

2017年4月29日，由于媒体不断报道研究人士对华兴公司业绩的质疑，证监会介入调查。6月8日，经查证华兴公司2015—2016年共计虚构收入1 000万元，其中2016年虚构收入800万元。

案例分析

1. 讨论为了提高审计效率，注册会计师要求A公司先发询证函回函的传真件时，应当如何控制审计质量。

分析要点：

（1）注册会计师应亲自接收传真件，并要求被询证者将询证函回函原件寄出。

（2）收到询证函回函原件并核对无误后，注册会计师才能签发审计报告，如果有问题，应当追查下去。

2. 讨论注册会计师在没有收到 A 公司的询证函回函时，是否应当出具审计报告，并说明原因。

分析要点：

注册会计师不应当出具审计报告。因为既然注册会计师决定向 A 公司发函询证，那么在没有获取询证函回函原件这一重要证据之前，审计工作并没有完成，所以不能草率地签发审计报告。

3. 假设 2017 年 4 月 26 日，注册会计师收到 A 公司的询证函回函，发现原件与传真件不一致，应收 A 公司的款项存在差异，讨论应当如何处理。

分析要点：

注册会计师应当追加审计程序，检查存在差异的原因及其对财务报表的影响。如果这些证据支持说明财务报表存在重大错报，注册会计师应当通知管理层不要将财务报表和审计报告提交第三方。如果财务报表仍被报出，注册会计师可以利用证券媒体刊登必要的声明，防止使用者信赖审计报告。注册会计师采取的措施取决于自身的权利和义务以及所征询的法律意见。

4. 讨论针对 2017 年 4 月 19 日项目负责人获知的信息，注册会计师应当如何处理。

分析要点：

注册会计师应当与华兴公司管理层沟通并讨论此合并事项及其影响。如果合并已有实质性进展，注册会计师应当建议华兴公司在财务报表附注中充分、适当地披露此信息。

5. 讨论针对 2017 年 6 月 8 日查证华兴公司 2015—2016 年共计虚构收入 1 000 万元，其中 2016 年虚构收入 800 万元，注册会计师应当如何处理。

分析要点：

注册会计师应当建议华兴公司发布修正的 2016 年度财务报表，注册会计师追加审计程序查证其对重大错报的调整后，发布修正的审计报告。同时，注册会计师应当了解是否有人继续信赖和使用 2015 年度财务报表和审计报告，以及原来的 2016 年度财务报表和审计报告，要求华兴公司以恰当的方式公告其查证的重大错报，提请财务报表使用者不能再信赖 2016 年度财务报表和审计报告。

9.6 对诉讼事项的关注案例

案例分析目的

通过阅读和分析案例资料，熟悉各种诉讼事项及其会计处理，掌握如何审计诉讼引起的期后事项/或有事项，并提出合理化建议。

案例资料

今明会计师事务所审计华兴公司2016年度财务报表，2016年度财务报表未审计的账面利润为100万元。注册会计师于2017年3月15日出具审计报告，华兴公司于3月20日对外报送财务报表。

在整个审计过程中，注册会计师注意到华兴公司存在以下诉讼事项：

1. 2015年11月20日，中国建设银行（以下简称建行）批准华兴公司信用贷款2 000万元，期限为1年，年利率为7.2%。2016年11月20日贷款到期，华兴公司有偿债能力，但因与建行之间存在其他经济纠纷，故未按时偿还贷款。建行遂与华兴公司协商，双方没有达成协议。2016年12月25日，建行向法院提起诉讼。截至2016年12月31日，法院尚未判决。律师认为华兴公司最有可能支付的罚息和诉讼费共22万元（其中诉讼费为3万元），华兴公司的会计处理为：借记“营业外支出”22万元，贷记“预计负债”22万元。

2. 2016年9月20日，华兴公司被H公司起诉合同违约。12月20日，法院宣判华兴公司败诉，赔偿200万元。华兴公司正在上诉，并在2016年度财务报表中确认100万元预计负债。2017年3月16日，法院作出终审判决，要求华兴公司赔偿H公司200万元。华兴公司在2017年3月16日的会计处理为：借记“营业外支出”100万元，贷记“预计负债”100万元。

3. 2015年9月20日，华兴公司被G公司起诉因产品侵权违约。截至2016年4月，华兴公司公布2015年度财务报表时，诉讼正在进行，无法估计最有可能的赔偿金额，2015年度财务报表附注中披露了该诉讼事项。2016年6月20日，法院宣判华兴公司败诉，赔偿200万元，华兴公司不再上诉，支付赔偿款，并作会计处理：借记“营业外支出”200万元，贷记“银行存款”200万元。

4. 2015年10月23日，华兴公司因为F公司贷款担保而被起诉承担连带责任，公司辩称此项贷款担保是前任董事长所为，故不应承担责任。11月20日，法院判决华兴公司败诉，承担连带赔偿责任200万元，华兴公司不服判决继续上诉，并在 2015 年度财务报表附注中披露了该诉讼事项。2016 年 4 月，华兴公司对外发布了其 2015 年度财务报表。2016 年 5 月 3 日，法院作出终审判决，要求华兴公司承担连带赔偿责任 200 万元，但华兴公司可另案起诉追究前任董事长的责任。华兴公司 2016 年 5 月的会计处理为：借记“营业外支出”200 万元，贷记“预计负债”200 万元。

5. 2016 年 10 月 20 日，华兴公司被 E 公司起诉合同违约，要求赔偿 200 万元。截至 2016 年 12 月 31 日，法院尚未判决，律师估计华兴公司败诉赔偿的可能性仅为 50%，因此，华兴公司在 2016 年度财务报表中对此予以充分披露。2017 年 3 月 21 日，法院作出终审判决，要求华兴公司赔偿 E 公司 200 万元，华兴公司没有调整 2016 年度财务报表。

6. 2016 年 5 月 2 日，华兴公司被海外 D 公司起诉合同违约，要求赔偿 2 000 万元。截至 2016 年 12 月 31 日，法院尚未判决，律师估计华兴公司败诉赔偿的可能性为 60%，最有可能的赔偿金额为 800 万～1 200 万元，因此，华兴公司 2016 年的会计处理为：借记“营业外支出”1 000 万元，贷记“预计负债”1 000 万元。截至 2017 年 3 月 20 日，该诉讼仍在进行。

案例分析

1. 针对事项 1～事项 6，讨论注册会计师是否应认可华兴公司的会计处理；如果不认可，请简述理由并给出调整分录。

分析要点：

针对事项 1，注册会计师不应认可华兴公司的会计处理。由于诉讼费用应计入管理费用，因此其调整分录为：

借：管理费用——诉讼费　　30 000
　贷：营业外支出——罚息支出　　30 000

针对事项 2，注册会计师不应认可华兴公司的会计处理。由于该事项属于 2016 年度财务报表的第二时段需要调整的期后事项，故应当调整 2016 年度财务报表，而不是在 2017 年 3 月作会计处理。建议华兴公司冲回 2017 年 3 月的会计处理，调整 2016 年度财务报表，调整分录为：

借：营业外支出　　1 000 000
　贷：预计负债　　1 000 000

针对事项 3，注册会计师应认可华兴公司的会计处理。

针对事项 4，注册会计师不应认可华兴公司的会计处理。由于所有证据说明 2015 年预计负债可以可靠估计，但华兴公司没有作会计处理，故 2016 年应当对此追诉调整，确认 2015 年预计负债和营业外支出，及 2016 年银行存款的支出，其调整分录为原渠道冲回 2016 年预计负债的估计，调整分录为：

借：未分配利润——年初数　2 000 000
　贷：预计负债——年初数　2 000 000

针对事项5，注册会计师应认可华兴公司的会计处理。由于该诉讼事项截至2016年12月31日无法估计最有可能的损失数，2017年3月21日法院终审判决，要求华兴公司赔偿E公司200万元时，应当在2017年3月进行会计处理，没有必要调整2016年度财务报表。

针对事项6，注册会计师应认可华兴公司的会计处理。由于截至2016年12月31日，虽然法院尚未判决，但律师估计华兴公司败诉赔偿的可能性为60%，最有可能的赔偿金额为800万～1 200万元，故预计负债的估计数为1 000万元（(800+1 200)÷2)。

2. 请简述注册会计师对于三个时段期后事项的责任以及采取的措施。

分析要点：

对于第一时段期后事项，注册会计师负有主动识别的义务，应当设计专门的审计程序来识别这些期后事项，并根据这些事项的性质判断其对财务报表的影响，进而确定是予以披露还是作出调整。

对于第二时段期后事项，注册会计师没有责任针对财务报表实施审计程序或进行专门查询，但对于知悉可能对财务报表产生重大影响的事实，应当考虑是否需要修改财务报表，并与管理层讨论，同时根据具体情况采取恰当措施。

对于第三时段期后事项，注册会计师没有义务对财务报表进行查询，但对于知悉在审计报告日已存在，可能导致修改审计报告的事实，应当考虑是否需要修改财务报表，并与管理层讨论，同时根据管理层是否修改财务报表，是否采取必要措施确保所有收到原财务报表和审计报告的人士了解这一情况，是否临近公布下一期财务报表等具体情况采取恰当措施。

3. 针对事项1，请讨论注册会计师的审计程序。

分析要点：

(1) 检查相关的资料（借款合同、判决书）。

(2) 向被审计单位的律师进行函证。

(3) 检查被审计单位的会计处理是否正确。

4. 针对事项2，注册会计师于2017年3月18日追加审计程序后，建议华兴公司调整，公司拒绝接受注册会计师的建议。请分别指出在审计报告提交给华兴公司前后，注册会计师的正确处理办法。

分析要点：

在审计报告提交之前，注册会计师可考虑修正审计意见类型，考虑出具否定意见的审计报告。在审计报告提交之后，注册会计师应当通知管理层不要将财务报表和审计报告向第三方报出。如果财务报表仍被报出，注册会计师应当采取措施防止财务报表使用者信赖该审计报告。注册会计师采取的措施取决于注册会计师自身权利和义务以及所征询的法律意见。

5. 针对事项 4，假设其他注册会计师对华兴公司 2015 年度财务报表出具了无保留意见的审计报告，今明会计师事务所注册会计师在实施适当程序后确认 2015 年度财务报表存在重大错报，讨论注册会计师应当如何处理。

分析要点：

注册会计师应当与华兴公司沟通，让公司把查证的重大错报以及影响告知前任注册会计师，建议公司发布修正的财务报表和审计报告，必要时安排三方座谈；同时，注册会计师应当考虑 2015 年存在的重大错报对华兴公司 2016 年度财务报表相关对应数据和本期数据的影响，检查 2016 年度财务报表与 2015 年度财务报表是否一致，建议华兴公司考虑对 2016 年度财务报表进行重新列报和披露。

6. 针对事项 5，讨论注册会计师的审计程序。

分析要点：

(1) 检查相关的资料（合同及其交易资料，诉讼及其应诉相关资料）。

(2) 向被审计单位的律师进行函证，并评价律师声明书。

(3) 检查被审计单位的会计处理是否正确。

7. 针对事项 6，讨论如何理解律师声明书，以及注册会计师如何利用律师声明书。

分析要点：

在对被审计单位期后事项和或有事项等进行审计时，注册会计师往往要向被审计单位的法律顾问和律师进行函证，以获取其对资产负债表日业已存在，以及资产负债表日至复函日这一时期内存在的期后事项和或有事项等的确认证据。被审计单位律师对函证问题的答复和说明，就是律师声明书。律师声明书通常可提供有力的证据，帮助注册会计师解释并报告有关的期后事项和或有事项，从而减少注册会计师误解上述事项的可能性，但其本身不足以对注册会计师形成审计意见提供基本理由。

注册会计师利用律师声明书应注意：

(1) 根据该律师的职业条件和声誉情况来确定律师声明书的合理性。如果注册会计师熟悉该律师的职业声誉，就不再需要作专门的查询；如果注册会计师对代理被审计单位重大法律事务的律师并不熟悉，则应查询诸如该律师的职业背景、声誉及其在法律界的地位等情况，并考虑从律师协会获取信息。一旦这些方面都令人满意，除非律师关于被审计单位法律事项的意见是不合情理的，否则注册会计师应采纳律师声明书中的意见。

(2) 整体评价律师声明书，以便确定它对审计询证函的总体反应，确定它与注册会计师所知的情况是否矛盾。倘若律师声明书表明或暗示律师拒绝提供信息，或隐瞒信息，或对被审计单位叙述的情况应予修正而不加修正，注册会计师一般应认为审计范围受到限制，不能出具无保留意见的审计报告。

9.7 期后事项/或有事项审计案例

案例分析目的

通过阅读和分析案例资料，熟悉财务报表审计中期后事项/或有事项及其会计处理，掌握不同情况下对期后事项/或有事项的审计及期后事项/或有事项对审计报告的影响。

案例资料

今明会计师事务所的注册会计师于2017年2月10日对华兴公司2016年度财务报表进行审计。2017年2月18日审计工作结束，2月25日华兴公司将审计报告与已审财务报表一并对外公布。

在整个审计过程中，注册会计师注意到华兴公司存在以下事项：

1. 华兴公司一笔金额巨大的银行借款将于2017年1月1日到期，按照取得借款时与借款银行签订的协议，该笔长期借款以华兴公司唯一的办公大楼和全部生产厂房（三栋）中的两栋作为抵押物。由于无力按期偿还，华兴公司已与借款银行达成延期两年还款的协议，但此次协议须到2017年4月1日才能签署，且在未来三年中，银行保留随时收回借款的权利。

2. 2015年5月9日，G公司起诉华兴公司生产技术侵权。由于诉讼一直在进行，且无法估计结果，前任注册会计师根据情况出具了带强调事项段的审计报告。由于法院认为证据不足，到2017年2月18日此诉讼仍未结案。今明会计师事务所通过向华兴公司的律师查询，得知G公司已于2017年1月1日注销。

3. 2017年2月15日，华兴公司接到其主要客户H公司的产品订单。2月17日，华兴公司发出产品并确认收入。2月19日，H公司收到产品。经验收，H公司发现该批产品存在严重的质量问题，因此将所购产品于2月21日退回华兴公司要求返修。在当月22日，华兴公司责成其内部审计部门将此情况告知注册会计师。注册会计师于24日追加审计后确认，返修产品已于23日发往H公司，H公司对返修后产品的质量表示满意。

4. 华兴公司的主营业务之一是生产和销售甲产品，甲产品的销售收入占华兴公司主营业务收入的80%。长期以来，华兴公司60%的甲产品均销售给其主要客户I公司（上市公司）。I公司所购买的华兴公司的甲产品仅占其购买量的10%，但它通过提供生产技术向华兴公司投资，依靠其关键生产技术，以仅占华兴公司注册资本15%的投资额成功地实施了对华兴公司主要产品的生产和销售的控制。2013年，华兴公司为I公司贷款提供担保。2016年，I公司无力偿还到期借款。2016年11月，法院判决华兴公司偿付担保连带责任款300万元，华兴公司支付了担保赔偿款。

5. 2016年12月10日，华兴公司收到C公司提供的相关证据表明，2016年12月销售给C公司的A产品出现了质量问题，C公司根据合同规定要求华兴公司赔偿50万元。华兴公司经确认很可能要承担产品质量责任，估计赔偿金额为50万元。华兴公司2016年12月向C公司销售A产品时，已为A产品的产品质量保证确认了40万元预计负债。鉴于华兴公司已就A产品在保险公司投了产品质量保险，12月31日，华兴公司基本确定可从保险公司获得理赔30万元，华兴公司尚未向C公司支付赔偿款。

6. 2016年6月15日，华兴公司与B公司签订了不可撤销的产品销售合同。合同约定：华兴公司为B公司生产乙产品1万件，售价为每件1 000元，4个月后交货，若无法如期交货，应按合同总价款的30%向B公司支付违约金。但6月下旬原油等能源价格上涨，导致生产成本上升，华兴公司预计乙产品生产成本变为每件1 100元。至6月30日，生产乙产品所需原材料严重不足，华兴公司计划于7月上旬调试有关生产设备和采购原材料，开始生产乙产品。

假定以上事项均不考虑所得税和其他相关税费。

案例分析

1. 针对事项1，讨论注册会计师应当如何查证以及向华兴公司提出审计建议；单独考虑此事项，在华兴公司接受建议与不接受建议两种情况下注册会计师应当考虑出具的审计报告的类型。

分析要点：

注册会计师应当检查借款相关的原始凭证，如借款合同、抵押协议以及会计处理等；检查华兴公司与银行协商延期还款的实质性文件及其协议，并关注其权利与义务等关键条款。

注册会计师应提请华兴公司在财务报表附注中披露银行同意延期两年还款、相关协议尚未签署、银行保留随时收回借款的权利等内容。

如果华兴公司接受注册会计师的建议，注册会计师可以考虑出具带强调事项段的审计报告；如果华兴公司拒绝接受注册会计师的建议，注册会计师应当考虑出具保留意见或否定意见的审计报告。

2. 讨论针对事项2，注册会计师应向华兴公司提出何种建议，如何在审计报告中反映。假定华兴公司的律师拒绝提供有关信息，讨论注册会计师应考虑出具什么类型的审计报告。

分析要点：

如果注册会计师通过向华兴公司的律师查询，得知G公司已于2017年1月1日注销，则注册会计师无须就此事向华兴公司提出任何建议，也无须在审计报告中反映。

如果华兴公司的律师拒绝提供有关信息，则注册会计师应考虑出具保留意见或无法表示意见的审计报告。

3. 讨论事项3对2016年的审计报告有何影响，并说明原因。

分析要点：

所述产品返修一事既不影响2016年度财务报表的反映，也不影响财务报表使用者对2016年度财务报表的理解。虽然此事项发生在2016年年报的期后时间内，但属于正常生产经营过程中的一般事项。

4. 针对事项4，讨论基于关联方之间因担保抵押而形成的诉讼事项，注册会计师在审计中应关注哪些风险，如何处理。

分析要点：

注册会计师在审计中应当关注的风险及其处理为：

（1）关联方的担保抵押是否违规，是否在财务报表附注中得以充分、适当的披露。如果存在违规担保抵押，注册会计师应建议被审计单位及时纠正；如果被审计单位没有将关联方的担保抵押事项在财务报表附注中充分、适当地披露，注册会计师应建议其充分、适当地披露。否则，应出具保留意见或否定意见的审计报告。

（2）关联方承担担保连带赔偿责任是否合理、公允，并检查其会计处理是否正确。

5. 分析事项5对华兴公司2016年财务状况和经营成果的影响，并简要说明理由。

分析要点：

事项5会导致华兴公司2016年负债（或预计负债）增加10万元，资产（或其他应收款）增加30万元，利润总额增加20万元。

理由：根据《企业会计准则第13号——或有事项》的规定，华兴公司对其很可能承担责任的产品质量问题应当确认预计负债50万元，但由于2016年12月已经确认了40万元，故本期只需要确认10万元的负债和销售费用。同时，对于基本确定可由第三方补偿的理赔金额应当确认一项资产30万元，同时确认营业外收入30万元。

6. 分析事项6对华兴公司2016年财务状况和经营成果的影响，并简要说明理由。

分析要点：

事项 6 会导致华兴公司 2016 年负债（或预计负债）增加 100 万元，利润总额减少（或营业外支出增加）100 万元。

理由：根据《企业会计准则第 13 号——或有事项》的规定，该产品销售合同属于亏损合同，并且不存在标的资产，应当根据履行合同所需承担的损失 100 万元（(1 100－1 000)×1）和违约金 300 万元（1 000×1×30%）中较低者，确认一项预计负债 100 万元，同时确认营业外支出 100 万元。

9.8 录像带租赁连锁店的持续经营能力审计案例

案例分析目的

通过阅读和分析案例资料，熟悉影响被审计单位持续经营能力的事项，掌握审计持续经营能力应关注的问题及其对审计报告的影响。

案例资料

XYZ 公司是一家拥有许多录像带租赁连锁店的大型企业。由于市场占有率降低，近年来连续亏损。注册会计师在审计 XYZ 公司 2016 年度财务报表时，了解到 XYZ 公司 2015 年的亏损等于股东权益的 15%，经营和投资活动现金流量为－200 万元。注册会计师对其 2015 年年报出具了无保留意见的审计报告，没有提及持续经营问题。XYZ 公司 2016 年的亏损等于股东权益的 35%，经营和投资的现金流量接近－400 万元，且截至 2016 年 12 月，XYZ 公司向银行贷款共计 525 万元到期。2017 年初，为了扭亏，XYZ 公司构思了一种新的市场营销计划，即建立自己的计算机系统，从而找出那些经常租赁的顾客，顾客每租赁一次都将获取奖励点数，一旦累积到一定的点数，就将得到特殊的赠品，如免费租赁的赠券和流行新片的优先租赁权。然而，这样的创新需要注入大量的资金来支付开发和启动成本，基于目前状况，XYZ 公司不可能发行更多股票或取得银行贷款。为此，XYZ 公司于 2017 年 3 月 1 日向其母公司晋美公司借款 500 万元。

2017 年 2 月 20 日，注册会计师完成了对 XYZ 公司 2016 年度财务报表的审计工作。

案例分析

1. 假设 XYZ 公司对持续经营能力作出了书面评价，讨论注册会计师应当从哪些方面关注XYZ管理层对持续经营能力作出评价的恰当性。

分析要点：

如果XYZ公司对持续经营能力作出了书面评价，注册会计师应当关注管理层作出评价的过程、依据的假设和拟采取的改善措施，以考虑XYZ公司管理层对持续经营能力作出评价的恰当性。

2. 假设XYZ公司对持续经营能力作出书面评价期间少于自资产负债表日起12个月，讨论注册会计师应当如何处理。

分析要点：

如果XYZ公司对持续经营能力作出书面评价期间少于自资产负债表日起12个月，注册会计师应当提请XYZ公司管理层将评价期间延长至12个月。

3. 指出你认为XYZ公司的持续经营能力是否有问题，并解释原因。

分析要点：

XYZ公司的持续经营能力有问题。XYZ公司连续亏损，2016年的亏损等于股东权益的35%，经营和投资的现金流量接近−400万元，并且存在到期无法偿还的债务。如果市场占有率持续低迷，则存在严重影响企业持续经营能力的事项。

4. 针对XYZ公司采取的缓解持续经营问题的措施，指出你认为XYZ公司还会存在什么风险。

分析要点：

如果新的营销计划失败或无法扭转市场占有率持续低迷的状况，企业的经营、财务状况将更加恶化。

5. 如果XYZ公司将应披露的事项都在财务报表附注中进行了充分、适当的披露，指出你认为应当出具哪种类型的审计报告，解释原因，并草拟审计报告。

分析要点：

注册会计师应当出具带强调事项段的审计报告。因为XYZ公司存在严重的影响持续经营能力的事项，虽然XYZ公司正在采取措施改善，并在财务报表附注中进行了充分、适当的披露，但其仍存在重大不确定性，所以应放在强调事项段中以提请报告使用者注意。

审计报告

XYZ公司全体股东：

我们审计了后附的XYZ公司2016年12月31日的资产负债表以及2016年度的利润表和现金流量表。这些财务报表的编制是XYZ公司管理当局的责任，我们的责任是在实施审计工作的基础上对这些财务报表发表意见。

一、管理层对财务报表的责任（略）

二、注册会计师的责任（略）

三、审计意见

我们认为，上述财务报表在所有重大方面符合按照《企业会计准则》的规定编制，公允反映了 XYZ 公司 2016 年 12 月 31 日的财务状况以及 2016 年度的经营成果和现金流量。

四、强调事项段

此外，我们提请财务报表使用者关注，如财务报表附注×所述，XYZ 公司亏损等于股东权益的 35%，经营和投资的现金流量接近－400 万元，并且存在到期无法偿还的债务。虽然 XYZ 公司已在财务报表附注×中充分披露了拟采取的改善措施，但其持续经营能力仍然存在重大不确定性。本段内容并不影响已发表的审计意见。

××会计师事务所	中国注册会计师：××
（盖章）	（签名并盖章）
	中国注册会计师：××
	（签名并盖章）
中国××市	二〇一七年二月二十日

6. 如果 XYZ 公司没有在财务报表附注中充分、适当地披露以上事项，指出你认为应当出具哪种类型的审计报告，并解释原因。

分析要点：

注册会计师应当出具保留意见或否定意见的审计报告，因为 XYZ 公司会计信息披露不充分、不适当，且拒绝纠正。

9.9　期后事项/或有事项对财务报表的影响案例

案例分析目的

通过阅读和分析案例资料，了解不同期后事项/或有事项对财务报表审计的影响，并掌握对期后事项/或有事项应当如何审计。

案例资料

华兴公司 2015 年度财务报表由今明会计师事务所审计，今明会计师事务所于 2016 年 2 月 8 日出具了无保留意见的审计报告，华兴公司 2015 年度财务报表于 2016 年 2 月 24 日对外公布。华兴公司 2016 年度财务报表由今明会计师事务所审计，于2017年2月19日出具审计报告，2017年3月6日华兴公司对外公布了其财务报表。

在审计中，注册会计师发现以下事项：

1. 2017年6月11日，注册会计师发现华兴公司的一位债务人于2017年4月2日破产，销售业务发生在2016年8月5日，但此款项在2016年12月31日至2017年2月19日看来可能收回。

2. 2017年2月15日，注册会计师发现华兴公司的一位债务人于2017年2月1日破产，最后一笔销售业务发生在2016年10月2日，从那时起未收到任何款项。

3. 2017年6月14日，注册会计师发现华兴公司的一位债务人于2017年1月15日因为财务状况持续恶化而破产。最后一笔销售业务发生在2016年7月15日。

4. 注册会计师发现华兴公司2016年8月6日已经获取了一位债务人于2016年1月30日破产的相关信息，且破产清算报告显示债权无法收回，但2015年度财务报表显示，对此债权已全额计提坏账准备。

5. 2017年2月6日，注册会计师发现华兴公司的一位债务人于2017年1月30日破产，销售业务发生在2017年1月3日，破产原因是2017年1月20日发生重大未保险的火灾。

6. 2016年7月28日，发生一起客户控告华兴公司的诉讼案件，截至审计工作结束日该案件尚在诉讼，且需要赔偿的金额无法估计。

7. 2017年1月20日，华兴公司庭外和解一起发生在2015年的诉讼，该诉讼目前作为或有负债列示。

8. 2017年3月14日，华兴公司在终审判决中输了发生在2016年的官司，损失金额作为或有负债列示，于2016年度财务报表附注中披露，根据律师意见，该官司尚无法可靠估计其损失。

9. 2017年7月20日，发生一起控告华兴公司侵犯专利权的诉讼，据说华兴公司侵犯专利权的行为发生在2016年初，根据律师的意见，公司存在重大损失的危险。

10. 2017年1月3日，华兴公司收到从加拿大装运来的原材料，这批原材料是2016年10月订购的，在2016年11月装运，交易条件是离岸价，2016年已确认购进。

11. 2017年1月15日，华兴公司解决了与一名前雇员之间的人身伤害赔偿纠纷，该雇员在2016年3月的一场事故中受伤，公司以前没有将这项赔偿记作负债。

12. 2017年1月25日，华兴公司同意以现金购买晋美公司流通在外的股票，这一购买可能会使华兴公司的销售量增加一倍。

13. 2017年2月1日，华兴公司下属的一家工厂发生火灾，造成未保险的存货损失。

14. 2017年2月5日，华兴公司对外发行并售出200万元可转换债券。

案例分析

1. 针对事项1至事项14，假如每一项都非常重大，单独考虑其如何影响华兴公司2016年度财务报表（是需要在报表附注中披露，要求公司发布修正的财务报表，调整2016年度财务报表，还是不采取措施）。

分析要点：

针对事项1，不采取措施。

针对事项2，调整2016年度财务报表。

针对事项3，要求公司发布修正的财务报表。

针对事项4，调整2016年度财务报表。

针对事项5，不采取措施。

针对事项6，需要在报表附注中披露。

针对事项7，调整2016年度财务报表。

针对事项8，不采取措施。

针对事项9，不采取措施。

针对事项10，不采取措施。

针对事项11，调整2016年度财务报表。

针对事项12，需要在报表附注中披露。

针对事项13，需要在报表附注中披露。

针对事项14，需要在报表附注中披露。

2. 针对事项1至事项14，分别说明在审计2016年度财务报表时，注册会计师应当如何追加审计程序予以确认。

分析要点：

针对事项1，注册会计师不需要考虑追加审计程序。

针对事项2，注册会计师应当获取并检查债务人破产的有关公告，检查此项债权发生的原始凭证以及全额计提减值准备的相关会计处理是否正确。

针对事项3，注册会计师应当获取并检查债务人破产的有关公告，检查此项债权发生的原始凭证以及全额计提减值准备的相关会计处理是否正确，关注财务报表使用者是否仍在信赖原来的财务报表和审计报告。

针对事项4，注册会计师应当在征求华兴公司同意的基础上，与今明会计师事务所注册会计师沟通；获取并检查债务人破产的有关公告；检查此项债权发生的原始凭证以及确认坏账损失的相关会计处理；关注2016年度财务报表中与该债权相关的对应数据列报和披露是否适当。

针对事项5，注册会计师不需要考虑追加审计程序。

针对事项6，注册会计师应当获取并检查相关诉讼事项的法律文书以及相关原始凭证，关注该事项是否在财务报表中得到充分、适当的披露。

针对事项7，注册会计师应当获取并检查相关诉讼事项的法律文书以及相关原始凭证，关注该事项的会计处理是否正确。

针对事项8，注册会计师不需要考虑追加审计程序。

针对事项9，注册会计师不需要考虑追加审计程序。

针对事项10，注册会计师应当检查验收报告，关注是否与订购原材料合同、货运凭证以及购进会计处理相一致。

针对事项11，注册会计师应当检查事故认定及其赔偿的相关资料以及赔偿的会计处理。

针对事项12，注册会计师应当与华兴公司沟通，获取并检查以现金购买晋美公司流通在外的股票的相关凭证以及该事项在财务报表中的披露。

针对事项13，注册会计师应当与华兴公司沟通，了解火灾情况，关注该事项在财务报表中的披露。

针对事项14，注册会计师应当与华兴公司沟通，获取并检查华兴公司对外发行并售出200万元可转换债券的相关评估，关注该事项在财务报表中的披露。

9.10 对关联交易的关注案例

案例分析目的

通过阅读案例资料，熟悉如何识别和处理关联交易，并掌握关联交易容易发生的重大错报风险及其处理。

案例资料

注册会计师李浩在审计华兴公司2016年度财务报表时发现，2016年4月和9月华兴公司与晋美公司签订购销合同，将价值215 401 863.25元的A产品和价值10 769 230.77元的B产品销售给晋美公司，销售毛利为131 607 869.11元，占华兴公司合并主营业务利润的54.56%。

经了解，华兴公司原持有晋美公司90%的股权，经过2015年的两次股权转让，2015年末华兴公司已不再持有晋美公司的股权。华兴公司向注册会计师李浩提供了两次转股的协议。李浩追查下去，发现华兴公司转让股权的款项至今没有收到，华兴公司把该款项挂在其他应收款中。李浩怀疑此股权转让是否真实，但华兴公司以转股协议、受让方承诺在 2017 年 5 月支付转让款的承诺函、董事会决议、股权转让手续等资料为依据，告诉李浩，华兴公司和晋美公司已经不是关联方了。对此，注册会计师李浩进行了分析：

1. 被审计单位提供的转股协议、受让方承诺在 2017 年 5 月支付转让款的承诺函、董事会决议、股权转让手续等资料已经能够支持股权转让事项，在无法获取实质性的证据说明股权转让实质上不成立时，注册会计师只能认同该事项，但要关注其他应收款、华兴公司与晋美公司之间销售款项的可收回性。

2. 尽管被审计单位提供的股权转让的证据从形式上支持了股权转让，但有迹象表明其股权转让实质上不成立：转让款项至今没有收到，华兴公司与晋美公司的购销价格异常（华兴公司的销售毛利高于正常水平）。按照实质重于形式的原则，注册会计师不能认可其股权转让，即认为华兴公司和晋美公司仍是关联方，因此，其间交易需要重新考虑其会计处理。

案例分析

1. 请指出当被审计单位已经提供证据，但注册会计师明显感到有问题时，应当如何处理。

分析要点：

注册会计师应当追查下去，获取证据证实或排除其怀疑。

2. 请指出对于发生在关联方之间的合同交易，注册会计师应当如何处理。

分析要点：

注册会计师应当追查关联交易的原始凭证和相关文件，获取实质性证据，按照实质重于形式的原则进行专业判断，不能草率地以形式证据支持意见的发表。

3. 讨论在本案例中，注册会计师应当如何处理。

分析要点：

由于本案例中有迹象表明华兴公司的股权转让实质上不成立：转让款项至今没有收到，华兴公司与晋美公司的购销价格异常（华兴公司的销售毛利高于正常水平）。按照实质重于形式的原则，注册会计师不能认可其股权转让，即认为华兴公司和晋美公司仍是关联方，因此，其间交易需要重新考虑其会计处理。

4. 讨论注册会计师应如何识别和查证关联交易。

分析要点：

可供选择的审计程序为：

（1）询问被审计单位的治理层、管理层和其他人员，获取关联方及关联交易清单。

（2）实施下列审计程序，确定清单信息的完整性：

1）复核以前年度工作底稿，确认已识别的关联方名称。

2）复核被审计单位识别关联方的程序。

3）询问治理层和关键管理人员是否与其他单位存在隶属关系。

4）复核投资者记录以确定主要投资者的名称；在适当情况下，从股权登记机构获取主要投资者的名单。

5）查阅股东会和董事会的会议纪要，以及其他相关的法定记录。

6）复核被审计单位向监管机构报送的所得税申报表和其他信息。

7）向前任注册会计师、主审注册会计师或其他注册会计师发函询问其知悉的关联方以及管理层在重大关联交易中涉及的程度。

8）复核应收或应付账款询证函回函，关注是否存在担保。如果存在担保迹象，确定其性质以及保证人与被审计单位之间的关系。

9）询问涉及特殊目的实体（SPE）的账外安排或交易的性质、条款和财务安排。

10）向董事、主要股东和高级管理人员获取利益冲突声明，并实施复核程序。

11）向审计项目组成员或审计组成部分的注册会计师提供或及时更新关联方和关联交易信息。

（3）实施下列审计程序，以识别关联交易：

1）关注下列可能导致关联交易的情形：缺乏持续经营所必需的资金；为达到支撑股价、融资等目的而试图保持良好的盈利记录；过于乐观的盈利预测；过于依赖单一或较少的产品、客户或交易事项；出现行业危机；生产能力过剩；发生重大诉讼，尤其是股东与管理层之间发生诉讼；所在行业技术淘汰风险较高。

2）在审计过程中，对下列交易保持警惕，考虑是否存在以前尚未识别出的关联方：价格、利率、担保和付款等条件异常的交易；商业理由明显不合乎逻辑的交易；实质与形式不符的交易；处理方式异常的交易；与某些顾客或供货商进行的大量或重大交易；未予记录的交易。

3）关注下列可能表明治理层和管理层没有识别出关联交易的情形：被审计单位与关联方之间关系复杂，安排的交易复杂；关联交易是非正式的；被审计单位的信息系统不能对关联交易进行确认和汇总；关联交易偶尔发生，没有被纳入日常的业务中；其他重大交易。

（4）在执行下列常规程序时关注关联交易：

1）执行交易和余额的细节测试；

2）查阅股东大会和董事会的会议纪要；

3）复核大额或异常的交易、账户余额的会计记录，特别关注接近报告期末或在报告期末确认的交易；

4）复核对债权债务关系的询证函回函以及来自银行的询证函回函，以发现担保关系和其他关联交易；

5）复核投资交易。

（5）如果识别出以前未识别或未披露的关联交易，应考虑实施下列追加审计程序：

1）立即将这一情况传达给项目组的其他成员，使其确定该情况是否影响已实施审计程序所得出的结果；

2）要求管理层在最新识别的关联方的基础上识别与该关联方的交易，以便进行进一步的评价；

3）了解被审计单位对于关联方和关联交易的控制，并调查被审计单位在以前没有识别或没有披露关联方关系及其交易的原因；

4）如果发现未被识别或者未被披露的关联方或关联交易是有意的，应将该情况告知被审计单位的治理层，并评价这一情况对审计其他方面的影响，尤其应当考虑管理层向注册会计师提供的有关关联方信息的声明的可靠性。

（6）针对已识别的关联交易，实施下列审计程序：

1）复核被审计单位授权、确认关联交易，并对其进行会计处理和披露的程序，确定交易是否已经恰当层级的管理层批准，是否已进行恰当的会计处理；

2）了解交易的经济目的，如有必要，咨询律师或专家意见；

3）检查证实交易的支持性文件，如发票、合同、协议及入库和运输单据等相关文件；

4）如果必要，审查关联方之间的账户余额，检查特殊交易；

5）检查关联方之间的抵押品或对其实施函证，获取关于其价值和可转让性的充分的审计证据；

6）如果有主审注册会计师，向其询问可能影响子公司资产或负债的母公司的所有计划。

（7）了解被审计单位与关联交易相关的内部控制：

1）是否建立了针对某些具体类型的关联交易的内部控制制度，相关员工是否了解这些控制制度，这些控制制度是否得到有效执行；

2）是否存在相关的政策和程序，以便能够及时披露管理层和治理层在关联交易中得到的利益；

3）被审计单位是否就识别、记录关联交易的职责进行合理分配；

4）针对重大、异常的关联交易，管理层和治理层之间是否及时进行讨论，并予以披露；

5）对于存在利益冲突的关联交易，是否存在明确的指导方案和解决办法；

6）在披露关联方和关联交易方面，如果遇到问题，管理层是否有积极寻求帮助的意识；

7）针对关联方和关联交易，是否存在预警性政策和程序。

（8）如果可获取的与关联交易相关的审计证据有限，可以考虑实施下列审计程序：

1）向关联方函证交易的条件和金额，包括担保和其他重要信息；

2）检查关联方拥有的信息；

3）向与交易相关的人员和机构（例如银行、律师）函证或与其讨论有关信息。

（9）如果存在下列情况，可以考虑向治理层和主要管理人员索取关联方询证函回函：

1）被审计单位用于确认关联交易的控制和程序不充分；

2）如果不实施函证，注册会计师对关联交易获取的审计证据不满意。

（10）考虑关联交易对被审计单位预计纳税金额的影响，并将这些交易告知税收业务项目组，由其复核税费和纳税申报表。

（11）评价涉及SPE的账外安排和交易是否为关联交易，并实施下列审计程序：

1）贷款发放人、为持有的投资或债务担保的主要债务人，是否存在涉及SPE的迹象；

2）复核所有SPE的性质和结构化财务安排；

3）复核与SPE有关的重大交易的重要文件和协议；

4）询问当期对现存SPE的所有变动，以及可能影响交易日会计处理的情况；

5）修改管理层声明书，使之包含关于SPE交易的重大问题和假设的特定陈述，并确定管理层已提供所有相关信息和文件；

6）考虑对SPE的账务记录实施进一步审计程序；

7）考虑利用专家评价SPE的构造和相关交易，保证其会计处理和披露的适当性。

（12）考虑关联方和关联交易对舞弊风险评估的影响，是否有必要实施下列审计程序：

1）复核重大现金支出、款项和投资，考虑被审计单位是否向关联方提供资金；

2）与曾向被审计单位提供服务的税务和咨询人员讨论，了解其已知的关联方的背景和被审计单位与关联方之间的关系；

3）与第三方，如律师、前任注册会计师和向被审计单位提供服务的机构和人员讨论，了解其已知的重大交易主要涉及方的身份和背景。

（13）就被审计单位提供的关于识别关联方信息的完整性，以及财务报表中关联方和关联交易披露的充分性，向管理层获取书面声明。

（14）实施下列审计程序，评价管理层披露关联交易是公平交易是否恰当：

1）管理层证明关联交易是公平交易的方法的恰当性；

2）验证支持该证明的内部或外部信息的来源，确定其正确性、完整性和相关性；

3）当该证明建立在假设的基础上时，考虑管理层采用的假设与其证明的相关性。

（15）根据评估的舞弊风险等因素增加的审计程序。

（16）确定被审计单位是否已按《企业会计准则》的要求披露关联方和关联交易。

9.11　新准则下租赁关注案例

案例分析目的

通过阅读案例资料，熟悉新租赁准则下的相关会计处理，并掌握新租赁准则下发生的重大错报风险及其处理。

案例资料

资料一：

甲公司（客户）与乙公司（货运商）签订了一份使用10个指定型号集装箱的5年期合同。合同指定了具体的集装箱，集装箱归乙公司所有。甲公司有权决定何时何地使用这些集装箱以及用其运输什么货物。不用时，集装箱存放在甲公司处。甲公司可将集装箱用于其他目的（如用于存储）。但合同明确规定甲公司不能运输特定类型的货物（如爆炸物）。若某个集装箱需要保养或维修，乙公司应以同类型的集装箱替换。除非甲公司违约，乙公司在合同期内不得收回集装箱。除集装箱外，合同还约定乙公司应按照甲公司的要求提供运输集装箱的卡车和司机。卡车存放在乙公司处，乙公司向司机发出指示详细说明甲公司的货物运输要求。乙公司可使用任一卡车满足甲公司的需求，卡车既可以用于运输甲公司的货物，也可以运输其他客户的货物，即如果其他客户要求运输货物的目的地与甲公司要求的目的地距离不远且时间接近，乙公司可以用同一卡车运送甲公司使用的集装箱及其他客户的货物。

资料二：

甲公司（客户）与乙公司（某商场物业所有者）签订了一份使用商铺A的5年期合同。商铺A是某商场的一部分，该商场包含许多商铺。合同授予了甲公司商铺A的使用权。乙公司可以要求甲公司搬至另一商铺，在这种情况下，乙公司应向甲公司提供与商铺A面积和位置类似的商铺，并支付搬迁费用。仅当有新的重要租户决定租用较大零售区域，并支付至少足够涵盖甲公司及零售区域内其他租户搬迁费用的租赁费时，乙公司才能因甲公司搬迁而获得经济利益。尽管这种情形不完全排除发生的可能性，但从合同开始日情况来看，企业认为属于不可能发生的情况。合同要求甲公司在商场的营业时间内使用商铺A经营其知名店铺品牌以销售商品。甲公司在使用期间就商铺A的使用作出决定。例如，甲公司决定该商铺所销售的商品组合、商品价格和存货量。合同要求甲公司向乙公司支付固定付款额，并按商铺A销售额的一定比例支付可变付款额。作为合同的一部分，乙公司提供清洁、安保及广告服务。

资料三：

甲公司（客户）与乙公司（信息技术公司）签订了使用一台指定服务器的3年期合同。乙公司根据甲公司的指示在甲公司处交付和安装服务器，并在整个使用期间根据需要提供服务器的维修和保养服务。乙公司仅在服务器发生故障时替换服务器。甲公司决定服务器中存储哪些数据以及如何将服务器与其运营整合，并在整个使用期间有权改变这些决定。

资料四：

承租人甲公司签订了一份为期10年的不动产租赁合同，每年的租赁付款额为50 000元，于每年初支付。合同规定，租赁付款额在租赁期开始日后每两年基于过去24个月消费者价格指数的上涨上调。租赁期开始日的消费者价格指数为125。

资料五：

承租人甲公司与出租人乙公司就2 000平方米的办公场所签订了一份为期10年的租赁合同。在第6年初，甲公司和乙公司同意对原租赁合同进行变更，以扩租同一办公楼内3 000平方米的办公场所。扩租的场所于第6年第二季度末可供甲公司使用。增加的租赁对价与新增3 000平方米办公场所的当前市价（根据甲公司获取的扩租折扣进行调整后的金额）相当。扩租折扣反映了乙公司节约的成本，即若将相同场所租赁给新租户，乙公司将会发生的额外成本（如营销成本）。

资料六：

承租人甲公司与出租人乙公司就5 000平方米的办公场所签订了一份为期10年的租赁合同。年租赁付款额为100 000元，在每年末支付。甲公司无法确定租赁内含利率。甲公司在租赁期开始日的增量借款利率为6%。在第7年初，甲公司和乙公司同意对原租赁合同进行变更，即将租赁期延长4年。每年的租赁付款额不变（即在第7～14年的每年末支付100 000元）。甲公司在第7年初的增量借款利率为7%。

案例分析

1. 针对资料一、二、三，说明是否存在租赁可识别资产，是否拥有租赁资产的使用权。

分析要点：

资料一：

本例中，合同明确指定了10个集装箱，乙公司一旦交付集装箱给甲公司，仅在集装箱需要保养和维修时方可替换，因此，这10个集装箱是已识别资产。合同既未明确也未隐性指定卡车，因此运输集装箱的卡车不属于已识别资产。甲公司在整个5年使用期内控制10个集装箱的使用，原因如下：(1) 甲公司有权获得在5年使用期使用集装箱所产生的几乎全部经济利益。本例中甲公司在整个使用期间（包括不使用集装箱运输货物的期间）拥有这些集装箱的独家使用权。(2) 合同中关于集装箱可运输货物的限制并未赋予乙公司主导集装箱使用目的和使用方式的权利。在合同约定的使用权范围内，甲公司可以主导集装箱的使用目的和使用方式，决定何时何地使用集装箱以及使用集装箱运输什么货物。当集装箱不用于运输货物时，甲公司还可决定是否使用以及如何使用集装箱（如用于存储）。甲公司在5年使用期内有权改变这些决定，因此甲公司有权主导集装箱的使用。

尽管乙公司控制了运输集装箱的卡车和司机，但乙公司在这方面的决策并未赋予其主导集装箱使用目的和使用方式的权利。因此，乙公司在使用期间不能主导集装箱的使用。

资料二：

本例中商铺A在合同中明确指定乙公司有替换商铺的实际能力，但仅在特定情况下才能获益，根据合同开始日的情形分析不太可能出现这种情况，因此，乙公司的替换权不具有实质性，商铺A属于已识别资产。甲公司在整个5年使用期内控制商铺A的使用。

原因如下：(1) 甲公司有权获得在5年使用期内使用商铺A所产生的几乎全部经济利益。本例中，甲公司在整个使用期间拥有商铺A的独家使用权。尽管商铺A销售所产生的部分现金流量将从甲公司流向乙公司，但这仅代表甲公司为使用商铺A而支付给乙公司的对价，并不妨碍甲公司拥有获得使用商铺A所产生的几乎全部经济利益的权利。(2) 合同关于商铺A销售的商品以及营业时间的限制限定了甲公司使用商铺A的权利的范围。在合同界定的使用权范围内，甲公司可以决定商铺A的使用目的和使用方式，例如，甲公司能够决定在商铺A销售的商品组合以及商品售价。甲公司在5年使用期内有权改变这些决定。因此甲公司有权主导商铺A的使用。尽管清洁、安保和广告服务对于商铺A的有效使用必不可少，但乙公司在这些方面的决定并未赋予其主导商铺A使用目的和使用方式的权利。

基于上述分析可以得出结论，该合同包含商铺A的租赁，甲公司拥有商铺A 5年的使用权。

资料三：

本例中，合同明确指定了服务器，乙公司仅在服务器发生故障时方可替换，合同存在已识别资产。甲公司在整个3年使用期内控制服务器的使用，原因如下：(1) 甲公司有权获得在3年使用期内使用服务器所产生的几乎全部经济利益。因此，甲公司在整个使用期间拥有服务器的独家使用权。(2) 甲公司有权决定使用该服务器支持其运营的哪些方面以及存储哪些数据，甲公司可就服务器的使用目的和使用方式作出相关决定，且甲公司是使用期间唯一可对服务器的使用作出决定的一方，因此甲公司有权主导服务器的使用。

基于上述分析可以得出结论，该合同包含服务器的租赁，甲公司拥有服务器3年的使用权。

以上三个资料关注的是租赁资产的识别问题，这个问题可以通过租赁决策树解决，租赁决策树如图9－1所示。

2. 针对资料四，确定租赁负债的入账基础。

分析要点：

资料四：

甲公司在初始计量租赁负债时，应基于租赁期开始日的消费者价格指数确定租赁付款额，无须对后续年度因消费者价格指数而导致的租金变动作出估计。因此，在租赁期开始日，甲公司应以每年50 000元的租赁付款额为基础计量租赁负债。

资料四关注的是取决于指数的可变租赁付款额，取决于指数或比率的可变租赁付款额。可变租赁付款额中，仅取决于指数或比率的可变租赁付款额纳入租赁负债的初始计量中，包括与消费者价格指数挂钩的款项、与基准利率挂钩的款项和为反映市场租金费率变化而变动的款项等。此类可变租赁付款额应当根据租赁期开始日的指数或比率确定。除了取决于指数或比率的可变租赁付款额之外，其他可变租赁付款额均不纳入租赁负债的初始计量中。

3. 针对资料五、六，分析是否构成租赁变更，以及租赁合同是如何变更的。

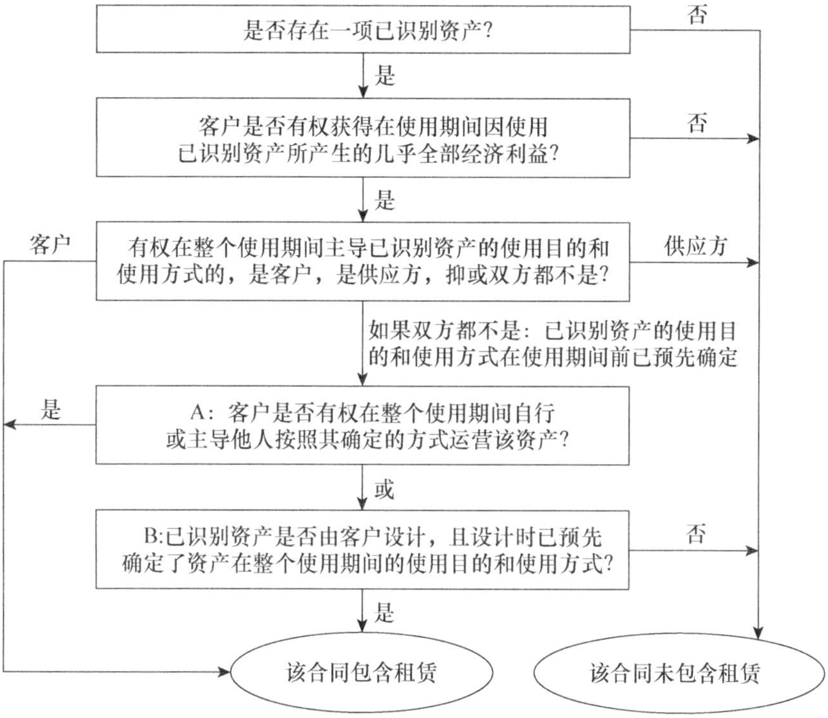

图 9-1 租赁决策树

分析要点：

资料五：

在本例中，甲公司应当将该变更作为一项单独的租赁，与原来的 10 年期租赁分别进行会计处理。原因在于，该租赁变更通过增加 3 000 平方米办公场所的使用权而扩大了租赁范围，并且增加的租赁对价与新增使用权的单独价格按该合同情况调整后的金额相当。据此，在新租赁的租赁期开始日（即第 6 年第二季度末），甲公司确认与新增 3 000 平方米办公场所租赁相关的使用权资产和租赁负债。甲公司对原有 2 000 平方米办公场所租赁的会计处理不会因为该租赁变更而进行任何调整。

资料六：

在租赁变更生效日（即第 7 年初），甲公司基于下列情况对租赁负债进行重新计量：①剩余租赁期为 8 年；②年付款额为 100 000 元；③采用修订后的折现率 7%进行折现。据此，计算得出租赁变更后的租赁负债＝100 000×(P/A，7%，8)＝597 130（元）。租赁变更前的租赁负债＝100 000×(P/A，6%，4)＝346 510（元）。甲公司将变更后租赁负债的账面价值与变更前的账面价值的差额 250 620 元（597 130－346 510），相应调整使用权资产的账面价值。

资料五、六关注的是租赁变更是否作为一项单独租赁来处理。

(1) 租赁变更作为一项单独租赁处理。租赁发生变更且同时符合下列条件的，承租人应当将该租赁变更作为一项单独租赁进行会计处理：

1）该租赁变更通过增加一项或多项租赁资产的使用权而扩大了租赁范围；

2）增加的对价与租赁范围扩大部分或租赁期限延长部分的单独价格按该合同情况调整后的金额相当。

（2）租赁变更未作为一项单独租赁处理。在租赁变更生效日，承租人应当按照有关租赁分拆的规定对变更后合同的对价进行分摊；按照有关租赁期的规定确定变更后的租赁期；采用变更后的折现率对变更后的租赁付款额进行折现，以重新计量租赁负债。在计算变更后租赁付款额的现值时，承租人应当采用剩余租赁期间的租赁内含利率作为折现率；无法确定剩余租赁期间的租赁内含利率的，应当采用租赁变更生效日的承租人增量借款利率作为折现率。

就上述租赁负债调整的影响，承租人应区分以下情形进行会计处理：

1）租赁变更导致租赁范围缩小或租赁期缩短的，承租人应当调减使用权资产的账面价值，以反映租赁的部分终止或完全终止。承租人应将部分终止或完全终止租赁的相关利得或损失计入当期损益（资产处置损益）。

2）其他租赁变更，承租人应当相应调整使用权资产的账面价值。

9.12 对上市公司特殊事项的关注实训项目

实训目的

了解上市公司年报中的持续经营、担保抵押、关联方披露、债务重组、期后事项等特殊事项产生的原因，掌握这些特殊事项如何影响财务报表以及注册会计师在审计中如何关注这些特殊事项。

实训要求

学生独立从报纸、网络上收集上市公司年报情况，选择一家最近一年在持续经营、担保抵押、关联方披露、债务重组、期后事项等出现问题的上市公司，分析持续经营、担保抵押、关联方披露、债务重组、期后事项等特殊事项产生的原因，分析不同情况下这些特殊事项对财务报表的影响、对审计工作及其审计意见的影响。

根据分析和讨论，撰写案例分析文章，并在课堂上陈述。

实训指导

1. 组织实训的流程。

学生通过浏览各个上市公司官网上发布的信息，从一些异常或不寻常的现象中寻找研究的目标公司；讨论小组每个成员承担一部分资料收集的任务，收集该公司的所有信息；在拥有大量资料和信息的基础上，充分讨论该公司有哪些特殊事项值得关注，从什么迹象发现该特殊事项存在风险；针对识别出的风险设计进一步测试的审计程序；充分讨论可能会查证出来的问题及其对财务报表的影响；对照注册会计师已出具的审计报告，指出该审计报告是否存在问题。

2. 实训中应注意的事项。

（1）由于学生不是在审计现场做审计而是从网络上收集二手资料，因此需要学生注意去伪存真，注意资料之间的逻辑关系。

（2）从上市公司公开披露的信息分析一些特殊事项存在的风险并设计应对的措施，这需要学生基于资料大胆假设、小心求证，有针对性地设计进一步测试的审计程序。

（3）学生作总结性发言时要求把故事讲得有趣、有证据支持，且结论合理、适当。

第 10 章

Chapter 10 终结审计与审计报告

10.1 中国证券市场第一份保留意见的审计报告的分析案例

案例分析目的

通过阅读案例资料和上网查阅相关资料，理解中国证券市场第一份保留意见的审计报告产生的背景以及什么事项会导致注册会计师发表保留意见，并了解保留意见的审计报告的格式及其对外传递的信息。

案例资料

1993 年 1 月 10 日，上海中惠会计师事务所对上海延中实业股份有限公司出具了中国证券市场第一份保留意见的审计报告，该报告出现在中国证监会文献资料中（网上也能够查到）。但随后，该报告被改为无保留意见的审计报告，上海延中实业股份有限公司修改后的 1992 年年报披露："我公司于 1993 年 3 月 6 日在《上海证券报》第五版刊登的 1992 年年度报告书中，发现有些差错、笔误，现经上海中惠会计师事务所注册会计师邬展通先生校核，以此年度报告书为准。"

关于上海延中实业股份有限公司一九九二年度财务报表的查账报告

沪惠报〔98〕第 002 号

上海延中实业股份有限公司：

本注册会计师根据你单位同意的沪惠委字〔92〕第 111 号委托书要求，对你单位 1992 年 12 月 31 日的资产负债表和到该日截止的本年利润表进行了检查验证，其中资产负债表中的期初数和利润表中的上期数等比较资料，已由本注册会计师验查验证。在检查验证中，我们根据有关法律、行政法规、财务会计制度《注册会计师检查验证财务报表规则（试行）》的规定，结合你单位的具体情况，实施了检查内部管理制度遵守情况和数据记录真实情况等必要的查账验证程序。

经查验，你单位未能将应合并的报表合并且固定资产折旧记录不完整。

我们认为，除上述问题外，你单位的上述财务报表符合《股份制试点企业会计制度》，恰当地反映了你单位本年度末财务状况及本年度经营成果和资金变动情况，有关会计事项处理方法、财务报表的分类编制方法因为自 1992 年 7 月份起改为股份制试点企业会计制度而有所改变，特此说明。

上海中惠会计师事务所　　　　注册会计师：邬展通

一九九三年一月十日

案例分析

1. 结合中国证券第一份保留意见的审计报告，讨论在什么情况下会发表保留意见的审计报告。

分析要点：

当存在下列情形之一时，注册会计师应当发表保留意见：

（1）在获取充分、适当的审计证据后，注册会计师认为错报单独或汇总起来对财务报表影响重大，但不具有广泛性；

（2）注册会计师无法获取充分、适当的审计证据以作为形成审计意见的基础，但认为未发现的错报（如存在）对财务报表可能产生的影响重大，但不具有广泛性。

2. 根据最新的审计报告准则的相关规定，讨论保留意见审计报告的格式及其对外传递的信息。

分析要点：

当由于财务报表存在重大错报而发表保留意见时，注册会计师应当在审计意见部分说明：注册会计师认为，除形成保留意见的基础部分所述事项产生的影响外，后附的财务报表在所有重大方面按照适用的财务报告编制基础的规定编制，公允反映了［……］。

当由于无法获取充分、适当的审计证据而导致发表保留意见时，注册会计师应当在审计意见部分使用“除……可能产生的影响外”等措辞。

保留意见的审计报告对外传递的信息是：财务报表整体值得信赖，但保留的事项提请关注。

3. 根据最新的审计准则的规定，讨论中国证券市场第一份保留意见的审计报告所列示的保留事项是否恰当；如果不恰当，应当如何在审计报告中反映。

分析要点：

该审计报告所列示的保留事项不恰当。注册会计师应当在审计报告中明确指出查证出来的被审计单位应当合并而未合并以及固定资产折旧不完整的重大错报事实，指出其与《企业会计准则》的规定相违背之处，并尽可能指出应当合并而未合并的报表对被审计单位的影响以及少计固定资产折旧对财务报表的影响。

10.2 中国证券市场第一份无法表示意见的审计报告的分析案例

案例分析目的

通过阅读案例资料和上网查阅相关资料，理解中国证券市场第一份无法表示意见的审计报告产生的背景以及什么事项会导致注册会计师无法表示意见，并了解在中国证券市场上审计报告的变迁。

案例资料

石家庄宝石电子玻璃股份有限公司（以下简称宝石公司）的前身是石家庄显像管总厂（以下简称石显总厂）。1992年5月，经政府有关部门批准，石显总厂以其下属的黑白玻壳生产线、黑白显像管生产线为主体开始进行股份制试点，并以定向募集方式设立股份有限公司。1995年6月和9月，宝石公司先后在深圳证券交易所上网定价发行了B股10 000万股和A股2 620万股，并上市流通（A、B股上市日期分别为1996年9月25日和1996年7月8日）。

公司1993—1996年度净资产收益率分别为4.16%、26.88%、35.15%和8.8%。从招股说明书中所反映的过去的成就和展望的前景来看，公司的整体状况也是比较好的。但从1997年开始，由于国内电视机市场的恶性无序竞争发展到白热化，黑白电视机市场加速萎缩。宝石公司黑白显像管和黑白玻壳1997年的最低售价比1996年上半年均下跌了60%以上，已低于生产成本，同时，彩色玻壳的售价下跌了20%以上，彩壳公司也出现了严重亏损；宝石公司黑白玻壳生产线熔炉按计划停炉检修后，由于产品积压严重，恢复生产无望，而转产其他产品在短时间内又难以完成，因此整个生产线实际已处于停产状态，公司 1997 年度财务报表出现每股 0.872 元的严重亏损。

1998 年 4 月 27 日，普华大华会计师事务所对石家庄宝石电子玻璃股份有限公司出具了中国证券市场第一份无法表示意见的审计报告。

审计报告

石家庄宝石电子玻璃股份有限公司全体股东：

我们接受委托，审计了贵公司 1997 年 12 月 31 日的资产负债表（公司及合并）以及 1997 年度的利润及利润分配表（公司及合并）、财务状况变动表（公司及合并）和相关财务报表附注。这些财务报表的编制由贵公司董事会负责，我们的责任是对这些财务报表发表审计意见。

由于国内电视机市场在本年度内发生的急剧变化导致贵公司主要产品的市场售价低于其生产成本，贵公司自 1997 年 6 月 6 日停炉检修黑白电视玻壳生产线起，再未恢复生产，而黑白电视显像管自 6 月 12 日起，除在 12 月份有少量生产外，其余时期均为停产。截至审计报告日，贵公司董事会尚无法确定上述产品重新开始生产的日期。

根据我们的审查，贵公司截至 1997 年 12 月 31 日的存货账面价值计人民币 119 577 679 元系以历史成本入账。鉴于上述市场原因，我们无法确定这些存货以历史成本计价的会计处理方法的合理性及其可变现净值。

根据我们的审查，贵公司截至 1997 年 12 月 31 日的应收账款共计人民币 151 503 073 元，其中账龄超过一年的应收账款计人民币 77 588 156 元。基于目前的市场状况，我们不能依据贵公司提供的资料对这些应收账款可能收回的数额作出合理的估计。

根据我们的审查，贵公司截至 1997 年 12 月 31 日的固定资产账面净值人民币 321 686 953 元系以历史成本入账，其中大部分固定资产是用于制造黑白电视机显像管和黑白电视机玻壳的。由于贵公司已停止生产上述产品且至审计报告日止贵公司并无重新恢复生产的具体计划和措施，我们无法确定这些固定资产在 1997 年 12 月 31 日的可实现价值。

由于前段所述事项涉及金额巨大，贵公司于 1997 年 12 月 31 日的流动负债超过流动资产共计人民币 723 240 798 元，且资产负债率偏高，我们无法确认贵公司依据持续经营的原则而编制的财务报表的合理性。

我们认为，由于贵公司无法就以上所述事项提供充分和必要的证据，因此我们不能确定这些事项对财务报表整体反映的影响程度，无法对贵公司上述财务报表是否符合《企业会计准则》和《股份制试点企业会计制度》等有关规定，以及是否在所有重大方面公允地反映了贵公司和贵集团 1997 年 12 月 31

日的财务状况及1997年度的经营成果和资金变动情况发表审计意见。

普华大华会计师事务所　　　　注册会计师：周忠惠

注册会计师：冯正权

中国上海　　　　一九八四年四月二十七日

案例分析

1. 分析普华大华会计师事务所对宝石公司1997年年报出具无法表示意见的审计报告的原因。

分析要点：

主要原因是：在市场竞争中，黑白电视机市场的快速萎缩，产品需求、价格大幅下降，导致宝石公司主打产品售价低于成本，主要生产线停产，因此严重影响公司的持续经营能力。注册会计师对于影响公司持续经营能力的事项及其情况无法查证清楚，不能排除对持续经营假设是否合理的疑虑，所以发表了无法表示意见的审计报告。

2. 有人认为无法表示意见的审计报告等同于注册会计师缄默不语，结合本案例，谈谈你的看法。

分析要点：

无法表示意见的审计报告并不等同于缄默不语，而是表明意见的一种方式。实际上，这份审计报告以非常特殊的方法，将宝石公司缺乏持续经营能力的信息，以比较婉转的方式告诉了投资者，这无疑是给投资者的一个警示信号，对为投资者消除信息误导所带来的风险起到了积极作用。

3. 自第一份无法表示意见的审计报告出现以来，人们发现注册会计师在一些情况下偏好出具无法表示意见的审计报告。请查阅历年审计报告，讨论哪些情况下注册会计师偏好出具无法表示意见的审计报告。

分析要点：

在以下情况下注册会计师偏好出具无法表示意见的审计报告：

（1）存货没有监盘；

（2）会计处理不及时，无法查证；

（3）会计估计，如坏账准备计提、固定资产减值准备计提以及公允价值估计等；

（4）关联交易产生的事项众多；

（5）出现影响持续经营能力的事项和情况；

（6）被审计单位拒绝提供管理层声明书；

（7）被审计单位长期账表不相符，且无法查证。

4. 结合中国证券第一份无法表示意见的审计报告，讨论在什么情况下会出具无法表示意见的审计报告。

如果无法获取充分、适当的审计证据以作为形成审计意见的基础，但认为未发现的错报（如存在）对财务报表可能产生的影响重大且具有广泛性，注册会计师应当发表无法表示意见。

在极少数情况下，可能存在多个不确定事项。尽管注册会计师对每个单独的不确定事项获取了充分、适当的审计证据，但由于不确定事项之间可能存在相互影响，以及可能对财务报表产生累积影响，注册会计师不可能对财务报表形成审计意见。在这种情况下，注册会计师应当发表无法表示意见。

10.3　不同会计问题对审计报告的影响案例①

案例分析目的

通过阅读案例资料，熟悉财务报表审计中可能遇到的各种情况的会计处理，掌握不同情况下审计报告的意见类型，并编制审计报告。

案例资料

公开发行 A 股的华兴股份有限公司（以下简称华兴公司）系今明会计师事务所的审计客户。注册会计师 A 和 B 负责对华兴公司 20×6 年度财务报表进行审计，并确定财务报表层次的重要性水平为 120 万元。华兴公司 20×6 年度财务报告于 20×7 年 3 月 25 日获董事会批准，并于同日报送证券交易所。

华兴公司未经审计的 20×6 年度财务报表部分项目的年末余额或年度发生额如表 10－1 所示。

表 10－1　华兴公司未经审计的 20×6 年度财务报表部分项目的年末余额或年度发生额

项目	金额（万元）
资产总额	42 000
股本	15 000
资本公积	8 000
盈余公积	2 000
未分配利润	1 800

① 改编自中国注册会计师全国统一考试“审计”试题。

续表

项目	金额（万元）
营业收入	36 000
利润总额	600
净利润	400

在对华兴公司的审计过程中，注册会计师A和B注意到以下事项：

1. 华兴公司会计政策规定，对应收款项采用账龄分析法计提坏账准备。确定的坏账准备计提比例分别为：账龄1年以内的（含1年，以下类推），按其余额的15%计提；账龄1～2年的，按其余额的40%计提；账龄2～3年的，按其余额的60%计提；账龄3年以上的，按其余额的80%计提。

华兴公司20×6年12月31日未经审计的预收款项账面余额为23 445 000元，明细情况如表10－2所示。

表10－2　华兴公司20×6年12月31日未经审计的预收款项情况　单位：元

客户名称	1年以内	1～2年	2～3年	3年以上
预收款项——a公司	30 150 000	—	—	—
预收款项——b公司	—	2 100 000	—	—
预收款项——c公司	600 000	—	25 000	—
预收款项——d公司	－9 500 000	—	—	—
预收款项——e公司	—	—	—	70 000
小计	21 250 000	2 100 000	25 000	70 000

2. 华兴公司采用完工百分比法确认合同收入和合同费用，按累计实际发生的合同成本占合同预计总成本的百分比确定合同完工程度。20×6年1月，华兴公司作为建筑承包商与建设单位签订了一份总金额为40 000 000元的固定造价合同，预计总成本为36 000 000元。20×6年度实际发生成本25 200 000元。20×6年末，预计为完成该项合同尚需在20×7年发生成本16 800 000元，该合同的结果能够可靠估计，但华兴公司在20×6年度尚未确认与该合同相关的主营业务收入和主营业务成本。

3. 华兴公司从20×6年1月开始研发一项产品专利技术，董事会认为研发该项目具有可靠的技术和财务等资源的支持，并且一旦研发成功将显著降低华兴公司的产品成本，因此予以批准。20×6年11月30日，该项专利技术达到预定用途，结转研发支出，确认无形资产。该无形资产的估计使用寿命为5年，净残值为零，并按直线法摊销。华兴公司在研发过程中发生材料费30 000 000元、工资费用6 000 000元、其他相关费用4 000 000元，共计40 000 000元，其中符合资本化条件的支出为18 000 000元。华兴公司在20×6年度作了如下会计处理：发生研发支出时，借记“研发支出——费用化支出”22 000 000元、“研发支出——资本化支出”18 000 000元，贷记“原材料”30 000 000 元、“应付职工薪酬”6 000 000 元、“银行存款”4 000 000 元；结转“研发支出——费用化支出”账户时，借记“管理费用”22 000 000 元，贷记“研发支出——费用化支出”22 000 000 元；确认无形资产时，借记“无形资产”18 000 000 元，贷记“研发支出——资本化支出”18 000 000 元；在摊销该项无形资产时，借记“制造费用——专利技术”300 000 元，贷记“累计摊销”300 000 元。

4. 20×5 年 2 月，华兴公司与某广告代理公司签订广告代理合同，委托该公司承办产品广告业务，采用机场广告牌方式。广告代理合同约定：机场广告牌费用为 14 400 000 元，展示时间为 20×5 年 2 月至 20×7 年 1 月共两年，若因故在展示期间中止广告，则代理方应退还中止广告期间所对应的广告费用。华兴公司于 20×5 年 7 月一次性全额支付该项广告费用，并全额计入 20×5 年度销售费用。注册会计师 A 和 B 在审计华兴公司 20×5 年度财务报表时认为，应在自 20×5 年 2 月起的两年内平均分摊该项广告费用，提出借记“长期待摊费用”7 800 000 元、贷记“销售费用”7 800 000 元的审计调整建议。华兴公司调整了 20×6 年度财务报表，但未调整 20×6 年度相关账户和财务报表。

5. 华兴公司于 20×6 年 8 月取得了某外国上市公司 18%的股权（不能实施控制，也无重大影响），投资成本 8 000 000 元。在编制 20×6 年 12 月 31 日资产负债表时，华兴公司对该公司投资的账面价值按当日公允价值反映。20×7 年 3 月 24 日，该外国上市公司因所在地发生地震造成其股票市场价值与 20×6 年 12 月 31 日相比下挫 60%，华兴公司对该上市公司的股权投资遭受重大损失。

6. 20×6 年 1 月 31 日，华兴公司开发建成一栋商住两用楼，该商住楼所在地不存在活跃的房地产交易市场，20×6 年末未发生减值迹象。该商住楼的建造成本为 3 000 万元，其中，一层商铺计划用于出租，建造成本为 1 200 万元，其余楼层计划用于华兴公司办公，建造成本为 1 800 万元。20×6 年 3 月 31 日，华兴公司就一层商铺与某超市签订经营租赁合同，租赁期为 20×6 年 3 月 31 日至 20×8 年 3 月 30 日，租赁费用总额 1 440 000 元，自 20×6 年 4 月起按月结算。该商住楼预计使用年限为 30 年，预计净残值率为原值的 10%，按平均年限法计提折旧。华兴公司于 20×6 年 1 月 31 日作了增加“固定资产——商住楼”30 000 000 元的会计处理；于 20×6 年 2—12 月计提了该商住楼折旧，作借记“管理费用——折旧费”825 000 元、贷记“累计折旧”825 000 元的会计处理；于 20×6 年 4—12 月对该商住楼的租赁业务作了借记“银行存款”540 000 元、贷记“营业收入——其他业务收入”540 000 元的会计处理。

案例分析

1. 如果不考虑审计重要性水平，针对事项1～事项6，请分别回答注册会计师A和B是否需要提出审计处理建议。若需提出审计调整建议，请直接列示审计调整分录（审计调整分录均不考虑对华兴公司20×6年度的税费、递延所得税资产和负债、期末结转损益及利润分配的影响，下同）。

分析要点：

针对事项1，注册会计师A和B应提请华兴公司作以下报表重分类调整分录：

借：应收账款——d公司	9 500 000
贷：预收款项——d公司	9 500 000

华兴公司应按账龄分析法补提应收账款坏账准备，补提数为1 425 000元（9 500 000×15%）。

故针对事项1，注册会计师A和B还应提请华兴公司作以下审计调整分录：

借：资产减值损失——坏账损失	1 425 000
贷：应收账款——坏账准备	1 425 000

针对事项2：

20×6年合同完工进度＝25 200 000÷(25 200 000＋16 800 000)×100%＝60%

20×6年确认的合同收入＝合同总收入×60%＝40 000 000×60%＝24 000 000(元)

20×6年应确认的合同费用＝预计总成本×60%

＝(25 200 000＋16 800 000)×60%＝25 200 000(元)

20×6年确认的合同毛利＝收入－费用＝24 000 000－25 200 000

＝－1 200 000(元)

20×6年预计的合同损失＝[(25 200 000＋16 800 000)－40 000 000]×(1－60%)

＝800 000(元)

注册会计师A和B应提请华兴公司作以下审计调整分录：

借：营业成本	25 200 000
贷：营业收入	24 000 000
存货——工程施工（合同毛利）	1 200 000

借：资产减值损失　800 000

　贷：存货——存货跌价准备　800 000

针对事项 3，注册会计师 A 和 B 无须提出任何审计处理建议。

针对事项 4，注册会计师 A 和 B 应提请华兴公司作以下审计调整分录：

借：销售费用——广告费　7 200 000

　　一年内到期的非流动资产　600 000

　贷：未分配利润　7 800 000

针对事项 5，注册会计师 A 和 B 应提请华兴公司在其 2016 年度财务报表附注中将该事项作为资产负债表日后重大非调整事项进行披露。

针对事项 6，注册会计师 A 和 B 应提请华兴公司作下列审计调整分录：

借：投资性房地产　12 000 000

　贷：固定资产　12 000 000

借：固定资产——累计折旧　330 000

　贷：投资性房地产——投资性房地产累计折旧（摊销）　330 000

借：营业成本——其他业务成本　270 000

　贷：管理费用——折旧费　270 000

2. 如果考虑审计重要性水平，假定华兴公司分别只存在 6 个事项中的 1 个事项，并且拒绝接受注册会计师 A 和 B 针对事项 1～事项 6 提出的审计处理建议（如果有审计处理建议），在不考虑其他条件的前提下，请指出注册会计师 A 和 B 应当针对该 6 个独立存在的事项分别出具何种意见类型的审计报告。

分析要点：

针对事项 1，注册会计师 A 和 B 应当出具保留意见的审计报告；

针对事项 2，注册会计师 A 和 B 应当出具保留意见的审计报告；

针对事项 3，注册会计师 A 和 B 应当出具无保留意见的审计报告；

针对事项 4，注册会计师 A 和 B 应当出具否定意见的审计报告；

针对事项 5，注册会计师 A 和 B 应当出具保留意见的审计报告；

针对事项 6，注册会计师 A 和 B 应当出具保留意见的审计报告。

3. 如果考虑审计重要性水平，假定华兴公司只存在事项 4，并且拒绝接受注册会计师 A 和 B 提出的审计处理建议（如果有审计处理建议），在不考虑其他条件的前提下，请代为编制审计报告。

分析要点：

审计报告

华兴股份有限公司全体股东：

一、否定意见

我们审计了华兴股份有限公司及其子公司（以下简称华兴公司）的合并财

务报表，包括20×6年12月31日的合并资产负债表，20×6年度的合并利润表、合并现金流量表、合并股东权益变动表以及相关合并财务报表附注。

我们认为，由于“形成否定意见的基础”部分所述事项的重要性，后附的合并财务报表没有在所有重大方面按照企业财务报告编制基础的规定编制，未能公允反映华兴公司20×6年12月31日的合并财务状况以及20×6年度的合并经营成果和合并现金流量。

二、形成否定意见的基础

如财务报表附注×所述，华兴公司应当在20×6年度财务报表的销售费用项目中列支广告费7 200 000元，但未予列支，不符合《企业会计准则》的规定。如果按规定予以列支，华兴公司20×6年度利润总额将减少7 200 000元，从而使华兴公司由盈利变为亏损。

我们按照中国注册会计师审计准则的规定执行了审计工作。审计报告的“注册会计师对合并财务报表审计的责任”部分进一步阐述了我们在这些准则下的责任。按照中国注册会计师职业道德守则，我们独立于华兴公司，并履行了职业道德方面的其他责任。我们相信，我们获取的审计证据是充分、适当的，为发表否定意见提供了基础。

三、管理层和治理层对合并财务报表的责任

华兴公司管理层（以下简称管理层）负责按照企业财务报告编制基础的规定编制合并财务报表，使其实现公允反映，并设计、执行和维护必要的内部控制，以使合并财务报表不存在由于舞弊或错误导致的重大错报。在编制合并财务报表时，管理层负责评估华兴公司的持续经营能力，披露与持续经营相关的事项（如适用），并运用持续经营假设，除非管理层计划清算华兴公司、终止运营或别无其他现实的选择。治理层负责监督华兴公司的财务报告过程。

四、注册会计师对合并财务报表审计的责任

我们的目标是对合并财务报表整体是否不存在由于舞弊或错误导致的重大错报获取合理保证，并出具包含审计意见的审计报告。合理保证是高水平的保证，但并不能保证按照审计准则执行的审计在某一重大错报存在时总能发现。错报可能由于舞弊或错误导致，如果合理预期错报单独或汇总起来可能影响财务报表使用者依据合并财务报表作出的经济决策，则通常认为错报是重大的。在按照审计准则执行审计工作的过程中，我们运用职业判断，并保持职业怀疑。同时，我们也执行以下工作：

(1) 识别和评估由于舞弊或错误导致的合并财务报表重大错报风险，设计和实施审计程序以应对这些风险，并获取充分、适当的审计证据，作为发表审计意见的基础。由于舞弊可能涉及串通、伪造、故意遗漏、虚假陈述或凌驾于内部控制之上，未能发现由于舞弊导致的重大错报的风险高于未能发现由于错误导致的重大错报的风险。

(2) 了解与审计相关的内部控制，以设计恰当的审计程序，但目的并非对内部控制的有效性发表意见。

(3) 评价管理层选用会计政策的恰当性和作出会计估计及相关披露的合理性。

(4) 对管理层使用持续经营假设的恰当性得出结论。同时，根据获取的审计证据，就可能导致对华兴公司持续经营能力产生重大疑虑的事项或情况是否存在重大不确定性得出结论。如果我们得出结论认为存在重大不确定性，审计准则要求我们在审计报告中提请报表使用者注意合并财务报表中的相关披露；如果披露不充分，我们应当发表非无保留意见。我们的结论基于截至审计报告日可获得的信息。然而，未来的事项或情况可能导致华兴公司不能持续经营。

(5) 评价合并财务报表的总体列报、结构和内容，并评价合并财务报表是否公允反映相关交易和事项。

(6) 就华兴公司中实体或业务活动的财务信息获取充分、适当的审计证据，以对合并财务报表发表审计意见。我们负责指导、监督和执行集团审计，并对审计意见承担全部责任。

我们与治理层就计划的审计范围、时间安排和重大审计发现等事项进行沟通，包括沟通我们在审计中识别出的值得关注的内部控制缺陷。

我们还就已遵守与独立性相关的职业道德要求向治理层提供声明，并与治理层沟通可能被合理认为影响我们独立性的所有关系和其他事项，以及相关的防范措施（如适用）。

从与治理层沟通过的事项中，我们确定哪些事项对本期合并财务报表审计最为重要，因而构成关键审计事项。我们在审计报告中描述这些事项，除非法律法规禁止公开披露这些事项，或在极少数情形下，如果合理预期在审计报告中沟通某事项造成的负面后果超过在公众利益方面产生的益处，我们确定不应在审计报告中沟通该事项。

今明会计师事务所　　　　　　　　中国注册会计师：××
（盖章）　　　　　　　　　　　　　　（签名并盖章）
　　　　　　　　　　　　　　　　中国注册会计师：××
　　　　　　　　　　　　　　　　　　（签名并盖章）
中国××市　　　　　　　　　　　　二〇×七年三月二十五日

4. 如果今明会计师事务所对华兴公司 20×5 年度财务报表出具了非无保留意见的审计报告，且导致该非无保留意见的事项在 20×6 年度仍未解决。在这种情况下，假定不考虑其他因素，讨论对华兴公司 20×6 年度财务报表应当出具何种意见类型的审计报告。

分析要点：

应当分下列两种情况予以处理：

如果未解决的事项导致对本期数据出具非无保留意见的审计报告，注册会计师应当在对20×6年度财务报表出具的审计报告中对比较数据和本期数据发表非无保留意见。

如果未解决的事项不导致对本期数据出具非无保留意见的审计报告，注册会计师应当在对20×6年度财务报表出具的审计报告中对比较数据发表非无保留意见。

5. 假定注册会计师A和B在20×7年3月24日阅读华兴公司其他信息时，发现与华兴公司20×6年度已审计财务报表存在重大不一致。在不考虑其他因素的前提下，回答下列问题：

(1) 如果注册会计师A和B确定需要修改已审计财务报表而华兴公司拒绝，对华兴公司20×6年度财务报表应当出具何种意见类型的审计报告？

(2) 如果注册会计师A和B确定需要修改其他信息而华兴公司拒绝，应当采取何种措施？

分析要点：

如果确定需要修改已审计财务报表而华兴公司拒绝修改，注册会计师A和B应当根据具体情况出具保留意见或否定意见的审计报告。

如果需要修改其他信息而华兴公司拒绝修改，注册会计师A和B应当考虑在对华兴公司20×6年度财务报表出具的审计报告中增加强调事项段说明该重大不一致，或采取其他措施。

10.4 不同情况下审计报告类型的分析案例

案例分析目的

通过阅读和分析讨论案例资料，熟悉不同情况对审计报告的影响，掌握在不同情况下出具不同的审计报告，并编制审计报告。

案例资料

ABC会计师事务所于20×7年3月5日接受了XYZ股份有限公司20×6年年报审计委托，该公司注册资本为2 000万元，审计前财务报表的资产总额为5 000万元，净利润为100万元。ABC会计师事务所委派该所注册会计师甲、乙承担 XYZ 公司的审计任务。他们在审计计划阶段确定的重要性水平为 90 万元，实际执行重要性水平为 45 万元。甲、乙于 20×7 年 3 月 15 日完成了对 XYZ 股份有限公司 20×6 年 12 月 31 日的资产负债表及该年度的利润表、现金流量表的审计工作，20×7 年 3 月 30 日 XYZ 公司对外报出财务报表。注册会计师发现的有关事项如下：

1. XYZ 公司在国外一家联营企业有 675 万元长期投资，确定当年投资收益为 365 000 元，该金额已列入 20×6 年度财务报表，但注册会计师未能取得上述联营企业的财务报表，也未能采取其他程序查明此项长期投资和投资收益的金额是否属实。

2. 20×6 年 9 月，公司被控侵犯专利权，对方要求收取专利权使用费并收取罚款，此案正在审理，最终结果无法确定，但律师认为最可能的赔偿额为 100 万～120 万元，XYZ 公司已在财务报表附注中予以说明，但拒绝调整财务报表。

3. 由于资金短缺，XYZ 公司没有预付下年度的 50 万元广告费。

4. 注册会计师从公司职员了解到，该公司即将发生大规模人事变动。

5. XYZ 公司于 20×6 年 12 月销售一批 Y 产品，按规定在当月确认收入 100 万元、结转成本 90 万元。由于质量问题，该批产品于 20×7 年 1 月 15 日被退回。该公司将该项销售退回事项在 20×6 年度财务报表附注的“资产负债表日后事项”部分披露为“本公司于 20×6 年 12 月销售一批 Y 产品，按规定在当月确认收入 100 万元、结转成本 90 万元。由于质量问题，该批产品于 20×7 年 1 月 15 日被退回，本公司因此将调整 20×7 年 1 月的主营业务收入和主营业务成本”。

6. 20×7 年 2 月 3 日，XYZ 公司收到退回的 20×6 年度销售的 A 产品，并且收到税务部门开具的进货退出证明单。该批产品原以 100 万元的售价（不含增值税）销售，A 产品销售成本为 60 万元，货款已结算。XYZ 公司调整了 20×6 年度的营业收入、营业成本和增值税销项税额。

7. 20×7 年 2 月，J 公司因严重破坏环境被环保部门责令停产并对居民进行赔偿，年末管理层确认了大额预计负债并在财务报表附注中予以披露。审计组将其作为审计中最为重要的事项与治理层进行了沟通，拟在审计报告的关键审计事项部分沟通该事项。同时，审计组认为该事项对财务报表使用者理解财务报表至关重要，拟在审计报告中增加强调事项段予以说明。

8. XYZ 公司于 20×3 年 1 月 1 日开始计提折旧，部分设备的技术性能已不能满足生产经营需要，需要更新设备。现有的这部分设备的预计使用年限已大大超过尚可使用年限。因此该公司从 20×6 年 1 月 1 日起将这部分设备的折旧年限缩短了 50%，同时将折旧方法由直线法改为双倍余额递减法，并取得有关批文。这部分设备的账面原价合计 900 万元，净残值率为 5%，原预计使用年限均为10年。该公司对此项变更采用未来适用法，但没有在财务报表附注中予以披露。

9. XYZ公司因侵权于20×7年2月1日被起诉，且原告要求赔偿3亿元，公司的律师不愿对该案的结果表示意见。

10. XYZ公司拥有一项长期股权投资，账面价值500万元，持股比例为30%。20×6年12月31日，XYZ公司与K公司签署投资转让协议，拟以450万元的价格转让该项长期股权投资，已收到价款300万元，但尚未办理产权过户手续。XYZ公司以该项长期股权投资正在转让过程中为由，不再计提减值准备。

11. XYZ公司于20×5年5月为L公司1年期银行借款1 000万元提供担保，因L公司不能及时偿还，银行于20×6年11月向法院提起诉讼，要求XYZ公司承担连带清偿责任。20×6年12月31日，XYZ公司在咨询律师后，根据L公司的财务状况，计提了500万元的预计负债。对上述预计负债，XYZ公司已在财务报表附注中进行了适当披露。截至审计工作完成日，法院尚未对该项诉讼作出判决。

12. XYZ公司在20×6年度向其控股股东M公司以市场价格销售产品5 000万元，以成本价购入原材料3 000万元，上述销售和采购占XYZ公司当年销货、购货的比例分别为30%和40%，公司已在财务报表附注中进行了适当披露。

13. XYZ公司的某重要子公司20×6年末处于停产状态，其核心技术人员已离职成立新公司，与XYZ公司竞争并占据主要市场份额。管理层拟在3年内自主研发替代性技术，基于该假设编制的预计未来现金流量现值显示，收购该子公司形成的大额商誉不存在减值。审计组认为技术研发成功的可能性存在重大不确定性，在无保留意见的审计报告中增加了强调事项段提醒报表使用者关注。

14. XYZ公司于20×6年末更换了大股东，并成立了新的董事会。继任法定代表人以刚上任不了解以前年度情况为由，拒绝签署20×6年度已审计财务报表和提供管理层声明书。

案例分析

1. 讨论出具不同类型审计报告的条件以及不同类型审计报告的特征。

分析要点：

出具不同类型审计报告的条件以及不同类型审计报告的特征如表10-3所示。

表 10-3 出具不同类型审计报告的条件以及不同类型审计报告的特征

类型		出具的条件	意见内容
无保留意见		如果认为财务报表在所有重大方面按照适用的财务报告框架编制，注册会计师应当发表无保留意见	如果对按照公允列报框架编制的财务报表发表无保留意见，除非法律法规另有规定，审计意见应当使用“财务报表在所有重大方面按照适用的财务报告编制基础的规定（如《国际财务报告准则》或《企业会计准则》等）编制，公允反映了……”的措辞 如果对按照遵循性框架编制的财务报表发表无保留意见，审计意见应当使用“财务报表在所有重大方面按照适用的财务报告编制基础的规定编制”的措辞
非无保留意见	保留意见	当存在下列情形之一时，注册会计师应当发表保留意见： （一）在获取充分、适当的审计证据后，注册会计师认为错报单独或累计起来对财务报表影响重大，但不具有广泛性 （二）注册会计师无法获取充分、适当的审计证据以作为形成审计意见的基础，但认为未发现的错报（如存在）对财务报表可能产生的影响重大，但不具有广泛性	当由于财务报表存在重大错报而发表保留意见时，注册会计师应当在审计意见部分说明：注册会计师认为，除形成保留意见的基础部分所述事项产生的影响外，后附的财务报表在所有重大方面按照适用的财务报告编制基础的规定编制，公允反映了[……]。 当由于无法获取充分、适当的审计证据而导致发表保留意见时，注册会计师应当在审计意见部分使用“除……可能产生的影响外”等措辞。
	否定意见	在获取充分、适当的审计证据后，如果认为错报单独或累计起来对财务报表的影响重大且具有广泛性，注册会计师应当发表否定意见	当发表否定意见时，注册会计师应当在审计意见部分说明：注册会计师认为，由于形成否定意见的基础部分所述事项的重要性，后附的财务报表没有在所有重大方面按照适用的财务报告编制基础的规定编制，未能公允反映[……]。
	无法表示意见	如果无法获取充分、适当的审计证据以作为形成审计意见的基础，但认为未发现的错报（如存在）对财务报表可能产生的影响重大且具有广泛性，注册会计师应当发表无法表示意见	当由于无法获取充分、适当的审计证据而发表无法表示意见时，注册会计师应当：（一）说明注册会计师不对后附的财务报表发表审计意见；（二）说明由于形成无法表示意见的基础部分所述事项的重要性，注册会计师无法获取充分、适当的审计证据以作为对财务报表发表审计意见的基础；（三）修改财务报表已经审计的说明，改为注册会计师接受委托审计财务报表。
带强调事项段		注册会计师应当从与治理层沟通过的事项中确定在执行审计工作时重点关注过的事项。在确定时，注册会计师应当考虑下列方面： （一）按照《中国注册会计师审计准则第 1211 号——通过了解被审计单位及其环境识别和评估重大错报风险》的规定，评估的重大错报风险较高的领域或识别出的特别风险 （二）与财务报表中涉及重大管理层判断（包括被认为具有高度估计不确定性的会计估计）的领域相关的重大审计判断 （三）本期重大交易或事项对审计的影响	注册会计师应当在审计报告中单设一部分，以“关键审计事项”为标题，并在该部分使用恰当的子标题逐项描述关键审计事项。关键审计事项部分的引言应当同时说明下列事项： （一）关键审计事项是注册会计师根据职业判断，认为对本期财务报表审计最为重要的事项 （二）关键审计事项的应对以对财务报表整体进行审计并形成审计意见为背景，注册会计师不对关键审计事项单独发表意见

续表

<table>
<tr><th colspan="2">类型</th><th>出具的条件</th><th>意见内容</th></tr>
<tr><td rowspan="2">带强调事项段和其他事项段</td><td>带强调事项段</td><td>如果认为有必要提醒财务报表使用者关注已在财务报表中列报或披露，且根据职业判断认为对财务报表使用者理解财务报表至关重要的事项，注册会计师在已获取充分、适当的审计证据证明该事项在财务报表中不存在重大错报的条件下，应当在审计报告中增加强调事项段</td><td>强调事项段紧接在审计意见段之后。应当明确提及被强调事项以及相关披露的位置，以便能够在财务报表中找到对该事项的详细描述，并指出审计意见没有因该强调事项而改变</td></tr>
<tr><td>带其他事项段</td><td>对于未在财务报表中列报或披露，但根据职业判断认为与财务报表使用者理解审计工作、注册会计师的责任或审计报告相关且未被法律法规禁止的事项，如果认为有必要沟通，注册会计师应当在审计报告中增加其他事项段</td><td>其他事项段紧接在审计意见段和强调事项段之后。如果其他事项段的内容与其他报告责任部分相关，这一段落也可以置于审计报告的其他位置</td></tr>
</table>

2. 针对以上事项1～事项14，请逐一分析上述各种情况是否影响20×6年审计报告的意见类型。如果影响，分别指出每种情况单独考虑（假定其他事项均妥善处理）时应出具的审计报告的意见类型，并给出理由。

分析要点：

针对事项1，出具保留意见的审计报告。由于注册会计师未能取得联营企业的财务报表，也未能采取其他程序查明此项长期投资和投资收益的金额是否属实，审计范围受到限制，但不广泛，因此应当考虑出具保留意见的审计报告。

针对事项2，出具否定意见的审计报告。由于根据律师意见，该项诉讼最有可能的损失数额是110万元，因此应当调整20×6年度财务报表而不能仅仅予以披露。影响利润110万元，对报表影响非常重大，应当出具否定意见的审计报告。

事项3不影响审计报告的意见类型。由于XYZ公司没有预付下年度的50万元广告费属于经营管理中的一个事项，因此如果会计处理正确，不影响审计报告的意见类型。

事项4不影响审计报告的意见类型。由于公司即将发生大规模人事变动属于公司正常的经营管理活动变化，因此不影响审计报告的意见类型。

针对事项5，出具保留意见的审计报告。由于该销售退回属于第一时段的期后事项，应当调整20×6年度财务报表的收入和成本，公司仅仅在20×6年度财务报表中披露而没有作调整，对财务报表存在重大影响，因此应当考虑出具保留意见的审计报告。

事项6不影响审计报告的意见类型。由于公司对属于第一时段的期后事项的会计处理正确，因此不影响审计报告的意见类型。

针对事项 7，发表增加审计关键事项段的无保留意见。当该事项被确定为在审计报告中沟通的关键审计事项，就不需要在强调事项段中沟通。

针对事项 8，出具保留意见的审计报告。由于会计估计或政策的合理、合法的变更需要在财务报表附注中充分、适当地披露，因此如果公司不披露，应当考虑出具保留意见的审计报告。

事项 9 不影响审计报告的意见类型。由于该诉讼事项发生在 20×7 年，不需要在 20×6 年作处理，因此不影响审计报告的意见类型。

针对事项 10，出具保留意见的审计报告。因为 XYZ 公司虽已与 K 公司签署投资转让协议，拟以 450 万元的价格转让该项长期股权投资，但尚未办理产权过户手续，应当计提减值准备而未计提，且此项影响很重要但不是非常广泛，因此可出具保留意见的审计报告。

针对事项 11，出具带强调事项段的审计报告。因为公司对法院尚未判决的担保诉讼已根据律师的意见计提了预计负债，且已在财务报表附注中作了适当的披露。公司的上述处理符合《企业会计准则》及企业会计制度要求，但注册会计师认为重要，因此可在审计报告中作为重大不确定事项增加强调事项段披露该事项。

针对事项 12，出具标准无保留意见的审计报告。因为公司的会计处理符合《企业会计准则》和相关制度规定。

针对事项 13，出具增加重大不确定性段的无保留意见审计报告。因为 XYZ 公司的持续经营假设适当，但是存在重大不确定性，审计组应当在无保留意见的审计报告中增加“与持续经营相关的重大不确定性”的单独部分，而不是增加强调事项段。

针对事项 14，出具无法表示意见的审计报告。因为管理层拒绝签署 20×6 年度财务报表、拒绝提供管理层声明书，意味着审计范围受到限制，且这种限制是重大和广泛的，注册会计师无法对财务报表表示意见，应出具无法表示意见的审计报告。

3. 针对事项 1 和事项 2，如果综合起来考虑，讨论注册会计师应当对 XYZ 公司 20×6 年度财务报表出具什么意见类型的审计报告。请编制审计报告。

分析要点：

注册会计师应出具否定意见的审计报告。

审计报告

XYZ 股份有限公司全体股东：

一、否定意见

我们审计了 XYZ 股份有限公司及其子公司（以下简称 XYZ 公司）的合并财务报表，包括 20×6 年 12 月 31 日的合并资产负债表，20×6 年度的合并利润表、合并现金流量表、合并股东权益变动表以及相关合并财务报表附注。

我们认为，由于“形成否定意见的基础”部分所述事项的重要性，后附的合并财务报表没有在所有重大方面按照企业财务报告编制基础的规定编制，未能公允反映华兴公司20×6年12月31日的合并财务状况以及20×6年度的合并经营成果和合并现金流量。

二、形成否定意见的基础

如财务报表附注×所述，XYZ公司在国外一家联营企业有675万元长期投资，确定当年投资收益为365 000元，该金额已列入20×6年度财务报表，但注册会计师未能取得上述联营企业的财务报表，也未能采取其他程序查明此项长期投资和投资收益的金额是否属实。

20×6年9月，公司被控侵犯专利权，对方要求收取专利权使用费并收取罚款，此案正在审理，律师认为最可能的赔偿额为100万～120万元。XYZ公司虽在财务报表附注中予以说明，但此事项按照《企业会计准则》的规定，应当调整20×6年度财务报表。这样的处理使XYZ公司虚增20×6年的利润110万元，少计负债110万元，从而导致公司由亏损变为盈利。

我们按照中国注册会计师审计准则的规定执行了审计工作。审计报告的“注册会计师对合并财务报表审计的责任”部分进一步阐述了我们在这些准则下的责任。按照中国注册会计师职业道德守则，我们独立于XYZ公司，并履行了职业道德方面的其他责任。我们相信，我们获取的审计证据是充分、适当的，为发表否定意见提供了基础。

三、管理层和治理层对合并财务报表的责任

XYZ公司管理层（以下简称管理层）负责按照企业财务报告编制基础的规定编制合并财务报表，使其实现公允反映，并设计、执行和维护必要的内部控制，以使合并财务报表不存在由于舞弊或错误导致的重大错报。在编制合并财务报表时，管理层负责评估XYZ公司的持续经营能力，披露与持续经营相关的事项（如适用），并运用持续经营假设，除非管理层计划清算XYZ公司、终止运营或别无其他现实的选择。治理层负责监督XYZ公司的财务报告过程。

四、注册会计师对合并财务报表审计的责任

我们的目标是对合并财务报表整体是否不存在由于舞弊或错误导致的重大错报获取合理保证，并出具包含审计意见的审计报告。合理保证是高水平的保证，但并不能保证按照审计准则执行的审计在某一重大错报存在时总能发现。错报可能由于舞弊或错误导致，如果合理预期错报单独或汇总起来可能影响财务报表使用者依据合并财务报表作出的经济决策，则通常认为错报是重大的。在按照审计准则执行审计工作的过程中，我们运用职业判断，并保持职业怀疑。同时，我们也执行以下工作：

(1) 识别和评估由于舞弊或错误导致的合并财务报表重大错报风险，设计和实施审计程序以应对这些风险，并获取充分、适当的审计证据，作为发表审计意见的基础。由于舞弊可能涉及串通、伪造、故意遗漏、虚假陈述或凌驾于内部控制之上，未能发现由于舞弊导致的重大错报的风险高于未能发现由于错误导致的重大错报的风险。

（2）了解与审计相关的内部控制，以设计恰当的审计程序，但目的并非对内部控制的有效性发表意见。

（3）评价管理层选用会计政策的恰当性和作出会计估计及相关披露的合理性。

（4）对管理层使用持续经营假设的恰当性得出结论。同时，根据获取的审计证据，就可能导致对XYZ公司持续经营能力产生重大疑虑的事项或情况是否存在重大不确定性得出结论。如果我们得出结论认为存在重大不确定性，审计准则要求我们在审计报告中提请报表使用者注意合并财务报表中的相关披露；如果披露不充分，我们应当发表非无保留意见。我们的结论基于截至审计报告日可获得的信息。然而，未来的事项或情况可能导致XYZ公司不能持续经营。

（5）评价合并财务报表的总体列报、结构和内容，并评价合并财务报表是否公允反映相关交易和事项。

（6）就XYZ公司中实体或业务活动的财务信息获取充分、适当的审计证据，以对合并财务报表发表审计意见。我们负责指导、监督和执行集团审计，并对审计意见承担全部责任。

我们与治理层就计划的审计范围、时间安排和重大审计发现等事项进行沟通，包括沟通我们在审计中识别出的值得关注的内部控制缺陷。

我们还就已遵守与独立性相关的职业道德要求向治理层提供声明，并与治理层沟通可能被合理认为影响我们独立性的所有关系和其他事项，以及相关的防范措施（如适用）。

从与治理层沟通过的事项中，我们确定哪些事项对本期合并财务报表审计最为重要，因而构成关键审计事项。我们在审计报告中描述这些事项，除非法律法规禁止公开披露这些事项，或在极少数情形下，如果合理预期在审计报告中沟通某事项造成的负面后果超过在公众利益方面产生的益处，我们确定不应在审计报告中沟通该事项。

ABC会计师事务所	中国注册会计师：××
（盖章）	（签名并盖章）
	中国注册会计师：××
	（签名并盖章）
中国××市	二〇×七年三月十五日

4. 针对以上事项1和事项14，如果综合起来考虑，讨论注册会计师应当对XYZ公司20×6年度财务报表出具什么意见类型的审计报告。请编制审计报告。

分析要点：

注册会计师应出具无法表示意见的审计报告。

审计报告

XYZ股份有限公司全体股东：

一、无法表示意见

我们接受委托，审计XYZ股份有限公司及其子公司（以下简称XYZ公司）合并财务报表，包括20×6年12月31日的合并资产负债表，20×6年度的合并利润表、合并现金流量表、合并股东权益变动表以及相关合并财务报表附注。

我们不对后附的XYZ公司合并财务报表发表审计意见。由于“形成无法表示意见的基础”部分所述事项的重要性，我们无法获取充分、适当的审计证据以作为对合并财务报表发表审计意见的基础。

二、形成无法表示意见的基础

XYZ公司在国外一家联营企业有675万元长期投资，确定当年投资收益为365 000元，该金额已列入20×6年度财务报表，但注册会计师未能取得上述联营企业的财务报表，也未能采取其他程序查明此项长期投资和投资收益的金额是否属实。

因更换了董事会以及管理层，公司后任管理层拒绝签署XYZ公司20×6年度财务报表和提供管理层声明书，注册会计师的审计范围受到很大限制。

三、管理层和治理层对合并财务报表的责任

XYZ公司管理层（以下简称管理层）负责按照企业财务报告编制基础的规定编制合并财务报表，使其实现公允反映，并设计、执行和维护必要的内部控制，以使合并财务报表不存在由于舞弊或错误导致的重大错报。在编制合并财务报表时，管理层负责评估XYZ公司的持续经营能力，披露与持续经营相关的事项（如适用），并运用持续经营假设，除非管理层计划清算XYZ公司、终止运营或别无其他现实的选择。治理层负责监督XYZ公司的财务报告过程。

四、注册会计师对合并财务报表审计的责任

我们的责任是按照中国注册会计师审计准则的规定，对XYZ公司的合并财务报表执行审计工作，以出具审计报告。但由于“形成无法表示意见的基础”部分所述的事项，我们无法获取充分、适当的审计证据以作为发表审计意见的基础。按照中国注册会计师职业道德守则，我们独立于XYZ公司，并履行了职业道德方面的其他责任。

ABC会计师事务所　　　　　　　　　　中国注册会计师：××

（盖章）　　　　　　　　　　　　　　　（签名并盖章）

中国注册会计师：××
（签名并盖章）

中国××市　　二〇×七年三月十五日

10.5　关键审计事项、强调事项和其他事项的区分案例

案例分析目的

通过阅读和分析案例资料，熟悉什么事项可以出现在审计关键事项段，什么事项可以出现在强调事项段，什么事项可以出现在其他事项段，掌握出具带关键审计事项段、强调事项段或其他事项段的审计报告需要注意的事项，以及如何编制带关键审计事项段、强调事项段或其他事项段的审计报告。

案例资料

以下为从资本市场中选取的 2020 年注册会计师审计 2019 年财务报表的审计报告。

资料一：

审计报告

幸福蓝海影视文化集团股份有限公司全体股东：

一、保留意见

我们审计了幸福蓝海影视文化集团股份有限公司（以下简称幸福蓝海）财务报表，包括 2019 年 12 月 31 日的合并资产负债表及资产负债表，2019 年度的合并利润表及利润表、合并现金流量表及现金流量表、合并所有者权益变动表及所有者权益变动表以及相关财务报表附注。我们认为，除“形成保留意见的基础”部分所述事项产生的影响外，后附的财务报表在所有重大方面按照企业会计准则的规定编制，公允反映了幸福蓝海 2019 年 12 月 31 日的财务状况以及 2019 年度的经营成果和现金流量。

二、形成保留意见的基础

幸福蓝海于 2017 年 12 月收购了重庆笛女阿瑞斯影视传媒有限公司（以下简称笛女传媒）80%的股权。收购后，幸福蓝海发现笛女传媒及其原实际控制人在收购重组过程中存在提供材料不实等情形，部分应收款项很可能无法收回。2018 年度幸福蓝海针对很可能发生的资产减值损失单项计提了资产减值准备 38 970.37 万元。但对该项预计损失的归属期间，由于受审计条

件的限制，我们未能实施进一步的审计程序以获取充分、适当的审计证据。因此，我们无法对该项预计损失的归属期间作出合理判断。上述事项对本期数据的影响或可能的影响不重大，但该未解决事项对本期合并利润表数据与上年合并利润表数据之间的可比性可能存在影响。我们按照中国注册会计师审计准则的规定执行了审计工作。审计报告的“注册会计师对财务报表审计的责任”部分进一步阐述了我们在这些准则下的责任。按照中国注册会计师职业道德守则，我们独立于幸福蓝海，并履行了职业道德方面的其他责任。我们相信，我们获取的审计证据是充分、适当的，为发表保留意见提供了基础。

三、关键审计事项

关键审计事项是我们根据职业判断，认为对本期财务报表审计最为重要的事项。这些事项的应对以对财务报表整体进行审计并形成审计意见为背景，我们不对这些事项单独发表意见。除“形成保留意见的基础”部分所述事项外，我们确定下列事项是需要在审计报告中沟通的关键审计事项。

项目	事项描述	审计应对
1. 收入确认	请参阅财务报表附注三“重要会计政策和会计估计”注释二十一所述的会计政策及附注五“合并财务报表主要项目注释”注释32。 幸福蓝海主要从事电视剧的制作、发行，电影院线和影城的经营及电影相关的广告经营。2019年度幸福蓝海确认的营业收入为213 808.79万元，主要包括电视剧发行收入48 862.81万元，院线发行及放映收入137 931.26万元。由于收入是幸福蓝海的关键业绩指标之一，从而存在为了达到特定目标或期望而操纵收入确认时点的固有风险，我们将幸福蓝海收入确认确定为关键审计事项。	我们针对收入确认执行的主要审计程序包括： 1. 我们了解和评价幸福蓝海业务流程中与销售相关的内部控制设计的有效性，并测试关键控制运行的有效性。 2. 我们通过检查销售合同，对与销售收入确认有关的风险及报酬转移时点进行了分析评价，了解和评价销售收入确认政策。 3. 我们结合业务板块、行业发展和幸福蓝海实际情况，执行分析程序，判断各板块收入变动的合理性。 4. 获取关联方销售合同，检查关联方销售收入的确认条件、方法是否符合企业会计准则，前后期是否一致；检查关联方交易是否经过授权，交易价格是否合理。 5. 检查与影视剧收入确认相关的支持性文件，包括销售合同、供带证明、销售发票等；对重大的新增客户和关联方销售业务执行函证等程序。 6. 抽查院线公司下属各影城在国家专资平台上的票房收入，将其与院线系统编制的统计报表进行核对，根据确定的分账比例计算院线的分账收入，并与账面记录进行核对。 7. 检查全部影城账面放映收入，与售票系统数据进行核对，并将影院票房收入与国家专资平台上的票房收入进行核对。 8. 就资产负债表日前后记录的收入交易，选取样本，核对合同及其他支持性文件，以评价收入是否被记录于恰当的会计期间。

续表

项目	事项描述	审计应对
2. 应收账款的确认	请参阅财务报表附注三“重要会计政策和会计估计”注释九所述的会计政策及附注五“合并财务报表主要项目注释”注释3。 应收账款于2019年12月31日余额65 398.46万元，坏账准备金额24 762.45万元，账面价值为40 636.01万元，占合并财务报表资产总额的15.88%。账面价值较高，若应收账款不能按期收回或无法收回而发生坏账对财务报表影响较为重大，为此我们确定应收账款的坏账准备为关键审计事项。	我们针对应收账款的坏账准备执行的主要审计程序包括： 1. 了解和评价幸福蓝海的信用政策及计提预期信用损失相关内部控制设计的有效性，并测试关键控制运行的有效性。 2. 对于按组合计提预期信用损失的应收账款，评估管理层编制的风险矩阵是否符合预期信用损失模型，对风险矩阵中的关键输入值进行测算，主要包括：逾期账龄、迁徙率、历史损失率、前瞻性信息等。 3. 对于单项计提预期信用损失的应收账款，选取样本复核管理层对预计未来可获得的现金流量所作评估的依据及合理性。 4. 我们选取样本对金额重大的应收账款余额实施了函证程序，并将函证结果与幸福蓝海记录的金额进行了核对。 5. 检查应收账款期后回款情况，评价应收账款信用损失的合理性。 6. 分析计算幸福蓝海资产负债表日应收账款预计信用损失与应收账款余额之间的比率，与国内的其他上市公司公开披露的信息进行比较，对幸福蓝海应收账款预计信用损失占应收账款余额比例的总体合理性进行了评估。 7. 评价管理层对应收账款坏账准备在财务报告中的披露是否恰当。

四、其他信息

幸福蓝海管理层（以下简称管理层）对其他信息负责。其他信息包括幸福蓝海2019年度报告中涵盖的信息，但不包括财务报表和我们的审计报告。我们对财务报表发表的审计意见不涵盖其他信息，我们也不对其他信息发表任何形式的鉴证结论。结合我们对财务报表的审计，我们的责任是阅读其他信息，在此过程中，考虑其他信息是否与财务报表或我们在审计过程中了解到的情况存在重大不一致或者似乎存在重大错报。基于我们已执行的工作，如果我们确定其他信息存在重大错报，我们应当报告该事实。如上述“形成保留意见的基础”部分所述，由于该事项对本期合并利润表数据与上年合并利润表数据之间的可比性可能存在影响，因此，我们无法确定与该事项相关的其他信息是否存在重大错报。

五、管理层和治理层对财务报表的责任

管理层负责按照企业会计准则的规定编制财务报表，使其实现公允反映，并设计、执行和维护必要的内部控制，以使财务报表不存在由于舞弊或错误导致的重大错报。在编制财务报表时，管理层负责评估幸福蓝海的持续经营能力，披露与持续经营相关的事项（如适用），并运用持续经营假设，除非管理层计划清算幸福蓝海、终止运营或别无其他现实的选择。治理层负责监督幸福蓝海的财务报告过程。

六、注册会计师对财务报表审计的责任

我们的目标是对财务报表整体是否不存在由于舞弊或错误导致的重大错报获取合理保证，并出具包含审计意见的审计报告。合理保证是高水平的保证，但并不能保证按照审计准则执行的审计在某一重大错报存在时总能发现。错报可能由于舞弊或错误导致，如果合理预期错报单独或汇总起来可能影响财务报表使用者依据财务报表作出的经济决策，则通常认为错报是重大的。在按照审计准则执行审计工作的过程中，我们运用职业判断，并保持职业怀疑。同时，我们也执行以下工作：

(1) 识别和评估由于舞弊或错误导致的财务报表重大错报风险，设计和实施审计程序以应对这些风险，并获取充分、适当的审计证据，作为发表审计意见的基础。由于舞弊可能涉及串通、伪造、故意遗漏、虚假陈述或凌驾于内部控制之上，未能发现由于舞弊导致的重大错报的风险高于未能发现由于错误导致的重大错报的风险。

(2) 了解与审计相关的内部控制，以设计恰当的审计程序，但目的并非对内部控制的有效性发表意见。

(3) 评价管理层选用会计政策的恰当性和作出会计估计及相关披露的合理性。

(4) 对管理层使用持续经营假设的恰当性得出结论。同时，根据获取的审计证据，就可能导致对幸福蓝海持续经营能力产生重大疑虑的事项或情况是否存在重大不确定性得出结论。如果我们得出结论认为存在重大不确定性，审计准则要求我们在审计报告中提请报表使用者注意财务报表中的相关披露；如果披露不充分，我们应当发表非无保留意见。我们的结论基于截至审计报告日可获得的信息。然而，未来的事项或情况可能导致幸福蓝海不能持续经营。

(5) 评价财务报表的总体列报、结构和内容（包括披露），并评价财务报表是否公允反映相关交易和事项。

(6) 就幸福蓝海中实体或业务活动的财务信息获取充分、适当的审计证据，以对财务报表发表审计意见。我们负责指导、监督和执行集团审计，并对审计意见承担全部责任。

我们与治理层就计划的审计范围、时间安排和重大审计发现等事项进行沟通，包括沟通我们在审计中识别出的值得关注的内部控制缺陷。

我们还就已遵守与独立性相关的职业道德要求向治理层提供声明，并与治理层沟通可能被合理认为影响我们独立性的所有关系和其他事项，以及相关的防范措施。

从与治理层沟通过的事项中，我们确定哪些事项对本年财务报表审计最为重要，因而构成关键审计事项。我们在审计报告中描述这些事项，除非法律法规禁止公开披露这些事项，或在极少数情形下，如果合理预期在审计报告中沟通某事项造成的负面后果超过在公众利益方面产生的益处，我们确定不应在审计报告中沟通该事项。

苏亚金诚会计师事务所　　　　　　　　中国注册会计师：周家文
(特殊普通合伙)　　　　　　　　　　　　　　　　(项目合伙人)
　　　　　　　　　　　　　　　　　　中国注册会计师：尤文波
中国南京市　　　　　　　　　　　　　　　　二〇二〇年四月七日

资料二：

审计报告

信会师报字〔2020〕第 ZB10264 号

中捷资源投资股份有限公司全体股东：

(一) 审计意见

我们审计了中捷资源投资股份有限公司（以下简称中捷资源）财务报表，包括 2019 年 12 月 31 日的合并及母公司资产负债表，2019 年度的合并及母公司利润表、合并及母公司现金流量表、合并及母公司所有者权益变动表以及相关财务报表附注。

我们认为，后附的财务报表在所有重大方面按照企业会计准则的规定编制，公允反映了中捷资源 2019 年 12 月 31 日的合并及母公司财务状况以及 2019 年度的合并及母公司经营成果和现金流量。

(二) 形成审计意见的基础

我们按照中国注册会计师审计准则的规定执行了审计工作。审计报告的“注册会计师对财务报表审计的责任”部分进一步阐述了我们在这些准则下的责任。按照中国注册会计师职业道德守则，我们独立于中捷资源，并履行了职业道德方面的其他责任。我们相信，我们获取的审计证据是充分、适当的，为发表审计意见提供了基础。

(三) 强调事项

我们提醒财务报表使用者关注，如财务报表附注十三、(五) 所述，2019 年 12 月中捷资源将公司应收浙江优泽创业投资有限公司剩余债权转让给浙江省浙商资产管理有限公司，并收到受让方支付的全部转让价款。此外，该债权涉及的信托计划受益权转让相关担保人的诉讼仍在进行中，该事项不影响已发表的审计意见。

（四）关键审计事项

关键审计事项是我们根据职业判断，认为对本期财务报表审计最为重要的事项。这些事项的应对以对财务报表整体进行审计并形成审计意见为背景，我们不对这些事项单独发表意见。我们确定下列事项是需要在审计报告中沟通的关键审计事项。

项目	事项描述	审计应对
存货跌价准备	如附注五（六）所示，截至2019年12月31日中捷资源合并财务报表中存货账面余额为人民币22 349.87万元，存货跌价准备余额人民币1 483.28万元。中捷资源存货账面价值较高，存货跌价准备的计提对财务报表影响较为重大。如财务报表附注三（十一）所示，资产负债表日，存货按照成本与可变现净值孰低计量。当其可变现净值低于成本时，计提存货跌价准备。由于管理层在确定存货可变现净值时需要运用重大会计估计，且影响金额重大，因此，我们将存货的跌价准备作为关键审计事项。	我们针对中捷资源对存货跌价准备的测试，执行了以下程序：(1) 了解和评价公司管理层与计提存货跌价准备相关的关键内部控制的设计和执行，并测试其运行的有效性。(2) 了解公司的存货跌价准备会计政策，评价管理层对于应计提存货跌价准备的存货的认定是否恰当，对管理层估计的可变现净值的合理性进行评估。(3) 测试公司管理层用于存货跌价准备估计所依据的应计提存货跌价准备的存货清单数据的完整性和准确性，并重新计算存货跌价准备的计提。(4) 抽样选取存货样本测试其可变现净值。对于选取的产成品样本，将产成品账面成本与最近或期后的实际售价进行比较；对于选取的原材料、在产品样本，比较当期同类原材料、在产品至完工时仍需发生的成本及销售费用，对估计的至完工时将要发生成本、销售费用及相关税费的合理性进行评估。(5) 对公司存货盘点实施监盘及抽盘程序，关注呆滞的存货，查看是否存在有减值迹象而未被记录的存货。(6) 利用并复核评估师的专家工作，对公司期末存货价值进行评估。

（五）其他信息

中捷资源管理层（以下简称管理层）对其他信息负责。其他信息包括中捷资源2019年年度报告中涵盖的信息，但不包括财务报表和我们的审计报告。

我们对财务报表发表的审计意见不涵盖其他信息，我们也不对其他信息发表任何形式的鉴证结论。

结合我们对财务报表的审计，我们的责任是阅读其他信息，在此过程中，考虑其他信息是否与财务报表或我们在审计过程中了解到的情况存在重大不一致或者似乎存在重大错报。

基于我们已执行的工作，如果我们确定其他信息存在重大错报，我们应当报告该事实。在这方面，我们无任何事项需要报告。

（六）管理层和治理层对财务报表的责任

管理层负责按照企业会计准则的规定编制财务报表，使其实现公允反映，并设计、执行和维护必要的内部控制，以使财务报表不存在由于舞弊或错误导致的重大错报。

在编制财务报表时，管理层负责评估中捷资源的持续经营能力，披露与持续经营相关的事项（如适用），并运用持续经营假设，除非计划进行清算、终止运营或别无其他现实的选择。

治理层负责监督中捷资源的财务报告过程。

（七）注册会计师对财务报表审计的责任

我们的目标是对财务报表整体是否不存在由于舞弊或错误导致的重大错报获取合理保证，并出具包含审计意见的审计报告。合理保证是高水平的保证，但并不能保证按照审计准则执行的审计在某一重大错报存在时总能发现。错报可能由于舞弊或错误导致，如果合理预期错报单独或汇总起来可能影响财务报表使用者依据财务报表作出的经济决策，则通常认为错报是重大的。

在按照审计准则执行审计工作的过程中，我们运用职业判断，并保持职业怀疑。同时，我们也执行以下工作：

(1) 识别和评估由于舞弊或错误导致的财务报表重大错报风险，设计和实施审计程序以应对这些风险，并获取充分、适当的审计证据，作为发表审计意见的基础。由于舞弊可能涉及串通、伪造、故意遗漏、虚假陈述或凌驾于内部控制之上，未能发现由于舞弊导致的重大错报的风险高于未能发现由于错误导致的重大错报的风险。

(2) 了解与审计相关的内部控制，以设计恰当的审计程序。

(3) 评价管理层选用会计政策的恰当性和作出会计估计及相关披露的合理性。

(4) 对管理层使用持续经营假设的恰当性得出结论。同时，根据获取的审计证据，就可能导致对中捷资源持续经营能力产生重大疑虑的事项或情况是否存在重大不确定性得出结论。如果我们得出结论认为存在重大不确定性，审计准则要求我们在审计报告中提请报表使用者注意财务报表中的相关披露；如果披露不充分，我们应当发表非无保留意见。我们的结论基于截至审计报告日可获得的信息。然而，未来的事项或情况可能导致中捷资源不能持续经营。

(5) 评价财务报表的总体列报（包括披露）、结构和内容，并评价财务报表是否公允反映相关交易和事项。

(6) 就中捷资源中实体或业务活动的财务信息获取充分、适当的审计证据，以对财务报表发表审计意见。我们负责指导、监督和执行集团审计，并对审计意见承担全部责任。

我们与治理层就计划的审计范围、时间安排和重大审计发现等事项进行沟通，包括沟通我们在审计中识别出的值得关注的内部控制缺陷。

我们还就已遵守与独立性相关的职业道德要求向治理层提供声明，并与治理层沟通可能被合理认为影响我们独立性的所有关系和其他事项，以及相关的防范措施（如适用）。

从与治理层沟通过的事项中，我们确定哪些事项对本期财务报表审计最为重要，因而构成关键审计事项。我们在审计报告中描述这些事项，除非法律法规禁止公开披露这些事项，或在极少数情形下，如果合理预期在审计报告中沟通某事项造成的负面后果超过在公众利益方面产生的益处，我们确定不应在审计报告中沟通该事项。

立信会计师事务所　　中国注册会计师：李长照
（特殊普通合伙）　　（项目合伙人）
中国注册会计师：姜巍
中国上海　　二〇二〇年四月二十七日

资料三：

审计报告

大华审字〔2020〕004542号

大连天神娱乐股份有限公司全体股东：

一、审计意见

我们审计了大连天神娱乐股份有限公司（以下简称天神娱乐）财务报表，包括2019年12月31日的合并及母公司资产负债表，2019年度的合并及母公司利润表、合并及母公司现金流量表、合并及母公司股东权益变动表以及相关财务报表附注。

我们认为，后附的财务报表在所有重大方面按照企业会计准则的规定编制，公允反映了天神娱乐2019年12月31日的合并及母公司财务状况以及2019年度的合并及母公司经营成果和现金流量。

二、形成审计意见的基础

我们按照中国注册会计师审计准则的规定执行了审计工作。审计报告的“注册会计师对财务报表审计的责任”部分进一步阐述了我们在这些准则下的责任。按照中国注册会计师职业道德守则，我们独立于天神娱乐，并履行了职业道德方面的其他责任。我们相信，我们获取的审计证据是充分、适当的，为发表审计意见提供了基础。

三、与持续经营相关的重大不确定性

我们提醒财务报表使用者关注，截止2019年12月31日，天神娱乐累计未分配利润−60.80亿元，流动资产15.50亿元，流动负债39.04亿元，流动负债高于流动资产23.54亿元。截止本期末已逾期未偿还的短期借款总额为1.95亿元，以劣后级身份参与设立的并购基金已到期未能顺利退出，需承担26.12亿元应付优先级及中间级合伙人份额的回购义务和差额补足义务。这些事项或情况表明存在可能导致对天神娱乐持续经营能力产生重大疑虑的重大不确定性。该事项不影响已发表的审计意见。

四、关键审计事项

关键审计事项是我们根据职业判断，认为对本期财务报表审计最为重要的事项。这些事项的应对以对财务报表整体进行审计并形成审计意见为背景，我们不对这些事项单独发表意见。

我们确定下列事项是需要在审计报告中沟通的关键审计事项。

项目	事项描述	审计应对
1. 收入确认	如财务报表附注“四、重要会计政策、会计估计（二十七）”所述的会计政策和“六、合并财务报表主要项目注释35”所示，以及“十四、其他重要事项说明（一）”所示，天神娱乐营业收入主要来源于游戏运营收入。报告期天神娱乐游戏运营收入为7.19亿元，占全年营业收入13.35亿元的53.86%。天神娱乐主要从事网络游戏的开发与运营，游戏运营包括自主运营及授权运营等不同的运营模式，不同的运营模式涉及收入确认采用总额法还是净额法判断的运用；此外，游戏运营具有客户数量多、区域分散、单个游戏玩家交易金额小等特征，收入确认的完整性和截止性可能存在风险，因此我们将收入确认确定为关键审计事项。	我们对于收入确认所实施的重要审计程序包括：（1）我们了解、评价并测试了天神娱乐销售与收款循环内部控制设计和执行的有效性；（2）聘请IT审计专家，对游戏的运营执行IT审计程序，在此基础上，我们按游戏种类和运营模式对营业收入和营业成本实施分析性程序，并复核收入的合理性；（3）针对授权运营业务模式，我们检查了与客户签订的框架协议，结合有关业务流程和协议约定的分成方式、结算周期等，对主要客户的收入和应收账款余额执行包括检查结算单、实施函证等程序，检查游戏收入确认依据的完整性、准确性和合理性；（4）针对自主运营业务模式，我们利用IT审计专家工作，联合执行了包括抽查游戏玩家充值记录、消费记录、重新计算游戏币的消耗等程序，检查自主运营模式游戏收入确认依据的完整性、准确性和合理性；（5）检查报表截止日前后重要的营业收入会计记录，确定是否存在跨期确认收入的情况；（6）复核财务报表附注中相关披露的充分性和完整性。基于已执行的审计工作，我们认为，管理层在收入确认中采用的原则和方法是合理的。
2. 商誉减值测试	如财务报表附注“四、重要会计政策、会计估计（二十二）”所述的会计政策及“六、合并财务报表主要项目注释14”所示，截至2019年12月31日，天神娱乐商誉的账面原值为62.29亿元，相应的减值准备余额为43.73亿元。根据《企业会计准则第8号——资产减值》的规定，管理层需每年对商誉进行减值测试，并依据减值测试的结果调整商誉的账面价值。商誉减值测试的结果很大程度上依赖于管理层所作的估计和采用的假设，例如对资产组预计未来现金流量和折现率的估计。该等估计受到管理层对未来市场以及对经济环境判断的影响，采用不同的估计和假设会对评估的商誉之可收回金额产生很大的影响，因此我们认为该事项为关键审计事项。	我们对于商誉减值测试所实施的重要审计程序包括：（1）我们了解、评价并测试了与天神娱乐商誉减值测试相关的内部控制设计和执行的有效性；（2）评价管理层委聘的外部估值专家的胜任能力、专业素质和客观性；（3）我们与管理层及其聘请的外部估值专家讨论商誉减值测试的方法，包括与商誉相关的资产组的认定，进行商誉减值测试时采用的关键假设和方法等；（4）复核管理层减值测试所依据的基础数据，包括每个资产组的未来预测收益、现金流折现率等假设的合理性；（5）通过对比上一年度的预测和本年度的业绩进行追溯性审核，以评估管理层预测过程的可靠性和历史准确性；（6）复核财务报表附注中相关披露的充分性和完整性。基于已执行的审计工作，我们认为，管理层对商誉减值的相关判断及估计是合理的。

五、其他信息

天神娱乐管理层对其他信息负责。其他信息包括天神娱乐 2019 年年度报告中涵盖的信息，但不包括财务报表和我们的审计报告。

我们对财务报表发表的审计意见不涵盖其他信息，我们也不对其他信息发表任何形式的鉴证结论。

结合我们对财务报表的审计，我们的责任是阅读其他信息，在此过程中，考虑其他信息是否与财务报表或我们在审计过程中了解的情况存在重大不一致或者似乎存在重大错报。

基于我们已执行的工作，如果我们确定其他信息存在重大错报，我们应当报告该事实。在这方面，我们无任何事项需要报告。

六、管理层和治理层对财务报表的责任

天神娱乐管理层负责按照企业会计准则的规定编制财务报表，使其实现公允反映，并设计、执行和维护必要的内部控制，以使财务报表不存在由于舞弊或错误导致的重大错报。在编制财务报表时，天神娱乐管理层负责评估天神娱乐的持续经营能力，披露与持续经营相关的事项（如适用），并运用持续经营假设，除非管理层计划清算天神娱乐、终止运营或别无其他现实的选择。治理层负责监督天神娱乐的财务报告过程。

七、注册会计师对财务报表审计的责任

我们的目标是对财务报表整体是否不存在由于舞弊或错误导致的重大错报获取合理保证，并出具包含审计意见的审计报告。合理保证是高水平的保证，但并不能保证按照审计准则执行的审计在某一重大错报存在时总能发现。错报可能由于舞弊或错误导致，如果合理预期错报单独或汇总起来可能影响财务报表使用者依据财务报表作出的经济决策，则通常认为错报是重大的。

在按照审计准则执行审计工作的过程中，我们运用职业判断，并保持职业怀疑。同时，我们也执行以下工作：

1. 识别和评估由于舞弊或错误导致的财务报表重大错报风险，设计和实施审计程序以应对这些风险，并获取充分、适当的审计证据，作为发表审计意见的基础。由于舞弊可能涉及串通、伪造、故意遗漏、虚假陈述或凌驾于内部控制之上，未能发现由于舞弊导致的重大错报的风险高于未能发现由于错误导致的重大错报的风险。

2. 了解与审计相关的内部控制，以设计恰当的审计程序。

3. 评价管理层选用会计政策的恰当性和作出会计估计及相关披露的合理性。

4. 对管理层使用持续经营假设的恰当性得出结论。同时，根据获取的审计证据，就可能导致对天神娱乐持续经营能力产生重大疑虑的事项或情况是否存在重大不确定性得出结论。如果我们得出结论认为存在重大不确定性，审计准则要求我们在审计报告中提请报告使用者注意财务报表中的相关披露；如果披露不充分，我们应当发表非无保留意见。我们的结论基于截至审计报告日可获得的信息。然而，未来的事项或情况可能导致天神娱乐不能持续经营。

5. 评价财务报表的总体列报、结构和内容，并评价财务报表是否公允反映相关交易和事项。

6. 就天神娱乐中实体或业务活动的财务信息获取充分、适当的审计证据，以对财务报表发表意见。

我们负责指导、监督和执行集团审计。我们对审计意见承担全部责任。我们与治理层就计划的审计范围、时间安排和重大审计发现等事项进行沟通，包括沟通我们在审计中识别出的值得关注的内部控制缺陷。

我们还就已遵守与独立性相关的职业道德要求向治理层提供声明，并与治理层沟通可能被合理认为影响我们独立性的所有关系和其他事项，以及相关的防范措施（如适用）。

从与治理层沟通过的事项中，我们确定哪些事项对本期财务报表审计最为重要，因而构成关键审计事项。我们在审计报告中描述这些事项，除非法律法规禁止公开披露这些事项，或在极少数情形下，如果合理预期在审计报告中沟通某事项造成的负面后果超过在公众利益方面产生的益处，我们确定不应在审计报告中沟通该事项。

大华会计师事务所	中国注册会计师：段奇
（特殊普通合伙）	（项目合伙人）
	中国注册会计师：潘悦
中国·北京	二〇二〇年四月二十八日

案例分析

1. 阅读以上三份审计报告，根据最新审计报告准则，理解审计报告中的优先原则（隔离原则）。

分析要点：

首先，导致发表非无保留意见的事项和与持续经营相关的重大不确定性优先于关键审计事项。CSA 1504强调，在审计报告中沟通关键审计事项不能代替：

（1）发表非无保留意见；

（2）导致对被审计单位持续经营能力产生重大疑虑的事项或情况存在重大

不确定性的事项。

以上两种情况就其性质而言都属于关键审计事项。但是，这些事项不得在审计报告的关键审计事项部分描述，而应当分别在形成保留（否定）意见的基础部分或与持续经营相关的重大不确定性部分描述。

其次，关键审计事项优先于强调事项和其他事项。如果某事项构成关键审计事项，除上述导致发表非无保留意见的事项和与持续经营相关的重大不确定性之外，应在关键审计事项部分描述，而不得在强调事项段或其他事项段描述。关键审计事项也不能代替管理层在报表中作出的披露。

2. 理解审计报告的强调事项段以及在审计报告中披露，并指出在实务中增加强调事项段的情形。

分析要点：

强调事项段是指审计报告中含有的一个段落，该段落提及已在财务报表中恰当列报的事项，且根据注册会计师的职业判断，该事项对财务报表使用者理解财务报表至关重要。

如果认为有必要提醒财务报表使用者关注已在财务报表中列报，且根据职业判断认为对财务报表使用者理解财务报表至关重要的事项，在同时满足下列条件时，注册会计师应当在审计报告中增加强调事项段：(1) 按照《中国注册会计师审计准则第1502号——在审计报告中发表非无保留意见》的规定，该事项不会导致注册会计师发表非无保留意见；(2) 当《中国注册会计师审计准则第1504号——在审计报告中沟通关键审计事项》适用时，该事项未被确定为在审计报告中沟通的关键审计事项。

如果在审计报告中包含强调事项段，注册会计师应当采取下列措施：

(1) 将强调事项段作为单独的一部分置于审计报告中，并使用包含"强调事项"这一术语的适当标题；

(2) 明确提及被强调事项以及相关披露的位置，以便能够在财务报表中找到对该事项的详细描述。强调事项段应当仅提及已在财务报表中列报的信息；

(3) 指出审计意见没有因该强调事项而改变。

在实务中，增加强调事项段的情形有：

(1) 法律法规规定的财务报告编制基础是不可接受的，但其是基于法律法规作出的规定；

(2) 提醒财务报表使用者关注财务报表按照特殊目的编制基础编制；

(3) 注册会计师在审计报告日后知悉了某些事实（即期后事项），并且出具了新的或经修改的审计报告。

(4) 异常诉讼或监管行动的未来结果存在不确定性；

(5) 在财务报表日至审计报告日之间发生的重大期后事项；

(6) 在允许的情况下，提前应用对财务报表有重大影响的新会计准则；

（7）存在已经或持续对被审计单位财务状况产生重大影响的特大灾难。

3. 理解审计报告的其他事项段以及在审计报告中披露，并指出在实务中增加其他事项段的情形。

分析要点：

其他事项段是指审计报告中含有的一个段落，该段落提及未在财务报表中列报的事项，且根据注册会计师的职业判断，该事项与财务报表使用者理解审计工作、注册会计师的责任或审计报告相关。

如果认为有必要沟通虽然未在财务报表中列报，但根据职业判断认为与财务报表使用者理解审计工作、注册会计师的责任或审计报告相关的事项，在同时满足下列条件时，注册会计师应当在审计报告中增加其他事项段：（1）未被法律法规禁止；（2）当《中国注册会计师审计准则第 1504 号——在审计报告中沟通关键审计事项》适用时，该事项未被确定为在审计报告中沟通的关键审计事项。

如果在审计报告中包含其他事项段，注册会计师应当将该段落作为单独的一部分，并使用“其他事项”或其他适当标题。

在审计实务中，增加其他事项段的情形包括：

（1）与使用者理解审计工作相关的情形；

（2）与使用者理解注册会计师的责任或审计报告相关的情形；

（3）对两套或两套以上财务报表出具审计报告的情形；

（4）限制审计报告分发和使用的情形。

其他事项段的内容明确反映了未被要求在财务报表中列报的其他事项。其他事项段不包括法律法规或其他职业准则（如中国注册会计师职业道德守则中与信息保密相关的规定）禁止注册会计师提供的信息。其他事项段也不包括要求管理层提供的信息。

4. 理解审计报告的关键审计事项段以及在审计报告中披露，并指出在实务中如何确定关键审计事项。

分析要点：

关键审计事项是指注册会计师根据职业判断认为对本期财务报表审计最为重要的事项。关键审计事项从注册会计师与治理层沟通过的事项中选取。

注册会计师应当在审计报告中单设一部分，以“关键审计事项”为标题，并在该部分使用恰当的子标题逐项描述关键审计事项。关键审计事项部分的引言应当同时说明下列事项：

（1）关键审计事项是注册会计师根据职业判断，认为对本期财务报表审计最为重要的事项；

（2）关键审计事项的应对以对财务报表整体进行审计并形成审计意见为背景，注册会计师不对关键审计事项单独发表意见。

注册会计师对关键审计事项的决策框架如图10-1所示。

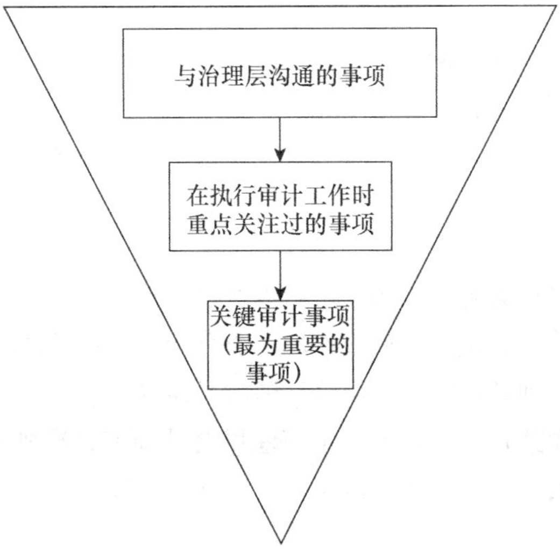

图10-1 关键审计事项决策框架

（1）以“与治理层沟通的事项”作为起点确定关键审计事项。《中国注册会计师审计准则第1151号——与治理层的沟通》要求，注册会计师与被审计单位治理层沟通审计过程中的重大发现，包括注册会计师对被审计单位会计实务（包括会计政策、会计估计和财务报表披露）重大方面的质量的看法，以及审计过程中遇到的重大困难等，以便于治理层履行其监督财务报告过程的职责，也便于注册会计师履行审计职责。在现行准则规范下，除非注册会计师针对这些事项发表无保留意见，否则这部分沟通事项将不在审计报告中披露。

（2）从“与治理层沟通的事项”中选取在执行审计工作时“重点关注过的事项”。《中国注册会计师审计准则第1504号——在审计报告中沟通关键审计事项》规定，在确定哪些事项属于重点关注过的事项时，需要特别考虑以下三个方面：

1）评估的重大错报风险较高的领域或识别出的特别风险。特别风险通常与重大的非常规交易和判断事项有关，通常是注册会计师重点关注过的事项。但要注意的是，并非所有的特别风险都一定是注册会计师重点关注过的。

2）与财务报表中涉及重大管理层判断（包括被认为具有高度估计不确定性的会计估计）的领域相关的重大审计判断。通常情况下，涉及重大管理层判断的领域是注册会计师重点关注过的，一般也会被认定为特别风险。除此之外，对于那些虽然未被认定为特别风险但具有高度估计不确定性的会计估计，注册会计师也需考虑其是不是在执行审计工作时重点关注过的事项。这类会计估计通常较为复杂，且高度依赖管理层的判断，某些情况下还可能涉及专家的参与。注册会计师还需特别关注对财务报表有重大影响的会计政策以及会计政策变更，特别是在被审计单位所采用的会计实务与行业内其他公司存在重大差异的情况下。

3）本期重大交易或事项对审计的影响。这些重大交易或事项往往也是管理层作出复杂判断的领域，这些事项可能会对注册会计师整体审计策略产生重大影响，也很有可能被认定为特别风险，例如，关联方交易、在公司正常经营过程之外的重大或异常交易等。因此，注册会计师在确定需要重点关注的事项时应特别考虑该方面。

（3）从“执行审计工作时重点关注过的事项”中确定“对本期财务报表审计最为重要的事项”，从而构成“关键审计事项”。“最为重要的事项”并不意味着只有一项，其数量受被审计单位规模和复杂程度、业务和经营环境的性质，以及审计业务具体事实和情况的影响。注册会计师需要以被审计单位和审计工作为背景，综合考虑就相关事项与治理层沟通的性质和程度、该事项对预期使用者理解财务报表整体的重要程度、与该事项相关的会计政策的复杂程度或主观程度、与该事项相关的错报的性质和重要程度、为应对该事项需要付出的审计努力的性质和程度（包括利用专家的工作、向项目组以外的成员咨询等）、执业人员遇到的困难的性质和严重程度、与该事项相关的控制缺陷的严重程度、该事项是否涉及多项相联系的审计考虑等因素，确定这些事项的相对重要程度，以确定多少以及哪些事项是“最为重要的事项”。

5. 理解审计报告的持续经营不确定性段以及在审计报告中披露，并指出在实务中增加持续经营不确定性段的情形。

分析要点：

会计准则规定公司在编制财务报表时应当评估其持续经营假设及其影响持续经营能力的事项或情况，评估期间不得少于 12 个月。在年报审计中，注册会计师应当实施追加的审计程序，获取充分、适当的审计证据，了解并评价公司持续经营能力及其与持续经营能力评估相关的未来应对计划，以确定是否存在重大不确定性。如果注册会计师获取的证据支持说明公司的持续经营假设适当，但存在重大不确定性，且财务报表对重大不确定性已作出充分披露，注册会计师应该发表无保留意见，并在审计报告中增加以“与持续经营相关的重大不确定性”为标题的单独部分，提醒财务报表使用者关注。

判断为“与持续经营相关的重大不确定性”段的事项往往是以下单独或汇总起来可对财务报表产生综合影响的事项：

（1）财务方面。

1）净资产为负或营运资金出现负数；

2）定期借款即将到期，但预期不能展期或偿还，或过度依赖短期借款为长期资产筹资；

3）存在债权人撤销财务支持的迹象；

4）历史财务报表或预测性财务报表表明经营活动产生的现金流量净额为负数；

5）关键财务比率不佳；

6）发生重大经营亏损或用以产生现金流量的资产的价值出现大幅下跌；

7）拖欠或停止发放股利；

8）在到期日无法偿还债务；

9）无法履行借款合同的条款；

10）与供应商由赊购变为货到付款；

11）无法获得开发必要的新产品或进行其他必要的投资所需的资金。

（2）经营方面。

1）管理层计划清算被审计单位或终止运营；

2）关键管理人员离职且无人替代；

3）失去主要市场、关键客户、特许权、执照或主要供应商；

4）出现用工困难问题；

5）重要供应短缺；

6）出现非常成功的竞争者。

（3）其他方面。

1）违反有关资本或其他法定或监管要求，例如对金融机构的偿债能力或流动性要求；

2）未决诉讼或监管程序，可能导致其无法支付索赔金额；

3）法律法规或政府政策的变化预期会产生不利影响；

4）对发生的灾害未购买保险或保额不足。

6. 结合本案例区分关键审计事项、强调事项和其他事项。

分析要点：

（1）强调事项与关键审计事项的区分。强调事项是已在财务报表中恰当列报或披露且根据注册会计师的职业判断认为对财务报表使用者理解财务报表至关重要的事项。关键审计事项是注册会计师根据职业判断认为对本期财务报表审计最为重要的事项，选自注册会计师与治理层沟通过的事项。从强调事项和关键审计事项的定义看，它们的侧重点有所不同：强调事项侧重于财务报表使用者理解财务报表至关重要，关键审计事项侧重于注册会计师认为对本期财务报表审计最为重要。

（2）强调事项和其他事项最主要的区别。强调事项是已在财务报表中恰当列报或披露的事项，而其他事项是未在财务报表中列报或披露的事项。

10.6　保留意见和否定意见的区分案例

案例分析目的

通过阅读案例资料，掌握如何区分保留意见与否定意见，思考实务中哪些事项或情况会增加发表否定意见的概率。

案例资料

华兴公司 20×6 年度净利润为 16 028 万元，注册会计师对其 20×6 年度财务报表出具了保留意见的审计报告，说明段表述如下：“公司账面反映的在建工程为 2 号流水线工程，该项目 20×6 年度处于停建状态，公司 2016 年度对上述项目利息资本化金额为 8 952 468.55 万元。”

案例分析

1. 指出你是否赞成注册会计师发表保留意见，并说明原因。

分析要点：

不赞成。由于修改错报可能导致华兴公司盈亏逆转，因此应当在被审计单位不接受调整建议时出具否定意见的审计报告。

2. 讨论如何区分保留意见与否定意见。

分析要点：

发表保留意见还是否定意见主要看错报对财务报表的影响是否广泛。如果金额重要但对整个财务报表影响不大，应当发表保留意见；如果金额重要而又广泛地影响财务报表总体的公允性，应当考虑发表否定意见。

3. 结合会计知识和审计理论知识，谈一谈哪些事项或情况会增加发表否定意见的概率。

分析要点：

一般来讲，区分的关键在于注册会计师对错报项目或事项是否具有牵涉性（或弥漫性）的判断。一项错报越具有牵涉性，注册会计师发表否定意见的可能性就越大。注册会计师运用重要性水平时，不仅要考虑数额大小，更要考虑性质是否重要。下列错报影响财务报表使用者的决策，注册会计师应当从性质上考虑其重要性：（1）涉及舞弊与违法行为的错报；（2）影响收益趋势的错报；（3）可能引起履行合同义务的错报；（4）不期望出现的错报。

4. 有人认为，无论发表的是保留意见还是否定意见，都已经在审计报告中把错报充分披露了，没有必要区分，因此，在审计实务中偏好以保留意见代替否定意见。谈谈你的认识。

分析要点：

保留意见和否定意见向外传递的信息不同。发表保留意见，意味着被审计单位的财务报表整体可信，但注册会计师持保留意见的事项有风险；发表否定意见，意味着被审计单位的财务报表整体不可信。因此，不能用保留意见代替否定意见。

10.7 保留意见和无法表示意见的区分案例

案例分析目的

通过阅读案例资料，掌握如何区分保留意见与无法表示意见，熟悉无法表示意见的审计报告与其他审计报告的不同，以及同时出现不同问题时审计报告的意见类型的选择。

案例资料

华兴公司20×6年度净利润为－10 967万元，总资产为111 697万元。注册会计师对华兴公司20×6年度财务报表出具了无法表示意见的审计报告，说明段表述如下："根据我们的审查：(1) 20×6年，公司在连续两年亏损的情况下继续亏损，账面亏损金额为人民币10 967万元，实际亏损金额为人民币31 729万元。公司净资产出现负数，账面资产总额为人民币111 696万元，实际资产总额为95 816万元；账面净资产为人民币－10 188万元，实际净资产为－12 836万元。(2) 公司目前涉及诉讼案件66件，涉及金额为人民币21 646万元，其中，公司作为被告的53起，一审均已败诉，涉及金额为人民币20 267万元；公司作为原告的13起，涉及金额为人民币1 379万元。上述诉讼案均未在账表中反映。(3) 函证其他应收款出现差异6 291万元，公司拒绝进行调整。"

案例分析

1. 讨论无法表示意见与拒绝接受委托、不愿发表意见的区别。

分析要点：

(1) 无法表示意见不同于拒绝接受委托，无法表示意见是注册会计师实施了一定审计程序后发表的一种审计意见。

(2) 无法表示意见也不同于不愿发表意见，无法表示意见已经向报表使用者传递了财务报表存在重大不确定性问题的信息。

2. 讨论无法表示意见与保留意见的区别。

分析要点：

无法表示意见与保留意见有区别。虽然审计范围受限可能导致注册会计师发表保留意见或无法表示意见，但审计范围受限是否影响财务报表整体公允的判断是注册会计师发表保留意见与发表无法表示意见的重要区别。如果注册会计师认定整个财务报表是公允表达的，但由于某种事项的取证受到限制，则应发表保留意见；如果审计范围受限影响财务报表整体公允性，注册会计师应发表无法表示意见。

3. 讨论无法表示意见与否定意见的区别。

分析要点：

无法表示意见与否定意见有区别。无法表示意见仅仅适用于注册会计师在审计过程由于审计范围受到严重限制，无法判断财务报表反映的公允性的情况，但要发表否定意见，注册会计师必须有足够的证据证实被审计单位的财务报表不公允。

4. 讨论在什么情况下出具无法发表意见的审计报告；这种报告与一般报告有什么不同。

分析要点：

当注册会计师实施了一定的审计程序后，由于某些限制而导致不能对某些重要事项取得证据，无法完成取证工作，进而无法判断应当使用的措辞或问题的归属时，应当出具无法表示意见的审计报告。当出具无法表示意见的审计报告时，注册会计师应当删除注册会计师责任段，并在意见段中使用“由于审计范围受到限制可能产生的影响非常重大和广泛”“我们无法对上述财务报表发表意见”等专门表述用语。

5. 讨论该案例中的 3 个事项是否应当放在无法表示意见的说明段中；应当如何处理。

分析要点：

这 3 个事项不应当放在无法表示意见的说明段中。对于事项 (1) 和事项 (3)，如果注册会计师已经查证清楚而公司拒绝调整，应当发表否定意见，不能用无法表示意见代替否定意见；对于事项 (2)，注册会计师应当通过向律师函证等程序了解华兴公司最可能发生的诉讼损失，建议公司调整预计负债，而不能仅仅作出披露。

6. 如果同时出现下列不同情况，讨论应选择哪种意见类型，如何在说明段中披露。

（1）存在若干保留意见的事项。

（2）同时存在导致保留意见、否定意见的事项。

（3）同时存在导致保留意见、无法表示意见的事项。

（4）同时存在导致否定意见、无法表示意见的事项。

分析要点：

针对情况（1），发表保留意见，但所有导致保留意见的事项均应披露在意见段前面的说明段中。

针对情况（2），发表否定意见，但导致保留意见的事项也应当零星披露在意见段前面的说明段中。

针对情况（3），发表无法表示意见，但导致保留意见的事项也应当零星披露在意见段前面的说明段中。

针对情况（4），发表否定意见，但导致无法表示意见的事项也应当零星披露在意见段前面的说明段中。

10.8 审计收费与审计报告作用的分析案例

案例分析目的

通过阅读案例资料，理解不同意见类型的审计报告的经济含义，掌握审计报告的作用以及审计收费。

案例资料

20×6年，今明会计师事务所出具审计报告后遇到了以下情况：

1. 由于华兴公司正在与A公司因侵权打官司，注册会计师征求律师意见后建议被审计单位充分披露，出具了带强调事项段的审计报告。但华兴公司拿着报告到工商管理部门办理年检时遭到拒收，华兴公司因此要求注册会计师将审计报告更改为无保留意见的审计报告。

2. 晋美公司的下属全资子公司存货缺乏盘点制度，且占晋美公司合并财务报表的资产比重大，注册会计师因此决定出具无法表示意见的审计报告。被审计单位拒绝支付审计费，原因是注册会计师出具了无法表示意见的审计报告。

案例分析

1. 指出不同类型的审计报告传递的信息是什么。

分析要点：

(1) 无保留意见：被审计单位的财务报表整体可信。

(2) 保留意见：被审计单位的财务报表整体可信，但注册会计师保留的事项有风险。

(3) 否定意见：被审计单位的财务报表整体不可信。

(4) 无法表示意见：专业人士都不能确定被审计单位财务报表是否可信，可能存在很大的潜在风险。

2. 分析本案例中的情况 1 说明了什么。

分析要点：

情况 1 说明，如果审计报告使用者错误地理解报告意见类型，被审计单位容易对注册会计师施压。

3. 结合本案例中的情况 2，说明无法表示意见的审计报告与拒绝出具报告等的不同。

分析要点：

(1) 无法表示意见不同于拒绝接受委托。无法表示意见是注册会计师实施了一定审计程序后发表的一种审计意见。

(2) 无法表示意见不同于不愿发表意见。无法表示意见已经向报表使用者传递了财务报表存在重大不确定性问题的信息。

(3) 无法表示意见与保留意见有区别。虽然审计范围受限可能导致注册会计师发表保留意见或无法表示意见，但审计范围受限是否影响财务报表整体公允的判断是注册会计师发表保留意见与发表无法表示意见的重要区别。如果注册会计师认定整个财务报表是公允表达的，但由于某种事项的取证受到限制，则发表保留意见；如果审计范围受限影响财务报表整体的公允性，注册会计师应当发表无法表示意见。

(4) 无法表示意见与否定意见有区别。无法表示意见仅仅适用于注册会计师在审计过程由于审计范围受到严重限制，无法判断财务报表反映的公允性的情况，但要发表否定意见，注册会计师必须有足够的证据证实被审计单位的财务报表不公允。

4. 假设注册会计师连续几年对同一客户因同一个事项审计范围受到限制而出具保留意见或无法表示意见的审计报告，讨论这说明了什么。

分析要点：

这说明缺乏有效监管机制迫使被审计单位纠正其错报，也会使审计报告丧失应有的作用。

10.9 不同调整事项对审计报告影响的分析案例

案例分析目的

通过阅读和分析案例资料，了解和分析报表审计中存在的不同调整事项，掌握如何对不同事项作调整分录，以及不同调整事项对审计报告的影响。

案例资料

公开发行A股的华兴股份有限公司（以下简称华兴公司）系今明会计师事务所的常年审计客户。注册会计师A和B负责对华兴公司20×6年度财务报表进行审计，并确定财务报表层次的重要性水平为180万元。华兴公司20×6年度财务报表于20×7年2月25日获董事会批准，并于同日报送证券交易所。华兴公司适用的增值税税率为17%。

华兴公司未经审计的20×6年度财务报表部分项目的年末余额或本年发生额如表10-4所示。

表10-4 华兴公司未经审计的20×6年度财务报表部分项目的年末余额或本年发生额

项目	金额（万元）
资产总额	21 000
股本	7 500
资本公积——股本溢价	4 000
法定盈余公积	1 000
未分配利润	900
主营业务收入	18 000
利润总额	300
净利润	200

在审计华兴公司20×6年度主营业务收入时，为了确定华兴公司销售业务是否真实完整，会计处理是否正确，注册会计师A和B拟从华兴公司20×6年开具的销售发票的存根中选取若干张，核对销售合同和发运单，并检查会计处理是否符合规定。华兴公司20×6年共开具连续编号的销售发票4 000张，销售发票号码为第2001号至第6000号。注册会计师A和B计划从中选取10张销售发票样本。随机数表（部分）如表10-5所示。

表10-5 销售发票样本随机数表（部分）

	(1)	(2)	(3)	(4)	(5)
(1)	10480	15011	01536	02011	81647
(2)	22368	46573	25595	85313	30995
(3)	24130	48460	22527	97265	76393
(4)	42167	93093	06243	61680	07856
(5)	37570	39975	81837	16656	06121
(6)	77921	06907	11008	42751	27756
(7)	99562	72905	56420	69994	98872
(8)	96301	91977	05463	07972	18876
(9)	89759	14342	63661	10281	17453
(10)	85475	36857	53342	53988	53060

在对华兴公司的审计过程中，注册会计师A和B注意到以下事项：

1. 注册会计师A和B在审计华兴公司20×5年度财务报表时，通过实施销售截止测试发现，华兴公司20×6年1月营业收入明细账和营业成本明细账上记载的一批甲产品的销售业务，在20×5年12月已收妥款项，并符合销售收入确认条件，但在当月未作任何会计处理，而在20×6年1月作了如下会计处理：借记“银行存款”1 170万元，贷记“营业收入”1 000万元、“应交税费——应交增值税（销项税额）”170万元；同时结转相应的营业成本，借记“营业成本”870万元，贷记“存货——甲产品”870万元。在对20×5年度财务报表进行审计时，注册会计师A和B建议将上述会计处理作为审计调整分录，调整华兴公司20×5年度财务报表。华兴公司调整了20×5年度财务报表，但未调整20×6年度相关账户和财务报表。

2. 20×6年12月28日，华兴公司将到期日为20×7年4月5日的600万元商业承兑汇票贴现，贴现息为18万元，贴现银行保留对华兴公司的追索权。华兴公司作了如下会计处理：借记“银行存款”582万元、“财务费用”18万元，贷记“应收票据”600万元。

3. 20×6年，华兴公司将在建生产线试车产品销售，作了如下会计处理：借记“银行存款”11.7万元，贷记“营业收入”10万元、“应交税费——应交增值税（销项税额）”1.7万元；同时结转相应的营业成本，借记“营业成本”7.8万元，贷记“存货——甲产品”7.8万元。

4. 华兴公司的会计政策规定，对应收账款采用账龄分析法计提坏账准备。根据债务单位的财务状况、现金流量等情况，确定坏账准备的计提比例分别为：账龄1年以内的（含1年，以下类推），按其余额的10%计提；账龄1～2年的，按其余额的30%计提；账龄2～3年的，按其余额的50%计提；账龄3年以上的，按其余额的80%计提。华兴公司20×6年12月31日未经审计的应收账款账面余额为5 192.9万元，相应的坏账准备余额为636.49万元。应收账款账面余额明细情况如表10-6所示。

表 10-6 华兴公司 20×6 年 12 月 31 日未经审计的应收账款账面余额明细

单位：元

客户名称	账龄			
	1年以内	1～2年	2～3年	3年以上
应收账款——a公司	35 150 000	500 000	932 000	—
应收账款——b公司	2 000 000	15 100 000	54 000	—
应收账款——c公司	600 000	—	25 000	—
应收账款——d公司	9 500 000	−12 000 000	—	—
应收账款——e公司	—	—	—	68 000
小计	47 250 000	3 600 000	1 011 000	68 000

5. 华兴公司根据《企业会计准则》的规定，按照“成本与可变现净值孰低”对期末存货进行计价。20×6 年 11 月末，华兴公司持有的 500 千克乙产品的账面成本总额为 900 万元，由于市场价格下跌，预计可变现净值为 800 万元，由此计提了存货跌价准备 100 万元。20×6 年 12 月，乙产品的数量未发生增减变动，但华兴公司与 Z 公司于 20×6 年 12 月 5 日签订了购销合同，约定于 20×7 年 1 月以每千克 1.24 万元的价格（不含增值税，下同）向 Z 公司销售乙产品 400 千克。20×6 年 12 月 31 日，由于市场价格上涨，乙产品的单位可变现净值为每千克 1.85 万元。对此，华兴公司未作任何会计处理，仍保留 100 万元的存货跌价准备。

6. 20×6 年 1 月，华兴公司为 G 公司向银行借款 4 000 万元提供信用担保。20×6 年 12 月，因 G 公司未能偿还到期债务，银行向法院起诉，要求华兴公司承担连带责任，支付借款本息 4 240 万元。20×7 年 1 月 20 日，法院终审判决银行胜诉，并于 20×7 年 1 月 25 日执行完毕。考虑到 G 公司已宣告破产，无法向其追偿债务，华兴公司在 20×6 年度作了如下会计处理：借记“营业外支出”4 240 万元，贷记“预计负债”4 240 万元。这一事项使得华兴公司 20×6 年末的营运资金和 20×7 年 1 月的经营活动产生的现金流量净额均出现负数。针对可能导致对持续经营能力产生重大疑虑的上述事项，华兴公司提出了拟采取的改善措施。注册会计师 A 和 B 实施了必要的审计程序，认为华兴公司编制 20×6 年度财务报表所依据的持续经营假设是合理的，但持续经营能力仍存在重大的不确定性。

案例分析

1. 假定注册会计师 A 和 B 以随机数表所列数字的后 4 位数与销售发票号码一一对应，确定第（2）列第（4）行为起点，选号路线为自上而下，自左而右。请代注册会计师 A 和 B 确定选取的 10 张销售发票样本的发票号码。

如果上述 10 笔销售业务的账面价值为 100 万元，审计后认定的价值为

100.03 万元，假定华兴公司 20×6 年度主营业务收入账面价值为 18 000 万元，并假定误差与账面价值不形成不利关系，请运用差额估计抽样法推断华兴公司 20×6 年度主营业务收入的总体实际价值。

分析要点：

选取的 10 张销售发票样本的发票号码分别为 3093，2905，4342，5595，2527，5463，3661，3342，2011，5313。

平均差额＝(1 000 300－1 000 000)÷10＝30(元)

估计的总体差额＝30×4 000＝120 000(元)＝12(万元)

估计的总体价值＝18 000＋12＝18 012(万元)

2. 假设不考虑审计重要性水平，对于资料中的事项 1 至事项 6，讨论注册会计师 A 和 B 是否需要提出审计处理建议；若需提出审计调整建议，请直接列示审计调整分录（审计调整分录均不考虑对华兴公司 20×6 年度的企业所得税、期末结转损益及利润分配的影响，下同）。

分析要点：

针对事项 1，注册会计师 A 和 B 应提请华兴公司作以下调整分录：

借：营业收入　10 000 000

　贷：营业成本　8 700 000

　　未分配利润——期初数　1 300 000

针对事项 2，注册会计师 A 和 B 应提请华兴公司作以下调整分录：

借：应收票据　6 000 000

　贷：短期借款　6 000 000

针对事项 3，注册会计师 A 和 B 应提请华兴公司作以下调整分录：

借：营业收入　100 000

　贷：营业成本　78 000

　　未分配利润　22 000

针对事项 4，注册会计师 A 和 B 应提请华兴公司作以下报表重分类调整分录：

借：应收账款——d 公司　12 000 000

　贷：预收账款——d 公司　12 000 000

同时，注册会计师 A 和 B 还应提请华兴公司作以下审计调整分录：

借：资产减值损失——计提的坏账准备　3 600 000

　贷：应收账款——坏账准备　3 600 000

针对事项 5，注册会计师 A 和 B 应提请华兴公司作以下审计调整分录：

借：资产减值损失——计提的存货跌价准备 [(9 000 000 ÷ 500 － 12 400)×400－1 000 000]　1 240 000

　贷：存货——存货跌价准备　1 240 000

同时：

借：存货——存货跌价准备（1 000 000÷500×100）　　200 000

　贷：资产减值损失——计提的存货跌价准备　　200 000

针对事项6，注册会计师A和B应当建议华兴公司在其20×6年度财务报表中，适当披露导致对持续经营能力产生重大疑虑的事项或情况以及持续经营能力存在重大不确定性的事实，并充分披露拟采取的改善措施。

3. 如果考虑审计重要性水平，假定华兴公司分别只存在资料中的6个事项中的1个事项，华兴公司拒绝接受注册会计师A和B针对事项1～事项5提出的审计处理建议（如果有该建议），接受对事项6提出的审计处理建议（如果有该建议）。在不考虑其他条件的前提下，请指出注册会计师A和B应当针对该6个独立存在的事项分别出具何种意见类型的审计报告。

分析要点：

针对事项1，注册会计师A和B应当出具否定意见的审计报告。

针对事项2，注册会计师A和B应当出具否定意见的审计报告。

针对事项3，注册会计师A和B应当出具无保留意见的审计报告。

针对事项4，注册会计师A和B应当出具否定意见的审计报告。

针对事项5，注册会计师A和B应当出具保留意见的审计报告。

针对事项6，注册会计师A和B应当出具带强调事项段的审计报告。

4. 如果考虑审计重要性水平，假如华兴公司同时存在资料中的事项5和事项6，并且拒绝接受注册会计师A和B对事项5提出的审计处理建议（如果有审计处理建议），但接受对事项6提出的审计处理建议（如果有审计处理建议）。在不考虑其他条件的前提下，请指出注册会计师A和B应当出具何种意见类型的审计报告，并代为编制审计报告。

分析要点：

注册会计师A和B应当出具带强调事项段的保留意见审计报告。

审计报告

华兴股份有限公司全体股东：

一、保留意见

我们审计了华兴股份有限公司及其子公司（以下简称华兴公司）财务报表，包括20×6年12月31日的资产负债表，20×6年度的利润表、现金流量表、股东权益变动表以及相关财务报表附注。

我们认为，除“形成保留意见的基础”部分所述事项可能产生的影响外，后附的财务报表在所有重大方面按照××财务报告编制基础的规定编制，公允反映了华兴公司20×6年12月31日的财务状况以及20×6年度的经营成果和合并现金流量。

二、形成保留意见的基础

如财务报表附注×所述，华兴公司 20×6 年 12 月 31 日的存货未按《企业会计准则》规定，采用“成本与可变现净值孰低”计价。如果采用“成本与可变现净值孰低”计价，华兴公司存货跌价准备将增加 124 万元，存货账面价值将相应减少 124 万元，利润总额也将相应减少 124 万元。

三、强调事项段

此外，我们提醒财务报表使用者关注，如财务报表附注×所述，华兴公司为 G 公司向银行借款 4 000 万元提供了信用担保。因 G 公司未能偿还到期债务，银行起诉华兴公司承担连带责任，支付借款本息 4 240 万元。20×7 年 1 月 20 日，法院终审判决银行胜诉，并于 20×7 年 1 月 25 日执行完毕。考虑到 G 公司已宣告破产，无法向其追偿债务，华兴公司在 20×6 年度财务报表中按规定预计了该项负债并将其确认为损失。这一事项使得华兴公司 20×6 年末的营运资金和 20×7 年 1 月的经营活动产生的现金流量净额均出现负数。华兴公司已在财务报表附注×中充分披露了拟采取的改善措施，但其持续经营能力仍然存在重大不确定性。本段内容并不影响已发表的审计意见。

今明会计师事务所　　　　　　　　中国注册会计师：××
（盖章）　　　　　　　　　　　　　（签名并盖章）
　　　　　　　　　　　　　　　　中国注册会计师：××
　　　　　　　　　　　　　　　　　（签名并盖章）
中国××市　　　　　　　　　　　　二〇×七年二月二十日

10.10　审计差异汇总实训项目

实训目的

通过阅读实训资料，熟悉财务报表审计中可能遇到的各种情况的会计处理，掌握汇总审计差异的技巧，并编制各种审计差异汇总表。

实训资料

XYZ 公司系公开发行 A 股的股份有限公司，ABC 会计师事务所负责对其 20×6 年度财务报表进行审计，于 20×7 年 2 月 20 日完成审计工作。XYZ 公司于 20×7 年 2 月 22 日公布了 20×6 年度财务报表。公司按净利润的 10%提取盈余公积。XYZ 公司未经审计的 20×6 年度财务报表中的部分会计资料如

表10－7所示。

表10－7　XYZ公司未经审计的20×6年度财务报表中的部分会计资料

项目	金额（万元）
资产总额	84 000
股本	30 000
资本公积	8 000
盈余公积	600
未分配利润	12 000
利润总额	6 000
净利润	4 900

注册会计师确定XYZ公司20×6年度财务报表层次的重要性水平为480万元，并分配至各财务报表项目。其中，部分财务报表项目的重要性水平如表10－8所示。

表10－8　XYZ公司20×6年度财务报表部分项目的重要性水平

项目	重要性水平（万元）
应收账款	80
预付账款	20
其他应收款	60
存货	100
长期股权投资	120
应付账款	20
营业成本	80
营业外收入	40
营业外成本	40
资产减值损失	30
预计负债	40

经审计，注册会计师发现XYZ公司存在以下事项：

1. XYZ公司原来采用应收账款余额百分比法核算坏账，坏账准备按应收款项（包括应收账款和其他应收款）余额的5%计提。为更合理地核算坏账，XYZ公司董事会决定自20×6年度起按账龄分析法计提坏账准备：账龄1年以内的（含1年，以下类推），按其余额的10%计提；账龄1～2年的，按其余额的20%计提；账龄2～3年的，按其余额的40%计提；账龄3年以上的，按其余额的80%计提。XYZ公司财务部尚未根据董事会的决定按账龄分析法核算坏账，其20×6年末未经审计的应收账款账面价值为借方余额15 200万元，其中应收账款账面余额为借方余额16 000万元，坏账准备余额为贷方余额800万元（年初余额为贷方余额600万元）；其他应收款项目的年末余额和经审计的年初余额均为零。

XYZ公司20×6年应收账款账龄资料如表10－9所示。

表 10-9　XYZ 公司 20×6 年应收账款账龄情况

账龄	年初账面余额（万元）	年末账面余额（万元）
1 年以内	3 000	9 000
1～2 年	5 000	2 000
2～3 年	4 000	3 000
3 年以上	—	2 000
合计	12 000	16 000

2. XYZ 公司的入库产品按实际成本入账，发出产品采用先进先出法核算。XYZ 公司的甲产品 20×6 年 12 月 31 日经盘点的期末结存数量为 1 000 吨，审计前的期末余额为 5 500 万元，其明细资料如表 10-10 所示（期初余额和所有的数量、入库单价已核查无误，金额单位为万元）。

表 10-10　甲产品明细资料

日期	摘要	入库			发出			结存		
		数量	单价	金额	数量	单价	金额	数量	单价	金额
1 月 1 日	期初余额							400		2 320
1 月 30 日	入库	400	5.00	2 000				800		4 320
1 月 31 日	销售				100	5.15	515	700		3 805
3 月 30 日	入库	200	4.60	920				900		4 725
3 月 31 日	销售				200	4.60	920	700		3 805
4 月 30 日	入库	100	4.50	450				800		4 255
5 月 30 日	入库	300	5.20	1 560				1 100		5 815
5 月 30 日	销售				400	4.50	1 800	700		4 015
6 月 30 日	入库	100	5.40	540				800		4 555
7 月 30 日	入库	40	4.70	188				840		4 743
8 月 30 日	入库	100	5.60	560				940		5 303
8 月 31 日	销售				60	4.70	282	880		5 021
9 月 30 日	入库	200	4.75	950				1 080		5 971
10 月 30 日	入库	150	4.50	675				1 230		6 646
10 月 31 日	销售				80	4.70	376	1 150		6 270
11 月 30 日	入库	200	4.60	920				1 350		7 190
11 月 30 日	销售				100	4.90	490	1 250		6 700
12 月 30 日	入库	250	4.80	1 200				1 500		7 900
12 月 31 日	销售				500	4.80	2 400	1 000		5 500
12 月 31 日	期末余额							1 000		5 500

3. XYZ 公司的工业污水未经净化处理就排出，对周围村镇居民的身体健康和生产生活造成了损害。20×6 年 12 月 1 日，XYZ 公司周围村镇联合向法院提起诉讼，要求 XYZ 公司赔偿损失 800 万元。直至审计外勤结束日，该诉讼案尚未判决。由于此案涉及的情况比较复杂，还不能可靠估计赔偿金额，因此 XYZ 公司未在其 20×6 年度财务报表和财务报表附注中予以反映。

4. 20×6 年末，XYZ 公司未经审计的资产负债表反映的预付款项为借方余额600万元，其明细组成如表10-11所示。

表10-11 XYZ公司20×6年末未经审计的资产负债表反映的预付款项明细

借方项目	余额（万元）
预付款项——a公司	300
预付款项——b公司	189
预付款项——c公司	105
预付款项——d公司	−12
预付款项——e公司	18
合计	600

其中对e公司的18万元系20×6年2月为采购e公司产品所预付，XYZ公司于20×6年12月5日获悉e公司因转产已不能再提供原预购产品。

5. 20×6年1月1日，XYZ公司与P公司达成协议，以两栋办公楼换入P公司60%的股权。XYZ公司两栋办公楼的原价为20 000万元，累计折旧为7 000万元，未曾计提减值准备，公允价值为15 000万元。P公司净资产的账面价值为2 400万元，公允价值为2 200万元。

XYZ公司财务部认为，该笔交易属于非货币交易，将换出的两栋办公楼的账面价值转入固定资产清理，对于换入P公司60%的股权按其账面价值计量，两者之间的差额调整资本公积。

6. 20×6年3月1日，XYZ公司应收F公司货款余额1 500万元，已计提坏账准备100万元。4月10日，XYZ公司与F公司达成协议，F公司用一批原材料抵偿上述全部账款。5月1日，F公司将原材料运抵XYZ公司，5月2日双方了结债权债务关系。该批原材料的账面价值为1 100万元，公允价值和计税价格均为1 000万元，发票上注明的增值税税额为170万元。债务重组日XYZ公司财务部所作的会计分录是：

借：原材料	11 000 000	
应交税费——应交增值税（进项税额）	1 700 000	
坏账准备	1 000 000	
营业外支出	1 300 000	
贷：应收账款		15 000 000

实训要求

1. 针对审计发现的上述6个事项，如果不考虑审计重要性水平，请分别提出审计处理建议。若无须提出审计处理建议，请明确回答；若需提出调整建议，请列示审计调整分录（包括报表重分类分录，无须考虑对所得税、期末结转损益及20×6年度利润分配的影响）。

2. 如果注册会计师对于以上审计处理建议全部与 XYZ 公司交换意见，请将以上相关调整事项分别记入表 10－12 至表 10－15 中。

3. 如果 XYZ 公司除了事项 2、事项 3、事项 5 之外，均接受了注册会计师的审计处理建议，请编制一份审计报告。

实训指导

1. 6 个审计事项的属性及其处理。

针对事项 1，属于会计估计变更，按《企业会计准则》的规定采用未来适用法。审计人员应提请 XYZ 公司作如下调整，并在财务报表附注中披露会计估计变更的内容和理由等。

20×6 年 12 月 31 日与应收账款相关的坏账准备余额应为 4 100 万元（9 000×10%＋2 000×20%＋3 000×40%＋2 000×80%），扣除原余额 800 万元后，应补提坏账准备 3 300 万元。调整分录如下：

借：资产减值损失——坏账准备　　33 000 000

　贷：应收账款——坏账准备　　33 000 000

针对事项 2，XYZ 公司对甲产品发出计价未完全按照先进先出法核算。20×6 年 12 月 31 日甲产品的期末余额应为 4 817 万元（250×4.8＋200×4.6＋150×4.5＋200×4.75＋100×5.6＋40×4.7＋60×5.4），被审计单位多计存货 683 万元。注册会计师应提请 XYZ 公司作如下调整：

借：营业成本——甲产品　　6 830 000

　贷：存货——库存商品（甲产品）　　6 830 000

针对事项 3，由于 XYZ 公司的工业污水未经处理就排放，导致周围村镇居民身体健康和正常生产生活受到损害。由此可判断，以往的排污行为使 XYZ 公司在 20×6 年 12 月 31 日承担了一项现时的义务，且 XYZ 公司很可能败诉。因为此案情况复杂，还不能可靠地估计赔偿的金额，且正在审理，因此，注册会计师应提请 XYZ 公司在 20×6 年度财务报表附注中对该事项予以披露。

针对事项 4，对预付款项进行重分类调整如下：

借：预付款项——d 公司　　120 000

　贷：应付账款——d 公司　　120 000

对已无望再收到货物的预付账款，注册会计师应提请公司调整如下：

借：其他应收款——e 公司　　180 000

　贷：预付账款——e 公司　　180 000

借：资产减值损失——坏账准备　　18 000

　贷：其他应收账款——坏账准备　　18 000

针对事项 5，XYZ 公司与 P 公司不存在关联关系，该笔交易不属于同一控制下的企业合并，并且有商业实质，换入股权应以公允价值计量，注册会计师应提请XYZ公司作如下调整：

借：资本公积 14 000 000

　贷：营业外收入 2 000 000

　　　长期股权投资——P公司 12 000 000

针对事项6，债务重组换入原材料应以公允价值计量，注册会计师应提请XYZ公司作如下调整：

借：营业外支出 1 000 000

　贷：存货——原材料 1 000 000

2. 审计差异调整汇总表（见表10－12至表10－15）。

表10－12　账项调整分录汇总表　　单位：万元

序号	内容及说明	索引号	调整内容				影响利润表+（-）	影响资产负债表+（-）
			借方项目	借方金额	贷方项目	贷方金额		
1	坏账准备更改为账龄分析法计提，补提坏账准备	略	资产减值损失——坏账准备	3 300	应收账款——坏账准备	3 300	（-）3 300	（-）3 300
2	存货计价随意性大，调整多计的存货	略	营业成本——甲产品	683	存货——库存商品（甲产品）	683	（-）683	（-）683
3	非同一控制下合并，按公允价值计量的调整	略	资本公积	1 400	营业外收入	200	200	1 400
					长期股权投资——P公司	1 200		（-）1 200
4	债务重组换入原材料应以公允价值计量的调整		营业外支出	100	存货——原材料	100	（-）100	（-）100

与被审计单位的沟通：

参加人员：

被审计单位：董事长张方，总经理李明，财务总监谷阳，会计人员杨明

审计项目组：合伙人李希，项目经理赵阳，注册会计师赵欣、王平

被审计单位的意见：

对于存货计价随意性大等会计处理缺乏规范问题予以重视，重新完成会计规范体系，按照《企业会计准则》严格规范会计行为。

结论：接受注册会计师建议

是否同意上述审计调整：同意调整

被审计单位授权代表签字：李明　　日期：20×7年2月19日

表 10-13　重分类调整分录汇总表　　单位：万元

序号	内容及说明	索引号	调整项目和金额			
			借方项目	借方金额	贷方项目	贷方金额
1	预付账款贷方余额	略	预付款项——d 公司	12	应付账款——d 公司	12

与被审计单位的沟通：
参加人员：
被审计单位：董事长张方，总经理李明，财务总监谷阳，会计人员杨明
审计项目组：合伙人李希，项目经理赵阳，注册会计师赵欣、王平
被审计单位的意见：
按照《企业会计准则》要求的报表列报调整。
结论：接受注册会计师建议
是否同意上述审计调整：同意调整
被审计单位授权代表签字：李明　　日期：20×7 年 2 月 19 日

表 10-14　列报调整汇总表

一、被审计单位财务报表附注中的漏报项目包括： XYZ 公司的工业污水未经净化处理就排放，对周围村镇居民的身体健康和正常生产生活造成了损害。20×6 年 12 月 1 日，XYZ 公司周围村镇联合向法院提起诉讼，要求 XYZ 公司赔偿损失 800 万元。直至审计外勤结束日，该诉讼案尚未判决。由于此案涉及的情况比较复杂，还不能可靠估计赔偿金额，对 20×6 年度财务报表具有重大不确定影响。 二、被审计单位财务报表附注中的错报调整项目包括：

与被审计单位的沟通：
参加人员：
被审计单位：董事长张方，总经理李明，财务总监谷阳，会计人员杨明
审计项目组：合伙人李希，项目经理赵阳，注册会计师赵欣、王平
被审计单位的意见：
对于按照《企业会计准则》要求应当在财务报表附注中披露事项应予充分、适当披露。
结论：接受注册会计师建议
是否同意上述审计调整：同意调整
被审计单位授权代表签字：李明　　日期：20×7 年 2 月 19 日

表 10-15　未更正错报汇总表　　金额单位：万元

序号	内容及说明	索引号	未调整内容				备注
			借方项目	借方金额	贷方项目	贷方金额	
1	对已无望再收到货物的预付账款进行调整，并根据调整债权后计提坏账准备		其他应收款——e公司	18	预付账款——e公司	18	
			资产减值损失——坏账准备	1.8	其他应收账款——坏账准备	1.8	

未更正错报的影响：

项目	金额	百分比	计划百分比
1. 总资产	19.8	0.002%	1%
2. 净资产			
3. 销售收入			
4. 费用总额			
5. 毛利			
6. 净利润			

结论：对财务报表影响不大，可以忽略不计

被审计单位授权代表签字：李明　　日期：20×7年2月19日

图书在版编目（CIP）数据

审计案例与实训/李晓慧，孙龙渊编著. --3 版
. --北京：中国人民大学出版社，2022.3
（全国会计领军人才丛书. 审计系列）
ISBN 978-7-300-30339-0

Ⅰ.①审… Ⅱ.①李…②孙… Ⅲ.①审计学 Ⅳ.
①F239.0

中国版本图书馆 CIP 数据核字（2022）第 026067 号

北京市会计类专业群（改革试点）建设教材
全国会计领军人才丛书・审计系列
审计案例与实训（第 3 版）
李晓慧　孙龙渊　编著
Shenji Anli yu Shixun

出版发行	中国人民大学出版社		
社　　址	北京中关村大街 31 号	**邮政编码**	100080
电　　话	010－62511242（总编室）		010－62511770（质管部）
	010－82501766（邮购部）		010－62514148（门市部）
	010－62515195（发行公司）		010－62515275（盗版举报）
网　　址	http://www.crup.com.cn		
经　　销	新华书店		
印　　刷	天津鑫丰华印务有限公司	**版　　次**	2012 年 7 月第 1 版
开　　本	787 mm×1092 mm　1/16		2022 年 3 月第 3 版
印　　张	22 插页 1	**印　　次**	2025 年 5 月第 4 次印刷
字　　数	425 000	**定　　价**	49.00 元

中国人民大学出版社　管理分社

教师教学服务说明

中国人民大学出版社管理分社以出版工商管理和公共管理类精品图书为宗旨。为更好地服务一线教师，我们着力建设了一批数字化、立体化的网络教学资源。教师可以通过以下方式获得免费下载教学资源的权限：

★ 在中国人民大学出版社网站 www.crup.com.cn 进行注册，注册后进入“会员中心”，在左侧点击“我的教师认证”，填写相关信息，提交后等待审核。我们将在一个工作日内为您开通相关资源的下载权限。

★ 如您急需教学资源或需要其他帮助，请加入教师 QQ 群或在工作时间与我们联络。

中国人民大学出版社　管理分社

教师 QQ 群： 648333426（工商管理）　114970332（财会）　648117133（公共管理）
教师群仅限教师加入，入群请备注（学校+姓名）

联系电话： 010-62515735，62515987，62515782，82501048，62514760

电子邮箱： glcbfs@crup.com.cn

通讯地址： 北京市海淀区中关村大街甲 59 号文化大厦 1501 室（100872）

管理书社　　人大社财会　　公共管理与政治学悦读坊